ullstein

Familien-Expertin Nora Imlau beschreibt, wie zwischen Eltern und Kindern eine Beziehung wachsen kann, die fürs Leben trägt. Entscheidend ist, wie wir miteinander umgehen - unter diesem Leitstern kann ein liebevolles Miteinander auf Augenhöhe gelingen. *Mein Familienkompass* sammelt nicht die Antworten auf ein spezifisches Erziehungsproblem, sondern widmet sich den ganz großen Fragen des Elternseins. Dabei räumt Nora Imlau mit überhöhten Idealen moderner Elternschaft auf und zeigt, wie Eltern und ihre Kinder zu einem Familienleben finden, das Kraft schenkt, statt nur Energie zu kosten.

NORA IMLAU, geboren 1983, ist Buchautorin, Journalistin und Referentin. Diverse Bücher (Auswahl): *So viel Freude, so viel Wut* (Kösel), *Babybauchzeit* (Beltz), *Das Geheimnis zufriedener Babys* (GU). Journalistisch schreibt sie seit vielen Jahren u.a. für ELTERN und ELTERN *family*, ZEIT *online*, *chrismon* und wird regelmäßig von überregionalen Medien interviewt. Sie hält regelmäßig Vorträge sowohl auf Fachkongressen und Fortbildungen, als auch bei Veranstaltungen im Bereich der Familienbildung. Aktiv auf Facebook, Twitter und Instagram. Mit ihrem Mann und ihren vier Kindern lebt sie in Süddeutschland.

Von Nora Imlau ist in unserem Hause außerdem erschienen:
*In guten Händen*

Nora Imlau

# Mein Familien-kompass

## Was brauch' ich und was brauchst du?

Ullstein

Besuchen Sie uns im Internet:
www.ullstein.de

**Wir verpflichten uns zu Nachhaltigkeit**
- Papiere aus nachhaltiger Waldwirtschaft und anderen kontrollierten Quellen
- ullstein.de/nachhaltigkeit

MIX
Papier | Fördert gute Waldnutzung
FSC® C021394
www.fsc.org

Ungekürzte Ausgabe im Ullstein Taschenbuch
1. Auflage Februar 2022
2. Auflage 2024

Umschlaggestaltung: zero-media.net, München, nach einer Vorlage von Favoritbuero, München
Titelabbildung: © Maria Herzog
Gesetzt aus der Quadraat Pro powered by *pepyrus*
Druck- und Bindearbeiten: ScandBook, Litauen
ISBN 978-3-548-06527-4

Für Malte

Mein Nordstern bist du.

# Inhalt

# Die besten Eltern der Welt

Worauf kommt es an im Leben? Es gehört zum Elternwerden dazu, dass wir uns plötzlich die ganz großen Sinnfragen stellen. Schließlich wollen wir unsere Kinder nicht einfach nur irgendwie großkriegen. Nein: Wenn es eine Sache gibt, bei der wir wirklich nichts falsch machen wollen, dann ist es diese hier. Glücklich sollen unsere Kinder heranwachsen, geborgen und frei. Sie sollen mit beiden Beinen im Leben stehen und sich uns immer anvertrauen können. Sozial und rücksichtsvoll sollen sie sein, aufrecht und selbstbewusst, aber nicht arrogant. Wir wollen ihnen alles mitgeben, was sie für ein selbstbestimmtes, sinnerfülltes Leben brauchen. Wir wollen sie sich ausprobieren und auch mal auf die Nase fallen lassen, aber dann wollen wir da sein und ihnen dabei helfen wieder aufzustehen. Kurz: Unseren Kindern soll es gut gehen, jetzt und in Zukunft. Und *wir* sind die Menschen, die uns dafür verantwortlich fühlen und die das möglich machen wollen und sollen – ihre Eltern.

Es ist nichts Ungewöhnliches, dass Eltern nur das Beste für ihre Kinder wollen. Das haben auch unsere Eltern, Großeltern und Urgroßeltern getan, genau wie alle Generationen vor ihnen. Und genau wie wir selbst waren auch unsere Vorfahren geprägt von dem Zeitgeist, der ihre Epoche prägte: In Deutschland und seinen europäischen Nachbarländern wurden mit Beginn der Industrialisierung Struktur und Disziplin wichtige Erziehungsziele – Kinder sollten genauso reibungslos funktionieren wie die Maschinen in den Fabriken. Während der Nazi-Diktatur war die Staatsdoktrin, Kinder hart wie Kruppstahl zu erziehen – als willige Untertanen für Volk und Führer. In der DDR stellte gesellschaftlicher Zusammenhalt einen hohen Wert dar: Kinder sollten sich selbst nicht so wichtig nehmen, sich gut in Gruppen einfügen und ihre Eltern nicht von der Lohnarbeit abhalten. Und in der Bundesrepublik der Nachkriegszeit sollten gehorsame und fleißige Töchter ihren Müttern im Haushalt zur Hand gehen und so helfen, das Familienidyll aufrechtzuerhalten, während ihre Brüder viel mehr Freiheiten genossen, aber kaum Gefühle zeigen durften. Mit dem Erstarken der Bindungsforschung wehte ab den späten 1960er-Jahren dann allmählich ein frischer Wind in immer mehr Kinderzimmer. Eltern fingen an, ihre Kinder als vollwertige Menschen anzusehen, die eben nur ein bisschen kleiner geraten waren – damals ein vollkommen neuer und revolutionärer Gedanke. Doch ihre eigene autoritäre Prägung konnten auch die folgenden Elterngenerationen nur langsam überwinden. Wir Eltern, die heute kleine bis mittelgroße Kinder haben, wurden zum größten Teil selbst in einer Art erzieherischer Umbruchphase groß: Einige von uns wurden bereits sehr frei und demokratisch erzogen, andere noch streng und repressiv. Vor allem aber war unsere Erziehung häufig von einer gewissen inneren Widersprüchlichkeit geprägt: Gehorsam war offiziell nicht mehr Erziehungsziel, wurde jedoch trotzdem irgendwie erwartet. Wir Kinder sollten durchaus auch mal unsere Meinung sagen – aber bitte die richtige. Und Nähe und Geborgenheit wurden uns weniger verwehrt als den Babys und Kleinkindern der Nachkriegsgeneration, doch die Angst vor dem Verzärteln schwang oft trotzdem noch mit. Wir sind die Generation der Kriegsenkel: Privilegiert groß geworden im Vergleich zu unseren Eltern und Großeltern, und trotzdem noch von deren Schmerz und Traumata geprägt. Und jetzt stehen wir vor der Aufgabe, die nächste Generation zu begleiten – in einer Zeit, in der es so wenig gesellschaftlichen Konsens über die richtige Erziehung gibt wie noch nie. Denn das, was Soziologen Wertepluralismus nennen – also das Phänomen, dass sich in unserer modernen Gesellschaft immer weniger von allen anerkannte Grundwerte finden lassen –, wirkt nun mitten in unseren Alltag hinein.

Dazu kommt, dass auch das Familienleben selbst heute so bunt und vielfältig ist wie nie zuvor: Eltern kommen immer häufiger aus unterschiedlichen Kulturen und bringen ihre ganz eigenen Prägungen rund ums Elternsein und Kinderhaben mit. Darüber hinaus ist Familie keine Frage der Blutsverwandtschaft mehr, sondern vor allem eine der Herzensbande. Da wachsen uns Bonuskinder ans Herz, da bereichern Pflegekinder unser Leben, da werden aus engen Freunden Wahlverwandte und aus Freunden Eltern, auch wenn sie nie ein Liebespaar waren. Manche Kinder wachsen mit Eltern auf, die getrennt sind, aber gemeinsam erziehen. Bei anderen ist es genau umgekehrt. Klar, dass sich dabei Fragen auftun, die sich früheren Elterngenerationen so nie gestellt haben.

Als Eltern einfach mit der Masse mitschwimmen: Das ist schwer geworden, weil es im Umgang mit Kindern momentan keinen Mainstream gibt, sondern eine Vielzahl unterschiedlicher Strömungen, die um den richtigen Weg ringen. Inmitten eines solchen gesellschaftlichen Diskurses selbst für ein Kind verantwortlich zu sein ist zweifelsohne anstrengend und herausfordernd, weil man gefühlt so viel falsch machen kann – egal, was man tut. Da verwundert es nicht, dass sich Eltern heute manchmal nach der Einfachheit früherer Zeiten zurücksehnen, in der man eben einfach ganz normal seine Kinder erzog wie alle anderen auch und daraus keine Grundsatzentscheidung über die Wertebasis des eigenen Lebens machte. Doch so verständlich diese Sehnsucht ist, so trügerisch ist sie auch. Denn die Belastung, den eigenen Weg finden zu müssen, ist der Preis für eine der größten Errungenschaften unserer Zeit: die Freiheit, das eigene Leben selbstbestimmt gestalten zu können.

Doch wie stellen wir das ganz konkret an? Wie schaffen wir es, unseren Kindern die Eltern zu sein, die wir sein wollen? Seit knapp 15 Jahren beschäftige ich mich intensiv mit genau dieser Frage – sowohl beruflich als auch privat. Denn alles, was ich als Fachjournalistin für Familienthemen über gelingende Eltern-Kind-Beziehungen und ein bindungsstarkes Miteinander erfahren und gelernt habe, wird im Leben mit meinen eigenen vier Kindern tagtäglich auf den Prüfstand gestellt. Ich weiß aus eigener Erfahrung, wie es ist, wenn man in schlauen Büchern gelesen hat, wie das mit dem achtsamen Begleiten auf Augenhöhe gehen soll – und dann im Alltag immer wieder krachend an den eigenen Ansprüchen scheitert. Ich kenne den immensen Druck, unter dem wir Eltern heute stehen, ebenso wie die Sehnsucht nach mehr Leichtigkeit im Zusammenleben mit unseren Kindern. Kann es wirklich richtig sein, dass sich der Alltag mit dem eigenen heiß geliebten Kind so unglaublich erschöpfend anfühlt? Ist es eigentlich normal, oft so verunsichert, so voller Schuldgefühle und Selbstzweifel zu sein?

Als ich im Jahr 2007 als junge Mutter damit begann, in der reichweitenstärksten deutschen Familienzeitschrift öffentlich darüber nachzudenken, wie ein neues, auf Bindung und Beziehung aufbauendes Miteinander zwischen Eltern und Kindern aussehen kann, war das im deutschsprachigen Raum ein Novum. Erziehungsratgeber und Elternzeitschriften waren darauf ausgelegt, Kinder zum Funktionieren zu bringen – liebevoll, aber konsequent. Seitdem ist viel passiert. Eine neue Elterngeneration begann zusehends, alte Glaubenssätze zu hinterfragen und das Prinzip Erziehung ganz neu zu denken. Und durch das Erstarken der Netzöffentlichkeit und der sozialen Medien taten immer mehr Eltern dies nicht still für sich, sondern für alle sichtbar. Elternforen, Familienblogs und Social-Media-Kanäle schossen wie Pilze aus dem Boden und zeigen heute die unendliche Vielfalt des modernen Elternseins. Die Neuorientierung und Sinnsuche, die im Leben junger Menschen mit dem Elternwerden einsetzt, ist damit keine rein private Erfahrung mehr, sondern ein von der Öffentlichkeit des Internets begleiteter und beeinflusster Prozess. Das hat viele Vorteile – Inspiration und Information zum Thema Elternsein zu finden war niemals leichter –, bringt jedoch auch neue Probleme mit sich: Die schiere Fülle der widersprüchlichen Tipps und Theorien kann nicht nur Neu-Eltern leicht erschlagen, die Selbstinszenierung scheinbar unfehlbarer Influencer-Eltern erhöht schnell den Perfektionsdruck im eigenen Leben, und die zum Teil heftige gegenseitige Verurteilung im Netz trägt ihren Teil dazu bei, dass immer mehr Familien das Gefühl haben, nicht gut genug zu sein, nicht zu genügen, zu versagen.

Der innige Wunsch, gute Eltern zu sein, gepaart mit heftigen Schuldgefühlen und schlimmer Versagensangst: Wie präsent diese Kombination in Familien heute ist, weiß ich aus all den Nachrichten, die mich täglich erreichen, aus den Fragerunden und Gesprächen mit Eltern im Rahmen meiner Vortragsreisen sowie aus meiner Zusammenarbeit mit Menschen, die in der Beratung und Begleitung von Familien tätig sind. Und nicht nur das: Ich spüre auch selbst, wie extrem der Druck auf Eltern seit meiner ersten Schwangerschaft zugenommen hat, wie viel schwerer es heute auch für mich als Mutter ist, selbstbewusst und zuversichtlich den eigenen Weg zu gehen, wenn hinter jeder Ecke das schlechte Gewissen lauert, nicht gut genug zu sein: Weil ich meine Kinder zu früh in Betreuung gebe, zu spät oder gar nicht. Weil meine Kinder aufräumen müssen oder ich ihnen alles hinterhertrage. Weil ich zu streng bin oder zu lasch, zu beschäftigt oder zu faul, zu verbissen in meinen Nachhaltigkeitsbestrebungen oder zu lax durch meine Bequemlichkeit, die den Planeten zerstört. Angesichts dieser Entwicklung hat sich auch der Fokus meiner Arbeit verändert: Ging es mir anfangs vor allem darum, Erwachsene stärker für kindliche Bedürfnisse zu sensibilisieren, so liegt der Schwerpunkt meiner Arbeit nun darauf, Familien Druck zu nehmen und Mut zu machen. Mut zu einem Miteinander, das auf vertrauensvolle Beziehungen auf Augenhöhe setzt statt auf Druck und Strafen. Aber auch den Mut, sich gegen Perfektionsdruck und Dauer-Schuldgefühle zu wehren und uns selbst als Eltern wieder zuzugestehen, echte Menschen mit Ecken und Kanten, Ängsten und Sorgen zu sein statt makellose Bedürfniserfüllungs-Automaten. Deshalb schreibe und spreche ich heute öffentlich offline wie online über alle Aspekte jenes bindungsstarken, zugewandten Elternseins, von dem ich glaube, dass es Familien fit macht fürs 21. Jahrhundert: die schönen und die schmerzhaften, die schwierigen und die Aspekte, die die Leichtigkeit zurückbringen.

Von den vielen dankbaren Rückmeldungen, die mich seither erreicht haben, ist mir eine ganz besonders in Erinnerung geblieben. »Ich wünschte, deine Worte könnten mich tagtäglich in meinem Alltag begleiten«, schrieb mir eine Mutter nach einem Vortrag. »Wie ein Kompass, der mir hilft, meinen eigenen Weg nicht zu verlieren, und der mir die Sicherheit und das Selbstvertrauen gibt, das deine Texte in mir auslösen.« So kam ich auf die Idee, all das aufzuschreiben, was ich von Eltern so oft gefragt werde und was ich selbst so gerne gewusst hätte, als ich zum ersten Mal Mutter wurde: worauf es im Zusammenleben mit Kindern wirklich ankommt. Wie wir es auf lange Sicht schaffen, die Bedürfnisse der Großen und der Kleinen unter einen Hut zu bekommen. Und wie eine Eltern-Kind-Beziehung entsteht, die Halt gibt und Raum zum Wachsen lässt, die auch Stürme und schwere Zeiten übersteht, und in der die Liebe zueinander stärker ist als alles andere. Ein Kompass, der Familien hilft, sich nicht im täglichen Klein-Klein zu verlieren, sondern das Wesentliche im Blick zu behalten: wie wir mit unseren Kindern so umgehen, dass sie sich gut und liebenswert fühlen. Und wir selbst uns auch.

# Wo wir herkommen

## Frühe Prägungen

Wir Menschen sind sehr stolz auf unseren freien Willen. Nur allzu gerne glauben wir, alles, was wir tun, gründe auf unseren ureigensten Entscheidungen, getroffen auf der Basis guter Argumente. Doch die Wahrheit ist: Weit über die Hälfte unserer Entscheidungsfindungen passiert in unserem Unterbewusstsein, dort also, wo der rationale Teil unseres Gehirns gar nicht hinreicht. Stattdessen regieren dort unsere frühesten Prägungen, unsere Bedürfnisse und Wünsche, Sorgen und Ängste und flüstern uns ein, was der richtige Weg sei. Im Umgang mit unseren Kindern gilt das in ganz besonderem Maße. Denn was sich für uns als Eltern richtig oder falsch anfühlt, wird maßgeblich davon beeinflusst, wie wir selbst in unserer Kindheit behandelt wurden. Aus evolutionärer Sicht ist dieses unbewusste Abspeichern eigener Erziehungserfahrungen eine sinnvolle Strategie: Weil wir Menschen an so unterschiedlichen Orten und unter so verschiedenen Bedingungen leben, wäre ein angeborener Brutpflegeinstinkt, wie ihn die meisten Säugetiere haben, für uns wenig hilfreich – schließlich braucht ein Menschenbaby, das am Polarkreis geboren wird, ganz andere Fürsorge und Schutz als ein Kind, das in der Wüste aufwächst. Da macht es deutlich mehr Sinn, als Menschenkind zu verinnerlichen, was in dieser, der eigenen Kultur der richtige Umgang mit Kindern ist – und diesen dann später mit den eigenen

Kindern zu reproduzieren. Die Sache hat nur einen Haken: Ungünstige Verhaltensweisen verfestigen sich so ebenso wie hilfreiche, denn als kleine Kinder sind wir nicht in der Lage, zwischen beiden zu unterscheiden. Das viel gelobte Bauchgefühl, auf das zu hören jungen Eltern so oft geraten wird, ist deshalb in vielen Fällen nichts weiter als eine wilde Mischung eigener Erfahrungswerte sowie Glaubenssätzen und Überzeugungen, die wir unbewusst aus unserer eigenen Kindheit mitgenommen haben, und die jetzt unser Denken und Fühlen in Bezug auf unsere eigenen Kinder prägen. Ob wir ein tobendes Kind als verzweifelt oder als tyrannisch empfinden, wurzelt zum Beispiel in dieser Prägung. Wie wir emotional auf Lärm, Stress und freche Widerworte reagieren, ebenfalls. Und auch die Frage, ob wir uns selbst als gute Eltern empfinden, hat entscheidend mit diesen frühkindlichen Erfahrungen zu tun.

Ein ganz typischer Umgang mit diesen unbewussten Prägungen ist es nun, sie zumindest scheinbar zu objektivieren. Das heißt: Wenn wir Bücher, Artikel oder Interviews zu Kinder- und Familienthemen lesen, dann am liebsten die, die unser unbewusstes Empfinden und unsere Weltsicht bestätigen. Und weil es für nahezu jede Überzeugung irgendeinen Experten gibt, der sie vertritt, ist es nicht schwer, sich seine eigenen Glaubenssätze auf diese Weise zu vergolden: »Der Hirnforscher neulich im Fernsehen fand schließlich auch, dass Kinder am besten ganz ohne Bildschirme aufwachsen sollten!«

Wie wir mit unseren Kindern umgehen, ist also zu einem viel kleineren Teil von unserer eigenen Wahl abhängig, als wir oft annehmen. Stattdessen ist es meist so, dass unser Unterbewusstsein die Entscheidung für uns bereits getroffen hat, und der rationale Teil unseres Gehirns nur noch die passende Erklärung sucht, damit wir uns selbst glauben lassen können, auf der Basis vernünftiger Gründe zu agieren. Das gilt übrigens auch dann, wenn wir unsere Kinder ganz bewusst anders erziehen wollen, als wir selbst groß geworden sind. Denn auch in der Abgrenzung von bestimmten Verhaltensweisen reproduzieren wir oft Muster unserer Vergangenheit und fallen dabei leicht von einem Extrem ins andere. Wer als Kind dick gefüttert wurde, rutscht – mit den besten Absichten, es anders zu machen – leicht in ein ebenso übergriffiges Verhalten am Esstisch, nur eben in die andere Richtung: kurzhalten statt mästen.

Wenn wir wirklich die Verantwortung dafür übernehmen wollen, wie wir mit unseren Kindern umgehen und welche Botschaften wir dabei weitergeben, müssen wir uns deshalb mit unseren eigenen Prägungen auseinandersetzen. Denn zu verstehen, welche Erfahrungen und Glaubenssätze uns antreiben, ist der erste Schritt dahin, unser Miteinander als Familie frei und selbstbestimmt so zu gestalten, wie wir es wollen.

## Glaubenssätze aufspüren und erkennen

Sich mit der Frage zu befassen, wie wir mit unseren Kindern heute umgehen und wie wir vielleicht mit ihnen umgehen sollten, geht praktisch immer damit einher, auf bestimmte Ideen mit heftigem innerem Widerstand zu reagieren. Ein typisches Beispiel: In einem Zeitungsinterview sagt eine Expertin, Eltern sollten ihre Babys auch im Sinne einer gesunden Missbrauchsprophylaxe stets um Erlaubnis fragen, bevor sie sie wickeln – schließlich dringen sie dabei ja in ihre Intimsphäre ein. »Haben wir echt keine anderen Probleme?«, ist eine typische erste Reaktion, dicht gefolgt von: »Also, man kann's auch echt übertreiben!« Diese spontan abwertenden, abtuenden Gedanken sind typische Selbstschutzmechanismen, eine Art automatischer Abwehrmechanismus unseres Gehirns gegen unbequeme Thesen und Argumente, die uns zwingen könnten, unsere tief verinnerlichten Glaubenssätze zu überdenken, was anstrengend und unbequem ist. Keine Sorge: Das ist ganz normal und macht uns nicht zu schlechten Menschen. Glaubenssätze sind nämlich tiefe Überzeugungen, die wir alle in uns tragen. Meist wurzeln sie in unserer frühen Kindheit. Viele haben wir unbewusst von unseren Eltern oder anderen Menschen aus unserer Umgebung übernommen, andere sind aus einem Wunsch der Abgrenzung heraus als Gegenpol zu an uns herangetragene Botschaften entstanden.

Glaubenssätze können uns selbst oder andere betreffen, als moralische Überzeugungen oder als scheinbar objektive Fakten daherkommen, und sie sind per se weder richtig noch falsch, sondern schlicht erst mal vorhanden. Sie sind Botschaften, die wir verinnerlicht haben, die uns Halt geben und uns die Welt erklären. Uns selbst betreffend können solche Glaubenssätze zum Beispiel lauten: »Ich bin gut, so wie ich bin.« Oder eben auch: »Was auch immer ich tue, ich bin nicht gut genug.« Es gibt sehr spezifische Glaubenssätze (»Ich bin total unmusikalisch«) und sehr allgemeine (»Die Welt ist ein gefährlicher Ort.«). Doch auch scheinbare Alltagsweisheiten können zu Glaubenssätzen werden: »Wer im Winter keinen Schal trägt, wird krank«, wäre ein Beispiel dafür. Oder: »Apfelsaft ist gesünder als Limonade.« Es gibt Glaubenssätze, die sind faktisch richtig, und es gibt Glaubenssätze, die sind faktisch falsch. Doch weil wir so fest an sie glauben, fühlen sie sich selbst dann richtig an, wenn sie objektiv nicht stimmen – was wir an unserer eigenen emotionalen Reaktion merken, wenn sie infrage gestellt werden. Ein Beispiel: Wenn ich jahrelang davon ausgehe, es sei ungesund, Wasser aus der Leitung zu trinken, und dann in der Zeitung ein Interview mit einer Expertin lese, die erklärt, Leitungswasser sei super Trinkwasser – dann ist die spannende Frage, wie ich auf diese Information reagiere. Eine Möglichkeit ist, dass ich ohne jede Aufregung anerkenne, dass meine bisherige Annahme anscheinend nicht richtig war, und sie korrigiere (egal, ob ich nun selbst in Zukunft Leitungswasser trinken will oder nicht). Die zweite Reaktionsmöglichkeit ist, dass ich eine seltsam emotionale Abwehr dem Expertenwissen gegenüber spüre. »Das kann doch nicht sein!«, wäre eine typische Reaktion. »Dieser komischen Trulla glaube ich das nicht!« Und schließlich: »Ich WILL aber kein Leitungswasser trinken! Das ist EKLIG!« Spätestens an diesem Punkt haben wir die Sachebene verlassen und merken: Hier geht es um uns, um unsere Prägungen, um Botschaften, die wenig mit Fakten und viel mit gefühlten Wahrheiten zu tun haben.

Wir alle tragen Tausende solcher Glaubenssätze mit uns herum. Und oft sind sie uns nützlich: Sie helfen uns, in unübersichtlichen Situationen Entscheidungsparameter an der Hand zu haben (»Im Zweifelsfall kaufe ich immer das Markenprodukt«), und geben uns in einer sich ständig wandelnden Welt ein Gefühl von Sicherheit (»Wenn ich fleißig und sparsam bin, kann mir nichts passieren«). Sie haben uns durch unsere eigene Kindheit gebracht, durch Schulzeit und Erwachsenwerden. Doch weil wir sie nie bewusst angeschaut und überprüft haben, haben wir nie entdeckt, dass sich unter den Botschaften, die sich uns eingebrannt haben, auch schwierige, schädliche und schlicht falsche eingeschlichen haben, die uns das Leben und das Miteinander mit unseren Liebsten unnötig erschweren. Wenn wir uns auf den Weg machen, unsere Glaubenssätze aufzuspüren und zu hinterfragen, dann also nicht, um sie samt und sonders loszuwerden und ein ganz neuer Mensch zu werden. Es ist eher so, als würden wir Inventur machen: Wir gucken uns an, was wir haben, prüfen, was noch gut ist, und behalten dann nur, was wir gebrauchen können.

Wenn wir unseren eigenen Glaubenssätzen auf die Spur kommen sollen, sind solche spontanen Abwehrreflexe wertvolle Hinweisgeber, dass es hier etwas zu entdecken gibt. Wenn also – auch bei der Lektüre dieses Buches – an der einen oder anderen Stelle plötzlich Ärger oder gar Wut aufkommt und uns Sätze wie »Irgendwann ist jetzt aber auch mal gut« in den Sinn kommen, können wir diese spontane, emotionale Reaktion als Signal einordnen, dass wir hier einen unserer Glaubenssätze berühren, die wir alle in uns tragen. Es zwingt uns auch niemand, diese abzulegen oder zu überwinden. Aber es lohnt sich, sie uns anzusehen, kritisch zu überprüfen und dann zu entscheiden, ob wir sie behalten wollen.

Was müssen wir also tun, um unseren Kindern gute Eltern zu sein? Vor Antworten auf diese Frage können wir uns heute kaum retten. Jeder gibt seinen Senf dazu: Eltern und Freunde, Nachbarn und Kollegen und natürlich auch all die Erziehungsratgeber, die wir lesen. Dazu kommen die Experten-Tipps: Die Hebamme sagt dies, die Kinderärztin das, und die Expertin im Frühstücksfernsehen wieder was anderes. Angesichts dieses Chaos widersprüchlichster Ratschläge ist es kein Wunder, dass viele Eltern irgendwann genervt die Ohren auf Durchzug stellen und beschließen: »Wir wursteln uns da jetzt einfach irgendwie durch, mit Bauchgefühl und gesundem Menschenverstand. So schwer kann das doch nicht sein!« Was für ein Befreiungsschlag: sich frei zu machen von der Meinung der anderen und einfach dem eigenen Herzen zu folgen! Es gibt da leider nur ein Problem: Sowohl unsere Gedanken als auch unsere Gefühle in Bezug auf unsere Kinder entstehen nicht im luftleeren Raum und erwachsen niemals allein aus uns selbst heraus. Sie sind viel mehr die Quintessenz unserer

Glaubenssätze und Prägungen, Überzeugungen, Hoffnungen und Ängste – und damit oft viel weniger unser individueller Weg, als wir oft glauben. Konkret heißt das: Auch wenn wir beschließen, nur noch auf uns selbst zu hören, wirken die Botschaften aus der Außenwelt nach wie vor in uns fort und beeinflussen, wie wir unsere Kinder sehen und wie wir mit ihnen umgehen. Ihre Wirkung ist dabei nicht immer gleich stark. Wenn es uns gut geht, wir uns sicher und selbstbewusst fühlen, ausgeschlafen und zuversichtlich sind, ist die Macht der Stimmen aus dem Außen sehr begrenzt. Mit nahezu traumwandlerischer Sicherheit bewegen wir uns in diesen Zeiten ganz intuitiv in unserer Elternrolle und sind gegen Kritik und Selbstzweifel nahezu immun. Doch es gibt im Leben mit Kindern ja auch andere Momente, viele andere Momente. In denen der Alltag nicht rund läuft, in denen wir uns erschöpft und ausgebrannt fühlen und in denen unser Nachwuchs sich ganz anders verhält, als wir es uns immer vorgestellt hatten. Diese Momente der Unsicherheit und Verletzlichkeit sind es, die den Nährboden bereiten für alte und verschüttete Botschaften, die plötzlich ungeheure Macht in uns entfalten – und uns oft zu jenen Eltern machen, die wir nie sein wollten. Wenn wir wirklich unseren eigenen Weg gehen wollen, müssen wir deshalb nicht aufhören zuzuhören, sondern im Gegenteil ganz genau Obacht geben, welche Botschaften über Eltern und Kinder an uns im Laufe unseres Lebens herangetragen wurden und immer noch werden, um dann zu entscheiden: Was davon wollen wir mitnehmen, und was lassen wir liegen?

Bei meinen Vorträgen erlebe ich es immer wieder, dass Eltern sich von mir wünschen, ich würde diese Sortierarbeit für sie erledigen. »Ist es denn nun okay, einen Dreijährigen zum Rausgehen zu zwingen?«, fragen sie. »Darf ich meiner Vierzehnjährigen abends ihr Handy wegnehmen?« »Muss ich als Mutter wirklich immer geduldig und verständnisvoll bleiben?« Und ich kann diesen Wunsch so gut nachvollziehen! Wie oft habe ich mich selbst danach gesehnt, dass jemand kommt und mir in papstähnlicher Unfehlbarkeit einen Freibrief ausstellt: »Ja, es ist okay, dass du dein Kindergartenkind fernsehen lässt, um in Ruhe das Baby schlafen zu legen! – Ja, du darfst Tomatensuppe aus der Tüte kochen. – Nein, jetzt abzustillen macht dich nicht zur schlechten Mutter!« Doch so verständlich diese Sehnsucht nach Absolution ist, so gefährlich ist sie auch. Denn sie bedeutet letztendlich, dass wir die Frage, was gutes Elternsein bedeutet, an irgendeine externe Instanz auslagern und dabei allgemeingültige Antworten erwarten – anstatt zu sehen, welche individuelle Antwort für uns als Familie gilt. Denn der Punkt ist doch: So wie sich keine zwei Familien gleichen, kann es auch keine allgemeingültigen Antworten auf spezifische Fragen des menschlichen Miteinanders geben. Schließlich spielt in jede Fragestellung so viel mehr herein, als in ein oder zwei Sätze passt: »Ist es okay, einen Dreijährigen zum Rausgehen zu zwingen, der wegen einer Atemwegserkrankung auf Kur an der Nordsee ist und am Strand sicher viel Spaß haben wird, sich jetzt akut gerade aber kaum vom Bällebad lösen kann?« Eine passende Antwort auf diese Frage sieht in jedem Fall ganz anders aus, als wenn wir von einem Dreijährigen sprechen, der nach einem langen Tag im Waldkindergarten gerade nur noch zu Hause bleiben und mit seiner Eisenbahn spielen will. Und wenn sein Papa dann aber trotzdem losmuss, weil die kleine Schwester einen Impftermin hat? Ändert sich die Antwort wieder. Und wieder, wenn jemand zu Hause bleiben und babysitten kann. Und so weiter und so weiter.

Jedes kleine Detail kann die Einschätzung einer Situation verändern, und in der Frage, was für Kinder zumutbar ist und was nicht, geben oft winzige Nuancen den Ausschlag: Schiebe ich ein unwilliges Kind unsanft aus der Tür, oder gebe ich ihm einen liebevoll-aufmunternden Schubs? Blickt es in ein verständnisvolles oder in ein vorwurfsvolles Gesicht, wenn es schreit, dass es nicht nach draußen will? Werde ich langsamer oder schneller, geduldiger oder ungehaltener, wenn es sich gegen das Schuheanziehen sperrt? Diese kleinen Unterschiede mögen auf den ersten Blick marginal wirken, doch bei näherem Hinsehen sind sie ganz entscheidend. Denn das Klima in unseren Familien hängt viel weniger von unseren konkreten *Handlungen* als von der dahinterstehenden *Haltung* ab. Meine häufigste Antwort auf typische Interviewfragen, in der Medienschaffende sich von mir griffige Lösungen für typische Erziehungsprobleme wünschen, lautet deshalb: »Kommt drauf an.« Was wie eine Ausflucht klingen mag, ist in Wirklichkeit Ausdruck einer meiner tiefsten Grundüberzeugungen: Wenn wir über menschliches Miteinander sprechen, kommt es immer auf den Einzelfall an. Keine Regel, von der es nicht auch eine Ausnahme geben könnte, wenn es die Situation erfordert. Keine Meinung, die wir nicht revidieren könnten, wenn es die Lage nötig macht. Es gibt nicht den *einen* richtigen Weg, Kinder ins Leben zu begleiten, sondern unzählige, individuelle. Und wir müssen immer wieder aufs Neue entscheiden, wie ein angemessenes Verhalten in dieser oder jener spezifischen Situation für uns aussehen kann, darf und soll. Damit wir uns dabei nicht im Chaos der aufgeschnappten Tipps und Überzeugungen verlieren und mehr oder weniger willkürlich mal so, mal so agieren, ist es jedoch wichtig, dass wir uns der Basis all dieser Entscheidungen bewusst sind.

Wir müssen nicht auf jede spezifische Fragestellung vorbereitet sein, die das Elternsein so mit sich bringt, und nicht für jedes Problem, das sich möglicherweise irgendwann entlang des Weges auftut, bereits die Lösung kennen. Aber: Wir brauchen eine gemeinsame Wertebasis, die das Fundament unseres Familienlebens darstellt. Feste, klare Grundüberzeugungen, die auf unserem Bild von der Welt, von unseren Kindern und von uns selbst fußen. Haben wir diese Grundfesten unseres Familienlebens für uns klar vor Augen, haben wir gewissermaßen den Nordstern für unseren eigenen Familienkompass gefunden: jenen Fixpunkt, nach dem sich alle anderen Entscheidungen ausrichten. Selbst entscheiden zu dürfen, wie genau dieses Wertefundament der eigenen Familie aussehen soll, ist eins der größten Privilegien, die mit dem Elternsein einhergehen. Und eins der unheimlichsten: Was für eine unglaubliche Verantwortung, selbst in sich den Nordstern finden zu müssen, an dem sich alles orientiert! Doch das Geniale ist: Wenn wir dieser Verantwortung nicht ausweichen, sondern uns der Aufgabe stellen, wirklich selbst zu definieren, was eigentlich die Basis unseres Familienlebens sein soll, werden auf einen Schlag alle anderen Alltagsentscheidungen viel, viel leichter fallen. Denn wer seinen Nordstern gefunden hat, verliert sich nicht mehr so leicht im Wegweiser-Dschungel, sondern nimmt einen Kompass in die Hand, justiert ihn und folgt fortan nur noch der Nadel, die in die richtige Richtung zeigt.

## Den eigenen Nordstern finden

Die Wertebasis fürs eigene Familienleben zu finden, das klingt nach einer gewaltigen Aufgabe, ernst und schwer und tendenziell überfordernd. Umso wichtiger ist es, sich daran zu erinnern, dass unsere Suche nach dem Nordstern keine komplexe Knobelaufgabe ist, die wir mit vor Anstrengung gerunzelter Stirn hoch konzentriert lösen müssen, sondern eher eine Art Suche nach dem Schatz. Diese ist ziemlich abwechslungsreich und spannend, manchmal ganz schön überraschend, hin und wieder sicher auch anstrengend – vor allem aber macht sie Spaß! Es ist diese Leichtigkeit, diese Freude am Spielen, die wir bei aller Ernsthaftigkeit, mit der wir uns den ganz großen Fragen des Familienlebens stellen, nicht verlieren sollten. Schließlich geht es hier um unsere Kinder – jene Menschen also, die hundertmal mehr lachen als wir, die aus jeder Situation ein Spiel machen können und die so viel Absurdität und Humor in unser Leben gebracht haben. Geben wir uns also selbst die Erlaubnis, auf dieser Suche zu spielen: mit unseren Erwartungen und Wünschen, Vorstellungen und Zielen. Wir können Luftschlösser bauen und Gruselszenarien entwerfen, Autoritäten vom Sockel schubsen und Ordnungssysteme auf den Kopf stellen. Und darauf vertrauen, dass – genau wie bei unseren Kindern auch – Spielen und Lernen eins sind, und all diese Gedankenspiele uns unserem Ziel näherbringen.

Humor und Leichtigkeit sind das eine – Scham und Schuldgefühle sind die andere Seite der Medaille, wenn wir uns mit unseren Überzeugungen und Glaubenssätzen auseinandersetzen. Viele Eltern kennen das Gefühl: Voller guter Vorsätze schlagen wir ein Buch über kindliche Entwicklung und Erziehung auf – und klappen es wenig später schuldbewusst wieder zu, weil uns im Zuge der Lektüre vor allem eins klar geworden ist: was wir alles falsch machen! Tatsächlich ist die Krux moderner Elternliteratur oft, dass sie mit absolut logischen Erklärungen aufwarten kann, warum geduldige, achtsame, reflektierte, liebevolle Eltern das Beste für Kinder sind – und die Lesenden dann damit allein lässt, bitte schön so zu werden. In der Folge entsteht bei vielen Eltern der Eindruck, es gäbe eben ein paar große Vorbilder, die diese ganze Familiensache mit Nerven wie Stahlseilen rocken und darüber kluge Bücher schreiben – und jede Menge Normalsterbliche, die diese Bücher dann lesen und tagtäglich an den darin abgesteckten, hohen Idealen scheitern. Deshalb an dieser Stelle ein wichtiger Disclaimer: »Über Familie zu schreiben« und »Familie zu leben« ist *nicht* dasselbe. Und sich auf Spurensuche zu begeben, wie ein gelingendes Familienleben im 21. Jahrhundert aussehen kann, ist nicht gleichbedeutend damit, automatisch alle Antworten zu kennen. Sich der eigenen Prägungen und Muster bewusst zu werden, die wir alle in unsere Elternrolle mitbringen, ist ein herausfordernder und manchmal schmerzhafter Prozess. Und es ist normal, sich im Zuge dieser Auseinandersetzung darüber klar zu werden, dass wir mit unseren Kindern längst nicht immer so gut umgehen, wie wir es eigentlich wollen. Das fühlt sich ziemlich fies an – egal, ob man es beim Schreiben oder beim Lesen eines Buches feststellt. Umso wichtiger ist es, sich bewusst zu machen, dass die eigenen Unzulänglichkeiten zu erkennen kein Grund für Scham oder Schuldgefühle ist – sondern eigentlich für unbändigen Stolz. Schließlich gibt es fast nichts Schwierigeres, als sich als Eltern einzugestehen, dass wir all unseren guten Absichten zum Trotz mit unseren Kindern Fehler machen. Nicht aus Bösartigkeit, sondern einfach, weil wir es in dem Moment nicht besser hinkriegen. Und die vielleicht unangenehmste Erkenntnis in diesem Zusammenhang ist, dass wir es niemals schaffen werden, all diese Fehler loszuwerden. Egal, wie sehr wir uns bemühen: Es wird uns nicht gelingen, immer hundertprozentig in Einklang mit unseren Wünschen und Werten zu leben. Einfach, weil wir Menschen sind, und es in unserer Natur liegt, fehlbar zu sein. Keiner handelt immer so, wie es richtig wäre. Doch das sollte uns nicht davon abhalten, uns trotzdem um ein Miteinander zu bemühen, das unseren Werten immer näherkommt.

Aus Schule, Ausbildung und Job kennen wir meist nur einen Umgang mit Fehlern: Auf jeden Fall vermeiden, sonst gibt's was auf die Mütze. Daher kommt auch unser Perfektionismus, unsere

Härte uns selbst gegenüber: Fehler zu machen und trotzdem okay zu sein, wurde uns nicht beigebracht. Doch genau darum geht es bei dieser Spurensuche. Gut und richtig zu sein, wie wir sind, auch jetzt schon, am Anfang dieser Reise. Und uns trotzdem aufzumachen, mehr die zu werden, die wir sein wollen, im vollen Bewusstsein, dass wir dieses Ziel niemals vollkommen erreichen werden. Doch darum geht es ja auch nicht. Es geht um den Weg dahin, auf dem wir unseren Kindern näherkommen. Und uns selbst.

## Werte, die fürs Leben tragen

Zufriedene Menschen haben eins gemeinsam: Sie leben im Großen und Ganzen im Einklang mit ihren eigenen Werten. Und kommen gleichzeitig damit klar, ihre eigenen Ideale niemals hundertprozentig zu erreichen. Viele Eltern kennen das aus leidvoller Erfahrung: Einer der größten Glücksräuber im Zusammenleben mit Kindern ist schließlich, dass wir dabei – zumindest gefühlt – ständig an unseren eigenen Ansprüchen scheitern. Schließlich wissen wir ja in der Theorie meist, wie wir gerne wären. Wir schaffen es nur oft nicht, auch wirklich so zu sein. Das heißt: Wenn wir uns für unser Familienleben mehr Zufriedenheit, mehr Lebensfreude, mehr Glück wünschen, kommen wir mit Oberflächenkosmetik nicht weiter. Egal, welche Erziehungstricks wir auch ausprobieren – passt unser Handeln nicht zu unserem Anspruch an uns selbst, werden Stress und Unzufriedenheit in unserem Leben immer wieder schnell die Überhand gewinnen. Wollen wir unser Familienleben wirklich auf neue Füße stellen, geht es deshalb ans Eingemachte. Dann schauen wir nämlich erst mal unter die Oberfläche und fragen uns, wer wir sind – und wer wir sein wollen.

Dabei stoßen wir auf Fragen, die schon den klügsten Philosophen Kopfzerbrechen bereitet haben. Und auf die wir jetzt unsere ganz eigenen Antworten finden müssen: Was ist für mich moralisch richtiges Verhalten? Welche Verantwortung erwächst aus meiner Macht über einen anderen Menschen? Und wie kann ich die Würde meines Gegenübers auch dann wahren, wenn ich über ihn entscheide? Die Zeiten, in denen Eltern sich mit der größten Selbstverständlichkeit moralisch über ihre Kinder stellten und von ihnen blinden Gehorsam erwarteten, ohne darin auch nur das kleinste Problem zu sehen, sind zum Glück vorbei. Heute will die überwältigende Mehrheit der Eltern bewusst auf ganz andere Werte setzen: Liebe, Respekt, Ehrlichkeit, Vertrauen. Der Teufel steckt dabei, wie so oft, im Detail. Klar will ich meinem Kind nicht bewusst wehtun – aber was, wenn mein Kind mich ständig haut und beißt? Oder wenn ich für mich selbst den moralischen Maßstab anlege, mein Kind nicht anlügen zu wollen – muss dieselbe Regel dann umgekehrt auch für mein Kind gelten? Und wenn es sich mit meinen Werten nicht verträgt, meinem Kind gegenüber meine körperliche Überlegenheit auszunutzen, ich mich jedoch gleichzeitig unbedingt für seine Sicherheit und Gesundheit verantwortlich fühle – was mache ich dann mit hartnäckigen Zahnputzverweigerern, Schutzimpfungshassern und Windelwechselwegläufern? Von diesen und ähnlichen ethischen Knackpunkten wird später noch genauer die Rede sein. Für den Moment ist erst mal wichtig, festzuhalten, dass genau solche Fragen zeigen, dass wir auf dem richtigen Weg sind, wenn wir unseren Umgang mit unseren Kindern mit unseren Werten in Einklang bringen wollen. Wir versuchen nämlich nicht mehr, mit einem Trick unser Kind dazu zu bekommen, zu tun, was wir wollen, sondern machen uns Gedanken über die moralischen Implikationen unseres Handelns für uns und unsere Kinder. Was vermitteln wir ihnen in diesem Moment über sich und über uns? Was lehren wir sie über Verantwortung und Beziehung, Liebe und Macht? Dieser Paradigmenwechsel ist ganz entscheidend, denn er zeigt, dass wir schon mittendrin sind, unseren eigenen Familienkompass zu justieren und unsere Elternschaft auf die Basis unserer eigenen ethischen Grundüberzeugungen zu stellen. Der zweite Schritt ist dann: rauszukriegen, wie wir ganz konkret so leben können, dass sich die schuldgefühlschwere Schere zwischen Anspruch und Wirklichkeit in unserem Leben endlich schließt oder zumindest verringert. Dafür müssen wir an beiden Enden ansetzen: an unseren unerbittlich hohen Idealen und an unserer stressigen Lebenswirklichkeit. Denn so lange unser Perfektionismus und unser Alltagsstress sich gegenseitig befeuern, können wir nur verlieren. Schaffen wir es hingegen, Strategien zu entwickeln, unser Handeln immer öfter in Einklang mit unseren Werten zu bringen, können wir regelrecht spüren, wie eine riesige Last langsam von uns abfällt. Damit das gelingt, brauchen wir einen weiteren Perspektivwechsel: weg von den Bedürfnissen unserer Kinder allein und hin zu den Bedürfnissen von uns allen, der ganzen Familie, den Großen wie den Kleinen. Denn die ethischen Maßstäbe, die wir in Hinblick auf unseren Umgang mit unseren Kindern ziemlich leicht entwickeln konnten, können nur dann zur Basis unseres Familienlebens werden, wenn sie für alle gelten. Das heißt also: auch für uns. All die Sanftheit, die Geduld und das Verständnis, das wir unseren Kindern so gerne entgegenbringen wollen, zieht nämlich dann erst wirklich in unseren Alltag ein, wenn wir sie uns auch selbst entgegenbringen. Und das ist gar nicht so leicht, vor allem, wenn wir es nicht von klein auf gelernt haben. Im weiteren Text werden wir deshalb genauer ansehen, was es uns Eltern heute so schwer macht, nett zu uns selbst zu sein – und wie wir das ändern können.

Unser Familienleben nach unserem eigenen moralischen Kompass auszurichten und dann auch wirklich danach zu leben, ist nichts, was von heute auf morgen passiert. »Was brauche ich und was brauchst du?« – diese Frage bezieht sich vielmehr auf einen Navigationsprozess, der niemals ganz endet und trotzdem dafür sorgt, dass wir als Familie zufriedener, sicherer und klarer werden. Nicht, weil wir von nun an keine Fehler mehr machen würden. Sondern weil sich unser Elternsein plötzlich echt anfühlt. Ehrlich. Nach uns selbst. Weil unsere Kinder uns kennenlernen dürfen und wir sie, neugierig, offen und unverstellt. Ohne dass uns alte Glaubenssätze den Blick aufeinander verstellen.

## Was wir in der Hand haben

Es ist ein weitverbreiteter Mythos, dass wir Erwachsenen Kindern bestimmte Werte quasi anerziehen könnten. »Wir haben unsere Kinder noch zu Anstand und Höflichkeit erzogen« – solche und ähnliche Sätze kennen alle Eltern. Tatsächlich ist die Sache mit der Werteerziehung gar nicht so einfach. Schließlich sind Kinder keine kleinen Computer, denen man bestimmte Inhalte mal eben aufs Betriebssystem spielen könnte. Zwar nehmen sie, neugierig und lernfreudig, wie sie sind, garantiert etwas davon mit, wie wir mit ihnen umgehen. Doch die Vorstellung der gezielten, planmäßigen Installation bestimmter Werte und Normen in ihnen ist eine Illusion. Denn Kinder bedienen sich aus den ihnen angetragenen Erziehungsbemühungen vielmehr wie bei einem großen Buffet: Von manchem nehmen sie ganz viel, von anderem nur sehr wenig, wieder anderes lassen sie ganz liegen, und wird es ihnen aufgezwungen, lassen sie es diskret im Mülleimer verschwinden. Konkret heißt das: Erhebe ich Höflichkeit zum Erziehungsziel und achte deshalb streng darauf, dass mein Kind immer brav grüßt, bitte und danke sagt und Erwachsene im Gespräch nicht unterbricht, kann dieses Vorgehen – je nach Kind – zu ganz unterschiedlichen Ergebnissen führen. Möglichkeit eins: Mein Kind nimmt meine Erziehungsversuche dankbar an und entwickelt sich zu ebenjenem höflichen Erwachsenen, den ich heranziehen wollte – Bingo! Möglichkeit zwei: Mein Kind ist latent genervt von meinem Höflichkeitsfimmel und entwickelt zusehends mehr Widerstand gegen die eingeforderten Umgangsformen. Als Erwachsene vermeidet es deshalb so gut es geht soziale Situationen, die eine gewisse Etikette erfordern, profitiert in seinem beruflichen Umfeld aber durchaus von seiner Knigge-Festigkeit. Möglichkeit drei: Je mehr ich auf Umgangsformen poche, desto bedrängter fühlt sich mein Kind, weshalb es irgendwann in den offenen Widerstand geht und die größtmögliche Distanz zu meinen Wertvorstellungen sucht. Statt Anlageberater oder Anwalt zu werden, wie ich es mir heimlich gewünscht hatte, entscheidet es sich für ein Aussteigerleben in einer Wagenburg und ist fortan nie wieder mit Benimmregeln in jedweder Form konfrontiert. Darüber hinaus sind vom unbeeindruckten Abperlen-Lassen bis zur zwanghaften Verinnerlichung natürlich noch viele weitere Outcomes möglich, die meisten mit Sicherheit gänzlich undramatisch, aber eben auch nicht wirklich steuerbar. Und das ist der Punkt: Klar können wir uns wünschen, unseren Kindern bestimmte Werte mitzugeben. Doch wir überschätzen unsere Macht, wenn wir glauben, sie ihnen durch die richtige Erziehung quasi einprogrammieren zu können. Ein schönes Beispiel dafür ist die Geschichte einer Journalistin, die im Sommer 2019 für das Magazin *Süddeutsche Zeitung Familie* aufschrieb, wie sie ihrem Sohn, der in großer Freiheit groß werden sollte, nur einen einzigen Wert mitgeben wollte: die Liebe zu Büchern. Das Kind bekam also ein großes Bücherregal, jeden Tag mehrere Gute-Nacht-Geschichten vorgelesen, und die schönsten Kinderbücher der Weltliteratur geschenkt. Am Ende all dieser Bemühungen stand ein sportlicher, lebensfroher junger Mann, der nicht das geringste Interesse am Lesen hatte – und die ganze für ihn liebevoll zusammengestellte Bibliothek bei seinem Auszug aus dem Elternhaus einfach stehen ließ. Die Geschichte eines Scheiterns? Nur wenn man gelungene Erziehung an ihrem Ziel festmacht. Und nicht an dem Weg dorthin, auf dem wir von unseren Kindern lernen dürfen, dass es unmöglich ist, einen anderen Menschen nach unseren Wünschen zu formen – aber ein echtes Geschenk, ihn dabei zu begleiten, er selbst zu werden.

## Ein Fundament fürs Familienleben

Jeder Mensch braucht einen moralischen Kompass. Denn wir alle stehen tagtäglich vor unzähligen Entscheidungen, die uns die Verantwortung auferlegen, die *richtige* Wahl zu treffen. Die Grundüberzeugungen und Ideale, die uns in diesen Entscheidungen leiten, werden Werte genannt. Unser inneres Wertegerüst, an dem wir uns gerade in moralisch kniffligen Situationen entlanghangeln, entsteht wie bereits erwähnt zunächst durch das, was wir selbst als Kinder erfahren, verändert sich jedoch durch bewusste Reflexion und Auseinandersetzung mit anderen Wertvorstellungen, die uns im Laufe unseres Lebens begegnen. Das heißt: Unsere Werte sind kein in Stein gemeißeltes unveränderliches Fundament unseres Denkens und Handelns, sondern ein veränderliches System, in dem sich persönliche Reifungs- und Entwicklungsprozesse maßgeblich widerspiegeln. Tatsächlich ist der Begriff *Werte* etymologisch eng mit dem Verb *werden* verwandt. Unsere Werte beschreiben also nicht primär, wie wir *sind*, sondern wie wir *werden* wollen. Sie stellen ein Ziel dar, ein Ideal, etwas, wonach wir streben. Und das nicht für uns allein: Als Eltern haben wir automatisch auch die verantwortungsvolle Rolle inne, Werte *weiterzugeben* und somit den Grundstein zu legen für das eigene Wertesystem unserer Kinder, das sich dann natürlich ebenfalls mit den Jahren verändern und wandeln wird.

Welche Werte wir unseren Kindern fürs Leben mitgeben wollen, hängt stark davon ab, wie wir uns ihr späteres Leben vorstellen. So ist es vielen Eltern beispielsweise ein wichtiges Anliegen, dass ihr Kind später in seinem Beruf gut klarkommt. Und weil die Arbeitswelt ihrer eigenen Erfahrung nach streng hierarchisch organisiert ist, kommen sie zu dem Schluss, ihrem Kind Werte wie Pünktlichkeit, Höflichkeit, Fleiß und Anpassungsfähigkeit vermitteln zu wollen, die es zu einem guten Arbeitnehmer machen: »Mit seinem Boss kann es später schließlich auch nicht über jede Aufgabe diskutieren!« Auch Ehrlichkeit, Respekt, Toleranz und Fairness stehen als Werte hoch im Kurs – schließlich sollen unsere Kinder sympathische und beliebte Zeitgenossen werden. Nun ist gegen all diese Werte an sich natürlich überhaupt nichts einzuwenden; es gibt nur ein Problem: Ein moralischer Kompass lässt sich nicht nach Belieben zusammenbauen. Er entwickelt sich vielmehr aus all den Erfahrungen, die ein junger Mensch im Laufe seines Lebens macht, und ist stets auch geprägt von seiner eigenen Persönlichkeit. Wir können unsere Kinder also nicht zu Höflichkeit, Respekt, Ehrlichkeit und Fairness *erziehen* – wir können ihnen diese Werte nur selbst vorleben und ihnen so ein Angebot machen, wie sie ihre persönliche Wertebasis gestalten könnten. Anstatt uns also darauf zu versteifen, welche Werte wir unseren Kindern mitgeben wollen, tun wir gut daran, uns über unsere *eigene* Wertebasis klar zu werden. Wenn wir über Werte in der Erziehung sprechen, dann reden wir so oft darüber, wie unsere Kinder einmal sein sollen, aber so wenig darüber, welche moralischen Wertmaßstäbe für *unser eigenes* Handeln gelten – als hätte das eine nichts mit dem anderen zu tun:

»Man muss immer die Wahrheit sagen!«, erklären wir also unserem Kind – und erzählen ihm dann, der Nikolaus käme nur zu braven Kindern.

»Sachen wegnehmen ist verboten!«, mahnen wir streng auf dem Spielplatz – und ziehen später zur Strafe die Spielkonsole ein.

»Niemand hat das Recht, einem anderen Menschen wehzutun!«, verkünden wir – und packen das tobende Kind kurze Zeit später unsanft am Arm, weil es nicht nach Hause will.

»Erpressen ist niemals okay«, sagen wir im Brustton der Überzeugung – um fünf Minuten später zu drohen: »Wenn du jetzt nicht sofort aufhörst, gibt es heute Abend kein Fernsehen!«

»Am wichtigsten ist es, Respekt zu haben«, beteuern wir. Und schimpfen und drohen und strafen und erpressen und behandeln unsere Kinder auf eine Weise, die wir ganz klar als respektlos empfänden, würde jemand mit *uns* so umgehen.

Diese Widersprüchlichkeit zwischen den Werten, die wir vor uns theoretisch hertragen, und unserer tatsächlichen Umsetzung markiert kein individuelles Scheitern, sondern offenbart ein strukturelles Problem: Wir leben in einer Gesellschaft, die an sich den Anspruch hat, alle Menschen menschenwürdig zu behandeln. Und unterliegen gleichzeitig alle der kulturellen Prägung, im Umgang mit Kindern dabei nicht die gleichen Wertmaßstäbe anzulegen wie bei Erwachsenen. Das sorgt für jede Menge Zündstoff. Denn viele Kinder spüren diese Ungerechtigkeit und lehnen sich dagegen auf. Und weil sie in diesem Widerstand sich ganz und gar nicht so verhalten, wie es unseren Wertevorstellungen *für sie* entspricht, reagieren wir oft mit mehr Strenge, mehr Härte, mehr Durchsetzungskraft – und entfernen uns damit selbst immer weiter von den Werten, die wir ihnen doch eigentlich vermitteln wollten. Es ist eine Mammutaufgabe, diese kulturellen Prägungen quasi im Alleingang überwinden zu wollen. Und es ist unmöglich, das zu schaffen, ohne dabei immer wieder zu stolpern und zu straucheln. Doch den Gedanken loszulassen, unseren Kindern bestimmte Eigenschaften anerziehen zu können, die wir für wichtig halten, und uns stattdessen darauf zu besinnen, ob unser alltäglicher Umgang miteinander eigentlich *unseren eigenen* Werten entspricht – das ist es, was wir als Eltern tun können, um unserer Familie ein Fundament zu geben, das wirklich fürs Leben trägt.

## Was wir mitbringen

Bevor wir Eltern werden, haben wir alle Erfahrungen gemacht, die uns geprägt haben. Und diese prägen wiederum, wie wir als Eltern sind – daran führt kein Weg vorbei. Klar können wir uns mit unserer Vergangenheit auseinandersetzen, ungünstige Muster identifizieren, alte Glaubenssätze hinterfragen und ablegen. Doch das ändert nichts daran, dass wir einen Rucksack dabeihaben auf unserer Reise und dass dessen Inhalt Einfluss darauf hat, wie wir heute in bestimmten Situationen reagieren. Für viele Eltern ist das eine bittere Erkenntnis: Da haben sie sich all das Wissen über kindliche Bedürfnisse angelesen und sich ein Bild davon gemacht, wie sie sein wollen – und dann kommen ihnen ihre eigenen Themen in die Quere. Wer selbst beispielsweise mit Essstörungen zu kämpfen hat, wird sich unglaublich schwer damit tun, in das Essverhalten der eigenen Kinder nicht regulierend einzugreifen. Da reicht es nicht, kognitiv verstanden zu haben, warum selbstbestimmtes Essen gut und richtig ist – da wirken Traumata, die wir nicht einfach so per Willenskraft mal eben in den Griff kriegen können. Wenn wir darüber sprechen wollen, was wir unseren Kindern in unserem Familienleben vorleben und so weitergeben, müssen wir auch diese Botschaften im Blick haben, die wir nicht bewusst steuern können. Das fällt vielen Eltern sehr schwer, denn was wir in unserem Rucksack mit uns herumschleppen, unterminiert oft das, was wir unseren Kindern eigentlich mitgeben wollen. Etwa: ein gesundes Körpergefühl. Oder: das Selbstbewusstsein, das wir selbst immer gern gehabt hätten. Das fühlt sich schnell wie Versagen an. Dabei ist es nur menschlich, dass wir unseren Kindern nicht nur das weitergeben, was wir ihnen wünschen. Sondern auch, was uns geprägt hat. Das heißt: Selbst wenn sich mehrere Familien eine ähnliche Wertebasis für ihr Familienleben wünschen, starten sie dabei an sehr unterschiedlichen Ausgangspunkten. Wer selbst in der eigenen Kindheit viel Respekt erfahren hat, tut sich leichter, das Erlebte weiterzutragen, als derjenige, der den wertschätzenden Umgang mit Kindern erst erlernen muss wie eine komplizierte Fremdsprache. Wer keine Verlustängste mit sich herumträgt, wird sich mit dem Loslassen leichter tun als derjenige, der schon so oft in seinem Leben verlassen wurde. Und wer keine jahrelange schwierige Kinderwunsch-Geschichte hinter sich hat, kommt mit den Ängsten des Elternseins oft besser klar als wer schon oft erfahren hat, wie fragil das Leben ist. Anstatt uns also mit anderen zu vergleichen, denen dieses liebevolle Eltern-Ding irgendwie viel leichter zu fallen scheint, ist es ganz wichtig, wertschätzend und großzügig mit uns selbst zu sein. Wir Menschen sind verschieden. Wir haben unterschiedliche Erfahrungen im Gepäck, unterschiedliche Ressourcen zur Verfügung und tragen unterschiedliche Narben mit uns herum, die größtenteils unsichtbar sind. *Natürlich* fallen uns deshalb viele Dinge auch unterschiedlich schwer. Doch das macht uns nicht zu schlechteren Eltern. Denn ja, vielleicht bringen wir durch unsere eigene Lebensgeschichte ein Thema ins Leben unseres Kindes ein, das wir ihm gerne erspart hätten. Doch das liegt nicht in unserer Hand. Was wir hingegen in der Hand haben, ist, wie wir damit umgehen. Wir können nicht jede Prägung abschütteln und nicht jedes Muster überwinden, aber wir können darauf achten, wo sich Botschaften aus unserer Vergangenheit auf unser Familienleben heute auswirken, und Schritt für Schritt Strategien entwickeln, ungünstige Muster immer häufiger durch günstigere zu ersetzen. Wir können Verantwortung übernehmen und um Verzeihung bitten, wenn unsere inneren Dämonen mal wieder mit uns durchgegangen sind. Vor allem aber können wir mit unseren Kindern darüber sprechen, warum uns manche Dinge schwerfallen, weshalb wir in bestimmten Situationen so reagieren, wie wir es tun, und dass es niemals, *niemals* ihre Schuld ist, wenn sie mit ihrem Verhalten an unseren alten Verletzungen rühren. Allein das zu hören, kann für ein Kind schon die Welt bedeuten.

Um mit unseren Kindern neue Wege gehen zu können, müssen wir uns also bewusst sein, wie stark uns die Vergangenheit prägt. Und das gleich in mehrerer Hinsicht. Zum einen tragen wir unsere ganz persönlichen Lebenserfahrungen mit uns herum: unsere eigene Bindungsgeschichte, unsere Kindheitserinnerungen, Ängste und Glaubenssätze, die sich aus unserer Biografie heraus entwickelt haben. Auch unsere Familiengeschichte hat Einfluss darauf, wie wir heute fühlen und handeln. So gehen Traumapsychologen etwa davon aus, dass schlimme Angst- und Gewalterfahrungen nicht nur die unmittelbar davon Betroffenen traumatisieren, sondern dass diese tiefen seelischen Verletzungen noch in ihren Kindern, Enkeln, Urenkeln und Ururenkeln nachwirken – ungefähr vier Generationen lang. Eine mögliche Erklärung dafür, dass sogenannte transgenerationale Traumata von Eltern auf Kinder und von denen auf die Enkel und Urenkel übertragen werden können, liegt in der sogenannten *Epigenetik*, also der Tatsache, dass das menschliche Genom durch Erfahrungen veränderbar ist.

Einschneidende Erlebnisse können also nicht nur in unserer Seele Spuren hinterlassen, sondern auch in unserer DNA. Und zwar, indem sie die Zellaktivität bestimmter Teile des menschlichen Erbguts wie einen Lichtschalter an- oder ausknipsen. Ein besonders eindrucksvoller Beleg dafür ist ein Experiment der Schweizer Neurowissenschaftlerin Isabelle Mansuy. Ihr Team setzte Mäusebabys einem Trennungstrauma aus, indem sie sie als Neugeborene von der Mutter separierten. Frühere Untersuchungen hatten bereits gezeigt, dass ein solches Erlebnis in der Psyche der kleinen Säugetiere deutliche Spuren hinterlässt: Sie neigen hinterher zu Depressionen oder unsozialem Verhalten; beides klassische Traumafolgen, die sich auch in mehreren Folgegenerationen noch beobachten lassen. Um zu überprüfen, ob diese Verhaltensweisen an die nächste Generation allein durch das elterliche Vorbild weitergegeben werden, zeugten die Wissenschaftler mittels künstlicher Befruchtung Nachwuchs traumatisierter Mäuse und ließen sie von einer unbelasteten Leihmutter austragen. Trotzdem zeigten die Mäusekinder Traumafolgen, selbst wenn sie nur in dritter oder vierter Generation von traumatisierten Tieren abstammten. Nun sind Mäuse natürlich keine Menschen, doch es mehren sich die Hinweise darauf, dass Traumata auch bei uns nach demselben Wirkprinzip weitergegeben, aber auch wieder gelöst werden können. Epigenetikerin Mansuy zeigte nämlich auch: Wachsen Mäusekinder mit ererbten Traumata in einer positiven und anregenden Umgebung mit sicheren Bindungserfahrungen auf, modifiziert sich dadurch ihr Erbgut erneut. Die stressbedingten Verhaltensänderungen verschwinden nach und nach, und ihre eigenen Kinder verhalten sich genauso wie Mäusebabys, in deren Ahnenreihe es keine traumatischen Erfahrungen gab.

Dasselbe Wirkprinzip beschreibt die renommierte Traumatherapeutin Prof. Dr. med. Luise Reddemann in ihren Büchern über die psychologischen Nachwirkungen von Kriegskindheit und NS-Erziehung auf die Folgegenerationen. Sie spricht in diesem Zusammenhang von »unbewussten Kanälen«, über die Traumata über Generationen hinweg weitergegeben werden. Und zwar vor allem in Stresssituationen, in denen in Eltern Ängste und Ohnmachtserfahrungen aus der Vergangenheit anklingen, die ihre Kinder dann mit ihren feinen Antennen in sich aufnehmen – eine Dynamik, die durch eine bewusste Auseinandersetzung mit der eigenen Familiengeschichte durchbrochen werden kann. Das zeigt: Nicht nur unsere eigene Lebensgeschichte, auch die unserer Vorfahren hat Einfluss darauf, wie seelisch stabil wir als Erwachsene dastehen. Doch es braucht nur ein Glied in der Kette, das sein ererbtes Trauma überwindet, um die Weiterreichung des Schmerzes von einer Generation zur nächsten zu unterbrechen.

## Von Steinzeitkindern und Klosterschülern

Neben unserer individuellen Geschichte tragen wir alle auch ein Stück Menschheitsgeschichte in uns, die viele unserer intuitiven Verhaltensmuster aus evolutionären Wirkmechanismen heraus bis heute trägt, sowie die Spuren von mehreren hundert Jahren Kindererziehung. Sie alle beeinflussen nämlich das gesellschaftliche, politische und kulturelle Klima, in dem wir heute Eltern sind – und damit auch uns.

Ohne Eltern keine Kinder, ohne Kinder keine Zukunft: Nach diesem simplen Wirkprinzip funktioniert die Evolution. Damit die ersten Urmenschen, die vor etwa zwei Millionen Jahren auf der Erde lebten, unsere frühsten Vorfahren werden konnten, mussten sie Kinder bekommen. Und deren Kinder mussten wiederum Eltern werden und immer so weiter und weiter. Vor ungefähr

200 000 Jahren traten dann mit der Entwicklung des Homo sapiens sapiens – also der Spezies Mensch, der wir heute alle angehören – unsere unmittelbaren Urahnen auf den Plan. Und nur weil auch sie Eltern wurden und genügend Kinder großzogen, um die menschliche Art am Leben zu erhalten, konnte unsere eigene Geschichte ihren Lauf nehmen. Irgendwas müssen sie also richtig gemacht haben, die allerersten Menschen. Schließlich gelang es ihnen, unter den ziemlich gefährlichen und widrigen Lebensbedingungen als Nomaden in der Altsteinzeit lebenstüchtigen Nachwuchs großzuziehen. Viel spricht dafür, dass sie dabei ungefähr so vorgingen, wie es einige wenige traditionale Kulturen noch heute tun: Um kleinen Kindern möglichst hohe Überlebenschancen einzuräumen, werden sie viel am Körper getragen, beim Schlafen nicht allein gelassen und mehrere Jahre lang gestillt. Entwachsen die Kinder mit zwei bis sieben Jahren der Rolle als jüngstes Kind, werden sie in vorwiegend einer altersgemischten Kindergruppe sozialisiert und beim gemeinsamen Spielen und Arbeiten auf ihr Erwachsenenleben vorbereitet. Die sozialen Regeln der Gruppe werden primär durch Vorbild und Nachahmung vermittelt – und, weil die eigene Clangemeinschaft überlebenswichtig ist, auch nicht infrage gestellt oder gebrochen. Was zunächst wunderbar naturnah und idyllisch klingt, beschreibt in Wirklichkeit jedoch ein ausgesprochen hartes Leben: Ein Großteil der so aufwachsenden Kinder erlebten ihren zwölften Geburtstag nicht. Tod und Leid waren allgegenwärtig, ob durch unglückliche Geburtsverläufe, schwere Krankheiten, plötzliche Temperaturstürze, Unfälle oder Angriffe durch wilde Tiere. Kinder verloren ihre Eltern, Eltern ihre Kinder, und wenn von zehn Geschwistern drei erwachsen wurden, war das ein guter Schnitt. Die durchschnittliche Lebenserwartung lag bei gut 30 Jahren, mit 40 war man bereits ein Greis. Es gibt also gewiss keinen Grund, nostal-

gisch auf diese Zeit zurückzublicken, in der die Welt für Kinder noch in Ordnung war – das glückliche Naturkind, das frei von gesellschaftlichen Zwängen in seinem liebevollen Steinzeit-Stamm groß wird, ist eine romantische Erfindung der Moderne. Was wir uns jedoch merken können, ist, dass Menschenkinder über 90 Prozent der Menschheitsgeschichte als kleine Nomaden groß wurden, für die Nähe und unmittelbarer Körperkontakt Überlebensgaranten schlechthin waren und jedes Alleingelassenwerden potenziell Todesgefahr bedeutete. Es spricht viel dafür, dass diese evolutionäre Prägung bis heute in unseren Kindern nachwirkt und dafür sorgt, dass sie so stark unsere Nähe suchen und einfordern – insbesondere, wenn sie müde, ängstlich oder krank sind. Eine Rückbesinnung auf die steinzeitlichen Lebensbedingungen unserer Vorfahren kann uns deshalb helfen, mehr Verständnis aufzubringen für die uns oft unerklärlich erscheinenden Verhaltensweisen unserer Kinder: Dass sie nicht gern allein schlafen, dass sie lieber getragen werden, als selber zu laufen, dass sie sich oft vor grünem Essen scheuen, das damals häufig bitter oder gar giftig war – all das erklärt sich aus dem Erbe der Menschheitsgeschichte, das in ihnen fortwirkt. Gleichzeitig müssen wir aufpassen, uns in unserem Umgang miteinander hier und heute nicht von Geschichten über das angeblich einzig natürliche Urzeit-Leben blenden zu lassen: Die gute Mutter, die ihrer angeborenen Aufgabe entsprechend Kinder hütet, und der Vater, der währenddessen auf die Jagd geht, sind eine Erfindung der Romantik, die damit die patriarchal organisierte Kleinfamilie als einzig richtige, weil einzig natürliche Lebensform darzustellen versuchte. In Wirklichkeit haben wir keine Ahnung, wie Urzeitmenschen ihr Familienleben organisierten. Viel spricht dafür, dass Clangemeinschaften sich gemeinsam um alle vorhandenen Kinder kümmerten – vielleicht sogar unter matriarchaler Herrschaft? Dass Männer angeblich aus evolutionären Gründen nicht zuhören und Frauen nicht einparken können, lässt sich aus der seriösen Evolutionsforschung jedenfalls ebenso wenig ablesen, wie dass Kinder in den ersten drei Jahren ausschließlich zur Mutter gehören und Väter von Natur aus keine Windeln wechseln können.

Von Erziehung im heutigen Sinne können wir mit Blick auf unsere steinzeitlichen Vorfahren jedoch nicht sprechen. Der Gedanke, Kinder bewusst in eine bestimmte Richtung zu formen, war ihnen mit ziemlicher Sicherheit fremd. Wohin hätten sich ihre Kinder auch entwickeln sollen als in die einzige Richtung, die ihr Clan kannte? Kinder wurden eben groß und lernten ganz automatisch von den Älteren – mehr gab es da nicht zu überlegen. Das blieb auch nach der sogenannten *neolithischen Revolution* so, als die Menschen sesshaft wurden und anfingen, Land zu bewirtschaften, Nutztiere zu halten, Vorräte zu bilden und Handel zu treiben. Die allermeisten Menschen in der Geschichte unserer Art waren schlicht damit beschäftigt zu überleben, statt sich pausenlos um ihren Nachwuchs zu kümmern. Ob in der Bronzezeit oder im Mittelalter: Kinder liefen einfach mit. Einzige Ausnahme stellten die sogenannten *frühen Hochkulturen* dar, also jene faszinierenden Kulturen, die unter anderem in Persien, Ägypten, Griechenland sowie im Römischen Reich bereits moderne Gesellschaften mitsamt Schulen und Gelehrten bildeten, während der Rest der Menschheit noch mit dem Erlernen des Ackerbaus beschäftigt war. Je höher entwickelt und gebildet eine Kultur war, desto stärker rückte auch die Frage in den Fokus, wie Kinder zu jenen Menschen geformt werden könnten, die eine solche hoch entwickelte Gesellschaft braucht: Der Erziehungsgedanke war geboren. Griechische Philosophen wie Sokrates, Platon und Aristoteles betonten den hohen Wert der Bildung für die geistige Entwicklung des Menschen und forderten Schulen für alle – gemeint waren damit aber nur männliche Schüler. Also wurden standesgemäß höher geborene Söhne fortan in Philosophie und Mathematik unterrichtet sowie in sportlichen Wettkämpfen gestählt. Das griechische Kriegervolk der Spartaner machte sich einen Namen als härteste Erzieher der Welt, weil sie schwach und krank wirkende Babys gleich nach der Geburt in der Wildnis aussetzten und die verbliebenen Kinder in streng militärisch organisierten Ausbildungslagern mit unvorstellbarer Härte und krasser Gewalt zu Soldaten ausbildeten, die keine Furcht kennen sollten. In der ersten Demokratie der Welt beschwerte sich derweil Sokrates über den misslungenen Nachwuchs seiner Zeit: »Die Kinder von heute sind Tyrannen. Sie widersprechen ihren Eltern, kleckern mit dem Essen und ärgern ihre Lehrer!« Was zeigt: Das Klagen über die »unmögliche Jugend von heute« hat eine lange Tradition. Und: Sobald Erwachsene anfangen, Kinder erziehen zu wollen, sind Frust und Ärger darüber, dass die Kinder sich dieser Erziehung nicht einfach willenlos fügen, vorprogrammiert.

Das Römische Reich – das sich zu seinen Hochzeiten über fast ganz Europa sowie weite Teile Afrikas und Asiens erstreckte – orientierte sich in seinem Bildungsverständnis stark an den Idealen der griechischen Antike. Mit der Ausbreitung des Christentums hielt dann die Kirche Einzug in die Erziehungslandschaft: In Klosterschulen unterrichteten Mitglieder des Klerus ihre Zöglinge nicht nur in Grammatik, Rhetorik, Geometrie, Musik und Astronomie, sondern vor allem in den Lehren des christlichen Glaubens. Dazu gehörten ganz praktische Anleitungen für ein gottgefälliges Leben: Kindern wurde gesagt, was richtig und was falsch ist und nach welchen Werten sie ihr Leben ausrichten sollen – es ging also nicht nur um Bildung, sondern ganz eindeutig auch um eine moralische Erziehung. Geprägt wurden davon jedoch nur sehr wenige adelige Söhne; der Großteil der Bevölkerung war weiterhin von dieser Form der Bildung und Erziehung ausgeschlossen. Diese Kinder lernten weiterhin im Kreis ihrer eigenen Familie sowie Gleichaltriger, oft jedoch unter Einsatz ziemlich drakonischer Methoden: Körperstrafen für Ungehorsam waren an der Tagesordnung, und um Kinder brav und gefügig zu halten, kam es im Hochmittelalter groß in Mode, regelmäßig einen unheimlich verkleideten Kinderschreck durchs Dorf ziehen zu lassen, der Kinder willkürlich einsammelte, schlug und ein Stück mitnahm – und mit dem Eltern fortan stets wirksam drohen konnten. Ein Überbleibsel dieser brachialen Sitte ist die bis heute in vielen Regionen quicklebendige Tradition, zum Nikolaustag dem guten Bischof aus Myra einen gruseligen Gesellen mit Rute zur Seite zu stellen, der je nach Gegend Krampus oder Knecht Ruprecht heißt. Erziehen durch Angstmachen: Dieses Vorgehen zieht sich durch die Geschichte der Erziehung wie ein roter Faden. Ob im alten Griechenland oder im alten Rom, in den frühen Klosterschulen oder den sogenannten Winkelschulen der Renaissance, in denen auch nicht reich geborene Kinder erstmals zumindest eine Grundbildung erhielten: Wo erzogen wurde, waren Drohungen und Strafen niemals weit. Kinder wurden bewusst verängstigt und bedroht, angeschrien und beschimpft, geschlagen und beschämt. Aus Schaden wird man klug – diese Grundhaltung ist untrennbar mit der Geschichte der Erziehung verknüpft.

Im Zeitalter der Aufklärung – also im 18. Jahrhundert – veränderte sich das Bild vom Kind dann grundsätzlich. Zum ersten Mal beschrieben Philosophen Kinder nicht einfach als kleine Erwachsene, sondern sprachen von der Kindheit als eigenem und wichtigem Lebensabschnitt – damals ein absolut neuer und revolutionärer Gedanke, der die Erziehungsdiskussion antrieb und befeuerte. Denn wenn Kinder nicht einfach unfertige Menschen sind, was sind sie dann? Der britische Philosoph John Locke stellte die

Vermutung an, Kinder kämen wie ein unbeschriebenes Blatt Papier zur Welt, als völlige Neutren, die erst durch die Kraft der Erziehung zu Persönlichkeiten geformt würden. Der französische Philosoph Jean-Jacques Rousseau lenkte seine Aufmerksamkeit hingegen auf die natürlichen Entwicklungspotenziale, die in jedem Kind schlummern, sofern es nur die richtigen Lebens- und Lernbedingungen vorfindet – und den richtigen Erzieher an seiner Seite. In seinem viel beachteten Buch »Émile oder Über die Erziehung« entwirft er das Bild einer idealtypischen Kindheit in der freien Natur, in dem ein Kind unter der Anleitung eines weisen, lebensklugen Erziehers kraft seiner angeborenen Neugierde sich das Wissen der Welt aneignet – eine Idee, die später unter anderem die Reformpädagogen des frühen 20. Jahrhunderts inspirieren wird. Doch was die Gebildeten untereinander diskutierten, hatte auf den Alltag der meisten Kinder zu ihrer Zeit wenig Einfluss: Sie mussten weiterhin vor allem arbeiten und funktionieren, denn vom Wert der Kindheit als besondere Lebensphase hatten ihre Eltern noch nie etwas gehört. Auch dass der Schweizer Pädagoge Johann Heinrich Pestalozzi im späten 18. und frühen 19. Jahrhundert die Idee einer ganzheitlichen Pädagogik mit Kopf, Herz und Hand entwarf, erreichte die allermeisten Eltern zu seiner Zeit nicht.

### Der lange Schatten des Behaviorismus

Im späten 19. und frühen 20. Jahrhundert war das alltägliche Erziehungsverhalten in typischen deutschen Familien vor allem vom militärischen Zeitgeist des Wilhelminismus geprägt, der Härte, Drill und Disziplin über alles stellte. Entsprechend unbarmherzig war der Umgang mit Kindern. Ähnlich wie im antiken Sparta sollten sie vor allem abgehärtet werden, weshalb auch in den zusehends flächendeckend eingeführten Schulen der Rohrstock als Erziehungsinstrument allgegenwärtig war. Aus den USA schwappte um die Jahrhundertwende das von dem Verhaltensbiologen und Psychologen John B. Watson entwickelte Konzept des Behaviorismus nach Europa, das sich auf neuste wissenschaftliche Erkenntnisse zu Reiz-Reaktions-Mustern stützte und perfekt zum Zeitgeist der fortschreitenden Industrialisierung passte: Wenn technischer und wirtschaftlicher Fortschritt gelingt, weil in perfekt konstruierten Maschinen jedes kleine Rädchen perfekt und passgenau ins andere greift – wie effizient könnten dann wir Menschen selbst werden, wenn Kinder von Geburt an zu reibungslos funktionierenden und leicht zu wartenden Leistungsträgern erzogen würden? Das, so die neue Lehrmeinung, müsste keine Utopie bleiben – schließlich hatten die berühmten Pawlow'schen Experimente ja gezeigt, dass sich Verhalten durch Konditionierung verändern lässt. Und weil die chaotischen Bedürfnisse neugeborener Babys und die bis dahin weitverbreitete intuitive Säuglingspflege so gar nicht in die moderne, auf Effizienz durch Struktur gepolte Zeit zu passen schienen, sollten sie zuallererst erzieherisch korrigiert werden. Wie stellt man es an, dass aus einem undisziplinierten Bündel Baby ein gehorsamer Untertan mit Disziplin und Selbstkontrolle wird? Schreien lassen, lautete die Antwort, und von Anfang an an einen immer gleichen Rhythmus gewöhnen, indem es außerhalb der festgelegten Mahlzeiten weder Milch noch Nähe gibt. Oh, und trocken sein musste ein Baby spätestens mit acht Monaten!

Das ist das Menschenbild, aus dem heraus die uns bis heute prägende Idee entstand, kindliches Verhalten bewusst und gezielt formen zu können und zu müssen, und zwar mittels Struktur und Disziplin. Erziehung wurde dabei strikt vom Ziel hergedacht: Es gab eine bestimmte Erwartung, wie ein gelungener erwachsener Mensch sein sollte, und die einzige Frage, die gestellt wurde, war, wie man ein Kind dazu kriegt, auch so zu werden. Die von ihm geäußerten Bedürfnisse spielten dabei keine Rolle. Im Gegenteil: Auf Weinen zu reagieren wurde als erzieherische Todsünde deklariert. Erziehungsratgeber übertrafen sich gegenseitig in den Schreckensszenarien, mit denen sie Eltern vor dem Weichwerden warnten: Asoziale Taugenichtse würde ein solches Verzärteln hervorbringen, der Spott von Kameraden sei ihnen sicher. Der Weg, dies zu verhindern, schien so einfach wie logisch. Schließlich hatten Verhaltensbiologen bereits herausgefunden, wie Dressur funktioniert: Jedes Lebewesen strebt nach guten Gefühlen und ist dementsprechend bestrebt, positive Erfahrungen zu reproduzieren. Umgekehrt speichern Lebewesen unangenehme oder schmerzhafte Erfahrungen als gefährlich ab und bemühen sich fortan darum, diese zu vermeiden. Lebewesen – ob Hunde, Ratten oder Menschen – wurden von den ersten Verhaltensforschern durch die von der Industrialisierung geprägte Weltsicht also letztlich als Reiz-Reaktions-Maschinen angesehen, die durch ein einfaches Prinzip programmiert werden konnten, indem erwünschte Verhaltensweisen belohnt, unerwünschte hingegen bestraft wurden. Aus dieser Logik heraus war die einzig sinnvolle Weise, etwa mit einem Hund umzugehen, ihm einen Knochen zu geben, wenn er zu Recht Alarm geschlagen hatte – und ihn zu verprügeln, wenn er aus Sicht seines Halters zu Unrecht bellte. Genauso simpel war die Herangehensweise bei der Kindererziehung: Bravsein wurde mit einem Zuckerstück belohnt, unerwünschtes Verhalten – ob Weinen oder Einnässen – wurde entweder ignoriert oder mit körperlicher Gewalt bestraft, und zwar vom Babyalter an. Was für uns heute ungeheuerlich und grausam erscheint, galt damals als der wissenschaftlich abgesicherte, vollkommen logische und einzig richtige Weg, Kinder gesund groß werden und zu lebenstüchtigen Erwachsenen heranwachsen zu lassen. Wie sollte ein Kind schließlich lernen, dass es nicht in Ordnung ist, ins Bett zu machen, wenn es dafür nicht verhauen wird? Und wieso sollte man einen Säugling für sein Schreien auch noch mit Aufmerksamkeit belohnen? Das würde doch völlig falsche Anreize setzen!

Das große Problem am Behaviorismus ist, dass er nicht auf gänzlich falschen Grundannahmen basiert – es stimmt ja, dass wir Menschen durch angenehme und unangenehme Konsequenzen unserer Handlungen auf bestimmte Verhaltensweisen konditioniert werden. Gerade deshalb wirkt er so logisch. Und auch weil ihm das Ergebnis auf den ersten Blick recht gibt: Ein Kind, das einen schmerzhaften Klaps auf die Hand bekommt, wird sehr wahrscheinlich nicht noch einmal versuchen, die heiße Ofentür anzufassen oder die Katze am Schwanz zu ziehen. Doch das mechanische Menschenbild verstellt den Blick darauf, dass die menschliche Entwicklung viel komplexer ist, als der dem Behaviorismus zugrunde liegende Dressurgedanke suggeriert. Denn die Logik, Menschen mittels Belohnung und Bestrafung formen zu müssen, ergibt ja nur Sinn, wenn man davon ausgeht, dass Lebewesen aus sich selbst heraus keinerlei Interesse daran hätten, zu guten Mitgliedern ihrer Spezies heranzuwachsen. Tatsächlich gingen die frühen Behavioristen davon aus, Kinder seien von Natur aus egoistische Tyrannen, nur auf ihren eigenen Vorteil bedacht, verschlagen, undiszipliniert und faul. Die Formung durch Lob und Strafe sei dementsprechend unerlässlich, um sie überhaupt erst zu richtigen Menschen zu machen, und Mitleid mit diesen unfertigen Kreaturen sei entsprechend unangebracht.

Diese Härte in der Haltung Kindern gegenüber passte perfekt in die Zeit des in vielen Ländern erstarkenden Totalitarismus zu Beginn des 20. Jahrhunderts, und insbesondere natürlich auch in die

NS-Ideologie, die in Deutschland nach der Machtergreifung 1933 Staatsdoktrin wurde. In Mütterberatungen und Erziehungsratgebern wurde jungen Frauen eingeschärft, während das Schlachtfeld des Mannes die Front sei, sei ihres die Familie, und es erfordere dieselbe stählerne Disziplin und Standhaftigkeit, insbesondere im Umgang mit kleinen Kindern. Von Anfang an müssten sie daran gewöhnt werden, sich unterzuordnen und einer äußeren Struktur zu unterwerfen. Jegliches bindungsförderliche Verhalten – vom Hochnehmen bis zum einfachen Blickkontakt beim Stillen – war strikt verboten. Stattdessen sollten die notwendigen Handgriffe beim Wickeln oder Stillen so distanziert und zügig wie möglich passieren, um das Kind bloß nicht zu verzärteln. Eine der bekanntesten Vertreterinnen der NS-Erziehungsideologie war die Lungenärztin Johanna Haarer, deren 1934 veröffentlichter Bestseller »Die deutsche Mutter und ihr erstes Kind« detailgenaue Anweisungen enthielt, wie genau dieser Umgang mit Babys und Kleinkindern auszusehen habe. Beginne ein Baby, in seinem Bettchen etwa zu weinen und zu schreien, müsse man es in jedem Fall völlig ignorieren: »Fange nur ja nicht an, das Kind aus dem Bett herauszunehmen, es zu tragen, zu wiegen, zu fahren oder auf dem Schoß zu halten, es gar zu stillen. Das Kind begreift unglaublich rasch, dass es nur zu schreien braucht, um eine mitleidige Seele heranzurufen und Gegenstand solcher Fürsorge zu werden. Nach kurzer Zeit fordert es diese Beschäftigung mit ihm als ein Recht, gibt keine Ruhe mehr, bis es wieder getragen, gewiegt oder gefahren wird – und der kleine, aber unerbittliche Haustyrann ist fertig!«

Natürlich hielten sich nicht alle Eltern an diesen Rat, denn Babyweinen ist aus gutem Grund so herzerweichend: Zu jeder Zeit fühlten Menschen den nahezu unwiderstehlichen Drang, ihm nachzugeben und sich dem weinenden Kind zuzuwenden. Doch die Kampfgeist-Rhetorik der Nazi-Pädagogik entfaltete dennoch ihre Wirkung: Eltern waren stolz darauf, nicht weich zu werden, nicht klein beizugeben, und das machte nicht nur etwas mit ihnen und ihren Kindern, sondern auch mit der Gesellschaft, in der sie groß wurden. Wird es für Menschen einer Kultur normal, kindliche Bedürfnisse zu ignorieren, entsteht mit der Zeit eine immer bindungsfeindlichere Gesellschaft, in der liebevolle Zuwendung zu den eigenen Kindern – von Johanna Haarer und Konsorten als »Affenliebe« diffamiert – zum peinlichen Zeichen von Schwäche wird.

Die erbarmungslosen Erziehungsmethoden der 1930er- und 1940er-Jahre waren jedoch kein rein deutsches Phänomen. Auch wenn sie perfekt zum Ziel der faschistischen Machtelite passten, willenlose Soldaten für Volk und Führer heranzuziehen, spiegelten sie vor allem einen erzieherischen Zeitgeist wider. Ob in Großbritannien, Frankreich, Italien, Spanien, Polen, Russland oder den USA: Überall wurden Kinder schreien gelassen und verhauen, in starre Fütter- und Wickelrhythmen gezwängt, ignoriert und bestraft. Auch ohne Nazi-Ideologie im Hintergrund galt dieser Umgang mit Kindern einfach als State of the Art der Kindererziehung: der einzig richtige Weg, von Ärzten und Wissenschaftlern einhellig empfohlen. Und auch jenseits der westlichen Industrienationen war Kindheit meist kein Zuckerschlecken: Die Idee, dass Kinder mittels Härte gefügig gemacht werden müssten, findet sich in vielen Kulturen und Religionen und wirkt deshalb in vielen Menschen ganz unterschiedlicher Herkunftsländer und kultureller Prägungen nach.

Das Problem: Ist eine Kultur erst einmal so auf Bindungsfeindlichkeit gepolt wie etwa die deutsche Gesellschaft nach Ende des Zweiten Weltkriegs, ändert sich dieses Erziehungsverständnis nicht einfach mit einem politischen Systemwechsel. Im Gegenteil: Wer selbst nie die Erfahrung gemacht hat, als Kind Fürsorge und Zuneigung zu erfahren, setzt diesen distanzierten Umgang oft unbewusst mit seinen eigenen Kindern fort. So erklärt sich, warum auch nach Ende der Nazi-Diktatur die Angst vorm kleinen Haustyrannen weiterhin das Kinderbild und Erziehungs-Selbstverständnis junger Eltern hierzulande prägte – bis in die zweite, dritte und sogar vierte Generation hinein. Auch heute noch ist die Sorge vor dem Verwöhnen nach wie vor weit verbreitet und wird durch verschiedene Erziehungsratgeber und Expertenstatements verstärkt. Wenn ein kleines Kind weint oder schreit, spüren viele Eltern deshalb auch noch heute einen inneren Zwiespalt. Einerseits wollen sie sich ihrem verzweifelten Kind intuitiv zuwenden, andererseits haben sie Sorge, sein unangemessenes Verhalten dadurch noch zu verstärken und ihm etwas Falsches anzugewöhnen. Müssen Kinder nicht auch lernen, dass sie mit Schreien nicht weiterkommen?

Heute wissen wir vor allem dank der modernen Bindungsforschung, dass die Grundannahme vom kleinen Haustyrannen, der auf Biegen und Brechen nur seinen eigenen Willen durchsetzen will, schon immer falsch war. Kinder kommen eben *nicht* als kleine Egoisten zur Welt, sondern als fühlende, lernende, soziale Wesen, die das Bestreben in sich tragen, ein Teil der Gemeinschaft zu werden, in die sie hineingeboren wurden. Das heißt: Sie wollen die Regeln ihrer Umgebung verstehen und anwenden können. Sie nehmen sich intuitiv ein Vorbild an den Menschen aus ihrer engsten Umgebung und haben eine starke innere Motivation, mit ihren Bindungspersonen zu kooperieren. Natürlich lernen sie auch aus Erfahrungen, die sie im Zuge ihres Heranwachsens machen, doch vor allem lernen sie im Rahmen tragfähiger, verlässlicher Beziehungen.

Als der schottische Kinderpsychiater John Bowlby zu Beginn

des 20. Jahrhunderts erstmals die Theorie formulierte, dass wir Menschen im Kern Beziehungswesen sind und von unseren frühen Bindungserfahrungen geprägt werden, vertrat er damit in seiner Fachrichtung eine Nischenmeinung. Die vorherrschende Lehrmeinung war geprägt vom Behaviorismus, dessen Begründer, der Psychologieprofessor John B. Watson, sich öffentlich dafür einsetzte, Kindern noch vor dem siebten Geburtstag jegliche Mutterliebe komplett zu entziehen, da sie sie nur verweichliche und daran hindere, die Welt zu erobern. Außerdem riet er kategorisch davon ab, Kinder auf den Schoß zu nehmen, zu kuscheln und überhaupt Zeit mit Kindern zu verbringen – sie entwickelten sich nämlich am besten allein. Um zu vermeiden, dass Kinder sich an vertraute Personen gewöhnten, könnten Mütter ihre Kinder außerdem ruhig untereinander durchwechseln. Das fördere die Unabhängigkeit und Selbstständigkeit, und damit die wichtigsten Erziehungsziele seiner Zeit.

Erst nach dem Schrecken des Zweiten Weltkriegs wandelte sich der Fachdiskurs langsam – auch, weil sich im Hitler-Regime gezeigt hatte, wozu eine Erziehung der Härte und Lieblosigkeit wirklich führen kann. Mit den praktischen Forschungen zum Bindungsverhalten kleiner Kinder unter anderem in Uganda schaffte die amerikanisch-kanadische Psychologin Mary Ainsworth dann, dass die Bedeutung früher Bindungserfahrungen nicht bloße Theorie blieb, sondern klar bewiesen werden konnte. Als besonders bahnbrechend erwies sich dabei der von ihr in den 1970er-Jahren entwickelte »Fremde Situation«-Test, mit dem sie ein Messinstrument für die Mutter-Kind-Bindung schuf. Dabei werden 12 bis 18 Monate alte Kinder im Rahmen einer standardisierten Testsituation von ihrer Bezugsperson – meist der Mutter – in einen Raum mit Spielsachen gebracht und dort für wenige Minuten allein mit einem ihnen fremden erwachsenen Menschen zurückgelassen. Beobachtet wird nun, wie sich das Kind in Gegenwart seiner Bindungsperson verhält, wie es auf die Trennung reagiert und wie auf das Wiedersehen. Eine sichere Bindung zeigt sich dabei typischerweise darin, dass das Kind in Gegenwart seiner Bindungsperson neugierig den Raum und das Spielzeug erkundet, mit Protest und Schmerz auf die Trennung reagiert und mit Freude und Anschmiegsamkeit auf die Rückkehr. Unsicher-vermeidend gebundene Kinder tun sich hingegen bereits vor der Trennung schwer damit, den Raum und die Spielsachen auf eigene Faust zu erkunden. Auf die Trennung reagieren sie scheinbar kaum und bei ihrer Rückkehr ignorieren sie ihre Bindungsperson, weil sie Angst haben, ihre wahren Gefühle zu zeigen. Während des Tests reagieren sie deshalb auf die fremde Person nicht anders als auf ihre Bezugsperson. Ein unsicher-ambivalent gebundenes Kind zeigt in Gegenwart seiner Bindungsperson ebenfalls wenig exploratives Verhalten, reagiert aber mit Stresssignalen auf die Trennungssituation und lehnt die fremde Person ab. Beim Wiedersehen schwankt es dann zwischen Anhänglichkeit und Abwehr, was sich etwa darin äußern kann, dass es die Nähe der Mutter sucht, sie dann aber boxt oder tritt. Eine desorganisierte Bindung zeigt sich schließlich darin, dass das Kind sowohl in Gegenwart seiner Bindungsperson als auch in der Trennungssituation dauergestresst, verunsichert und verängstigt wirkt. Auf Basis dieser Testergebnisse entstand ein völlig neues Bild gelingender Elternschaft: Dass Kinder sich in Gegenwart vertrauter Menschen am wohlsten fühlen und Trennungen nicht einfach stoisch hinnehmen, sondern schreiend und weinend dagegen protestieren, galt vor diesem Hintergrund plötzlich nicht mehr als tyrannisches Verhalten, das man ihnen unbedingt abtrainieren muss, sondern als erstrebenswertes Zeichen einer guten, sicheren Bindung. Doch obwohl der »Fremde Situation«-Test für die frühe

Bindungsforschung so wichtig war und teilweise bis heute eingesetzt wird, gibt es auch Kritik an dem Versuchsaufbau. So berücksichtigt der Test etwa nicht die unterschiedlichen Temperamente kleiner Kinder, die ihr Explorationsverhalten und ihr Nähebedürfnis ebenfalls maßgeblich beeinflussen, was die Untersuchungsergebnisse verfälschen kann. Besonders wichtig zu wissen ist außerdem, dass der »Fremde Situation«-Test nur in einem exakt festgelegten, wissenschaftlichen Setting Aussagekraft hat. Jegliche Übertragung auf Alltagssituationen – etwa die Reaktion eines Kleinkinds, wenn es bei Oma und Opa oder in der Krippe bleiben soll – ist damit nicht vergleichbar und lässt deshalb auch keinerlei Rückschlüsse auf die Bindungsqualität zu.

Heute hat sich die Bindungsforschung innerhalb der Psychologie vollständig etabliert, und die grundsätzliche Bedeutung sicherer Bindungserfahrungen ist in der Entwicklungspsychologie wissenschaftlicher Konsens. Trotzdem wirken die Grundannahmen und Erziehungsideale des Behaviorismus bis heute fort, mitsamt seinem unsäglichen Bild vom Kind als unfertigem Wesen, das nach Gutdünken geführt und geformt werden kann.

Das Spannende: In den Herausforderungen, vor denen wir Eltern heute mit unseren Kindern stehen, spiegeln sich all diese Erfahrungen und Glaubenssätze aus längst vergangenen Zeiten wider. So wie unsere Kinder über 200 000 Jahre Menschheitsgeschichte im Gepäck haben, wenn sie auf die Welt kommen, so haben wir viele hundert Jahre Erziehungsgeschichte im Rucksack – ob wir wollen oder nicht. Wir verstehen uns als moderne, reflektierte Menschen und tragen doch die Ängste, Überzeugungen und Glaubenssätze vieler Generationen mit uns herum – mitsamt den unterschiedlichen Welt- und Menschenbildern, die ihnen zugrunde liegen.

Nochmals kurz zusammengefasst: Wir sind als ganz normale

Eltern in unserem ganz normalen Umgang mit unseren Kindern also beeinflusst von den Bildungsidealen der Antike, den Kinderschreck-Methoden des Mittelalters, den Naturkind-Idealen der Renaissance, der wilhelminischen Idee von Gehorsam als Zeichen gelungener Erziehung – und nicht zuletzt den Traumata, die unsere Eltern, Großeltern und Urgroßeltern durch ihre eigene Erziehung erfahren haben. Wir dürfen uns deshalb nicht der Illusion hingeben, dass nach fast 100 Jahren Bindungsforschung alle alten Zöpfe abgeschnitten sind und wir heute ganz selbstverständlich und leichtherzig auf einen beziehungsreichen, bindungsstarken Umgang mit unseren Kindern setzen können. Im Gegenteil: Im Erziehungsverhalten der allermeisten Menschen hat die Bindungsforschung den Behaviorismus und all seine harten Vorläufer keinesfalls abgelöst, sondern allenfalls um einige menschenfreundlichere Aspekte ergänzt. Die Grundannahme, dass menschliches Verhalten durch angenehme und unangenehme Konsequenzen geformt werden kann und muss, ist davon jedoch weitgehend unberührt geblieben und wird bis heute von vielen Fachpersonen so angenommen und gelehrt. Und das heißt wiederum: Dass uns Eltern heute die unterschiedlichsten und widersprüchlichsten Botschaften begegnen, wie wir mit unseren Kindern umgehen sollen, liegt nicht nur an verschiedenen, individuellen Entscheidungen, die Familien treffen, sondern an verschiedenen Denkschulen, die die Erziehungsdiskussion der vergangenen Jahrhunderte genährt haben und die beide bis heute die Arbeit unzähliger Berufsgruppen prägen, die mit Eltern und Kindern arbeiten. Im Erziehungsverhalten heutiger Eltern finden sich deshalb meist ganz selbstverständlich Einflüsse verschiedener Denkschulen: Anders als in früheren Zeiten werden Kinder heutzutage meist viel umarmt und auf den Schoß genommen, bekommen Gute-Nacht-Küsse und Lieblingsgeschichten vorgelesen, dürfen weinen und kuscheln und sich anvertrauen. Das ist der Einfluss der Bindungsforschung. Dass sie aber auch Tablets weggenommen und Fernsehverbot kriegen, auf Strichlisten landen und fröhliche oder traurige Smileys unter Hausaufgaben gestempelt bekommen – das ist das Erbe des Behaviorismus und der alten Überzeugung, dass Kinder aus den Folgen lernen und dass wir Erwachsene diese Folgen deshalb gezielt einsetzen können und müssen, um gewünschtes Verhalten zu verstärken und unerwünschtes abzustellen.

Als Eltern hier und heute stehen wir also vor einer echten Mammutaufgabe: Wir müssen den Erziehungsrucksack, den andere für uns gepackt haben, öffnen und ausleeren – und dann in mühsamer Kleinarbeit durchsortieren und nur das behalten, was zu uns und unserem heutigen Wertesystem und Menschenbild passt. Dafür müssen wir jedoch nicht nur wissen, wo wir herkommen, sondern auch, wo wir heute stehen – und wo wir hinwollen.

# Wo wir stehen

## Die Wissenschaft hat festgestellt ...

Wer im Umgang mit den eigenen Kindern das Richtige tun will, orientiert sich gern an den Fakten. Das ist eine kluge Strategie, denn evidenzbasiertes, objektivierbares Fachwissen ist oft die beste Entscheidungsgrundlage, die wir haben. Und gerade in einer Zeit, in der die Unterschiede zwischen Meinung und Tatsache im öffentlichen Diskurs oft verwässern, kann gar nicht oft genug darauf hingewiesen werden, dass verantwortungsvolle Entscheidungen sich dadurch auszeichnen, eben nicht nur auf subjektiven Ansichten zu fußen, sondern vor allem auf den besten aktuell verfügbaren Forschungsergebnissen. Bestes Beispiel dafür ist der Klimawandel: Wer angesichts der überwältigenden Faktenlage immer noch leugnet, dass die steigende Erhitzung unserer Erdatmosphäre die direkte Folge unseres eigenen Produktions-, Reise- und Konsumverhaltens ist, vertritt nicht einfach eine Minderheitenposition. Er liegt schlicht falsch.

Nichtraucher haben eine höhere Lebenserwartung, Bewegung hält Gehirn und Körper fit, und Hülsenfrüchte sind gesund, weil sie so viel Eisen enthalten – in einer Welt, die uns zusehends chaotischer und unberechenbarer erscheint, haben solche klar belegten Fakten etwas ungeheuer Beruhigendes. Sie befriedigen unseren Wunsch nach klaren Antworten, die uns die Wahl zwischen Richtig und Falsch leicht machen. Dank Studien und Untersuchungen im Alltag bewiesenermaßen gute und richtige Entscheidungen zu treffen, ist für viele Menschen dementsprechend eine sehr angenehme Vorstellung. Diese Sehnsucht nach der objektiv richtigen Wahl hat uns nicht nur professionelle Warentester und die verschiedensten Qualitätssiegel eingebracht, sondern auch das ausgesprochen beliebte mediale Format des Experteninterviews. Ob im Fernsehen, in Zeitschriften oder im Netz: Überall teilen Menschen, denen eine gewisse Expertise in einem Themengebiet zugeschrieben wird, ihr Wissen und die daraus resultierenden Alltagstipps mit dem Rest der Bevölkerung. Der Einfluss solcher Expertentipps ist nicht zu unterschätzen: Wenn wir lesen, dass Krebszellen keine Himbeeren mögen und Meerschweinchen gut fürs Klima sind, macht das etwas mit uns – vor allem, wenn solche Botschaften aus prominenter und seriöser Quelle stammen. Das Problem dabei: Der mediale Expertenbegriff ist wachsweich. Es kann sein, dass zu einem Gesundheitsthema ein Nobelpreisträger befragt wird, der genau über diese Krankheit seit Jahrzehnten forscht – der Interviewte kann aber auch ein Heilpraktiker sein, dessen Aussagen vor allem auf seinen persönlichen Erfahrungswerten beruhen. Konkret heißt das: Längst nicht jeder Mensch, der ein Interview zu einem bestimmten Thema gibt, vertritt auch den wissenschaftlichen Fachkonsens. Und nur weil jemand Wissenschaftler ist, fußen längst nicht alle Aussagen aus seinem Mund auch wirklich auf evidenzbasierter Forschung. Dazu kommt, dass Studienergebnisse in den Massenmedien oft so verkürzt und zugespitzt dargestellt werden, dass sich dadurch ihre Aussagekraft massiv verfälscht. So machte im Jahr 2010 eine Studie der Universität Yale Schlagzeilen, die den Einfluss von Schokoladenkonsum auf den Schwangerschaftsverlauf untersucht hatte. »Hurra!«, war daraufhin in Zeitungen und Magazinen auf der ganzen Welt zu lesen. »Endlich naschen ohne Schuldgefühle: Schokolade senkt das Risiko für Frühgeburten!« Was war passiert? Wissenschaftlerinnen hatten Frauen mittels selbst auszufüllender Fragebögen darum gebeten, sich an ihren Schokoladenkonsum in der Frühschwangerschaft zurückzuerinnern. Und kamen zu dem Schluss: Wer mindestens fünf Mal pro Woche Schokolade gegessen hatte, litt im weiteren Verlauf der Schwangerschaft seltener unter Bluthochdruck, der ein Risikofaktor für Frühgeburtlichkeit darstellt. Aber war die Schokolade dafür verantwortlich? Das weiß keiner. Vielleicht haben Schwangere mit bekannten Risikofaktoren auch einfach stärker auf ihre Ernährung geachtet. Oder die Schwangeren mit Bluthochdruck erinnerten sich einfach nicht mehr so genau, ob sie Schokolade gegessen hatten. Fest steht jedenfalls: Eine solche Korrelation ist noch lange kein Beweis für den Benefit durch Schokolade für Schwangere – doch weil die Story so schön ist, wird sie trotzdem bis heute genau so weitergetragen.

Versuchen wir, in der Wissenschaft Antworten auf die großen Fragen des Elternseins zu finden, wird die Sache noch komplizierter. Denn während sich etwa konkrete gesundheitliche Fragestellungen wie die eben erwähnte mit einem guten Studiendesign tatsächlich recht sicher beantworten ließen, wird es mit der Wissenschaftlichkeit schwierig, sobald wir uns mit den Feinheiten des zwischenmenschlichen Miteinanders befassen. Denn Beziehungen sind so facettenreich wie individuell: Was für zwei Menschen genau der richtige Umgang miteinander ist, kann für andere völlig verkehrt sein. Gute Wissenschaft lebt jedoch von Vergleichbarkeit und Reproduzierbarkeit, die es ermöglichen, aus einer Reihe von Untersuchungen allgemeingültige Regeln abzuleiten. Genau das ist jedoch schwierig, wenn es um persönliche Beziehungen geht, die so vielfältig und vielschichtig sind wie wir Menschen selbst. Wie Eltern mit ihren Kindern umgehen, lässt sich schwer in klar voneinander abgrenzbare Kategorien pressen. Trotzdem wird immer wieder genau das versucht. Um herauszufinden, welcher Erziehungsstil die besten Ergebnisse erbringt, werden Eltern im Rahmen wissenschaftlicher Untersuchungen beispielsweise gerne in vier Gruppen eingeteilt. Der Übersichtlichkeit halber wird also so getan, als gäbe es exakt vier Erziehungsstile: den *autoritären Stil*, der vor allem Gehorsam zum Ziel hat und auf Druck und Strafen setzt. Den *autoritativen*, der auf mehr Mitbestimmung bei gleichzeitig klar vermittelten Grenzen setzt. Die *Laisser-faire-Haltung*, die Kindern bewusst unbegrenzte Freiheit zugesteht. Oder die *desinteressierte Erziehung*, die eigentlich gar keine bewusste Hinwendung zum Kind darstellt, sondern letztlich Vernachlässigung bedeutet. Angesichts dieser Auswahl ist es wenig erstaunlich, dass die autoritative Erziehung in praktisch allen Untersuchungen zum Thema als der beste Weg hervorgeht, gesunde, zufriedene und erfolgreiche Kinder großzuziehen. Denn in dieser Kategorie landen fast alle Eltern, die in Erziehungsfragen den goldenen Mittelweg suchen, anstatt sich in Extremen zu verlieren oder überhaupt nicht um ihr Kind zu kümmern. Doch die Aussagekraft solcher Untersuchungen ist sehr begrenzt, denn wie es sich für ein Kind anfühlt, in seiner eigenen Familie Kind zu sein, lässt sich nicht anhand eines Fragebogens ermitteln, den man die Eltern ausfüllen lässt. Wenn Erwachsene davon sprechen, dass es bei ihnen zu Hause viel Liebe, aber auch klare Grenzen gebe, können sie damit schließlich sehr unterschiedliche Dinge meinen. Und längst nicht jedes Kind, dessen Eltern überzeugt sind, liebend und fürsorglich zu sein, wächst zu einem Erwachsenen heran, der sich an eine gute Kindheit erinnert. Und überhaupt: Wie bemisst sich Erziehungserfolg? Wenn sehr freiheitlich erzogene Kinder – wie eine US-amerikanische Studie nahelegt – in der Schule häufiger anecken, weil sie Autoritäten hinterfragen

–, spricht das dann für oder gegen diesen Erziehungsstil? Allein diese Frage zeigt: Was die Wissenschaft uns über den vermeintlich guten und richtigen Umgang mit Kindern zu berichten weiß, hat viel mit den kulturellen Prägungen der Forschenden zu tun. Wie definieren sie »zu große Freiheit«, wie »angemessene Grenzen«? Und was macht für sie ein »gut erzogenes Kind« aus? Natürlich gibt es wertvolle wissenschaftliche Erkenntnisse über die kindliche Entwicklung, neurologische Reifungsprozesse, Bindungsmuster und Erziehungswege, und es ist hilfreich, diese zu kennen und in unseren alltäglichen Umgang miteinander einfließen zu lassen. Deshalb werden sie selbstverständlich auch Raum in diesem Buch bekommen. Doch es ist wichtig, sich darüber bewusst zu sein, dass Studienergebnisse allein uns nicht weiterhelfen in der Frage, was unsere Kinder von uns ganz konkret brauchen. Denn die große Mehrzahl der Analysen verschiedener Erziehungsstrategien und -ergebnisse hat eine riesengroße Schwäche: Sie stellt die Methode in den Mittelpunkt. Erziehung, das ist bei dieser Betrachtungsweise nicht mehr als ein Mittel zum Zweck. Macht Taschengeld Kinder sparsamer? Lassen Belohnungssysteme Kinder besser lesen? Was all diese Studien nicht verraten, ist, was all diese Tricks und Strategien mit der Eltern-Kind-Beziehung machen, und zwar nicht nur kurz-, sondern auch langfristig. Macht Vorlesen Kinder auch dann schlauer, wenn sie dabei die innerliche Abneigung ihrer Eltern dagegen spüren? Und hat Fernsehen eigentlich denselben Effekt, wenn Geschwisterkinder gemütlich aneinandergekuschelt ihren Lieblingsfilm schauen, oder wenn sie versuchen, sich mit dem Tablet auf Höchstlautstärke gedanklich von ihren streitenden Eltern wegzubeamen? Wenn ich eines in meiner Arbeit als Fachjournalistin für Familienthemen in den vergangenen 15 Jahren gelernt habe, dann ist es, dass es auf Elternfragen zu Kinderthemen oft nur eine ehrliche und wissenschaftlich einigermaßen fundierte Antwort geben kann: Was für euch richtig ist, hängt von euren Kindern, eurer Lebenssituation und euren Beziehungen miteinander und zueinander ab. Ein gesundes, belastbares Familiensystem hält so einiges aus, und Kinder können unglaublich widerstandsfähig und resilient sein. Gleichzeitig können selbst scheinbare Kleinigkeiten dramatische Auswirkungen haben, wenn sie Menschen zum falschen Zeitpunkt an der falschen Stelle treffen. Und kein Experte der Welt kann uns eine Garantie dafür geben, mit welchem Rezept wir mit unseren Kindern alles richtig machen. Das zeigt ja schon allein ein Blick auf erwachsene Geschwister in unserem eigenen Freundes- und Bekanntenkreis: in derselben Familie aufgewachsen, von den gleichen Eltern erzogen, und trotzdem oft grundverschieden nicht nur in ihrer Art, sondern auch in ihrer Sicht auf die eigene Kindheit. Was ein Kind als geborgen empfand, fand das andere einengend; was eines leicht verzeihen und vergessen kann, schleppt das andere noch Jahrzehnte mit sich herum.

Welchen Schalter muss ich drücken, um das Ergebnis zu bekommen, was ich haben will? Wer so auf Familien schaut, reduziert das feine Beziehungsgeflecht zwischen Eltern und Kindern auf ein simples Reiz-Reaktions-Muster und verliert so schnell das Wesentliche aus dem Blick: den Einfluss der Eltern-Kind-Bindung und der Beziehungserfahrungen, die unsere Kinder mit uns machen. Denn ob ein Kind sich geborgen und geliebt fühlt und ob es zu einem sozialen und selbstbewussten Erwachsenen heranwächst, liegt eben nicht primär an unseren Erziehungsmethoden, sondern daran, wie unsere Kinder uns und unser Miteinander im Alltag erleben. Fühlen sie sich gesehen, angenommen, wertgeschätzt, bedingungslos geliebt? Haben sie Angst, uns zu enttäuschen? Spüren sie unseren Perfektionismus, unsere Härte uns selbst gegenüber? Fürchten sie unsere Wut? Haben sie Angst um uns? Fühlen sie sich für unser Glück verantwortlich? Oder für unsere Ehe? Wissen sie, wo wir herkommen; und wo wir mit ihnen hinwollen? Haben sie Mitleid mit uns, sorgen sie sich, zu anstrengend zu sein? Sind wir ihr sicherer Hafen? Auf all das haben die Alltagssituationen Einfluss, die sie mit uns erleben – und welche unserer Erziehungsversuche bei ihnen welche Wirkung zeigen. Konzentrieren wir uns auf Methoden statt auf unsere ganz persönliche Beziehung zu unseren Kindern, verlieren wir die Tragweite dieser Erfahrungen schnell aus dem Blick. Und glauben der Expertin, die im Radiointerview sagt, von Heimweh bei Achtjährigen dürfte man sich nicht beeindrucken lassen, das hielten Kinder in dem Alter schon aus – anstatt auf unser Kind, das seine ganz eigene Geschichte und seine ganz eigenen Gefühle im Gepäck hat, zu hören, das die Frau im Radio nicht kennt und von dem sie nicht wissen kann, was es braucht.

Tatsächlich sind die Beziehungsdynamiken, die sich im ganz normalen Familienleben entfalten, so komplex, dass es unmöglich ist, aus ihnen per wissenschaftlicher Analyse die Formel für die perfekte Erziehung zu extrapolieren. Was es gibt, sind einzelne Schlaglichter, die gern zur Untermauerung der eigenen Überzeugungen herangezogen werden. Wer im Medienkonsum heutiger Kinder eine große Gefahr sieht, wird sich freudig auf die verschiedenen Studien stürzen, die etwa ein gehäuft paralleles Auftreten von viel Bildschirmzeit und schlechten Schulleistungen aufgezeigt haben. Und wer selbst ein großer Fan des ausschließlichen Tragens des eigenen Babys ist, nimmt gern eine passende Untersuchung zum Beleg dafür, wie wichtig genau das für die frühkindliche Entwicklung ist. Tatsächlich können die meisten Studien, die den Effekt einer bestimmten Erfahrung wie Fernsehkonsum oder Getragenwerden auf die kindliche Entwicklung untersuchen, allenfalls Korrelationen feststellen – aber keine Kausalitäten. Das heißt: Nur weil zwei Phänomene häufig parallel zueinander auftreten, stehen sie noch lange nicht zwingend in kausalem Zusammenhang miteinander. Ein berühmtes Beispiel dafür ist der Rückgang der Geburtenrate in den neuen Bundesländern seit der Wiedervereinigung, der parallel zur sinkenden Zahl der Störche in dieser Region verläuft. Ähnliche Erklärungsmuster sind auch bei vielen Untersuchungen zu Entwicklungsthemen denkbar: Gut möglich, dass weniger die drei Stunden Fernsehen pro Tag ein Problem für die kindliche Entwicklung darstellen als die sozialen Rahmenbedingungen, die einen überdurchschnittlich hohen und unkritischen Fernsehkonsum in Familien wahrscheinlich machen. Und dass Stillen Babys angeblich schlauer macht, darf bei näherem Hinsehen auch getrost hinterfragt werden, solange gestillte Babys überdurchschnittlich oft überdurchschnittlich gebildete Eltern haben, die sich besonders intensiv um die Förderung ihrer Kinder bemühen.

Wie kritisch oder unkritisch wir selbst mit derlei Studienergebnissen umgehen, können wir uns bewusst machen, wenn wir uns selbst einmal dabei beobachten, wie wir auf all die Expertenstatements und Schlagzeilen reagieren, die uns tagtäglich so in unsere Timelines gespült werden. Dabei zeigt sich nämlich immer das gleiche Phänomen: Fühlen wir uns durch eine Überschrift in unseren eigenen Erfahrungen und Überzeugungen bestätigt, erachten wir Experten für glaubhaft und Studien für seriös. Ist uns ein Artikel hingegen unangenehm oder widerstrebt er unseren persönlichen Überzeugungen, tun wir ihn schnell als unseriösen Humbug und blöde Stimmungsmache ab. Auch als Journalistin, zu deren Handwerkszeug die kritische Überprüfung jeder Quelle gehört, bin ich vor derlei Reaktionen nicht gefeit. Als Mutter, die all ihre vier Kinder zu Hause geboren hat, reagiere ich beispielsweise oft positiv überrascht, wenn ich auf einen Artikel stoße, der die Sicherheit außerklinischer Geburten betont, während ich hausgeburtskritischen Expertenstatements aus dem Bauch heraus erst mal mit Skepsis begegne – auch wenn bei näherem Hinsehen der hausgeburtsfreundliche Artikel vielleicht auf eher wackeligen Argumenten aufgebaut ist und der kritische Text valide Bedenken aufwirft. Doch bis ich das für mich erkannt und reflektiert habe, habe ich bei dem Artikel, der von mir positiv angenommen wird, vielleicht schon auf »Teilen« geklickt – und damit dazu beigetragen, meine eigene Filterblase (und mich selbst!) im eigenen Weltbild zu bestätigen. Besonders anfällig für das unkritische Annehmen scheinbar wissenschaftlicher Beweise für die Richtigkeit des eigenen Wegs sind wir, wenn wir uns einer Minderheit zugehörig fühlen: Wenn zum Beispiel gefühlt alle Welt Hausgeburten für unverantwortlich hält, bin ich als Hausgeburtsmutter so dankbar für jeden Experten, der mir das Gefühl gibt, auf meiner Seite zu sein. Und wenn mir mein gesamtes Umfeld das Gefühl gibt, eine überbehütende Glucke zu sein, weil mein Kind mit zwei noch nicht in die Kita geht, bin ich umso dankbarer für jeden Artikel über den wahren Wert der unsichtbaren Arbeit der »Selbstbetreuerinnen«, dass ich leicht darüber hinwegsehe, ob der Text klar antifeministische Vorurteile bedient.

Das zeigt: Wenn Eltern für sich beanspruchen, sich im Umgang mit ihren Kindern auf die aktuelle Wissenschaft zu stützen, dann ist es in Wirklichkeit oft eher umgekehrt: Wir haben bestimmte Überzeugungen, Vorlieben und Glaubenssätze und suchen uns dann bewusst oder unbewusst die Expertenmeinungen und Studienergebnisse zusammen, die uns darin unterstützen. Jede Woche erreichen mich Nachrichten, in denen mich Menschen um genau solche passgenauen Beweise bitten: dass Kaiserschnitte entweder ganz furchtbar oder total unbedenklich sind, dass Schlaflerntrainings in Ausnahmefällen in Ordnung sind oder irreparabel das Gehirn schädigen, dass es völlig okay oder total unnatürlich ist, wenn Kinder mit vier noch Windeln tragen. Oft sind die erbetenen Antworten für uneinsichtige Schwiegereltern sowie befreundete Eltern gedacht, die schwarz auf weiß bekommen sollen, dass der eigene Weg der richtige ist. Doch natürlich hat auch die Gegenseite längst geeignete Geschütze aufgefahren: Auf den ausgedruckten Blog-Artikel über die Vorteile des Familienbetts gibt es als Replik zum Beispiel das ausgeschnittene Zeitungsinterview mit der Paartherapeutin, die Kinder im Elternschlafzimmer als große Gefahr für jede Beziehung bezeichnet. Irgendwann reichen dann allein schon bestimmte Namen, um die verschiedenen Lager aneinander hochgehen zu lassen: »Bleib mir weg mit deinem Juul!« – »Du willst doch jetzt nicht ernsthaft Winterhoff zitieren?« Zurück bleibt schnell das Gefühl, dass sich heute jeder mithilfe seiner eigenen Wissenschaftler seine eigene Wahrheit zusammenzimmern kann – was die Idee von Wissenschaft als Quelle objektivierbarer Erkenntnisse natürlich ad absurdum führt.

Seien wir deshalb lieber ehrlich zueinander und zu uns selbst und sagen: Klar haben aktuelle wissenschaftliche Erkenntnisse Einfluss auf unser Elternsein. Doch die Grundüberzeugungen und Werte, auf denen unser Umgang mit unseren Kindern fußt, haben andere Wurzeln. Und das ist in Ordnung. Wir brauchen keine Kronzeugen, die uns bestätigen, dass objektiv derjenige die besten Erziehungsergebnisse erzielt, wer mit seinen Kindern umgeht, wie wir es tun. Es reicht, wenn unser Umgang mit unseren Kindern unseren eigenen Werten entspricht. Wir sind es, die die Verantwortung für die Beziehung zu unseren Kindern tragen. Wir kennen sie besser als alle anderen Menschen. Und was sie uns über unser Elternsein zurückspiegeln, hat mehr Relevanz und mehr Aussagekraft als alle Experteninterviews zu Erziehungsthemen zusammen. Trauen wir uns also, im Zusammenleben mit unseren Kindern auf einen Umgang zu setzen, für dessen Richtigkeit es keinen wissenschaftlichen Beweis gibt oder geben kann. Weil er auf keiner Methode beruht, sondern darauf, dass wir unsere Kinder ansehen – wirklich ansehen, mit allem, was sie sind – und fragen: Wer bin ich, und wer bist du? Und was brauchen wir, dass es uns miteinander gut gehen kann?

## Die Sache mit dem Bauchgefühl

Als junge Mutter habe ich kaum einen Tipp so häufig gehört wie den, doch einfach auf meinen Bauch zu hören. Oder wahlweise auf mein Herz. Auf keinen Fall jedoch auf Bücher. Zu verkopft zu sein, sei in Erziehungsfragen nicht gut. Ich solle mich lieber auf meine Intuition verlassen und nicht so viel nachdenken. Natürlich steckt in diesen Ratschlägen ein Funken Wahrheit: Zu viele Informationen aus unterschiedlichen Quellen können sehr verwirrend sein, und gleichzeitig gibt es tatsächlich Situationen, in denen das viel gelobte Bauchgefühl der beste Ratgeber ist. Doch das Abraten von jeglichem Lesen und Nachdenken, das bis heute vielen Eltern entgegenschlägt, finde ich trotzdem höchst bedenklich. Bei keiner anderen Aufgabe im Leben wird Menschen so vehement davon abgeraten, sich schlauzumachen und nachzudenken, wie es am besten gehen kann – warum? Dieser Rat hat viel mit dem Muttermythos zu tun, der in unserer Kultur sehr wirkmächtig ist und der besagt, dass Mütter sich nicht nur von Natur aus gern aufopfern, sondern auch, dass sie als einzige Wesen überhaupt dazu in der Lage sind, intuitiv zu wissen, was ihr Kind braucht.

Was sich im Patriarchat als ziemlich praktischer Ansatz erwiesen hat, um Frauen ihren Platz als Kinderkümmerin zuzuweisen, während Männer die wichtigsten gesellschaftlichen Machtpositionen getrost unter sich aufteilen konnten, da sie für die Kinderversorgung mangels Mütterlichkeit ohnehin nicht infrage gekommen wären. Tatsächlich ist es mit der mütterlichen Intuition nicht besonders weit her. Anders als etwa bei Katzen- oder Hundemüttern ist in Primatenmüttern nämlich kein unfehlbares Brutpflegeprogramm installiert, das sie intuitiv alles richtig machen lässt. Stattdessen hat die Evolution bei uns Menschen auf soziales Lernen gesetzt. Das heißt: Wir schauen uns von anderen ab, wie man das so macht mit den Kindern. Das ist ziemlich clever, weil wir Menschen dadurch flexibel sind und unter den unterschiedlichsten Lebensbedingungen die Verhaltensweisen übernehmen können, die zu unserer Situation passen: Inuit-Eltern müssen ihre Kinder wärmer einpacken als Nomaden-Eltern in der Wüste und so weiter. Doch das Prinzip des Lernens voneinander ist auch fehleranfällig, wenn Vorbilder fehlen. Diese Erfahrung musste auch ein Zoo in Ohio machen, in dem eine Gorillamutter ein Baby bekam, die noch nie die Gelegenheit gehabt hatte, eine Artgenossin im Umgang mit einem Gorillajungen zu beobachten. Dementsprechend hilflos war sie mit ihrem eigenen Nachwuchs. Insbesondere das Stillen gestaltete sich als schwierig: Ständig legte sie das Baby so an die Brust, dass es nicht richtig trinken konnte, oder gab ihm gar keine Milch, sodass das Gorillajunge letztendlich verstarb. Ich weiß nicht, warum der Zoo an dieser Stelle nicht rechtzeitig eingriff, um das Drama zu verhindern, doch als dieselbe Gorillamutter einige Zeit später wieder schwanger war, lud man eine lokale Stillgruppe ein, während der Schwangerschaft der Gorilladame regelmäßig in den Zoo zu kommen und die Kinder in Sichtweite des Gorillageheges an die Brust zu legen. Mit Erfolg: Als das nächste Gorillababy zur Welt kam, hatte seine Mutter sich abgeschaut, wie Primaten sich um ihre Kinder kümmern, und ernährte und versorgte ihr Junges seither erfolgreich.

Nun sind wir Menschen keine Gorillas, doch dass auch wir das

Elternsein hauptsächlich durch Beobachten erlernen, ist gut erforscht – und zwar unabhängig von der eigenen Geschlechtsidentität. Und das macht den Tipp, einfach aufs eigene Bauchgefühl zu hören, statt schlaue Bücher zu lesen, so problematisch. Denn das, was wir oft als Bauchgefühl bezeichnen, ist eben nicht allein die natürliche elterliche Intuition, die wir alle zu einem gewissen Grad besitzen, sondern auch viel Abgeschautes, Erlerntes, Verinnerlichtes, das sich für uns richtig anfühlt, weil es *vertraut* ist – obwohl es weder unseren Kindern guttut noch uns selbst. Um also wirklich auf unsere elterliche Intuition hören zu können, müssen wir erst wieder *ver*lernen, was wir an bindungs- und beziehungsschädlichen Botschaften und Glaubenssätzen über Kinder, Eltern und Erziehung verinnerlicht haben. Und dafür ist es unerlässlich, unseren Kopf zu benutzen, uns Wissen anzueignen und darüber nachzudenken, wie wir wirklich miteinander umgehen wollen.

## Im Hier und Jetzt – und in der Zukunft

Eine der größten Herausforderungen des heutiges Elternseins ist es, dass wir permanent auf zwei Zeitschienen unterwegs sind: in der Gegenwart und in der Zukunft. Einerseits müssen wir unseren Alltag im Hier und Jetzt auf die Reihe kriegen und wünschen uns dabei ein möglichst entspanntes, liebevolles Miteinander mit unseren Kindern. Andererseits fühlen wir uns aber auch dafür verantwortlich, unseren Nachwuchs gut auf später vorzubereiten – schließlich soll er von uns heute das Rüstzeug mitbekommen, das er in seinem Erwachsenenleben braucht. Und das macht die Sache kompliziert, denn viele Lösungen, die uns jetzt erst mal Erleichterung versprechen, sind aufgrund der Erziehungsgeschichte unserer Kultur gleichzeitig mit der Sorge behaftet, uns später mal gewaltig auf die Füße zu fallen. Natürlich ist es zunächst leichter, das Baby mit ins eigene Bett zu nehmen – aber kriegt man es dann von dort je wieder raus? Natürlich kann ich ein Kleinkind auf den Arm nehmen, wann immer es will, aber wie lernt es dann, dass es auch mal selbst laufen muss? Und wenn ich meinem Kind heute sein Zimmer aufräume, seinen Turnbeutel hinterhertrage und seine ausbaufähigen Tischmanieren durchgehen lasse, ziehe ich dadurch dann nicht einen rülpsenden, schmatzenden, lebensuntüchtigen Chaoten heran? So absurd solche Ängste im Einzelfall klingen mögen, so weit verbreitet ist der ihnen zugrunde liegende Grundgedanke, der noch immer vom Menschenbild des Behaviorismus geprägt ist: Was wir unseren kleinen Kindern durchgehen lassen, werden wir später nicht wieder los. Dass wir mit unserem Elternsein heute die Weichen für morgen stellen, ist schließlich hierzulande seit vielen Generationen eine so wenig hinterfragte Überzeugung, dass uns oft nicht einmal bewusst ist, wie stark uns diese Grundannahme im Alltag prägt. Denn immer dann, wenn wir vor einer simplen Lösung aus Sorge zurückschrecken, unserem Kind damit etwas Falsches beizubringen, steckt dieser Gedanke dahinter: Bloß nichts einreißen lassen – das wirst du später bereuen!

Die Vorstellung, dass wir das spätere Ich unserer Kinder durch unseren Umgang mit ihnen heute quasi selbst erschaffen können, hat aber auch noch eine andere Seite: Sie legt uns als Eltern die gesamte Verantwortung auf die Schultern, wie unsere Kinder später mal werden – und macht Erziehung damit schnell zum Leistungssport, bei dem es klare Gewinner und Verlierer gibt: Das Ergebnis wird zum Maßstab des Erziehungserfolgs. Du hast eine Ärztin, einen Ingenieur und eine erfolgreiche Rechtsanwältin großgezogen? Herzlichen Glückwunsch, alles richtig gemacht. Dein Kind weiß mit 28 noch nicht, wo es beruflich hingehen soll? Tja, da fehlte wohl der Ansporn zu Hause.

Wer den Eltern bereits erwachsener Kinder zuhört, begegnet dieser Sichtweise überall – Erziehungsleistung wird vor allem danach bewertet, ob aus dem Nachwuchs »was geworden« ist. »Die Tochter von Ewald und Petra ist ja alleinerziehend, hat aber trotzdem was aus sich gemacht. Sie arbeitet ja heute als Grundschullehrerin. Aber der Sohn von Harald und Silvia kriegt einfach den Hintern nicht hoch. Na ja, er war halt auch Einzelkind, Silvia hat natürlich auch schon früh wieder gearbeitet.« So oder so ähnlich bekamen viele Paare, bereits bevor sie selbst das erste Kind bekamen, mit, wie über erfolgreiche und gescheiterte Elternschaft geund sie verurteilt wird. Dazu kommen die Positiv- und Negativbeispiele aus unserem eigenen Umfeld: Die Kollegin, die bis heute nicht weiß, wie man eine Waschmaschine bedient, weil sie es zu Hause nie gelernt hat. Der Nachbar, der immer die gelbe Tonne vor den nächsten Hauseingang stellt, weil er offensichtlich niemals Grundwerte wie gegenseitige Rücksichtnahme und Respekt gelernt hat. Der Typ im Restaurant, der sich beim Essen nicht zu benehmen weiß. Das Kind der Bekannten, das kein Nein akzeptieren kann und gefühlt jede Grenze überschreitet. Nein, denken wir: So soll unser Kind nicht werden. Das müssen wir besser hinkriegen. Und übernehmen dabei ganz automatisch die Botschaft, die uns von klein auf vermittelt wurde: Wie unsere Kinder später mal dastehen, liegt in der Hand ihrer Eltern.

Nun ist das natürlich nicht ganz verkehrt: Klar prägen wir Eltern unsere Kinder auf ganz vielfältige Weise. Was sie bei uns und mit uns erleben, wirkt in vieler Hinsicht wie eine Blaupause für alles, was kommt. Kindheitserfahrungen beeinflussen, was wir als richtig und normal empfinden, und das Vorbild unserer Eltern wird zur ersten Leitschnur beim Herausbilden unserer Moralvorstellungen, unseres verinnerlichten Wertesystems und unserer Rechts- und Unrechtsvorstellungen. Die Erziehungsziele, die wir dabei anstreben, sind durchaus verständlich und ehrenwert: Was sollte schon falsch daran sein, einen jungen Menschen heranziehen zu wollen, der gute Manieren und ein anständiges Sozialverhalten hat, der Rücksicht nehmen, sich entschuldigen und teilen kann, und der selbstständig und verantwortungsbewusst auf eigenen Füßen steht? Das sind doch alles gute Eigenschaften? Natürlich sind sie das. Die entscheidende Frage ist nur: Wie stellen wir uns denn vor, wie ein Mensch so wird?

Die Idee von guter Kindererziehung, wie sie in unserer Gesellschaft weit verbreitet ist, fußt wie bereits erwähnt auf einem Menschenbild, in dem Kinder so formbar sind wie ein Klumpen Ton in der Hand einer versierten Töpferin. Mit dem richtigen Handwerkszeug und der perfekten Mischung aus Sanftheit und Druck schafft sie mit der Kraft ihrer eigenen Hände ein Meisterwerk, das am Ende genauso aussieht, wie sie es sich von Anfang an vorgestellt hatte. Gehen wir genauso an die Erziehung unserer Kinder heran, wählen wir meist ganz selbstverständlich einen ähnlichen Weg: Sanftheit und Druck, das Ziel fest im Blick. Wenn uns wichtig ist, dass unser Kind teilen lernt, halten wir es von Anfang an dazu an – schließlich soll es auch mit zwei Jahren schon verstehen, dass es keine Freunde findet, wenn es all sein Spielzeug für sich behalten will. Wünschen wir uns ein soziales, rücksichtsvolles Kind, liegt es nahe, jegliches wilde, wütende, vor den Kopf stoßende Verhalten von Anfang an zu unterbinden. Und wenn unsere größte Horrorvorstellung ein undisziplinierter Schluri ist, der sein Studium nicht gebacken kriegt, werden wir von Schulbeginn an darauf achten, dass unser Kind gewissenhaft und diszipliniert alle Aufgaben erledigt.

All dieses erzieherische Einwirken auf unsere Kinder kann

durchaus sanft und freundlich passieren, Erziehung muss gewiss nicht drohend oder gewalttätig sein. Aber sie ist immer planvoll. Sie verfolgt ein Ziel, wie das Kind einmal werden soll. Und eine Strategie, dieses Ziel zu erreichen. Jeden Tag vorlesen, damit das Kind später einmal Bücher liebt. Gemeinsam aufräumen, damit das Kind Ordnung halten lernt. Keine Schokolade vorm Abendessen erlauben, damit das Kind lernt, sich gut zu ernähren. Musikunterricht zur Förderung der Selbstdisziplin und des Durchhaltevermögens. Und bei Wutausbrüchen nicht einknicken, damit gleich klar ist: »Nein heißt nein, und brüllen hilft dir jetzt auch nicht weiter.« Und genau das kann zu einem echten Problem werden.

Die Schwierigkeit liegt dabei nicht in den Handlungen selbst. Vorlesen ist ja super, Musikstunden können ein riesiges Geschenk sein, und natürlich ist es okay, zusammen aufzuräumen. Die Crux ist, was die Intention dieser Handlungen mit der Beziehung zwischen uns und unseren Kindern macht. Denn indem wir unseren Umgang mit unserem Kind mit einem konkreten Ergebnis verknüpfen, das wir uns erhoffen, kreieren wir ohne uns dessen bewusst zu sein eine Dynamik, bei der die Erziehung unseres Kindes zu einem Projekt wird, das gelingen kann – oder scheitern. Und das heißt: Ohne es zu wollen, behaften wir die alltäglichen Interaktionen mit unserem Kind mit dem Bleigewicht der Versagensangst: Was, wenn unser Plan nicht aufgeht? Tun wir auch genug – und das Richtige – für unser großes Ziel? Wird die Saat, die wir heute säen, auch wirklich aufgehen? Damit setzen wir nicht nur uns selbst immens unter Druck, sondern auch unsere Kinder. Denn selbst, wenn wir unsere Erziehungsziele und Zukunftswünsche für sie nie offen thematisieren, spüren sie ganz intuitiv: »Davon, wie ich bin und wie ich einmal sein werde, hängt für meine Eltern eine Menge ab. Ich kann gelingen, dann sind sie stolz und glücklich. Oder missraten, dann ist ihr Kummer groß.« Und weil Kinder ihre Eltern lieben und sie glücklich machen wollen, verinnerlichen sie diesen Druck und machen ihn zu ihrem eigenen – mit ganz unterschiedlichen Folgen. Viele Kinder reagieren auf »erfühlte« Erziehungsziele ihrer Eltern mit Überkooperation, also mit dem unbedingten Willen, genau so und noch toller zu werden, wie ihre Eltern sich das vorgestellt haben. Andere tun genau das Gegenteil: Um ihren Eltern zu zeigen, wie sehr der Erwartungsdruck ihre Beziehung belastet, gehen sie in eine innere Verweigerungshaltung und machen partout das Gegenteil von allem, was von ihnen erwartet wird. Und wieder andere Kinder hängen irgendwo dazwischen: Sie versuchen, die an sie gestellten Erwartungen zu erfüllen, verteidigen aber gleichzeitig ihre Autonomie und Integrität, indem sie sich immer wieder aus scheinbar nichtigem Anlass verweigern. Eines haben all diese Kinder jedoch gemeinsam: Sie spüren, dass es einen Plan gibt für sie, der nicht der ihre ist. Ein Ziel, wie sie einmal sein sollen. Ein Platz, der für sie vorgesehen ist und für den sie passend gemacht werden sollen. Und das ist eine schwierige Botschaft, denn Kinder kommen, wie mittlerweile bekannt, nicht als unbeschriebene Blätter auf die Welt, nicht als leere Gefäße, die wir nach Belieben füllen können. Sie sind eigenständige, kleine Persönlichkeiten mit ihren ganz individuellen Eigenschaften, Interessen und Begabungen. Natürlich wachsen und wandeln sie sich im Zusammenleben mit uns und auch durch den immensen Einfluss, den wir als ihre ersten und wichtigsten Bindungspersonen in jedem Fall auf sie haben. Doch sie sind eben keine Tonklumpen, die wir eigenhändig zu Meisterwerken formen könnten. Sie sind eher wie Samenkörner, in denen bereits angelegt ist, was für eine Pflanze sie einmal werden. Natürlich können wir ihnen einen guten Nährboden bereiten, für genügend Licht, Luft und Wasser sorgen, sie beschatten oder ihnen eine Kletterstange zur Seite stellen, sollten sie sich als Bohnengewächse entpuppen. Doch ob aus unserem Samenkorn eine Sonnenblume oder eine Orchidee wird, ein Gänseblümchen oder ein Ahornbaum – das können wir nicht beeinflussen. Und an dem ambitionierten Vorhaben, aus einem Gänseblümchen einen Ahornbaum heranzuziehen, können wir nur verzweifeln.

Natürlich hinkt dieser Vergleich: Ahornbäume und Gänseblümchen gehören unterschiedlichen Spezies an; anders als unsere Kinder, die schließlich alle Menschen sind. Doch das Bild der verschiedenen Pflanzenarten kann uns dennoch daran erinnern, dass die Verschiedenheit von uns Menschen immens ist – auch wenn sich unsere DNA sehr ähnelt. Das ist nicht nur der aktuelle Stand der Wissenschaft; das kann auch jeder bestätigen, der einmal gesehen hat, wie unterschiedliche Geschwister aus demselben Genpool entstehen können. Doch wenn wir Menschen so unterschiedlich sind und mit bereits unserem ganz eigenen Entwicklungsplan zur Welt kommen – warum hat sich dann die Vorstellung, dass die richtige Erziehung Menschenkinder erst zu richtigen Menschen macht, überhaupt so lange gehalten? Der Hauptgrund: Die Entwicklung, die jedes Kind durchläuft, ist evolutionär darauf ausgelegt, selbstständige, lebenstüchtige Erwachsene hervorzubringen, die in ihrem Umfeld zurechtkommen; sonst hätten wir als Menschheit schlicht nicht überlebt. Und gerade weil wir Menschen rund um den Globus unter so unterschiedlichen Lebensbedingungen leben und arbeiten, sind Menschenkinder darauf gepolt, sich in der Umgebung, in der sie gelandet sind, ganz genau umzuschauen, um so zu lernen, wie das zwischenmenschliche Miteinander in dem jeweiligen Lebensumfeld abläuft. So fügen sie sich mit dem Heranwachsen ganz intuitiv und selbstverständlich in die Regeln und Gepflogenheiten unserer sich ständig wandelnden Kultur und Gesellschaft ein und finden dort ihren Platz – genau wie das auch all unsere Vorfahren getan haben.

Das heißt: Viele der Erziehungsziele, die Eltern haben, wollen und werden ihre Kinder so oder so erreichen – einfach, weil es in ihrer Natur liegt. So wirken natürliche Entwicklungsschritte oft wie Erziehungserfolge, und freundliche und erfolgreiche Erwachsene sind oft wie der lebendige Beweis dafür, dass unser Konzept von Kindererziehung funktioniert. Schließlich kann später niemand mehr mit Sicherheit sagen, ob der fünfunddreißigjährige Krankenpfleger so gewissenhaft Hände wäscht, weil seine Eltern dies bereits im Alter von 14 Monaten mit ihm eingeübt haben oder ob er diese wichtige Angewohnheit irgendwann im Laufe seines Lebens auch so gelernt hätte. Hinzu kommt, dass Konditionierung durchaus funktioniert. Kinder lassen sich zwar nicht wie Tonklumpen formen, doch selbstverständlich sind sie zu einem gewissen Grad formbar – und zwar schlicht, weil sie von uns Erwachsenen komplett abhängig sind. Ihr Wohl und Wehe basiert hundertprozentig darauf, dass wir für fast zwei Jahrzehnte lang für sie sorgen – und sie nicht irgendwann unterwegs enttäuscht fallen lassen, weil sie unsere Erwartungen nicht erfüllen. Denn auch wenn es für uns Eltern wie eine völlig absurde Unterstellung klingt, dass wir uns einfach von unserem Kind abwenden könnten, wenn es nicht so wird, wie wir es uns vorgestellt haben: Evolutionsforscher gehen davon aus, dass genau diese Urangst tief in unserer menschlichen Psyche verankert ist. In der Menschheitsgeschichte gab es schließlich immer wieder existenziell bedrohliche Situationen, in denen Eltern tatsächlich vor der grausamen Wahl standen, welche ihrer Kinder sie retten oder welche sie aufgeben mussten. Und auch wenn wir heutzutage zum Glück nicht mehr vor solchen Entscheidungen stehen, so spricht doch einiges dafür, dass der Überlebensvorteil, ein »gutes Kind« sein zu wollen, bis heute als evolutionäres Erbe in unseren Kindern nachwirkt. Wem dieses Erklärmodell zu dramatisch klingt, der kann sich die Formbarkeit unserer Kinder aber auch banaler erklären: Kinder sind Bindungswesen; sie lernen und entwickeln sich im Rahmen von Beziehungen. Dementsprechend sind sie immens darauf bedacht, die Beziehung zu ihren engsten Vertrauenspersonen zu pflegen und zu schützen – und das sind in der Regel wir Eltern. Also versuchen sie, so gut sie es können, unsere Erwartungen zu erkennen und zu erfüllen, vor allem auch die unausgesprochenen. Denn dies nicht zu tun, führt zu spürbaren Irritationen auf der Beziehungsebene, und das fühlt sich für Kinder bedrohlich und beängstigend an. Der Rest ist klassische Konditionierung: Wir alle sind – wie jedes höher entwickelte Lebewesen – darauf gepolt, gute Gefühle zu reproduzieren und schlechte Gefühle zu vermeiden. Spüren Kinder, dass ihre Eltern mit ihnen zufrieden sind, fühlt sich das gut an, und von diesem guten Gefühl wollen sie mehr. Irritation, Unzufriedenheit und Enttäuschung fühlt sich hingegen nicht gut an; also bemühen Kinder sich tunlichst, diese Reaktionen bei ihren Eltern zu vermeiden. Und so kommt es, dass viele Kinder mit traumwandlerischer Sicherheit erspüren, wie ihre Eltern sie gerne hätten, und viel Energie darauf verwenden, diesem Idealbild möglichst nahezukommen. Auch wenn sie dabei gegen die eigentlich in ihnen angelegte Grundpersönlichkeit anarbeiten müssen. Das klappt häufig über viele Jahre ziemlich gut, aber dann irgendwann gar nicht mehr – oft zu einem Zeitpunkt, an dem die Erziehung schon längst abgeschlossen ist. Die seelische Krise mit 44 bringt dann niemand mehr damit in Verbindung.

Was genau sich unsere Kinder aus dem Zusammenleben mit uns mitnehmen, haben wir also nicht in der Hand. Trotzdem ist unser Einfluss auf ihren Lebensweg immens, denn als ihre ersten und wichtigsten Bezugspersonen prägen wir, wie sie die Welt wahrnehmen, wie leicht oder schwer sie Vertrauen fassen, wie sie leben und lieben. Das heißt: Wie wir mit unseren Kindern umgehen, ist für sie wie eine Blaupause für alle zukünftigen Beziehungen im Leben. Von uns lernen sie, wie es sich anfühlt, zu lieben und geliebt zu werden. Ob Zuneigung an Bedingungen geknüpft ist oder bedingungslos gegeben wird. Ob Respekt Achtung oder Angst bedeutet. Und ob ein Mensch, der mich liebt, mir auch wehtun darf – oder ob ich bei ihm immer sicher bin. Die große Schwierigkeit: Viele Eltern, die heute ihre Kinder voller Liebe und Vertrauen ins Leben begleiten wollen, haben selbst in ihrer Kindheit ganz andere Erfahrungen gemacht. Sie wissen nicht, wie es sich anfühlt, als kleines Kind bedingungslos geborgen und geliebt zu sein, oder niemals Angst vor den eigenen Eltern zu haben. Sie haben sich zwar entschieden, es anders machen zu wollen – doch die ungünstige Blaupause der eigenen Kindheitserfahrungen wirkt in ihnen immer noch nach. Zwar sind Eltern zum Glück nicht die einzigen Menschen, die Kindern positive Bindungserfahrungen ermöglichen können: Auch Freundinnen und Freunde, Lehrerinnen und Lehrer, Großeltern und andere Weggefährten können diese wichtige Aufgabe übernehmen und den Schmerz über das möglicherweise Verwehrte lindern. Doch der Stachel einer liebesarmen Eltern-Kind-Beziehung steckt meist trotzdem tief und wirkt in den meisten Menschen noch lange im Unterbewussten fort. Vielen Erwachsenen gelingt es deshalb auch nur mit professioneller Hilfe, ungesunde Bindungs- und Beziehungsmuster aus der eigenen Kindheit aufzulösen und zu überwinden.

Für uns bedeutet das: Was in der Vergangenheit passiert ist, liegt nicht in unserer Hand, aber wie wir in der Gegenwart mit unseren eigenen Kindern umgehen, macht den ganzen Unterschied. Wir können vielleicht nicht dafür sorgen, dass sie später einmal

Bücher oder Tennis lieben, Abitur machen oder uns viele süße Enkelkinder schenken. Was wir jedoch *absolut* in der Hand haben, ist, wie wir unsere Beziehung zu ihnen gestalten. Wir können mit ihnen so umgehen, dass sie sich geliebt und angenommen fühlen. Wir können ihnen Mut und Vertrauen schenken. Wir können sie dabei begleiten, eine sichere Bindung zu uns aufzubauen, und diese nicht für selbstverständlich nehmen, sondern sie schützen und pflegen auch in stürmischen Zeiten. Wir können ihnen zeigen, dass es uns ernst ist mit unserem Versprechen, immer für sie da zu sein. Wir können mit ihnen lachen und Quatsch machen. Weinen, wütend und traurig sein. Wir können Fehler zugeben und um Verzeihung bitten. Ihnen Wegbegleiter und Vorbilder sein. Und ihnen so natürlich auch die Werte vermitteln, die uns am wichtigsten sind. Einfach, weil wir sie im Umgang mit ihnen jeden Tag selbst leben.

## Nicht weniger Mensch

»Behandle mich nicht wie ein kleines Kind!« Wenn diese empörte Aussage erklingt, hat ein erwachsener Mensch klar die Grenze eines anderen überschritten. Nicht wie ein Kind behandelt werden zu wollen, das heißt in unserem Sprachgebrauch: Wir wollen nicht bevormundet, nicht klein gehalten, nicht fremdbestimmt werden. Und das wiederum lässt tief blicken, was unsere gesellschaftliche Sicht auf Kinder betrifft.

Kinder sind keine kleinen Erwachsenen. Sie sind kleiner, schutzbedürftiger, abhängiger. Nicht in der Lage, allein zu überleben. Deshalb brauchen sie uns. Damit wir für sie sorgen, sie beschützen, gute Entscheidungen für sie treffen. Natürlich müssen wir deshalb anders mit ihnen umgehen als mit unseren Partnern, Freunden oder Kollegen. Nur: Wie anders genau? Unsere Kultur hält in dieser Frage eine paradoxe Antwort für uns parat. Sie erwartet nämlich einerseits, *besser* mit unseren Kindern umzugehen als mit anderen Menschen – schließlich sind sie so klein und süß und wissen es eben noch nicht besser. Andererseits ist in unserer Gesellschaft der Glaubenssatz tief verwurzelt, dass, wer nicht so viel kann, auch nicht so viel darf. Dass Menschen, die nicht die gleiche Leistung bringen wie gesunde, selbstständige und vernünftige Erwachsene, auch weniger Rechte haben als sie. Dass heute kaum noch jemand diesen Satz so laut sagen würde, ändert nichts daran, dass dieser Glaubenssatz unseren Umgang mit Menschen nach wie vor prägt. Das erklärt, warum es uns so schwerfällt, echte Inklusion zu leben. Warum kranke, behinderte und alte Menschen immer wieder Opfer struktureller Diskriminierung werden. Und auch Kinder in unserer Kultur diskriminiert werden – meist ohne dass es uns überhaupt auffällt. Was wir nämlich sehen, ist eher das Gegenteil: Wachsen Kinder heutzutage nicht so behütet auf wie nie zuvor? Werden sie nicht verwöhnt, verhätschelt und begleitet wie keine Generation vor ihnen? Wo soll denn da bitte die Diskriminierung sein?

Nun: Eine bestimmte Gruppe Menschen zu diskriminieren bedeutet im Kern, sich über sie zu erheben und sich selbst mehr Rechte zuzugestehen als ihr. Genau das passiert im Umgang mit Kindern jeden Tag. Genau genommen gibt es – abgesehen vielleicht von den Insassen eines Hochsicherheitsgefängnisses – keine Personengruppe, die mit so viel Kontrolle und Fremdbestimmung leben muss wie unsere Kinder. Wann sie aufstehen und wann sie ins Bett gehen, was sie zu essen bekommen und wie viel, wer sie anfassen darf und wo, welche Kleidung sie tragen und womit sie sich beschäftigen sollen, an welche Regeln sie sich halten müssen und welche Sanktionen drohen, wenn sie dagegen aufbegehren – all das entscheiden wir Erwachsenen für sie. Ist all das automatisch Diskriminierung? Nein, natürlich nicht. Aber vieles davon ist es in der Tat, wir sind uns dessen nur nicht bewusst, weil es für uns so unglaublich normal ist, dass wir über Kinder bestimmen können – einfach, weil wir größer und älter sind.

Tatsächlich ist die Sache kompliziert: Weil Kinder keine kleinen Erwachsenen sind, würden wir ihnen nicht gerecht werden, versuchten wir, sie wie Erwachsene zu behandeln. Denn ja: Sie brauchen von uns mehr Fürsorge und mehr Schutz, und es ist richtig und wichtig, dass wir ihnen so manche Entscheidung abnehmen, deren Tragweite sie schlicht noch nicht erfassen können. Doch die durchaus richtige Grundannahme, dass wir Kinder nicht sich selbst überlassen können, hat in unserer Kultur zu der Überzeugung geführt, als Erwachsene Kindern nahezu *alles* vorschreiben zu dürfen. Oder sogar vorschreiben *müssen*, zu ihrem eigenen Besten. Das hat wiederum mit unserem Menschenbild zu tun, das den Durchschnittserwachsenen zum Maßstab nimmt und damit in einem Kind nur eine unfertige und ziemlich unfähige Vorstufe sehen kann. So liegt es nahe, alle Entscheidungen für sie treffen zu wollen – als die Person, die das zweifelsohne besser kann. Doch Kinder sind keine unfertigen Erwachsenen. Sie sind vielmehr perfekt entwickelte Kinder, und als solche bestens dafür gerüstet, ihre jeweiligen Entwicklungsaufgaben zu meistern. Dabei brauchen sie von uns Erwachsenen Begleitung, aber keine permanente Bevormundung. Konkret heißt das: Natürlich ist es unser Job, gut für unsere Kinder zu sorgen, ihnen einen sicheren Rahmen zum Aufwachsen zu schaffen und zu verhindern, dass sie sich oder anderen schaden. Dass wir als Eltern jedoch das Gefühl haben, es stünde uns zu, unseren Kindern nahezu alles zu erlauben oder zu verbieten – ob Schokolade oder Übernachtungsparty, Rausgehen ohne Jacke oder Irokesenschnitt –, zeigt, wie tief in uns allen der Glaubenssatz verankert ist, dass wir das Recht haben, über unsere Kinder zu bestimmen. Und nicht sie über sich selbst.

Wenn wir davon wegkommen wollen, kleinen Menschen weniger Würde zuzugestehen als großen, müssen wir uns zunächst einmal eingestehen, dass es diese strukturelle Diskriminierung gegenüber Kindern gibt. Das allein fällt den meisten von uns ziemlich schwer. Doch mit der in unserer Gesellschaft tief verwurzelten Sicht auf Kinder verhält es sich genauso wie mit anderen Formen von Diskriminierung, wie etwa Rassismus oder Sexismus: Erst wenn wir uns eingestehen, in unserem Umgang mit Menschen auch selbst von solchen kulturellen Prägungen beeinflusst zu sein, können wir etwas daran ändern. Die erste intuitive Reaktion der meisten Menschen ist es jedoch, schlicht nicht zu glauben, dass Kinder in unserer Gesellschaft diskriminiert werden. »Wachsen nicht im Gegenteil mehr und mehr verwöhnte Prinzen und Prinzessinnen heran? Bekommen Kinder heutzutage nicht mehr Geschenke, mehr Taschengeld, mehr extra für sie gebaute Krippen und Kindergärten als jede Generation vor ihnen?«

Tatsächlich hat die offene Diskriminierung von Kindern – der sogenannte Adultismus – in unserer Kultur in den vergangenen Jahren stark abgenommen. Hätten in den 1950er- und 1960er-Jahren die meisten Erwachsenen noch ganz selbstverständlich der Aussage zugestimmt, dass Kinder natürlich unterhalb erwachsener Menschen stehen, werden Kinder heute ernster genommen und auch gesetzlich besser geschützt. Sie zu schlagen oder anderen entwürdigenden Erziehungsmaßnahmen zu unterziehen, ist in Deutschland gegenüber Kindern seit dem Jahr 2000 endlich verboten. Versteckte Diskriminierung ist jedoch immer noch an der Tagesordnung, denn sie zeigt sich immer dann, wenn wir uns grundsätzlich über einen anderen Menschen erheben. So beklagen Behindertenverbände zu Recht, dass im öffentlichen Diskurs viel zu oft *über* behinderte Menschen gesprochen wird, und viel zu selten *mit* ihnen. Und über sie entschieden, statt ihnen eigene Entscheidungen zuzugestehen. Mit Kindern halten wir es oft ähnlich: Wir meinen besser zu wissen als sie selbst, was sie fühlen, mögen und brauchen – und hören ihnen deshalb gar nicht richtig zu, wenn sie uns von sich erzählen. Und wenn sie darüber unglücklich sind, weinen oder schreien, tun wir ihre Verzweiflung nur allzu oft als Zwergenaufstand ab, den es nicht ernst zu nehmen gilt: Am besten ignorieren, dann hört es von allein wieder auf. Dass bereits Babys mit uns kommunizieren und uns mit ihrem Weinen etwas mitteilen wollen, ist ein Gedanke, den viele von uns sich immer wieder bewusst vergegenwärtigen müssen. So mächtig ist die kulturelle Botschaft, dass Babys eben schreien wie Vögel singen: Ohne wirklichen Grund, außer demjenigen, dass die Natur es so vorgesehen hat. Bis in die 1980er-Jahre hinein wurden Babys hierzulande deshalb sogar teilweise ohne Betäubung operiert – mit der Begründung, ihr Schreien und Weinen sei eine rein mechanische Reaktion auf körperliche Reize, zu echten menschlichen Emotionen inklusive Schmerzempfindungen seien sie noch nicht in der Lage. Dass wir uns heute überhaupt nicht mehr vorstellen können, wie Menschen so etwas annehmen können – »Man sieht Babys doch an, wenn sie leiden!« –, zeigt, wie strukturelle Diskriminierung den Blick auf menschliche Bedürfnisse verstellen und uns unempathisch machen kann. Hören Studierende im Medizinstudium oft genug, dass Neugeborene keine Schmerzen spüren können, ordnen sie Babyweinen nicht als das Notsignal ein, das es ist, sondern als Reflex, dem man keine Beachtung schenken muss. Genauso verhält es sich bei uns Eltern: Erzählt man uns, dass weinende Kinder einfach nur bocken, oder dass Kinder unerzogene Monster werden, wenn wir sie für ihre

Fehler nicht konsequent bestrafen, werden wir ihre Verhaltensweisen entsprechend interpretieren. Und das beeinflusst unsere emotionale Reaktion: Testet ein Kind in meinen Augen nur seine Grenzen, verhärte ich mich und bleibe fest auf meinem Standpunkt stehen, damit es merkt, dass es so nicht weiterkommt. Sehe ich hingegen im selben Moment ein tief verunsichertes, von seinen Emotionen überwältigtes Kind, reagiere ich intuitiv sanfter und zugewandter. Die heute allgegenwärtige Diskriminierung von Kindern besteht also nicht primär darin, sie ganz offensichtlich schlechter zu stellen als Erwachsene oder ihnen basale Grundrechte zu verwehren. Sie offenbart sich viel subtiler in der Art und Weise, wie wir kindliche Reaktionen und Verhaltensweisen kleinreden, lächerlich machen oder zu Machtproben umdeuten, anstatt sie schlicht und einfach ernst zu nehmen.

Wollen wir unser Familienleben also auf eine moralisch solide Basis stellen, kommen wir nicht an dem vielleicht wichtigsten ethischen Grundsatz der Neuzeit vorbei: dass jeder Mensch das gleiche Recht auf Würde hat, die unantastbar ist. »Alle Menschen sind frei und gleich an Würde und Rechten geboren«, heißt es dazu in der Allgemeinen Erklärung der Menschenrechte, die 1948 von den Vereinten Nationen verabschiedet wurde. Und die wohl größte Herausforderung für uns als Eltern besteht darin, diesem Grundsatz auch im alltäglichen Miteinander mit unseren Kindern treu zu bleiben, obwohl uns unsere kulturellen Prägungen etwas ganz anderes diktieren. »Nur weil unsere Kinder klein sind, sind sie nicht weniger Mensch«, formuliert die Künstlerin Janine Dürrmann alias Kindherzgedanke diesen Grundsatz. Ihn mit Leben zu füllen, ist unsere Aufgabe. Es gibt in meinen Augen keine wichtigere. Und gleichzeitig muss uns klar sein, dass wir wieder und wieder daran scheitern werden, weil sich jahrhundertealte Prägungen nicht mal eben so überwinden lassen. Statt Härte und

Strenge brauchen wir auf diesem Weg also viel Freundlichkeit und Nachsicht mit uns selbst. Ja, wir werden immer wieder gemein zu unseren Kindern sein, das lässt sich nicht vermeiden. Ja, wir werden Fehler machen und in alte Muster zurückfallen und Entscheidungen treffen, die wir hinterher bereuen werden. Das gehört dazu. Doch entscheidend ist, dass wir uns auf den Weg machen und versuchen, ein Familienleben zu gestalten, das von Fairness, Freundlichkeit und Fürsorge geprägt ist. Unseren Kindern gegenüber. Und uns selbst.

### Meinungsvielfalt

So universal das Menschenrecht auf Würde ist, so vielfältig und individuell sind die Möglichkeiten, diesen Grundsatz als Familie mit Leben zu füllen. Es gibt keinen Masterplan für menschenfreundliches Elternsein; nur Anregungen und Impulse, die uns helfen können, unseren eigenen moralischen Kompass immer genauer zu justieren. Dabei ist es wichtig, nicht der Vorstellung zu erliegen, wir müssten all unsere eigenen Prägungen und Erwartungen eliminieren, um unser Kind möglichst frei und unvoreingenommen begleiten zu können. Denn so wichtig es ist, eigene Glaubenssätze auf den Prüfstand zu stellen und sich selbst immer wieder zu hinterfragen, so wertvoll ist es auch für uns und unsere Kinder, wenn wir uns zeigen mit allem, was wir sind, anstatt zu pädagogisch korrekten Neutren zu werden, die zu nichts eine Meinung haben und kaum je eine emotionale Regung zeigen, um nur ja niemanden zu beeinflussen.

Ja, wir Eltern haben Macht. Große Macht. Was wir sagen, ist für unsere Kinder unglaublich wichtig. Und was wir ihnen vorleben, prägt sie für ihr ganzes Leben. Deshalb tun wir gut daran, ihnen ein offenes Weltbild zu vermitteln, in dem es mehrere richtige Antworten geben kann, anstatt eines geschlossenen, in dem jeder Mist erzählt, der nicht unserer Meinung ist. Doch das heißt nicht, dass ich nicht *ich selbst* sein darf. Bin ich Christin, darf mein Glaube in unserem Familienleben Raum einnehmen. Esse ich aus Überzeugung kein Fleisch, wird das Thema Tierrechte in unserem familiären Wertesystem eine Rolle spielen. Hat meine große Familie für mich einen hohen Stellenwert, werden meine Kinder in einem Umfeld groß werden, in dem Verwandtschaft wichtig ist. Und wenn ich mich als Elternteil in einer politischen Partei engagiere oder für den Klimaschutz aktiv tätig bin, ist es nur natürlich, dass ich auch mit meinem Kind darüber spreche, warum ich für bestimmte Themen brenne. Ein respektvoller Umgang mit Kindern bedeutet also keinesfalls, sie als Eltern nicht mit der eigenen Haltung zu konfrontieren und damit zu beeinflussen – das können wir weder vermeiden, noch sollten wir es. Wichtig ist nur, dass wir uns zwar mit unseren Werten, Themen, Leidenschaften und Idealen zeigen, unseren Kindern aber den Raum lassen, ihre *eigene* Haltung dazu zu finden. In der Pädagogik wird dieser moralische Grundsatz *Überwältigungsverbot* genannt. Das heißt: Wir dürfen als Erwachsene mit Verve für unsere Themen eintreten, Fragen dazu beantworten und Informationen bereitstellen. Doch weil zwischen uns und Kindern immer ein Machtgefälle besteht, tragen wir gleichzeitig die Verantwortung, unsere Kinder weder mit Argumenten noch mit Emotionen so in die Ecke zu drängen, dass sie gar nicht anders *können*, als unsere Weltsicht zu übernehmen. Das ist oft schwerer, als es klingt und setzt einen hohen Grad an Selbstreflexion voraus. Fragt ein Kind etwa, woher sein Wiener Würstchen stammt, wäre es moralisch nicht in Ordnung, zu lügen – auch wenn ich selbst als omnivores Elternteil die Wahrheit gern noch eine Weile für mich behielte. Und wenn mein Kind daraufhin beschließt, kein Tier mehr essen zu wollen, stehen wir als Eltern in der Pflicht, diesen Wunsch ernst zu nehmen und nicht heimlich Hackfleisch in Gemüsefrikadellen zu verstecken. Gleichzeitig stehen vegetarisch oder vegan lebende Eltern durch das Überwältigungsverbot in der Verpflichtung, ihre Kinder nicht durch traumatische Schlachthofvideos und moralisch unter Druck setzende Kinderbücher quasi per Schocktherapie ebenfalls vom Fleischessen abzuhalten. Stattdessen ist die Herausforderung, unseren Kindern trotz unserer eigenen Überzeugungen, mit denen wir nicht hinterm Berg halten müssen, einen sicheren Raum zu schaffen, ihre *eigenen* Überzeugungen zu finden. *Ihre Werte müssen nicht die unseren sein, und wir können uns trotzdem verbunden fühlen* – das ist es, was ein respektvolles Familienleben ausmacht. »Gilt das auch, wenn mein Kind ein Nazi wird?«, fragen mich Eltern an dieser Stelle oft entsetzt. »Muss ich das dann etwa auch gut finden?« Nein, Eltern müssen natürlich *nicht* alles gut finden, und Nazis erst recht nicht. Doch die gesamte Forschung zum Thema Rechtspopulismus zeigt: Die Anhänger rassistischer und anderer gewaltvoller Ideologien sind nahezu ausnahmslos selbst gewaltvoll und autoritär groß geworden, fühlen sich vergessen und abgehängt und stillen in ihrer Kameradschaft ihre unerfüllte Sehnsucht nach Sicherheit und Geborgenheit. Um eine mögliche Nazi-Zukunft ihrer Kinder müssen sich liebevolle Eltern, die ihr Familienleben auf Respekt und Menschenwürde gründen, also am allerwenigsten Sorgen machen.

Das Ringen zwischen dem Alten und dem Neuen, zwischen klassischer Erziehung und anderen Wegen elterlicher Begleitung, lässt sich in vielen Ländern beobachten: In England, Australien, Neuseeland und Kanada finden sich Eltern, die es anders machen wollen, unter Schlagworten wie »Gentle Parenting« oder »Positive Parenting« zusammen. In Frankreich formiert sich Widerstand gegen das traditionell sehr obrigkeitshörige französische Erziehungs-Selbstverständnis unter dem Namen »grandir autrement«, was wörtlich übersetzt »anders aufwachsen« bedeutet. In Spanien machen sich Menschen unter dem Motto »crianza con apego« (»Elternschaft zur Bindung«) auf den Weg. Und überall knallt und knirscht es zwischen denen, die mit Verve für den neuen Weg eintreten, und denen, die ihn für falsch oder zumindest zu radikal halten. In Deutschland hat diese ohnehin schon hitzig geführte Diskussion immer noch eine zusätzliche Ebene: Schließlich wird hier seit dem Ende des Zweiten Weltkriegs mit jeder großen Erziehungsdiskussion immer auch die Frage mit verhandelt, die Theodor Adorno bereits 1966 in seinem berühmten Manuskript »Erziehung nach Auschwitz« formulierte: Wie kann, wie muss ein Umgang mit Kindern aussehen, der unbedingt und um jeden Preis verhindert, dass sich das größte Verbrechen der Menschheitsgeschichte je wiederholt?

Erziehung als eine alles entscheidende Weichenstellung, deren oberstes Ziel die Wahrung der Menschenwürde sein muss: Deutlicher kann man nicht in den Mittelpunkt rücken, dass es beim Ringen um den richtigen Umgang mit Kindern um eine große und wichtige gesellschaftliche Debatte geht – und nicht um den viel beschworenen Dinkelstangenkrieg zwischen überspannten Supermuttis. Ob es um Frauenrechte oder um Atomkraft ging: Wurden brisante Themen diskutiert, gab es schon immer Befürworter und Gegner, und der gemeinsame Wertekonsens in solchen großen Fragen schweißte Freundeskreise zusammen und entzweite andere. Dass wir vergleichbare Entwicklungen unter Eltern zunächst als befremdlich und übertrieben empfinden, zeigt vor allem eins: dass wir der Frage, wie wir alle mit unseren Kindern umgehen sollten, bis heute oft nicht die gesellschaftliche Relevanz einräumen, die sie verdient. Dass Altbundeskanzler Gerhard Schröder noch vor zwanzig Jahren das Familienministerium als »Ministerium für Familie und das ganze *Gedöns*« bezeichnete, entstand schließlich nicht im luftleeren Raum – in der gesellschaftlichen Wahrnehmung der Nullerjahre waren Familienthemen weder politisch noch gesellschaftlich bedeutsam, sondern vor allem: Privatsache. »Soll halt jeder mit seinen Kindern machen, wie er meint« – ist das die mehrheitliche Haltung zu Familienthemen, irritiert es tatsächlich, wenn Eltern plötzlich über den Umgang mit Kindern streiten, als ginge es dabei um etwas richtig Wichtiges. Doch dass wir Eltern heute so um den richtigen Umgang mit unseren Kindern ringen, liegt genau daran, dass wir die Verantwortung anerkennen, die unsere Rolle mit sich bringt. Uns ist sehr bewusst, dass es eben nicht egal ist, wie Kinder groß werden. Die Frage, wie wir unsere Kinder ins Leben begleiten, ist für uns dementsprechend keine Frage von untergeordneter Relevanz unter all den wirklich entscheidenden Fragen im Leben, sondern *die* Frage schlechthin. Und zwar nicht, weil uns die Frage nach den ganz grundsätzlichen Werten in unserem Leben weniger wichtig wäre als früheren Generationen, die für das Recht auf Abtreibung oder gegen atomare Aufrüstung auf die Straße gingen, sondern weil sich für uns gerade im Umgang mit unseren Kindern zeigt, wie es um diese Werte wirklich bestellt ist. Wir ziehen uns also nicht ins kuschelige Privatleben zurück, weil uns die großen, gesellschaftlichen Debatten zu unbequem und anstrengend geworden sind, wie uns oft vorgeworfen wird. Im Gegenteil: Wir verhandeln eine der größten gesellschaftlichen Debatten genau an der Stelle, wo wir am meisten Einfluss darauf nehmen können, wie unsere Gesellschaft von morgen aussieht. Denn lächerlich und unbedeutend sind Diskussionen darum, wie wir Kinder ins Leben begleiten sollten, nur, wenn wir davon ausgehen, dass Kinder per se nicht besonders wichtig sind und ihre frühen Erfahrungen nicht bedeutsam dafür, wie sie als Erwachsene ihre Welt gestalten.

## Menschenrechte statt Mommy Wars

Wenn Väter sich über ihre unterschiedlichen Erziehungsvorstellungen unterhalten, führen sie eine hitzige Diskussion. Tun Mütter dasselbe, wird ihr Austausch miteinander schnell als kriegerische Auseinandersetzung dargestellt – die sogenannten »Mommy Wars«, mit denen sich Frauen gegenseitig angeblich das Leben schwer machen, sind medial omnipräsent. Kaum eine Zeitschrift, die nicht regelmäßig über den Zickenkrieg unter jungen Müttern berichtete, natürlich nicht ohne für einen Waffenstillstand zu plädieren: Sollten wir Mamas nicht lieber zusammenhalten, anstatt uns gegenseitig zu zerfleischen? In Wirklichkeit sind die Berichte über all die angeblichen Kriege unter Müttern ein ziemlich gutes Beispiel für jenes sexistische Framing, das sich oft im Umgang mit Frauen- und Familienthemen in der Medienöffentlichkeit beobachten lässt: Während Männer, die sich für ihre Überzeugungen einsetzen, einen klaren Standpunkt vertreten, gelten Frauen, die dasselbe tun, schnell als überspannt und hysterisch – insbesondere, wenn es um ihre Kinder geht. »Jede Mami kann schreien lernen«, ätzte etwa 2013 der FAZ-Journalist Matthias Hannemann, als Eltern eine viel gezeichnete Online-Petition gegen eine Neuauflage des umstrittenen Erziehungsratgebers »Jedes Kind kann schlafen lernen« starteten. Nun kann man selbstverständlich darüber diskutieren, ob das in der Petition geforderte Verbot eine adäquate Reaktion auf ein Buch mit problematischen pädagogischen Inhalten darstellt. Fakt ist jedoch: Die gesellschaftliche Diskussion, die durch die Petition angestoßen wurde, war hochrelevant – zumindest, wenn man die Frage, wie ein respektvoller Umgang mit kindlichen Bedürfnissen aussehen kann und muss, grundsätzlich als wichtig einordnet. Genau das tat Journalist Heinemann aber nicht: »Hups, so schnell hat man einen hormongesteuerten Mob am Arm«, konstatierte er bissig, und tat die Empörung Tausender Eltern über das in dem Bestseller empfohlene Schlaflerntraining, das auf dem Prinzip des ungetrösteten Schreienlassens kleiner Babys basiert, als Hysterie überbesorgter Helikopter-Mütter ab, nicht ohne abschließend gehässig zu fragen, wer »die« überhaupt ans Smartphone gelassen habe. Ein ähnliches Phänomen ließ sich angesichts des Protests von Eltern und Fachkräften gegen den Dokumentarfilm »Elternschule« beobachten, der unkritisch lobend den hartherzigen und nicht im Ansatz leitliniengedeckten Therapiemethoden einer Gelsenkirchener Kinderklinik einen großen Auftritt verschaffte. Auch ihnen wurde etwa von der SZ-Journalistin Martina Knoben vorgehalten, »ideologisch überhitzt« zu diskutieren, und angeraten, doch »weniger dogmatisch« an das Thema Erziehung heranzugehen. So wiegelt man fundierte Kritik als Überreaktion empfindlicher Mütter ab und zementiert die über viele Jahrzehnte nicht hinterfragte Überzeugung, dass selbst ein offen gewaltvoller Umgang mit Kindern nicht kritisch diskutiert werden muss, weil jeder irgendwie für sich selbst entscheiden muss, wo er die Grenze zwischen Erziehung und Gewalt, Therapie und Misshandlung zieht.

Auseinandersetzungen über einen angemessenen und menschenwürdigen Umgang mit Kindern lächerlich zu machen und als »Mommy Wars« zu diffamieren, ist eine *Silencing*-Strategie. Indem so getan wird, als bekriegten sich da ein paar überspannte Helikopter-Mütter über Lappalien wie die richtigen Windeln oder den einzig wahren Babybrei, wird verschleiert, dass die Auseinandersetzungen, bei denen wirklich die Emotionen hochkochen, eben keine Banalitäten verhandeln, sondern wichtige und bedeutsame Fragen wie die, wie ein menschenwürdiger Umgang mit Kindern aussieht. Denn wenn Eltern sich über knallharte, behavioristische Schlaflerntrainings à la »Jedes Kind kann schlafen lernen« oder entwürdigende Therapiemethoden wie in der »Elternschule«-Klinik empören, dann geht es dabei eben *nicht* um irrelevante Kleinigkeiten, sondern um eines der wichtigsten Themen unserer Zeit: Wie dürfen Menschen eigentlich miteinander umgehen? Ein Erbe des Behaviorismus ist, dass die Antwort auf diese Frage in unserer Gesellschaft immer noch sehr unterschiedlich ausfällt, wenn wir dabei an erwachsene Menschen denken – oder an Kinder. Käme ein Buch auf den Markt, das pflegenden Angehörigen dazu riete, vor Angst oder Schmerz nach ihnen rufende Erwachsene zu ignorieren – der Skandal wäre groß. Wird derselbe Tipp als Schlaflernprogramm für Babys verkauft, nimmt kaum jemand daran Anstoß. Würde uns eine Freundin erzählen, ihr Partner hätte ihr das Handy abgenommen, weil sie am Morgen so schwer aus dem Bett gekommen sei, wären wir empört über diesen übergriffigen, fiesen Move. Ziehen Eltern das Smartphone ihres Teenagers ein, finden wir das ganz normal.

Wo ist die Grenze zwischen Erziehung und Gewalt, zwischen Verantwortung und Machtmissbrauch? Was dürfen Eltern, was müssen Eltern, und was dürfen sie auf gar keinen Fall? Es sind gleichermaßen schwierige wie wichtige Fragen, die Eltern heute aufwerfen, wenn sie eine Diskussion über den menschenwürdigen Umgang mit unseren Kindern einfordern. Denn Kinder sind wie bereits erwähnt keine kleinen Erwachsenen; sie brauchen mehr Führung, mehr Begleitung, mehr Schutz und Fürsorge als wir Großen. Gleichzeitig sind sie vollwertige Menschen mit einem uneingeschränkten Recht auf Würde und Respekt, und zwar von Anfang an. So steht es im Grundgesetz und in der UN-Kinderrechtskonvention, die Deutschland ratifiziert hat. Unser Gefühl ist trotzdem oft ein anderes. Wenn wir etwa hören, dass Martin gegenüber Pia »die Hand ausgerutscht ist«, als sie trotz Verbots sein Handy anfasste, macht es für unsere emotionale Reaktion einen riesigen Unterschied, zu wissen, ob Pia Martins 28 Jahre alte Freundin ist – oder seine siebenjährige Tochter.

Es hat einen Grund, dass wir von häuslicher Gewalt sprechen, wenn Erwachsene ihre Partner schlagen – aber nicht, wenn sie ihre Kinder hauen. Dass wir von Gewaltbeziehungen reden, wenn Frauen Angst vor ihren Männern haben, aber nicht, wenn Kinder sich vor ihren Eltern fürchten. Dass es uns leichtfällt, einen Typen zu verurteilen, der mitten auf dem Parkplatz seine Freundin rundmacht – und die Mutter in Schutz zu nehmen, die am selben Ort ihren Vierjährigen zusammenfaltet: »Es ist ja nur eine Momentaufnahme!« – »Sie hatte sicher einen harten Tag! Und Kinder in dem Alter können so verflixt anstrengend sein!« Natürlich kann das alles sein. Doch es zeigt, wie wir mit zweierlei Maß messen. Ein prügelnder Ehemann kann noch so viel Stress gehabt haben – sein Schlag ins Gesicht seiner Frau ist aus unserer Sicht trotzdem unverzeihlich. Wird hingegen ein Kind Opfer eines Übergriffs durch die eigenen Eltern, urteilen wir nahezu automatisch milder den Erwachsenen gegenüber. Nicht nur, weil wir alle wissen, dass Elternsein anstrengend ist, sondern weil tief in uns die Botschaft vom kleinen Haustyrannen weiterwirkt, der manchmal eben etwas härter angepackt werden muss, weil er sonst einfach nicht macht, was er soll. Dass behavioristische Menschenbild, dass Kinder unfertige Erwachsene sind, weniger als ein richtiger Mensch – wir haben es noch längst nicht überwunden. Immer und immer wieder kommen Kinder auch in unserer modernen, aufgeklärten Gesellschaft in Situationen, die ihre Würde verletzen und die wir bei keinem Erwachsenen tolerieren würden. Und wir tun nichts dagegen, weil wir es als so normal empfinden, dass Kinder eben auch mal eingesperrt, angeschrien, enteignet, beschimpft, erpresst oder aus erzieherischen Gründen ignoriert werden. Deshalb ist es so wichtig, sich all den Strategien, die uns zum Schweigen bringen sollen, nicht zu beugen. Sondern darüber zu sprechen, dass die Frage, wie wir als individuelle Eltern, aber auch wir als Gesellschaft mit unseren Kindern umgehen wollen, keine Marginalie ist, keine unwichtige Kleinigkeit, über die sich allenfalls gelangweilte Mütter am Sandkastenrand unterhalten. Sondern eine gewichtige Frage, die zeigt, wie ernst wir Erwachsenen es meinen mit unserer stolz vor uns hergetragenen Überzeugung, dass die Menschenrechte für alle gelten und unverbrüchlich sind. Es gibt viele Wege, gute Eltern zu sein, aber jeder gute Weg fußt auf der Grundüberzeugung, dass Kinder keine Erwachsenen in spe sind, sondern vollwertige Menschen, an deren Behandlung wir dieselben ethischen Maßstäbe anlegen müssen wie an den Umgang mit jeder erwachsenen Person. Das heißt nicht, dass wir Kinder gleich behandeln müssten wie Erwachsene. Sondern, dass wir den Anspruch haben sollten, sie mit dem gleichen Respekt zu behandeln, auch wenn sie kleiner und schwächer sind. Oder, wie es der ehemalige deutsche Bundespräsident Gustav Heinemann formulierte: Man erkennt den Wert einer Gesellschaft daran, wie sie mit den schwächsten ihrer Glieder verfährt.

## Respekt und Angst sind nicht dasselbe

Zugewandtes Elternsein basiert auf gegenseitigem Respekt. Doch was heißt das genau? Wenn Erwachsene davon sprechen, dass sie von Kindern Respekt erwarten, dann meinen sie damit meist: Ehrfurcht und Gehorsam. Dieser Respektbegriff spiegelt die klassische Grundannahme autoritärer Erziehung, dass Kinder zu ihren Eltern aufschauen sollten und tun müssen, was sie sagen. Dementsprechend abwehrend reagieren manche Menschen heute auf die Idee eines respektvollen Familienlebens – für sie ist dieser Begriff durch seine autoritären Anklänge wie vergiftet. Dabei bedeutet Respekt eigentlich nichts anderes als Achtung. Und Achtung ist etwas völlig anderes als Angst. Wenn frühere Elterngenerationen also von Respekt sprachen, den sie von ihren Kindern erwarteten, dann nutzten sie das Wort letztlich als Euphemismus, denn was sie eigentlich wollten, war Furcht zu verbreiten und damit Gefügigkeit zu erhalten. Jemanden zu respektieren und zu achten heißt hingegen, seine Integrität anzuerkennen, seine Anliegen ernst zu nehmen und seine Grenzen zu wahren. Und das ist es, worum es im respektvollen Familienleben geht.

Ein weiterer gravierender Unterschied zum autoritären Verständnis von Respekt in der Eltern-Kind-Beziehung ist, dass der entsprechende Umgang nicht nur in eine Richtung gehen, sondern als gemeinsame Wertegrundlage allen dienen soll: Für den Umgang der Eltern miteinander, für den Umgang von Eltern mit ihren Kindern, für den Umgang von Kindern mit ihren Eltern, und für den der Geschwisterkinder untereinander. Das klingt erst mal ziemlich theoretisch, bedeutet aber letztlich nichts anderes, als dass wir Eltern es in der Hand haben, das Familienklima so zu prägen, dass jeder spürt: Bei uns sind alle Menschen gleich wichtig und gleich wertvoll – egal, wie alt sie sind. Oder, wie die Kinderbuchautorin Astrid Lindgren es formulierte: »Gewiss sollten Kinder Achtung vor ihren Eltern haben, aber ganz gewiss sollten auch Eltern Achtung vor ihren Kindern haben, und niemals dürfen sie ihre natürliche Überlegenheit missbrauchen.« Der letzte Halbsatz ist besonders wichtig, weil er die große Aufgabe betont, die in einer respektvollen Eltern-Kind-Beziehung bei uns Erwachsenen liegt: Weil wir größer und mächtiger sind und auch im rechtlichen Sinne in unserer Familie letztlich alle Entscheidungsgewalt haben, tragen wir die große moralische Verantwortung, diese Macht nicht zu missbrauchen. Und dazu gehört ganz unbedingt, nicht so zu tun, als seien Eltern und Kinder gleichberechtigt. Sondern das Machtgefälle zwischen uns und unseren Kindern anzuerkennen und gerade, weil es existiert, besonders achtsam mit unserer Macht umzugehen.

Entwicklungspsychologen gehen davon aus, dass unsere Kinder uns in ihren ersten Lebensjahren wie Götter empfinden: unglaublich groß, unglaublich präsent und unbegrenzt mächtig. Schließlich können wir für sie gefühlt *alles* bestimmen. Das hat für unsere Kinder einerseits etwas sehr Beruhigendes, andererseits aber auch etwas sehr Beängstigendes. Denn wer allein nicht überleben kann, *braucht* ja eine gute Macht, die die eigenen Geschicke fürsorglich lenkt. Und gleichzeitig wäre es *unerträglich*, wenn man diese Macht aus Versehen erzürnen und damit in Ungnade fallen könnte. Das ist der Grund, warum viele kleine Kinder regelrecht panisch reagieren, wenn wir Eltern mal sauer werden oder schimpfen. Sie sehen dabei nämlich keinen genervten, erschöpften oder frustrierten Menschen vor sich, sondern ihr Ein und Alles, das sich von ihnen abwendet.

Heißt das, dass wir niemals zeigen dürfen, dass uns etwas ärgert? Natürlich nicht. Authentische Rückmeldungen sind im Gegenteil sogar sehr wichtig, damit unsere Kinder spüren, dass ihr Handeln Einfluss hat. Doch weil unsere Machtposition – ob wir wollen oder nicht – so unglaublich groß ist, sollten wir uns darüber klar sein, dass schon kleine Beziehungsirritationen in unseren Kindern eine große, emotionale Reaktion auslösen können. Respektvoll mit unseren Kindern umzugehen heißt deshalb vor allem, uns unserer unglaublichen Wichtigkeit für unsere Kinder bewusst zu sein. Und unsere Macht nicht zu missbrauchen, indem wir ihre Angst vor dem Verlust unserer Liebe und Zuwendung zu Erziehungszwecken benutzen.

## Endlich unperfekt

Antiautoritär, bindungsorientiert, klassisch oder ganz natürlich: Es gibt viele Labels, um Erziehungsstile zu beschreiben, und die meisten sind klischeeüberladen. *Antiautoritäre Eltern* bringen ungezogene Rotzlöffel hervor, weil sie schlicht zu faul zum Erziehen sind. *Bindungsorientiert* nennen sich die Glucken, die niemals loslassen können. Und *natürliche Eltern*, das sind doch die Hippies mit den grauen Stoffwindeln. Diese Beispiele zeigen: Es ist schwierig, Elternschaft mit einem Adjektiv zu versehen, ohne dabei eine ganze Reihe von Vorurteilen zu schüren. Wenn mich Familien heute fragen, für welchen Weg ich stehe, meide ich deshalb mittlerweile all diese Labels und spreche lieber davon, was für mich der Kern guter Elternschaft ist: Zugewandtheit. Klarheit. Respekt. Dafür sind die äußerlich sichtbaren Erkennungsmerkmale, an denen oft die Trennlinien zwischen all den verschiedenen Eltern-Communitys verlaufen, völlig irrelevant. Zugewandte, respektvolle und klare Eltern erkennt man weder an ihren Tragetüchern noch an ihren Barfußschuhen, sondern schlicht daran, wie sie mit ihren Kindern umgehen. Und eine liebevolle Kindheit ist keine Frage von Holzspielzeug oder Konsole und gelingt mit Tiefkühlpizza ebenso wie mit selbst gekochter Gemüsesuppe. Entscheidend ist allein die Haltung, mit der wir unseren Kindern begegnen, denn wie wir Eltern unsere Kinder behandeln, spiegelt unser Bild von ihnen in ihre Seele. In unserer Beziehung zu ihnen entscheidet sich, ob sie sich bedingungslos geborgen und geliebt fühlen oder um Zuneigung und Anerkennung kämpfen müssen. Hier erleben sie sich als wertvoll mit all ihren Bedürfnissen oder als anstrengend und enttäuschend. Bin ich gut, so, wie ich bin? Das ist die Frage, die unsere Kinder uns in tausend Varianten mit ihrem Verhalten stellen. Und unser Job ist es, ihnen beständig dieselbe Antwort darauf zu geben, immer wieder neu und auf eine andere Weise: »Ja, du bist wunderbar und liebenswert, genau so, wie du bist.«

Woran liegt es, dass so viele Menschen sich mit der Angst herumschlagen, nicht gut genug zu sein? Der britische Psychologe und Bindungsforscher Donald Winnicott fand darauf bereits in den 1960er-Jahren spannende Antworten – und seine Erkenntnisse haben bis heute nichts von ihrer Brisanz verloren. In der Arbeit mit seinen über 60 000 Patienten fand er nämlich heraus, dass die meisten seelischen Probleme erwachsener Menschen schlicht daher rühren, dass sie in ihrer Kindheit niemals ganz sie selbst sein durften. Stattdessen wurde an ihnen von klein auf herumgezogen und -gebogen, mit der Folge, dass viele Kinder eine ganz wichtige Phase der Persönlichkeitsentwicklung übersprangen: die, in der sie hemmungslos um sich selbst kreisen. Tatsächlich spricht viel dafür, dass es für die Entwicklung eines gesunden Selbstbewusstseins ausgesprochen wichtig ist, als Kind eigensinnig, fordernd und teilweise grenzenlos selbstsüchtig sein zu dürfen und zu spüren: Auch mit all diesen Eigenschaften bin ich bedingungslos geliebt. Doch obwohl die Bedeutung dieser egozentrischen Entwicklungsphase in der Bindungsforschung nun schon so lange bekannt ist, wissen die meisten Eltern heute nichts von alledem. Und erschrecken dementsprechend sehr, wenn ihr einst so liebevolles Kleinkind sich plötzlich als genau jener selbstsüchtige, kleine Tyrann gebärdet, vor dem sie immer gewarnt worden sind. Besonders erschreckend: Die Kinder im Umfeld, die eher streng und begrenzend erzogen werden, zeigen dieses Verhalten nicht und sind brav und freundlich wie eh und je. Kein Wunder, dass Eltern da ins Zweifeln geraten: Ist unser liebevoll-geduldiges Begleiten vielleicht doch der falsche Weg? Da kann es helfen, sich bewusst zu machen, was Winnicott schon vor über 60 Jahren herausgefunden hatte: Um zu einem seelisch gesunden Erwachsenen heranzureifen, ist es für Kinder essenziell notwendig, sich phasenweise nicht im Geringsten um andere Menschen zu scheren, laut, wild und ungehorsam zu sein und die Gefühle und Meinungen der Eltern getrost zu ignorieren. Klingt nach absolutem Albtraum-Verhalten? Nun: Laut Winnicott hilft das Ausleben solcher Verhaltensweisen in der Kindheit Menschen dabei, sich als Erwachsene aus freien Stücken und ohne Schuldgefühle an die gängigen, sozialen Normen in ihrer Umgebung zu halten, während Menschen, die diese Erfahrung als Kinder nicht machen durften, auch als Erwachsene oft noch das Gefühl haben, über die Stränge schlagen zu müssen, und durch rüdes, rücksichtsloses Verhalten kompensieren, was sie als Kind nicht ausleben durften. Ein besonders wichtiges Detail in Winnicotts Arbeit ist aus meiner Sicht sein Hinweis, dass Kinder diese wichtigen und gesunden Phasen großer Selbstzentriertheit nur dann ausleben können, wenn sie das Gefühl haben, keine große Rücksicht auf die Befindlichkeiten der Erwachsenen in ihrem Umfeld nehmen zu müssen, weil sie diese als seelisch stark und robust erleben. Konkret betont Winnicott, dass nicht nur sehr strenge Eltern das wichtige Ausleben kindlicher Selbstbezogenheit behinderten, sondern auch besonders fragile Eltern, deren Kinder ständig das Gefühl hätten, ihnen ihre schwierigen Eigenschaften nicht zumuten zu können. Das heißt: Nicht nur autoritäre Erziehung kann Kinder in ihrer Entwicklung hemmen, sondern auch das Gefühl, die eigenen Eltern schonen zu müssen, da diese so sensibel und verletzlich sind. Und an diesem Punkt liegt nach meiner Einschätzung tatsächlich in vielen sehr liebevollen Elternhäusern der Hase im Pfeffer. Denn viele von uns, die wir heute Eltern sind, sind eben *nicht* mit diesem Rückenwind bedingungsloser Liebe groß geworden und haben eben *nicht* die Erfahrung gemacht, auch dann gut und richtig zu sein, wenn wir anecken und an uns gestellte Erwartungen nicht erfüllen. Stattdessen tragen viele von uns ein ständiges Gefühl des Nicht-gut-genug-Seins in uns, das permanent unsere Sorge nährt, nicht liebenswert zu sein. Diese innere Unsicherheit führt oft zu einem gnadenlosen Perfektionismus: Um das Gefühl loszuwerden, nicht zu genügen und deshalb auch keine Liebe zu verdienen, versuchen wir mit aller Kraft, nicht nur gut, sondern *perfekt* zu sein – und damit auch uneingeschränkt liebenswert. Dieser Perfektionismus setzt uns zwar immens unter Druck, beschert uns aber auch Glücksgefühle – dann nämlich, wenn wir es schaffen, unsere selbst gesteckten hohen Ziele zu erreichen, etwa im Job oder im Bereich unserer Ernährung. Wenn wir jedoch Eltern werden und auch an diese Aufgabe mit unserer inneren Unsicherheit und unserem gnadenlosen Perfektionismus herangehen, haben wir spätestens dann ein Problem, wenn unser Kind in der ersten Autonomiephase – also um den ersten Geburtstag herum – jene selbstzentrierten Verhaltensweisen zu entwickeln beginnt, die uns selbst als Kinder verwehrt wurden. Denn perfekte Eltern, wie wir sie sein wollen, haben keine ungezogenen, egoistischen, fordernden Kinder, sondern angenehmen, rücksichtsvollen, sozial kompetenten Nachwuchs. Ausgerechnet in dieser Phase also, in der unsere Kinder entwicklungspsychologisch an dem Punkt stehen, zu lernen, dass sie gut genug sind, wie sie sind, werden wir auf den wundesten unserer wunden Punkte gestoßen: selbst nicht gut genug zu sein. Die Folge ist oft entweder ein strenges Bestehen auf bestimmten sozialen Umgangsformen (»In unserer Familie wird nicht geschrien!«) oder aber eine massive Verunsicherung, die wir unbewusst unseren Kindern aufbürden (»Benimm dich doch nicht so, sonst fühle ich mich schlecht!«). Gerade die zweite, subtilere Variante, dem Kind die Verantwortung für das eigene Wohlergehen zuzuschanzen, ist auf den ersten Blick nur schwer zu erkennen, weil die Kinder ja scheinbar freiwillig so »lieb« sind. Umso wichtiger ist es, sich als Eltern klarzumachen: Wenn Kinder niemals aufbegehren, keine Wutanfälle und keinen Egoismus zeigen, ist das kein Erziehungserfolg, sondern ein wichtiger Anlass, genauer hinzuschauen. Natürlich sind Kinder verschieden, und haben unterschiedliche Temperamente und durchleben ihre selbstzentrierten Phasen unterschiedlich intensiv. Doch wenn Kinder ausgesprochen brav, selbstlos und rücksichtsvoll sind, steckt oft dahinter, dass sie das Gefühl haben, ihre Eltern schonen und schützen zu müssen vor jenen Anteilen ihrer Persönlichkeit, die schwierig und anstrengend sein können. Und das ist nicht gesund. Um diesen Teufelskreis des Nicht-gut-genug-Fühlens zu durchbrechen, ist es deshalb wichtig, dass wir als Eltern an die Wurzeln unseres eigenen Perfektionismus herangehen und uns selbst zugestehen, genug und liebenswert zu sein trotz all unserer Unzulänglichkeiten. Denn nur so können wir auch unsere Kinder von dem Druck befreien, durch ihr alltägliches Verhalten zeigen zu sollen, was für großartige Eltern wir sind. Geben wir sowohl ihnen als auch uns die explizite Erlaubnis, unperfekt zu sein, geht es uns allen besser.

## Freundlichkeit ist keine Schwäche

Das wohl fieseste Erbe der gesamten Erziehungsgeschichte ist eine Angst, die fast alle Eltern kennen: die, dass unsere Kinder uns auf der Nase herumtanzen, wenn wir zu nett zu ihnen sind. Sanftheit als Schwäche, die tyrannisches Verhalten provoziert – diese tief in unserer Kultur verankerte Botschaft ist der Grund dafür, dass so viele Eltern sich regelrecht zwingen, härter, strenger und konsequenter zu sein, als es sich für sie gut anfühlt. Aus Furcht vor den Folgen, wenn sie es nicht tun. Und eins stimmt ja tatsächlich: Es gibt keine folgsameren Kinder als autoritär erzogene. Angst vor Strafen und Liebesentzug ist nicht umsonst ein übermächtiges Druckmittel, mit dem sich fast alles erzwingen lässt. Nur: Gesund ist das nicht. In ständiger Furcht zu leben und die lebenswichtige Liebe der Eltern an Bedingungen geknüpft zu wissen, kann in Kinderseelen einen immensen Schaden anrichten. Doch der zeigt sich meist erst später. In der Kindheit sind diese Kinder meist nur eins: unauffällig und ausgesprochen brav. Klar kann man als Eltern eines wilden, aufmüpfigen, frechen, willensstarken Kindes leicht das Gefühl bekommen, irgendwas falsch gemacht zu haben: »Warum ist unser Kind so anstrengend und das der Nachbarn so wohlerzogen?« Und fast alle Eltern, die sich um ein respektvolles, zugewandtes Familienleben bemühen, kommen immer mal wieder an Punkte, an denen sie autoritär erziehende Eltern darum beneiden, wie *einfach* sie es in manchen Situationen im Vergleich haben. Und so kommt es, dass sich fast unweigerlich auch in unserem Umgang mit unseren Kindern manchmal eine gewisse Unnachgiebigkeit und Härte einschleicht, die sich aus der Angst speist, sonst zu weich, zu lasch, zu *nett* zu sein – und so einen kleinen Haustyrannen heranzuziehen. Bedingungslos freundlich zu Kindern zu sein, wird in unserer Kultur als potenziell riskant betrachtet. Zumindest ab einem bestimmten Alter. »Die ersten drei Monate darf man Babys nur liebhaben«, gab mir eine junge Mutter mal die Weisheit ihrer Hebamme wieder. »Danach muss man anfangen, zu erziehen.« Andere setzen die Grenze bei sechs oder neun Monaten an, oder beim ersten Geburtstag. »Im ersten Lebensjahr kann man ein Kind nicht verwöhnen«, bekommen Eltern oft zu hören. Was erst mal nett klingt, aber natürlich auch bedeutet: danach schon. So kommt es, dass Eltern oft das Gefühl haben: Spätestens ab dem zweiten Lebensjahr muss es vorbei sein mit der reinen Nettigkeit. »Jetzt müssen wir auch mal andere Saiten aufziehen, sonst ist unser Kleines hier bald der Boss!« Dabei gibt es nicht einen guten Grund dafür, mit einem zwei, vier, sieben, vierzehn oder siebzehn Jahre alten Kind nicht genauso freundlich umzugehen wie mit einem Neugeborenen. Natürlich verändert sich diese Freundlichkeit mit den Jahren, und während im Umgang mit einem kleinen Baby unsere eigenen Bedürfnisse oft hintanstehen, wird mit dem Größerwerden unserer Kinder ein gesunder Bedürfnisausgleich immer wichtiger. Doch das heißt nicht, dass wir uns deswegen verhärten müssten oder plötzlich unnachgiebig auf Regeln beharren, die man genauso gut flexibler handhaben könnte. Denn das behavioristische Bild vom kleinen Haustyrannen, der nur darauf wartet, in einem Moment der Schwäche das Regiment über unsere Familie an sich zu reißen, wird in keiner Weise von den Erkenntnissen der modernen Entwicklungspsychologie gestützt. Im Gegenteil: Kinder *wollen* gar nicht die Führungsrolle in der Familie innehaben, die sie völlig überfordern würde. Wir neigen nur dazu, ihr Verhalten aus diesem Blickwinkel zu interpretieren. Denn dass sie in manchen Entwicklungsphasen gefühlt alles bestimmen wollen, lautstark auf ihren Forderungen beharren und wenig kompromissbereit sind, hat nichts damit zu tun, dass sie unseren Job machen wollen – sie entdecken auf diese Weise einfach nur ihr eigenes Ich, ihren eigenen Willen, ihren Platz in der Welt. Und sie brauchen dabei ganz unbedingt Erwachsene, die sich davon nicht bedroht oder angegriffen fühlen, sondern die sie bei diesem Prozess liebevoll und klar begleiten, ohne Angst, dabei durch zu viel Sanftheit ihre Führungsrolle einzubüßen. Dass unsere Kinder sich dabei manchmal regelrecht an uns abarbeiten, indem sie schimpfen und schreien und toben und wüten – all das sind keine Versuche, unsere Macht an sich zu reißen, sondern im Gegenteil: Zeichen großer Verletzlichkeit und Bindungssicherheit. Denn ein Kind, das um die Liebe seiner Eltern fürchtet, würde sich nie die Blöße geben, sich so in all seiner Wut, Verzweiflung und Traurigkeit zu zeigen. Das wagen Kinder nur, wenn sie sich absolut sicher fühlen. So absurd es klingen mag: Beschimpft uns ein Kind als die blödesten Eltern der Welt, die am besten tot sein sollen, ist das eins der größten Komplimente, die es gibt. Denn so schlimm und verletzend die Wortwahl unseres Kindes in diesem Moment ist, so deutlich zeigt allein die Tatsache, dass es sich traut, sich uns mit diesen dunklen Gefühlen so unerschrocken zu zeigen, wie unendlich tief sein Vertrauen in unsere unerschütterliche Liebe und Begleitung ist. Denn tatsächlich gehören solche dunklen Gefühle zu großen Liebesgeschichten ja immer dazu: Wo unendlich viel Liebe ist, da entsteht auch mal ein Gefühl größten Hasses. Wir sind nur so darauf konditioniert, solche Gefühle nicht gefahrlos *zeigen* zu dürfen, dass es sich für uns ungeheuerlich anfühlt, wenn jemand genau das einfach tut. »Das hätte ich als Kind *nie* gewagt!« – allein dieser Impuls zeigt, an was für einem Tabu Kinder mit einem solchen Verhalten rühren. Und wie wichtig und heilsam das im Grunde ist. Denn es ist normal, dass Kinder angesichts der Übermacht ihrer Eltern manchmal solche dunklen Gefühle haben. Wir hatten die auch, auch wenn wir uns vielleicht nicht mehr daran erinnern können. Doch weil das Tabu rund um solche Gefühle so groß war und die Liebe unserer Eltern sich meist nicht so sicher anfühlte, als könnte sie auch eine solche Offenbarung ertragen, hätten die meisten von uns es niemals gewagt, so etwas herauszuschreien. Dass unsere Kinder es tun, ist also kein Zeichen dafür, dass wir *zu nett* zu ihnen waren – sondern dafür, dass sie absolut keine Angst vor uns haben. Und das ist unglaublich kostbar.

Mit unseren Kindern freundlich umzugehen, ist also kein Zeichen von Schwäche – auch wenn es uns von außen manchmal so widergespiegelt wird. Freundlich und respektvoll zu sein, macht weder uns zu Untertanen unserer Kinder noch sie zu Tyrannen. Genau genommen ändert es exakt gar nichts an den Machtverhältnissen in unserer Familie – nur daran, wie wir mit unserer Macht umgehen. Problematisch wird Freundlichkeit erst, wenn wir darunter verstehen, dass wir unsere eigenen Grenzen nicht wahren dürfen. Also glauben, die freundliche Antwort sei immer ein Ja, und die unfreundliche ein Nein. Das ist ein Irrtum: Wir können freundlich sein, und trotzdem klar in der Kommunikation unserer Bedürfnisse und Grenzen.

## Großwerden ohne Gewalt

»Kinder haben ein Recht auf gewaltfreie Erziehung« – so steht es in Deutschland seit dem Jahr 2000 im Bürgerlichen Gesetzbuch. Doch was bedeutet das eigentlich konkret? Es gibt Menschen, die vertreten die Ansicht, der Begriff *gewaltfreie Erziehung* sei bereits ein Widerspruch in sich, ein Oxymoron, weil Erziehung *immer* Gewalt sei. Dieser Ansicht liegt jedoch eine sehr enge Definition des Begriffs *Erziehung* zugrunde – und ein sehr weiter des Begriffs *Gewalt*. Das meint ungefähr Folgendes: Verstehe ich unter *Erziehung* ausschließlich die planmäßige und gezielte Formung eines jungen Menschen und unter *Gewalt* jegliche Art der Machtausübung – ja, dann ist Erziehung Gewalt. Außerhalb dieses sehr spezifischen, definitorischen Kontexts ist die Pauschalaussage »Erziehung ist Gewalt«, wie sie insbesondere in den sozialen Medien immer wieder getätigt wird, jedoch ziemlich problematisch, weil sie nahezu zwangsläufig dazu führt, dass Eltern sich angegriffen, unter Generalverdacht gestellt und sogar regelrecht kriminalisiert fühlen. Denn zum Erziehungsverständnis der meisten Eltern gehört heute ja eben gerade *nicht* das gewaltsame Zerren und Ziehen an

Kindern, sondern im Gegenteil das liebevolle Begleiten, das ihnen ermöglicht, ihre individuellen Potenziale zu entfalten. Tatsächlich ist die Sache mit den verschiedenen Definitionen von Erziehung nicht ganz ohne, denn anders als etwa im Englischen, bei dem eindeutig zwischen *parenting* und *discipline* unterschieden wird, verwenden wir im Deutschen das Wort Erziehung sowohl im gezielt formenden Sinne (»So klappt es mit der Hundeerziehung!«) als auch in einer umfassenderen Bedeutung, die nahezu alle Aspekte des Elternseins mit einschließt. Klar, dass es da schnell zu Missverständnissen kommt! Mein persönlicher Eindruck ist, dass wir uns mit der Dämonisierung des Erziehungsbegriffs an sich keinen Gefallen tun, denn wenn die allermeisten Menschen dabei an das schöne Fröbelwort denken, wonach Erziehung »Beispiel und Liebe, sonst nichts« ist, erreicht man mit dem demonstrativen Ablehnen aller Erziehung vor allem eins: Spaltung. Eltern müssen sich also gefühlt einem Lager zuordnen: dem der Erziehenden oder dem der Nicht-Erziehenden. Dazwischen gibt es nichts. Aus meiner Sicht ist das nicht hilfreich, denn wenn das Gros der Menschen unter Erziehung all die möglichen Wege versteht, Kinder zu begleiten – warum nutzen wir dann nicht dieses Potenzial und sprechen darüber, wie respektvolle, zugewandte, liebevolle und gewaltfreie Erziehung konkret aussehen kann? Denn ja, es stimmt, dass in dem Wort *Er-ziehung* das *Ziehen* schon drinsteckt und damit die potenzielle Gewalt, die mit dem Machtgefälle zwischen Kindern und Eltern einhergehen *kann*. Doch auch in der *Be-ziehung* ist das *Ziehen* enthalten – nur, dass wir dabei eher an die Anziehungskraft zwischen zwei Menschen denken als an gewaltvolles Zerren um der Formung willen. Das zeigt: Welche Assoziationen wir mit einem Wort und seinen einzelnen Wortbestandteilen verbinden, hat weniger mit seiner Etymologie zu tun als mit der Perspektive, von der aus wir heute darauf schauen. Brauchen wir ein Feindbild, von dem wir uns abgrenzen können, kann es hilfreich sein, die friedvolle Be-ziehung als Gegenpol zur gewaltvollen Er-ziehung zu begreifen. Im Grunde genommen ist es dafür aber unnötig, den mit so vielen unterschiedlichen Bedeutungen aufgeladenen Erziehungsbegriff zu verwenden. Für die gewaltvolle und planmäßige Formung eines anderen Lebewesens gibt es nämlich schon ein Wort, das in seiner Bedeutung ganz eindeutig ist und niemanden angreift, der einfach nur sein Kind großzieht: *Dressur*. Diese Dressur ist es doch, die in der Geschichte der Erziehung wirklich vorwiegend umgesetzt wurde, und die wir zweifelsohne überwinden müssen, wenn wir unsere Kinder als vollwertige Menschen achten wollen. Natürlich können wir uns dabei in unserer persönlichen Kommunikation auch vom Begriff der *Erziehung* verabschieden und lieber von *Beziehung* sprechen, und davon, wie wir unsere Kinder *begleiten* – ich selbst tue das auch. Doch bevor wir generell und pauschal *Erziehung* und *Erziehende* in einem Atemzug mit *Gewalt* nennen, wäre es klug, sich bewusst zu machen, wie viel Erde wir damit verbrennen, Eltern, die ihrem eigenen Selbstverständnis nach ihre Kinder ganz normal und liebevoll erziehen, implizit als Gewalttäter zu bezeichnen.

Womit wir bei der nächsten, nicht weniger komplexen Frage wären: Wo genau beginnt Gewalt? Bevor wir uns mit den verschiedenen Definitionen beschäftigen, ist es mir zunächst wichtig, darauf einzugehen, was für ein unglaublich schmerzvoller, aufgeladener Begriff dieses Wort ist. Denn Gewalt ist für viele Menschen eben nichts Abstraktes, über deren genaue Definition sich trefflich streiten lässt, sondern erlittenes Trauma. Gewalt hat viele Gesichter, doch was viele Überlebende körperlicher wie seelischer Gewalt eint, ist, dass sie Gewalt verabscheuen und sich gleichzeitig immer wieder bewusst dafür entscheiden müssen, die gewaltvollen Erfahrungen, die sie gemacht haben, nicht in ihrem eigenen Verhalten zu reproduzieren. Das gilt insbesondere für Menschen, die in ihrer Kindheit Gewalt durch ihre engsten Bindungspersonen erfahren haben. Ob Schläge, psychische Gewalt oder beides: Machen Kinder die Erfahrung, dass sie von den Menschen, auf die sie am dringendsten angewiesen sind, die sie lieben und glücklich machen wollen, herabgewürdigt und verletzt werden, hinterlässt dies tiefe Spuren in ihrer Seele. Denn anders als bei von Fremden ausgeübter Gewalt kommt bei Gewalterfahrungen in der Familie die Liebe mit hinzu, nach der sich jedes Kind sehnt und die es braucht, um wachsen zu können. Und weil es sich so nach dieser Liebe sehnt, hält es das, was es von seinen Eltern oder anderen Bindungspersonen bekommt, oft für Liebe – auch dann, wenn es eigentlich Gewalt ist. Das heißt: Im Bindungsmuster von Kindern, die Gewalt erfahren haben, besteht oft eine unglückselige Verknüpfung zwischen Lieben und Wehtun, Kümmern und Strafen, gesehen und geschlagen werden. Und dieses Muster zu durchbrechen und es *nicht* an die eigenen Kinder weiterzugeben, ist eine Lebensaufgabe. Denn insbesondere in Stresssituationen greifen wir Menschen auf das zurück, was wir kennen. Und wenn Gewalt der einzige Weg war, der einem Kind vorgelebt wurde, mit Stress umzugehen, kostet es dieses Kind als Erwachsenen oft sehr viel Entschlossenheit und innere Stärke, diese vorgebahnten Verbindungen in seinem Gehirn zu überschreiben und durch neue Stressreaktionsmuster zu ersetzen. Diese Zusammenhänge zu begreifen, ist wichtig, um zu verstehen, warum allein das Sprechen über Gewalt in der Erziehung für viele Menschen eine ungeheure emotionale Kraftanstrengung bedeutet. Allein darüber *nachzudenken* kann sich unerträglich anfühlen, weil jeder Gedanke daran, dass auch heute noch unzählige Kinder Gewalt ausgesetzt sind, der Auslöser einer ganzen Flut schlimmer Erinnerungen sein kann, die einem auch noch viele Jahre später die Kehle zuschnüren. Eine besondere Herausforderung besteht für Menschen, die selbst in ihrer Kindheit Opfer schwerer Gewalt wurden, häufig darin, auch viel harmlosere Übergriffe mit demselben Begriff benannt zu sehen. So regt sich unter gewaltbetroffenen Eltern oft heftiger Widerstand, wenn ich in meinen Vorträgen es auch als Gewalt bezeichne, wenn Kinder angebrüllt oder fest am Handgelenk gepackt werden. »Das als Gewalt gegen Kinder zu bezeichnen, spuckt Menschen wie mir ins Gesicht, die jeden Tag verprügelt worden sind!«, empörte sich mir gegenüber einmal eine Mutter. Verständlicherweise: Sie hätte als Kind vermutlich viel dafür gegeben, »nur« angeschrien zu werden. Doch Übergriffe verschiedener Schweregrade als Gewalt zu bezeichnen, setzt sie nicht gleich. *Natürlich* besteht ein Unterschied zwischen struktureller Gewalt, verbaler Gewalt und schweren körperlichen Misshandlungen. Und gleichzeitig ist es wichtig, sich darüber bewusst zu sein, dass sie alle im selben Spektrum von Übergriffigkeit, Aggression und Machtmissbrauch angeordnet sind. Wenn wir also darüber sprechen, wie Kinder *ohne Gewalt* groß werden können, dann müssen wir dabei nicht nur über Prügel sprechen, sondern auch all jene Übergriffe auf dem Schirm haben, die uns kaum auffallen, weil wir sie als normal empfinden. Wenn wir also darüber sprechen, dass Gewalt oft bereits im Kleinen beginnt, dient dies gewiss nicht der Verharmlosung schwerer Gewalterfahrungen, sondern vielmehr ihrer Prävention. Denn Gewalt eskaliert in Stufen: Gewöhne ich mich daran, über einen anderen Menschen gewaltvoll Macht auszuüben, muss ich den Druck immer weiter erhöhen, um meine Machtposition nicht zu verlieren.

Sprechen wir also über Gewalt im vollen Bewusstsein, was für ein schwieriges, emotionales und hochkomplexes Thema es ist.

Fangen wir bei der Begriffsklärung an. Im deutschen Sprachgebrauch hat Gewalt nämlich zwei Bedeutungen, die eng miteinander verknüpft sind. Die erste der beiden Wortbedeutungen finden wir beispielsweise in unserem Grundgesetz: »Alle Staatsgewalt geht vom Volke aus«, steht da. Das Wort *Gewalt* steht in diesem Fall ganz klar nicht für eine herabwürdigende Handlung, sondern im Gegenteil: für die *Macht*, die in einer Demokratie alle ihre Bürger*innen innehaben. Legen wir diese Interpretation zugrunde, üben wir als Eltern *alle* Gewalt aus. Denn als Erwachsene sind wir die Träger der Entscheidungsmacht und diejenigen, die die Verantwortung tragen – für unsere Kinder wie für uns selbst. Das Recht auf *gewaltfreie Erziehung* stützt sich jedoch auf einen anderen Gewaltbegriff: Hier wird Gewalt als *herabwürdigende Handlung* definiert. Dementsprechend heißt es im Bürgerlichen Gesetzbuch auch ganz konkret: »Körperliche Bestrafungen, seelische Verletzungen und andere entwürdigende Maßnahmen sind unzulässig.« Es geht also um die *Würde* unserer Kinder, die wir nicht verletzen dürfen – *das* ist der Anspruch von Erziehung ohne Gewalt. Womit wir bei der nächsten Frage wären: Was bedeutet eigentlich *Würde*? Das Bundesverfassungsgericht definierte die Würde eines jeden Menschen einmal als den »Wert, der dem Menschen kraft seines Menschseins zukommt«. Es geht also darum, Menschen als Menschen zu achten und ihre Grenzen zu wahren – ganz egal, ob sie alt oder jung sind, krank oder gesund, schuldig oder unschuldig. Menschenwürde also ist universal. Neugeborene haben sie ebenso inne wie Greise, und selbst Schwerverbrechern darf sie nicht abgesprochen werden, weil auch sie Menschen sind. Doch wie sieht dieses Wahren der Würde ganz konkret aus? Zum einen gehört dazu das Recht auf körperliche Unversehrtheit. Waren von diesem Recht in Deutschland bis ins Jahr 2000 körperliche Züchtigungen durch Erziehungsberechtigte explizit ausgenommen, gibt es heute zum Glück keine Ausnahmen mehr: Kinder zu klapsen, zu ohrfeigen, zu schlagen, zu schütteln, zu würgen, zu treten oder ihnen sonstige körperliche Verletzungen zuzufügen, ist nicht nur unmoralisch, sondern auch schlicht verboten – und zwar völlig egal, was sie angestellt haben.

Genauso wichtiger Bestandteil der Menschenwürde ist das Recht auf seelische Integrität. Eltern dürfen ihre Kinder also nicht nur nicht schlagen, sie dürfen ihnen auch keine psychischen Verletzungen zufügen. Diese umfassen beispielsweise Beschimpfungen, Beleidigungen und Drohungen sowie bewusste Verängstigung, Spott und Verunglimpfung. Das Problem dabei: Was genau den Tatbestand der seelischen Verletzung erfüllt, ist nicht nur viel schwerer zu umreißen, als dies bei körperlichen Übergriffen der Fall ist, sie sind auch viel schwerer nachzuweisen, da sie zunächst keine sichtbaren Spuren hinterlassen. Hinzu kommt eine gewisse Unschärfe auch in der Rechtsprechung: Während tatsächlich bereits mehrere Eltern zu Geldstrafen verurteilt wurden, weil sie ihre Kinder nachweislich gehauen haben, wurde noch nie ein Elternteil juristisch zur Rechenschaft gezogen, weil es sein Kind beschimpft oder lächerlich gemacht hat. Die Gründe hierfür sind durchaus nachvollziehbar: Kindern ganz offiziell und per Gesetz das Recht auf gewaltfreie Erziehung zuzusprechen, verfolgt primär das Ziel eines Wertewandels, der sich dann im konkreten, elterlichen Handeln niederschlagen soll. Eltern dann wie Straftäter zu behandeln, hilft dabei wenig. Und bei seelischer Gewalt ist es schlichtweg oft unglaublich schwer, eine exakte Grenze zu ziehen zwischen einer gewissen genervten Ruppigkeit in Stresssituationen, die sicher nicht ideal, aber trotzdem menschlich ist – und seelischer Gewalt, wie sie per Gesetz definiert und verboten ist. Es ist deshalb auch kein Zufall, dass das Bürgerliche Gesetzbuch sich darüber ausschweigt, was man genau unter den untersagten »herabwürdigenden Handlungen« zu verstehen hat, und sowohl Eltern als auch Juristen damit einen recht großen Handlungsspielraum überlässt. Das heißt aber auch, dass wir von der Rechtsprechung hierzulande nicht allzu viel Unterstützung erwarten dürfen, um herauszufinden, wo Gewalt gegen Kinder beginnt. Das lässt Erziehungsberechtigten nach wie vor sehr große Freiheiten in Bezug auf ihre Erziehungsmethoden – solange sie ihre Kinder nicht schlagen oder stark vernachlässigen, haben sie normalerweise nichts zu befürchten. Das heißt jedoch noch lange nicht, dass sämtliches Erziehungsverhalten, das in dieser Weise in Deutschland geduldet wird, auch wirklich gewaltfrei wäre! Im Gegenteil: Sowohl körperliche Übergriffe wie der berühmte Klaps oder das harte Packen am Arm oder Handgelenk als auch Beschimpfungen und entwürdigende Bestrafungen sind in Deutschland nach wie vor weit verbreitet. Und selbst Experten sind sich nicht einig, wo genau nun jene seelische Gewalt beginnt, die Kinder *nicht* erleben sollen: bei jedem Schimpfen? Oder erst, wenn es Vorwürfe hagelt? Ist eine verbale Entgleisung wie »Dummkopf« bereits Gewalt? Oder eine Drohung, wie abends keine Gute-Nacht-Geschichte vorzulesen? Ist es Gewalt, ein Baby alleine schreien zu lassen – oder ist das schlicht Erziehung? Und wie sieht es mit Notwehr aus? Schließlich gehen uns ja auch unsere Kinder manchmal ganz schön an. Es ist kein Zufall, dass die meisten Menschen, die sich öffentlich zum Thema gewaltfreie Erziehung äußern, tunlichst meiden, genau solche Detailfragen zu beantworten. Denn hinter ihnen verbirgt sich ein Widerspruch, dem wir in unserer Gesellschaft nur ungern ins Auge blicken: Wenn wir unsere Kinder wirklich ohne Gewalt groß werden lassen wollen, und unter dieser Gewalt wirklich *alles* verstehen, was sie körperlich oder seelisch verletzt, dann müssen wir uns von nahezu *allem* verabschieden, was wir hierzulande unter Erziehung verstehen. Dann wäre es weder möglich, ein Schlaflerntraining durchzuführen, noch einem Kind mit Fernsehverbot zu drohen. Dann wäre es undenkbar, das Handy des Teenagers zu kassieren, wegen schlechter Schulleistungen eine Party-Sperre zu verhängen oder einfach zu bestimmen, dass die rebellische achte Klasse kollektiv nachsitzen muss. Kurz: Uns wäre jede Möglichkeit genommen, Kinder zu bestrafen. Weil das gesamte Wirkprinzip von Strafen darin besteht, durch eine unangenehme, schmerzliche Handlung als Konsequenz von einem bestimmten Verhalten abgebracht zu werden. Wenn diese aber wehtun muss, um wirkungsvoll zu sein, ist sie automatisch eine körperliche oder seelische Verletzung, also Gewalt. Eine echte gewaltfreie Erziehung kann deshalb nur eine Erziehung ohne Strafen sein.

### Gewalt ist mehr als Strafen

Die gute Nachricht zuerst: Immer mehr Eltern wollen ihre Kinder ohne Gewalt erziehen, wobei die meisten dabei primär an Körperstrafen wie Schläge denken. Diese als Erziehungsmittel zu nutzen, ist in den vergangenen Jahren zum Glück massiv in Verruf geraten. So gaben in einer repräsentativen Umfrage im Auftrag der Zeitschrift *Eltern* bereits im Jahr 2012 90 Prozent der befragten Eltern an, dem Grundsatz der gewaltfreien Erziehung zuzustimmen und ihre Kinder nicht schlagen zu *wollen*. Die schlechte Nachricht: Nur ein knappes Drittel aller Eltern schafft es, diesen Vorsatz auch umzusetzen. Was bedeutet: Über die Hälfte aller Kinder hierzulande wird nach wie vor zumindest *manchmal* von den eigenen Eltern geschlagen. Dabei ist an die Stelle des Schlagens aus Überzeugung zunehmend das Schlagen aus Überforderung und Hilflosigkeit getreten. Eltern hauen ihre Kinder also nicht, weil sie es *richtig* finden, sondern weil es sie in ihrer Wut überkommt. Hinterher schämen sie sich meist dafür und entschuldigen sich teilweise auch bei ihren Kindern. Doch das heißt nicht, dass es nicht wieder zu Übergriffen kommt. Und da sind die unzähligen Fälle seelischer Gewalt in Eltern-Kind-Beziehungen noch gar nicht mitgerechnet. So bekannten sich in der *Eltern*-Umfrage mehr als 90 Prozent der Befragten dazu, ihre Kinder zumindest gelegentlich anzubrüllen, 85 Prozent sanktionieren mit Verboten wie Süßigkeiten-, Taschengeld- oder Medienentzug, und 25 Prozent der Eltern bestrafen ihre Kinder, indem sie sie ignorieren und nicht mehr mit ihnen sprechen. Diese erschreckenden Befunde zeigen: An dem Vorsatz, ihre Kinder respektvoll zu behandeln, mangelt es vielen Eltern heute nicht. Doch mit der *Umsetzung* der eigenen Erziehungsideale ist es nicht weit her. Und das, obwohl viele Eltern heute selbst nicht einmal mehr wirklich daran glauben, dass Gewalt in der Erziehung irgendeinen positiven Effekt hätte. Die meisten Eltern schreien, schlagen und strafen heute schlicht im Affekt, zum Frustabbau. Ein unterschätzter Beweggrund dafür, dass Eltern ihre Kinder herabwürdigen und schlecht behandeln, ist dabei schlicht: Rache. Aus psychologischer Sicht der Wunsch nach Vergeltung für erlittenen Schmerz ist einer der Hauptgründe für Aggressionen. Ja, der menschliche Drang, Unrecht zu sühnen, ist sogar so stark, dass er einen der Hauptgründe dafür darstellt, dass keine noch so zivilisierte Kultur der Welt ohne Strafrecht und Justiz auskommt. So wird nämlich vermieden, dass Selbstjustiz an der Tagesordnung ist – mit all den brutalen Folgen, die das hätte. Es scheint, als schlummere in uns allen der archaische Zug, Leid mit Leid und Schmerz mit Schmerz zu vergelten. Der Psychoanalytiker Léon Wurmser bezeichnet Rache deshalb als »Ausdruck einer grundlegenden Notwendigkeit, passiv Erlittenes in aktiv Gehandeltes zu verwandeln«. Das heißt: Indem wir uns rächen, erlangen wir ein Gefühl von Selbstwirksamkeit zurück. Und das ist genau das Gefühl, das auch viele Eltern beschreiben, die ihren

Kindern gegenüber gewalttätig geworden sind. Vor dem Übergriff stand nahezu immer das Gefühl einer massiven Grenzverletzung durch das Kind, einer tief greifenden persönlichen Verletzung, einer Provokation, die den Erwachsenen in die Opferrolle katapultierte – und damit das eigene Kind gefühlt in die Täterposition. Deshalb bringt das Zuschlagen oder das ungehemmte Niederbrüllen in solchen Situationen meist auch einen kurzen Moment der Genugtuung, bevor das schlechte Gewissen einsetzt. Denn wer hart und gewaltvoll seine Grenze markiert, befreit sich aus der Opferrolle und macht sich wieder zum Handelnden – so schrecklich die dafür gewählte Strategie auch ist. Dass mit der schwindenden, sozialen Akzeptanz für erzieherische Gewalt die Vorkommnisse elterlicher Gewalt im Affekt zugenommen haben, steht deshalb in direktem Zusammenhang: Aus dem Gefühl, als Eltern nichts mehr machen zu dürfen, um sich durchzusetzen, erwächst ein Gefühl von Wehrlosigkeit, als seien uns die Arme auf dem Rücken zusammengebunden. Also wird die Wut, die nicht mehr raus darf, weil gute Eltern heute doch friedlich und geduldig sein sollen, runtergeschluckt und weggepackt. Und schwelt doch im Verborgenen weiter. Dass Eltern, die auf diese Weise versuchen, ihre Aggressionen in den Griff zu kriegen, irgendwann schier explodieren, ist kein Wunder. Ihr Ausraster ist nichts anderes als ein Überdruckventil für all die aufgestaute Wut. Und fühlt sich wie ein Befreiungsschlag an nach all der Zeit des Zusammenreißens. Unser moralischer Anspruch an uns selbst, nicht zu strafen und niemandem wehzutun, steht also auf wackeligen Füßen: Fühlen wir uns angegriffen und klein gemacht, provoziert oder verletzt, sind unsere primitiven Racheimpulse oft stärker als unser elterliches Ethos. Der Psychologe und Neurowissenschaftler Dominique de Quervain hat herausgefunden, woran das liegen könnte. Er ließ erwachsene Probanden in einem Spiel gegeneinander antreten, wobei einige der Spielenden die anderen austricksen sollten. Das daraus resultierende Gefühl, ungerecht behandelt worden zu sein, aktivierte im Gehirn der ehrlichen Spieler dieselben Areale, die auch bei körperlichen Schmerzen reagieren. Durften die ehrlichen Spieler diejenigen, die sie ausgetrickst hatten, jedoch bestrafen, aktivierte dies in ihrem Gehirn sofort das Belohnungssystem. Entspannung und ein Gefühl von Befriedigung waren die Folge. Unser Gehirn scheint also darauf gepolt zu sein, es als gerecht zu empfinden, wenn Schmerz mit Schmerz vergolten wird. Und das heißt: Um als Eltern verlässlich nicht mehr gewalttätig zu werden, müssen wir raus aus der Opferrolle. Denn so lange wir unsere Kinder als Täter und uns selbst als ihnen wehrlos ausgesetzt empfinden, wird es immer wieder passieren, dass wir dem Impuls nicht widerstehen können, uns mit Härte und Brutalität zu behaupten. Haben wir jedoch verinnerlicht, dass wir als Erwachsene in der Beziehung zu unseren Kindern ohnehin *immer* die Mächtigeren sind und deshalb gar nicht ihre Opfer sein können, können wir den Gründen auf die Spur kommen, warum wir uns trotzdem so oft als Opfer fühlen. Diese Opferrolle hat nämlich nichts mit unseren Kindern zu tun, sondern mit unseren *eigenen* Unsicherheiten und Traumata, an denen unsere Kinder unwillkürlich rühren. Wer also das Gefühl hat, einen Vierjährigen auf den Po hauen, oder eine Achtjährige in ihr Zimmer einsperren, oder eine Vierzehnjährige niederbrüllen zu müssen, hat mit Sicherheit ein Problem. Und das ist sicherlich nicht das Kind, das nur der Auslöser war für all diese Wut. Der Frage, was es *dann* ist, das uns so zur Furie macht – der müssen wir uns, im Zweifelsfall mit professioneller Hilfe, stellen, um wirklich aus der Abwärtsspirale der Gewalt aussteigen zu können. Denn es ist nicht gesund und nicht normal, dem eigenen Kind wehtun zu wollen. Und es ist unsere Verantwortung, uns dem Schmerz hinter diesen gewaltvollen Impulsen in unserem Inneren zu stellen.

### Unsichtbare Gewalt

Es gibt kaum ein wirkungsvolleres Instrument, um eine Verhaltensänderung zu bewirken, als Scham. Wer sich schämt, der leidet und würde fast alles tun, um dieses unangenehme Gefühl abzustellen. Scham ist aus psychologischer Sicht also so etwas wie die Daumenschraube der menschlichen Sozialisation: Sie zwingt uns dazu, uns an die Normen und Werte unserer Gesellschaft zu halten – weil alles andere schlicht *peinlich* wäre. Verändern sich gesellschaftliche Vorstellungen und Werte, verändert sich unser Schamgefühl mit. War es vor vierzig Jahren noch normal, Frauen mit Achselbehaarung und unrasierten Beinen in der Öffentlichkeit zu sehen, ist weibliche Körperbehaarung heute so mit Scham besetzt, dass es für die überwältigende Mehrzahl der Mädchen und Frauen gefühlt gar keine Alternative zum Enthaaren gibt.

Doch es gibt auch positive Beispiele für die soziale Kontrollfunktion von Scham: Etablieren Firmen etwa eine Unternehmenskultur, in der es schlicht abgrundtief *peinlich* ist, anzügliche Witze zu machen, ist das ein wirksames Mittel gegen Sexismus am Arbeitsplatz.

Ähnlich verhält es sich mit der Ächtung von Gewalt in der Kindererziehung: Fanden Eltern hierzulande vor vierzig Jahren noch nichts dabei, ihr Kind im Zweifelsfall auch in aller Öffentlichkeit zu ohrfeigen, ist für die meisten Eltern das Schlagen von Kindern heute eindeutig mit Scham besetzt: Es passiert, aber man ist nicht stolz darauf und versucht, es vor anderen zu verbergen, um nicht verurteilt zu werden. Scham kann also durchaus dazu beitragen, durch ein Gefühl sozialer Kontrolle bestimmte Verhaltensweisen zu verstärken oder zu verdrängen. Doch das Problem dabei ist, dass damit die Gründe, die hinter diesen Verhaltensweisen stehen, ja nicht einfach verschwinden. In Bezug auf die zunehmende Ächtung von Gewalt gegen Kinder heißt das: Scham kann Eltern dazu bewegen, ihr gewaltvolles Erziehungsverhalten zu verändern. Doch in vielen Fällen ist die Gewalt damit nicht einfach weg, sie *verlagert* sich nur. Wer nicht mehr schlagen darf, brüllt. Wer nicht mehr brüllen darf, nimmt weg. Wer nichts mehr wegnehmen darf, straft mit Nichtbeachtung. So haben sich in den vergangenen Jahren mit der zunehmenden sozialen Ächtung sichtbarer Gewalt, die Spuren hinterlässt, immer subtilere Formen von Gewalt in Familien etabliert. Und das ist ein echtes Problem, denn diese unsichtbare Gewalt kommt oft so gut kaschiert daher, dass sie kaum jemand als Gewalt erkennen und benennen würde – nicht einmal die Gewaltopfer selbst. Genau das passiert etwa bei der *emotionalen Erpressung*, also der Strategie, das Gegenüber für die eigenen Gefühle verantwortlich zu machen, um ein bestimmtes Ziel zu erreichen: »Natürlich kannst du Oma auch *nicht* die Hand geben. Aber dann ist sie ganz, ganz traurig, und ich auch.« Äußerungen wie diese sollen Schuldgefühle wecken und manipulieren so wirksam wie subtil, indem sie eine freie Wahl suggerieren, wo im Grunde genommen keine ist. Gerade Eltern, die ihre Kinder sehr sanft und liebevoll großziehen wollen, tappen oft in die Falle, zur Durchsetzung ihrer Vorstellung diese scheinbar harmlose Strategie zu nutzen, weil sie die Illusion der Selbstbestimmung aufrechterhält: Das Kind *muss* ja nicht, es wird eben nur auf die Folgen seiner Entscheidung aufmerksam gemacht. Ähnlich verbreitet sind subtile Drohungen, die sich hinter gut gemeinten Ratschlägen verstecken: »Natürlich *musst* du dein Spielzeug nicht teilen! Kinder, die nicht teilen, mag eben nur auch niemand zum Freund haben.« Das Fiese an diesen und ähnlichen Aussagen ist, dass sie meist in ganz sanftem, geradezu säuselndem Tonfall vorgebracht werden und damit die Gewalt, die in ihnen steckt, clever verbergen. Es gibt sogar Sätze, die können je nach Kontext und Intention mal völlig harmlos und mal krass manipulativ sein, was es schier unmöglich macht, die versteckte Gewalt zu adressieren. So kann ein Satz wie »Ich glaube, du bist müde und musst bald mal schlafen« eine feinfühlige, gänzlich unproblematische Aussage sein, die einem Kind zeigt, dass sein Bedürfnis erkannt wurde. Genauso gut kann sich hinter demselben Satz jedoch eine handfeste Drohung verbergen – dann nämlich, wenn ein Kind weiß, dass es, wenn es jetzt nicht hört, zur Strafe ins Bett gesteckt wird und nicht mehr rauskommen darf. Auf solche subtilen Drohungen und Manipulationen zu verzichten, ist unglaublich schwer. Sie begegnen uns schließlich überall, sind weitläufig als »Erziehungstricks« akzeptiert und dementsprechend kaum schambesetzt. Und: Sie funktionieren, ohne dass wir uns dabei wie fiese Gewalttäter fühlen, die ihre Aggressionen nicht im Griff haben. Auch weil wir dabei ja nicht einmal unsere Stimme erheben, sondern leise und freundlich sprechen, wie liebevolle Eltern das doch heute tun sollen. Das macht es uns verführerisch leicht, derlei Druckmechanismen vor uns selbst zu rechtfertigen. Um sie zu überwinden, braucht es deshalb vor allem den Mut zur Ehrlichkeit uns selbst gegenüber. Wenn wir unser Kind davor warnen, dass seine Freundin es sicher nicht mehr besuchen kommen mag, wenn es jetzt nicht sein Zimmer aufräumt – liegt uns dann wirklich und ehrlich seine Freundschaft am Herzen? Oder *benutzen* wir sie nur, um unseren eigenen Wunsch nach einem aufgeräumten Kinderzimmer durchzusetzen? Solche unbequemen Fragen müssen wir uns stellen, wenn wir unsere Kinder nicht länger durch emotionale Manipulation gefügig machen, sondern offen und ehrlich mit ihnen kommunizieren wollen.

## Die Sache mit dem Schimpfen

Erst sollten Eltern nicht mehr schlagen. Dann nicht mehr brüllen. Schließlich gerieten auch Strafen wie Zimmerarrest in Verruf. Und nun sollen Eltern mit ihren Kindern nicht einmal mehr *schimpfen* dürfen? »Also, irgendwo muss auch mal Schluss sein«, denken viele, wenn sie von dieser konsequenten Weiterentwicklung des Anspruchs gewaltfreier Erziehung hören, der im Jahr 2019 erstmals den Sprung in die Massenmedien schaffte – selbst RTL brachte einen Beitrag darüber. Ein Großteil der Empörung rührt dabei mit Sicherheit daher, dass Eltern das Gefühl haben, mit dem Schimpfverbot würde ihnen auch noch die letzte Möglichkeit genommen, durchgreifen zu können. Sollen wir jetzt also alle nur noch salbungsvolle Worte flöten? Natürlich nicht. Niemand, auch nicht die öffentlichen Anti-Schimpf-Advokatinnen, fordert ein Ende ehrlicher elterlicher Frustäußerungen. Sie definieren Schimpfen einfach nur anders, als es die meisten von uns im Alltag tun. So weist die Wissenschaftsjournalistin Nicola Schmidt in ihrem empfehlenswerten Bestseller »Erziehen ohne Schimpfen« explizit darauf hin, dass es ungesund wäre, die eigenen Gefühle zu unterdrücken, und dass wir unseren Kindern selbstverständlich auch sagen dürfen, dass es uns verflixt noch mal nervt, wenn sie ein frisch gebügeltes Hemd einfach auf den Boden schmeißen. Das fällt für sie nämlich genauso wenig unter den Begriff *Schimpfen* wie konstruktive Kritik. Stattdessen entlehnt Schmidt ihre Schimpf-Definition der englischen *Harsh Verbal Discipline*, also der verbalen Gewalt zu Erziehungszwecken. Das ist nicht ganz unproblematisch, weil das deutsche Wort *Schimpfen* im allgemeinen Sprachgebrauch tatsächlich eine leicht andere Bedeutung hat, die deutlich weicher ist als die des englischsprachigen Äquivalents. Schimpfen, das muss eben eigentlich *nicht* unbedingt gewaltvoll sein, es kann auch harmloses Meckern, Motzen und Beschweren bedeuten und sich mehr über den unzufriedenen Ton als über den harschen Inhalt von anderen Äußerungen unterscheiden. Deshalb schimpfen bei uns auch mal Spatzen von den Dächern, Stillbabys in der sogenannten »Brustschimpf-Phase« den Busen an und grummelige Menschen vor sich hin – ohne, dass damit in irgendeiner Form Gewalt verknüpft wäre.

Halten wir deshalb fest: Das ganz normale Vor-sich-hin-Meckern aus Frust oder Unzufriedenheit ist *nicht* gemeint, wenn davon die Rede ist, dass Kindern das Schimpfen schadet. Unzweifelhaft schlimm hingegen ist, wenn Eltern ihre Aggressionen ungebremst an ihnen auslassen und ihnen damit regelrecht Angst machen. Verwenden wir auch dafür den Begriff des Schimpfens – ja, dann kann Schimpfen tatsächlich schaden. Wie gesagt: Anschuldigungen, Beleidigungen und Herabwürdigungen haben in einem respektvollen Miteinander nichts verloren – auch nicht als Antwort auf aggressives Verhalten. Denn das ist der Unterschied zwischen Kindern und Eltern: Während unser Nachwuchs noch lernen muss, wie man mit Wut und Frustration umgeht, ohne im Affekt Verletzungen auszuteilen, haben wir Erwachsene die Verantwortung, ihnen vorzuleben, wie es geht. Wenn ein Kind seine Mutter als »blöde Mama« beschimpft, ist das keine Gewalt. Beschimpft dieselbe Mutter ihr Kind jedoch als »störrischen Dummkopf«, ist es Gewalt. Der Grund dafür ist das Machtgefälle zwischen Eltern und Kind: Weil unsere Kinder von uns Erwachsenen so abhängig sind, tragen wir die Verantwortung für unsere Beziehung zu ihnen. Dazu gehört auch, Frust und Wut von Unterlegenen auszuhalten, ohne es ihnen aus unserer überlegenen Machtposition heraus mit gleicher Münze zurückzuzahlen. Fühlt sich das für uns ungerecht an, sind wir mal wieder in die Opferrolle gerutscht, von der bereits die Rede war. Dann ist es unsere Aufgabe, aus ihr wieder herauszufinden, ohne unsere Kinder herabzuwürdigen. Sodass wir wieder klar für unsere Bedürfnisse eintreten können, ohne sie zu verletzen. Das Gegenteil von Schimpfen ist also nicht, einfach nichts zu sagen. Sondern klar, aber respektvoll zu kommunizieren, was uns stört.

Dürfen Eltern ihr bockiges Kleinkind in sein Zimmer schicken, bis es wieder lieb ist? Und kann ein Handyverbot als eine angemessene Reaktion auf einen vor lauter Daddeln verhauenen Vokabeltest sein? Wenn solche Fragen diskutiert werden, kommt irgendwann das Totschlagargument schlechthin: »Aber es funktioniert!« Und auf den ersten Blick stimmt das ja auch. Jedes Kleinkind, das sich nach der Liebe und Aufmerksamkeit seiner Eltern sehnt, wird alles tun, um sich diese zu verdienen. Und genau wie wir selbst sind auch unsere Kinder erpressbar, wenn der Druck nur hoch genug ist: Keinen Zugriff aufs eigene Handy zu haben, ist für die meisten Jugendlichen Höchststrafe – natürlich lassen sie sich mit dieser Drohung deshalb auch dazu bringen, fast alles zu tun. Wenn Drohen, Strafen und Erpressen nicht extrem wirkungsvoll wären, wären diese Erziehungsmaßnahmen nicht so weit verbreitet. Und das nicht nur im Umgang mit Kindern. Auch wir Erwachsenen werden ja diszipliniert, wenn wir uns nicht an bestimmte Regeln halten – ob mit Strafzetteln und Bußgeldbescheiden im Straßenverkehr oder mit einer Abmahnung im Job. Da ist es durchaus verständlich, dass viele Menschen der Ansicht sind: So funktioniert unsere Welt eben, das können ruhig auch schon kleine Kinder lernen. Handlungen haben Konsequenzen, und wer nicht hören will, muss fühlen. Tatsächlich ist die Sache jedoch komplizierter.

In unserem Rechtsstaat ist es nämlich aus gutem Grund gar nicht so leicht, erwachsene Menschen zu bestrafen. Dafür muss nicht nur eine eindeutig erwiesene Verletzung einer deutlich festgeschriebenen Regel vorliegen; um Ungerechtigkeit und Willkür vorzubeugen, darf diese Regel niemals von ein und derselben Instanz beschlossen, kontrolliert und geahndet werden. Dieses Gebot der Gewaltenteilung schützt uns davor, dass zum Beispiel die Polizei nach eigenem Gutdünken Regeln machen, Strafen verhängen und auch gleich vollstrecken kann, wie dies in Diktaturen oft der Fall ist. Hinzu kommt, dass jeder von uns das Recht hat, sich gegen Ungerechtigkeiten zu wehren. Bin ich überzeugt, das Knöllchen an meiner Windschutzscheibe zu Unrecht bekommen zu haben, kann ich Widerspruch einlegen, der geprüft werden muss. Kommt es zu einem Gerichtsverfahren, habe ich Anspruch auf juristischen Beistand, der darauf achtet, dass meine Rechte gewahrt werden, und der meine Interessen vertritt. Und wenn ich tatsächlich zu einer Strafe verurteilt werde, gelten auch hier strenge Regeln, wie diese aussehen darf: Persönliche Rachefantasien in die Sanktion einfließen zu lassen ist ebenso verboten wie mich zweimal für dieselbe Sache zu bestrafen. Und was auch immer ich verbrochen habe: Mein Recht auf menschenwürdige Behandlung erlischt nie. Deshalb kann selbst ein verurteilter Mörder aus dem Gefängnis heraus vor dem Europäischen Gerichtshof für Menschenrechte klagen, wenn seine Haftbedingungen seine Würde verletzen – und das ist wichtig und richtig, so schwer erträglich es im konkreten Fall auch sein mag. Dass Menschen zu bestrafen in einer Demokratie mit so hohen Hürden einhergeht, hat den einfachen Grund, dass jede Sanktion einen deutlichen Eingriff in die Integrität eines Menschen darstellt. Ob und unter welchen Bedingungen es überhaupt moralisch in Ordnung sein kann, jemandem bewusst Leid zuzufügen, damit er etwas daraus lernt – wie es beim Bestrafen ja immer geschieht –, wird deshalb in Philosophie und Rechtswissenschaft immer wieder hitzig diskutiert. Letztlich geht es dabei um eine Güterabwägung zwischen dem Schutz der Rechte des Individuums auf der einen Seite und dem Schutz jener Werte und Normen, die für das gesellschaftliche Zusammenleben unerlässlich sind. Unser Strafrecht basiert auf dem Anspruch, eine gerechte Balance zwischen diesen beiden hohen Gütern herzustellen, sodass wir alle in größtmöglicher Freiheit und größtmöglicher Sicherheit leben können.

Mit der moralisch doppelt und dreifach abwägenden Ernsthaftigkeit, mit der in unserer modernen, demokratischen Gesellschaft mit dem Thema Strafen umgegangen wird, ist es jedoch schnell vorbei, sobald wir nicht mehr über Erwachsene reden, sondern über Kinder. Mit Gewaltenteilung ist es da nicht weit her. Im Gegenteil: Wir empfinden es als völlig normal, dass Erwachsene im Umgang mit Kindern Regeln machen, überwachen und im Zweifelsfall auch Sanktionen verhängen, und zwar nach Gutdünken. Hausarrest, Taschengeldkürzung, Handyentzug – dass Eltern das Recht haben, solche Konsequenzen eigenmächtig festzulegen, ist im Erziehungsverständnis unserer Kultur so fest verankert, dass es sich regelrecht falsch und empörend anfühlt, derlei Erziehungsmaßnahmen überhaupt im gleichen Zusammenhang mit Geld- oder Haftstrafen für Erwachsene zu diskutieren. »Das ist doch was völlig anderes«, sagen, denken, fühlen wir. Weil wir so geprägt sind. Weil es uns so seit unserer eigenen Kindheit vermittelt wurde. Weil es sich so übertrieben anfühlt, aus ganz normalen Konsequenzen so eine große Sache zu machen. »Meine Güte: Unsere Kinder werden schließlich nicht verprügelt, und von ein bisschen weniger Handyzeit ist noch kein Jugendlicher gestorben!« Dass wir nahezu kollektiv so auf das Thema Strafen in der Kindererziehung reagieren, zeigt, wie tief die Grundidee des Erziehens auf Basis von Lob und Strafe in uns verankert ist. Und wie schwer es ist, allein nur den Gedanken zuzulassen, dass daran etwas problematisch sein könnte.

## Wie es ohne Strafen gehen kann

Wenn Eltern für sich erkennen, dass sie ihr Kind nicht mehr mittels Drohungen und Sanktionen dazu bringen wollen, zu tun, was sie sagen, entsteht dort, wo sie bislang auf Druckmittel setzten, erst mal ein großes Vakuum. »Sollen wir jetzt also einfach teilnahmslos zugucken, während unser Kind macht, was es will?«, fragte mich einmal ein Vater nach einem meiner Vorträge, bei dem ich darüber gesprochen hatte, dass Strafen mit einem respektvollen Umgang mit Kindern nicht zusammenpassen. Tatsächlich erzählen mir viele Eltern von einem Gefühl großer Hilflosigkeit, das sie überfällt, wenn ihnen klar wird, was alles nicht mehr geht, wenn sie an ihr Elternsein ihre eigenen Wertmaßstäbe im Umgang mit anderen Menschen anlegen. Sich einzugestehen, dass die meisten typischen Erziehungstricks vom Tablet-Verbot bis zum Locken mit Gummibärchen letztlich auf Drohungen, Erpressungen, Lügengeschichten und Machtmissbrauch beruhen, ist ganz schön hart. Denn wenn wir all das nicht mehr wollen – was bleibt uns dann noch? Fest steht: Teilnahmsloses Zuschauen kann nicht die Lösung sein. Unsere Kinder können und wollen sich nicht im luftleeren Raum entwickeln, sie brauchen uns als Beschützer und Wegbegleiter, Sparringspartner und Rahmengeber. Nichts ist für sie schlimmer als Passivität und Desinteresse. »Dann mach doch, was du willst!« war immer schon einer der destruktivsten Sätze, die Eltern ihren Kindern mitgeben konnten, gerade weil er vordergründig unterstützend klingt. Doch die passiv-aggressive Botschaft schwingt dabei immer mit: »Machst du nicht, was ich will, interessiert mich nicht, was du tust.« Um sich bedingungslos geliebt zu fühlen, brauchen Kinder jedoch genau das Gegenteil: unbedingtes Interesse an ihnen und ihrem Weg, bei gleichzeitigem Vertrauen in sie und ihre eigene Entwicklung. Uns konkret vorzustellen, wie das aussehen kann, fällt vielen deshalb so schwer, weil es uns dafür schlicht an Vorbildern fehlt. Familien, die ihre Kinder zugewandt begleiten wollen und sich gleichzeitig fragen, wie das tatsächlich funktionieren kann, erzähle ich deshalb gerne die Geschichte vom Legionär und vom Alpenführer.

Sie handelt von einem Legionär in der römischen Armee der Spätantike, der als Offizier Karriere gemacht hat. Er weiß, wie man einen ganzen Trupp Soldaten dazu bewegt, die Alpen zu überqueren: im Gleichschritt und mit großer Härte. Wer nicht spurt, wird bestraft. Seine Ausrüstung sieht entsprechend aus: ein Schwert, ein Messer, eine Peitsche. Ohne sie, davon ist er überzeugt, kriegt er seine Leute nicht über den Berg. Und jetzt stellen wir uns vor, durch einen Zeitsprung reist der Legionär in unsere Gegenwart und begegnet dort einem Alpenführer vom Wanderverein. Was er da sieht, macht unseren Legionär völlig fassungslos: Anstatt mit militärischer Disziplin zu marschieren, geht in diesem Trupp jeder in seinem Tempo. Alle orientieren sich am langsamsten Mitglied der Gruppe. Manche nehmen die Kletterstrecke, andere den einfacheren Pfad, dann trifft man sich an einer Kreuzung wieder. Keiner wird angebrüllt, wenn er ausschert, und der Anführer scheint weder Schwert noch Peitsche bei sich zu tragen. Wie um alles in der Welt kriegt er seine Leute trotzdem dazu, mit ihm den Berg zu überqueren? Kämen der Wanderführer und der Legionär nun miteinander ins Gespräch – in einer Geschichte, in der es Zeitreisen gibt, stellt schließlich auch die Sprachbarriere kein Problem dar –, stellten sie bald fest, dass sie in einer ganz anderen Rolle, mit einem ganz anderen Selbstverständnis und mit einer ganz anderen Haltung unterwegs sind. Der Alpenführer hat keine Angst, dass seine Gruppe ihm nicht folgt. Die Leute sind ja alle freiwillig hier, und er hat keinen Grund, an ihrem guten Willen zu zweifeln. Wer bucht schon eine

Wandertour und weigert sich dann mitzugehen? Auch braucht er nicht mit Strafen zu drohen, um seine Sicherheitsregeln durchzusetzen. Er vertraut dabei schlicht auf seine natürliche Autorität als Anführer und Experte: Wer wäre schon so leichtsinnig, auf ein Geröllfeld zu klettern, vor dem ein erfahrener Alpenführer gerade noch eindringlich gewarnt hat? Die Wanderer wissen ja, dass keiner so eine Warnung ohne guten Grund ausspricht. Und vertrauen darauf, dass ihr Guide vor allem ein Ziel hat: sie sicher und gesund wieder zurückzubringen. Das heißt: Der Alpenführer agiert aus dem Selbstverständnis heraus, dass seine Wandergruppe kooperieren will. Deshalb vertraut er auch darauf, dass sein Wort Gewicht hat, auch wenn er es mit keinen Drohungen verknüpft. Er ist der Bergführer, das ist seine Rolle – und er hat keinen Grund, daran zu zweifeln, dass die Menschen in seiner Obhut sich von ihm auch führen lassen. Der Legionär hingegen weiß: Seine Machtposition beruht allein auf Angst. Wenn er seine Leute nicht gefügig macht, laufen sie ihm schlicht davon. Ohne seine Waffen wäre er deshalb aufgeschmissen, während der Alpenführer mit ihnen überhaupt nichts anfangen könnte – sie wären viel zu schwer, um sie mit sich herumzutragen, und unnütz.

Natürlich knirscht in dieser Geschichte so einiges. Schließlich haben römische Soldaten und alpine Wandergruppen nicht nur ganz unterschiedliche Anführer, sondern auch eine ganz unterschiedliche eigene Sozialisation und ein gänzlich anderes Ziel. Doch die Erzählung beschreibt dennoch ganz gut, wie sich viele Eltern fühlen, wenn sie im Umgang mit ihren Kindern plötzlich auf all die klassischen Erziehungsmittel verzichten sollen. Keine Drohungen und Strafen mehr, auch keine Belohnungen als Druckmittel. Nur noch du, deine Beziehung und dein Wort. »Und wie soll ich mich dann durchsetzen?«, fragen mich Eltern dann, ehrlich ratlos. »Und was mache ich dann, wenn mein Kind einfach nicht hört?« So muss sich der Legionär fühlen, wenn er plötzlich all seiner Waffen beraubt ist – und keine Ahnung hat, wie er ohne sie seinen Trupp über die Alpen führen soll. Finden Eltern sich jedoch in ihre neue Rolle ein, ihre Kinder ohne Druck und Strafen zu begleiten, agieren sie bald so wie der Alpenführer in unserer Geschichte: Selbstbewusst und klar geben sie die Marschrichtung vor, und vertrauen dabei darauf, dass ihre Kinder ihnen folgen *wollen* – und können so leichten Herzens auf ihren schweren Rucksack voller unnützer Waffen verzichten.

Bleibt die Frage, ob es uns überhaupt möglich ist, das große Ziel einer gänzlich gewaltfreien Kindheit zu erreichen. Ich will ehrlich sein: Ich glaube nicht. Denn so wichtig es mir ist, für das Recht auf gewaltfreie Erziehung einzutreten und auch versteckte gewaltvolle Mechanismen in der Eltern-Kind-Beziehung offenzulegen, so bewusst ist mir auch, was für eine Herkulesaufgabe es ist, die allgegenwärtige, strukturelle Gewalt gegenüber Kindern quasi im Alleingang zu überwinden. Klar können und sollten wir uns darum nach Kräften bemühen. Und natürlich ist es möglich, diesem Ziel sehr nahe zu kommen. Doch genauso ist es eine Tatsache, dass es mehr als eine Generation braucht, um ein so wirkmächtiges, kulturelles Muster immer stärker zu durchbrechen. Als Eltern hier und heute mit gewalttätigen Impulsen unseren eigenen Kindern gegenüber zu kämpfen, ist deshalb nicht die Ausnahme, sondern die Regel. Wir sind keine Monster, wenn wir manchmal den unbändigen Drang spüren, zuzuschlagen oder uns dabei ertappen, zu Druck und Manipulation zu greifen, um unsere Vorstellungen durchzusetzen. Auch ich selbst, die ich mich seit so vielen Jahren intensiv mit diesem Thema befasse, bin selbstverständlich nicht frei von solchen Mustern und habe meine

Kinder schon schlimm angeschrien, deutlich zu hart angepackt, sie emotional unter Druck gesetzt und ihnen mit Tablet-Entzug und Fernsehverbot gedroht. War das in den Momenten fies und gemein von mir? Eindeutig. Bin ich deshalb ein schlechter Mensch? Nein. Gewalt abzulehnen heißt nicht, uns selbst abzulehnen, wenn wir unseren eigenen Ansprüchen nicht gerecht werden, sondern Verantwortung zu übernehmen, um Verzeihung zu bitten und weiterzugehen – so gut und gewaltfrei sowohl unseren Kindern als auch uns selbst gegenüber wie wir irgend können.

## Kooperation statt Gehorsam

Erziehung ist immer auch eine Frage des Menschenbildes: Gehe ich davon aus, einen kleinen Tyrannen bändigen zu müssen? Oder sehe ich Kinder als engelsgleiche Wesen an, die ich nur davor bewahren muss, von unserer schlechten Welt verdorben zu werden? Tatsächlich lässt sich gerade in bindungsorientierten Kreisen oft eine regelrechte Verklärung des kindlichen Wesens feststellen. Kinder als die besseren Menschen, die keinen Hass und keine Missgunst kennen und von denen wir alle so viel lernen können – das ist ein beliebtes Narrativ unter Eltern, die sich selbst als besonders liebevoll und wertschätzend begreifen. Bei genauerer Betrachtung hält diese Zuschreibung der Wirklichkeit jedoch genauso wenig stand wie das überholte behavioristische Bild der kleinen Egomanen, die nur ihren eigenen Lustgewinn im Sinn haben. Kinder sind von Natur aus genauso wenig »gut« oder »böse« wie Erwachsene, sie sind schlicht: auf Überleben gepolt. Und das heißt: Zu ihrer emotionalen Grundausstattung gehört ein gesunder Egoismus ebenso wie die Fähigkeit, altruistisch, also selbstlos und uneigennützig, zu denken und zu handeln, weil Menschenkinder in der Geschichte unserer Art immer beides brauchten. Zu den natürlichen Entwicklungsaufgaben unserer Kinder gehört es deshalb ebenso, sich einfühlen wie sich abgrenzen zu lernen, sich durchsetzen wie nachgeben zu können. Es stimmt, dass die mannigfaltigen, menschengemachten Formen von Diskriminierung, wie etwa Rassismus oder Sexismus, unseren kleinen Kindern anfangs noch fremd sind, was sie auf uns oft als die besseren Menschen wirken lässt, die das Herz noch am richtigen Fleck haben. Doch unsere Kinder sind eben auch darauf gepolt, die ihnen in ihrer Umgebung vorgelebten Normen und Werte ihrer Kultur zu verinnerlichen und sich zu eigen zu machen. Und das heißt: Unliebsame Anteile unserer eigenen Kultur werden wir nicht dadurch los, dass wir auf die moralische Reinheit unserer Kinder setzen, sondern indem wir die Sozialisationserfahrungen verändern, die unsere Kinder prägen – also bei uns Erwachsenen ansetzen. Welchen Einfluss Erziehungserfahrungen auf das eigene spätere Menschenbild sowie politische und moralische Überzeugungen haben, zeichnete der Kinderarzt und Wissenschaftler Dr. Herbert Renz-Polster 2019 in seinem viel beachteten Buch »Erziehung prägt Gesinnung« eindrucksvoll nach. Die wichtigste Erkenntnis: Unterdrückung generiert Unterdrücker, und Gewalt reproduziert Gewalt. Kindern Gehorsam abzunötigen – also das widerspruchslose Befolgen von Anweisungen durch Mächtigere –, ist deshalb nicht nur auf individueller Ebene ein Drama, sondern auch auf gesellschaftlicher. Denn Kinder, die aus Angst gehorchen, werden oft zu Erwachsenen, die sich in ihren Ängsten oft am besten von autoritär auftretenden, rechtspopulistischen Gruppierungen repräsentiert und abgeholt fühlen. Und das ist eine massive Gefahr für unsere Demokratie. Wer sich hingegen »von Anfang an als wertvoll und bedingungslos geliebt erfährt«, so Renz-Polster, »ist widerstandsfähiger gegenüber der Verunsicherung, die der kulturelle Wandel oder die Andersartigkeit anderer mit sich bringt.«

Tatsächlich sprechen die meisten Menschen heute nicht mehr davon, dass ihre Kinder »gehorchen« sollen – der militärisch anmutende Begriff Gehorsam wirkt auf moderne Eltern hart und altmodisch und passt nicht zu ihrem Selbstverständnis als liebevolle Eltern. Doch mit der Entrümplung des Begriffs hat sich an der Erwartungshaltung nicht viel geändert: Ein Großteil der Eltern erwartet immer noch, dass die eigenen Kinder »hören« – und werden sauer, wenn diese das nicht tun. »Zurzeit ist es wieder ganz schlimm mit unserem Sohn. Er hört einfach überhaupt nicht!« – Sätze wie diese höre ich fast nach jedem meiner Vorträge. Aus ihnen spricht nahezu immer ein hoher Leidensdruck. Eltern haben das Gefühl, zu versagen, weil ihre Kinder nicht das tun, was sie sagen. Und zwar oft gerade die Eltern, die es mit ihren Kindern anders machen wollen: sanfter, zugewandter, liebevoller. Ohne Druck und Strafen.

Hinter dieser Enttäuschung und dem Gefühl des Versagens steckt ein weitverbreitetes Missverständnis: Viele Eltern stellen sich unter liebevoller Erziehung nämlich einen Weg vor, die alten Ziele mit neuen Mitteln zu erreichen. Anstatt Kinder also zum Gehorchen zu zwingen, sollen geborgene und geliebte Kinder ganz von allein hören *wollen* – weil ihre Eltern nämlich so nett zu ihnen sind. Da ist es doch das Mindeste, sich mit ein wenig Folgsamkeit zu revanchieren, oder? Doch so einfach ist es nicht. Kinder sind nämlich nicht auf den Kopf gefallen. Sie spüren genau, wenn der sanfte, liebevolle Umgang ihrer Eltern mit ihnen nicht bedingungslos passiert, sondern planvoll und mit einem klaren Ziel vor Augen: Die extra nette Erziehung soll extra brave Kinder hervorbringen. Eine solche Erwartung zu spüren, führt bei vielen Kindern geradezu unwillkürlich dazu, dass sie die Gegenprobe machen: Wie viel ist von eurer ganzen Freundlichkeit und Sanftheit eigentlich noch übrig, wenn ich *ganz und gar nicht folge*? Denn in unserer Reaktion darauf steckt die Antwort auf ihre dringlichste Frage: »Gilt euer Anspruch, mir nicht wehzutun, *immer*? Oder nur, wenn ich so bin, wie ihr mich haben wollt?« Das heißt: Wenn Kinder gefühlt ständig das Gegenteil von dem machen, was wir von ihnen wollen, steht dahinter meistens eine große Unsicherheit, in der sie sich von uns die größtmögliche Rückversicherung wünschen: dass wir auch dann zugewandt bleiben, wenn es uns schwerfällt. Weil Liebe nicht verdient werden muss.

»Aber es gibt doch Situationen, da *müssen* Kinder einfach hören!«, entgegnen mir Eltern an dieser Stelle oft und zählen mir entsprechende Beispiele auf: »In der Schule! Im Schwimmbad! Im Straßenverkehr!« Denn ein Kind, das gut hört, stellen wir uns oft automatisch als ein besonders sicheres Kind vor: Rufen wir »Stopp!«, läuft es nicht vors fahrende Auto, und sagen wir »Nein«, nimmt es keine Drogen. In Wirklichkeit ist die Sache komplizierter. Gehorsam – oder eben auch »gutes Hören« – wurzelt nämlich oft in Angst. Das heißt: Kinder leisten unseren Anweisungen Folge, weil sie wissen, dass ihnen sonst unangenehme Konsequenzen drohen. Das muss keine klassische Strafe sein, es reicht auch schon die Missbilligung oder das offensichtliche Genervtsein der Eltern, das für Kinder mindestens so beängstigend sein kann. Diese Sorge ist es, die viele Kinder gefügig macht. Sicherer sind sie dadurch aber in Wirklichkeit nicht – im Gegenteil. Wer aus Angst agiert, folgt im Zweifelsfall nämlich immer der noch größeren Angst. Simples Beispiel: Ein Vater droht seinem Kind eine Ohrfeige an, wenn es ihm Geld aus seinem Geldbeutel klaut. Der große Bruder droht dem Kind *zwei* Ohrfeigen an, wenn es das Geld dem Vater *nicht* klaut, um es ihm zu geben. Die Folge: Das Kind wird aus Angst zum Dieb, denn zwei Ohrfeigen sind schlimmer als eine. Anstatt also ein eigenes Bewusstsein dafür auszubilden, was *richtig* ist, tun Kinder, die zum Gehorsam erzogen werden, vor allem das, wofür ihnen die am wenigsten schlimmen Folgen drohen. Und das mit teilweise dramatischen Konsequenzen. So sind Kinder tatsächlich schon vor fahrende Autos gerannt, weil ihre Angst vor der Strafe fürs Zu-spät-Kommen größer war als die vor dem Verkehr. Und zu den lebensgefährlichsten Mutproben lassen sich die Jugendlichen drängen, die es gewohnt sind, sich durch Drohungen und Druck manipulieren zu lassen. Wenn wir also wollen, dass unsere Kinder in potenziellen Gefahrensituationen tatsächlich auf unsere Warnungen reagieren, tun wir gut daran, sie nicht auf widerspruchsloses Hören zu trimmen, sondern uns ihr Vertrauen zu verdienen. Wenn Kinder sich wahrlich sicher, geborgen und geliebt fühlen, tun sie nämlich tatsächlich oft, was ihre Eltern ihnen sagen. In Gefahrensituationen sogar so gut wie immer. Nicht aus Angst, nicht aus Sorge vor möglichen Konsequenzen, sondern weil für sie schlicht viel mehr dafür als dagegen spricht. Hier kommt wieder unsere evolutionäre Prägung zum Tragen: Sich dauerhaft und ständig gegen die eigenen, engsten und wichtigsten Bindungspersonen aufzulehnen, hätte für kein Kind in der gesamten Menschheitsgeschichte je einen Vorteil gehabt. Sich mit den eigenen Eltern hingegen gut zu stellen, ergab zu allen Zeiten viel mehr Sinn. Kinder sind also darauf gepolt, mit uns an einem Strang ziehen zu *wollen*. Sie suchen keinen Streit. Es macht ihnen keinen Spaß, uns zu ärgern. Sie testen auch nicht zum Vergnügen unsere Grenzen. Sie kooperieren mit uns. Immer.

Mir ist natürlich klar, dass das eine brisante Aussage ist. Viele Eltern reiben sich daran, und auch mein Mann und ich haben schon viele Momente erlebt, in denen wir uns anschauten und sagten: »Jetzt stimmt dieser Satz aber *wirklich* nicht! Das ist doch nun echt das *Gegenteil* von Kooperation!« Ich weiß also aus eigener Erfahrung, wie empörend und schlicht sachlich *falsch* sich dieser Satz von den immer kooperierenden Kindern anfühlen kann. Und trotzdem bin ich davon überzeugt, dass er im Grunde stimmt und uns als Eltern entscheidend weiterbringen kann – wenn wir ihn richtig verstehen. Das Problem ist nämlich, dass wir Eltern uns – und ich nehme mich da explizit nicht aus – von der Aussage, unsere Kinder wollten immer mit uns kooperieren, sofort angegriffen fühlen. »Aha«, denken wir. »Wenn Kinder immer kooperieren, und es trotzdem bei uns Stress und Streit gibt – dann sind wohl wieder mal wir Eltern an allem schuld!« Das ist der eine Trugschluss. Der andere ist, dass Kooperation in der Eltern-Kind-Beziehung so aussieht, dass ein Elternteil einen Wunsch äußert, und das Kind ihn daraufhin bereitwillig erfüllt. Tatsächlich bedeutet Kooperation jedoch etwas anderes: nämlich zusammen auf ein *gemeinsames* Ziel hinzuarbeiten. Und das ist ein enormer Unterschied! Die Kooperation, die wir uns oft von unseren Kindern wünschen, ist nämlich letztlich nichts anderes als Gehorsam im hübscheren Gewand. Wir wollen nicht drohen und strafen, sondern einfach sagen müssen, was wir wollen. Und unsere Kinder machen das dann. Und zwar gerne und ohne zu murren. Schließlich verlangen wir von ihnen ja nichts Unmögliches, sondern nur sinnvolle, zumutbare, angemessene und vernünftige Dinge wie ihr Zimmer aufzuräumen, ihre Schulaufgaben zu machen, ihre Jacken an die Garderoben zu hängen, beim Einkaufen nicht das Kassenband anzulecken und nicht eigenmächtig im Internet Pokémon-Karten zu bestellen, obwohl das im Online-Handel so verführerisch leicht geht, wenn die elterlichen Kreditkartendaten hinterlegt sind. Das ist durchaus verständlich und legitim, es ist nur leider auch: ziemlich unrealistisch. Denn Kinder wollen zwar durchaus mit uns kooperieren, in ihnen wirken aber auch noch andere, genauso starke Kräfte – ihre Neugierde, ihr Entdeckerdrang, ihre Bewegungsfreude, ihr Ideenreichtum, vor allem aber: ihr Bedürfnis, ihre persönliche Integrität zu wahren, sich also selbst treu zu bleiben und nicht nur Befehlsempfänger zu sein. Konkret heißt das: Unsere Kinder tragen eine immense Kooperationsbereitschaft in sich, also den Wunsch und die Fähigkeit, mit uns Eltern zusammen auf ein gemeinsames Ziel hinzuarbeiten. Das heißt aber noch lange nicht, dass sie uns deshalb den Wunsch erfüllen, einfach immer zu tun, worum wir sie freundlich bitten. Denn wenn unser Wunsch im direkten Interessenkonflikt mit ihren eigenen Wünschen und Bedürfnissen steht, verbietet es ihnen ihre persönliche Integrität, darüber einfach hinwegzugehen. Je nach Alter, Temperament und Tagesform können in einem Kind in einem solchen Moment ganz unterschiedliche Dinge passieren. In vielen Fällen schlägt tatsächlich der Wunsch, die eigenen Bindungspersonen glücklich zu machen, alle anderen Bedürfnisse. Das Kind macht also wie geheißen, und alle sind zufrieden. Geht das Gewünschte dem Kind *sehr* gegen den Strich, fängt es vielleicht an zu diskutieren oder zu verhandeln. Eine weitere Möglichkeit ist, dass es zwar mitmacht, aber plötzlich viel mehr jammert und unzufriedener wirkt als zuvor. Und schließlich kann es auch sein, dass sich die Kooperation des Kindes mit seinen Eltern darin zeigt, dass es ihnen durch sein Verhalten signalisiert: »Stopp! Hier ist meine persönliche Grenze erreicht! Ich *kann* eure Erwartung gerade nicht erfüllen, ohne meine persönliche Integrität zu verletzen.« Nur dass unsere Kinder das natürlich im Normalfall nicht so eloquent formulieren, sondern sich entweder auf den Boden werfen und schreien, oder uns mit Schimpfworten belegen, oder türenknallend abzischen. Und ja: Auch das ist Kooperation, so absurd uns das auf den ersten Blick erscheinen mag. Denn Kooperation – also die gemeinsame Suche nach einem gangbaren Weg – ist in sehr weiten Teilen schlicht *Kommunikation*, und diese beinhaltet selbstverständlich auch nonverbale Signale, die dem Gegenüber zeigen, dass es so gerade nicht weitergeht.

Ich weiß aus eigener Erfahrung, dass diese Erklärung kindlichen Verhaltens leicht wie eine gigantische Ausrede für fast jedes schlechte Benehmen wirken kann. »Wenn irgendwie *alles* Kooperation sein soll – was ist dieses Wort dann überhaupt noch wert? Und wenn unsere Kinder sich uns gegenüber anscheinend wie die Axt im Wald benehmen dürfen und wir immer noch Verständnis haben sollen, wo bleiben dann *wir* und *unsere* Bedürfnisse?« So legitim diese Fragen sind, so deutlich offenbaren sie auch, wie schwer es ist, sich gedanklich von der Vorstellung zu lösen, dass Kinder auf irgendeinem Weg doch dazu gebracht werden können, einfach mal zu machen, was wir sagen. Doch wenn wir in unserem Familienleben aus Respekt unseren Kindern und uns selbst gegenüber auf Druck und Manipulation – auch subtile – verzichten wollen, dann müssen wir damit leben, dass unsere Kinder das Recht haben, auch mal ganz und gar nicht das zu tun, was wir von ihnen erwarten. Und dann? Haben wir immer noch das Recht, selbst für uns und unsere Bedürfnisse zu sorgen. Wenn unsere Teenager im Wanderurlaub partout nicht wandern wollen, muss *mich* das nicht daran hindern, wandern zu gehen. Und wenn ich traurig bin, dass meine Kinder in der Vorweihnachtszeit keine Lust auf Plätzchenbacken haben, darf ich mir selbst die schönsten Kekse backen.

Vor allem aber kann ich, wenn mein Kind und ich an all diesen Punkten nicht zusammenkommen, versuchen herauszufinden, was dem natürlichen Kooperationswillen meines Kindes im Weg steht. Denn wenn ein Kind sich plötzlich gegen alles sperrt, hat das immer einen Grund. Manchmal stecken ganz banale Erklärungen wie Müdigkeit und Erschöpfung dahinter: Nach einem langen Kindergarten- oder Schultag, an dem sie viele externe Erwartungen erfüllen mussten, ist die Fähigkeit, sich noch nach den Wünschen anderer zu richten, bei vielen Kindern erfahrungsgemäß nachmittags komplett erschöpft. Sie können schlicht nicht mehr. Und jede Jacke, die sie jetzt noch aufhängen müssen, und jeder Löffel, den sie in die Spülmaschine stecken sollen, führt zum Drama. Anstatt daran nun hochzugehen und eine Grundsatzdiskussion über Mithilfe im Haushalt anzufangen, tun wir in solchen Momenten gut daran, unsererseits Kooperationsbereitschaft zu zeigen und anzuerkennen, was für große Anpassungsleistungen sie an diesem Tag bereits geleistet haben. Und sie mit weiteren Erwartungen in diesem Augenblick schlicht in Ruhe zu lassen.

Manchmal verweisen Kinder, die gefühlt gar nicht mehr kooperieren, mit ihrem Verhalten aber auch auf tiefer liegende Probleme, die mit tiefer Traurigkeit, mangelndem Selbstbewusstsein und großer Unsicherheit zu tun haben. Manchmal wurzeln diese Schwierigkeiten außerhalb des Elternhauses, etwa in der Schule oder im Freundeskreis; manchmal hat sich auch die Geschwisterbeziehung in eine unglückliche Richtung entwickelt, oder die Eltern-Kind-Beziehung muss sich nach einem Entwicklungssprung erst wieder der neuen Realität anpassen. Was auch immer der Grund sein mag: Scheinbar unkooperativen Kindern und Jugendlichen Faulheit, Trotz oder Bockigkeit zu unterstellen, ist ungerecht und wird ihre Schwierigkeiten mit sich und der Welt nur verstärken. Was unsere Kinder stattdessen brauchen, ist Verständnis dafür, dass ihre inneren Ressourcen gerade von irgendetwas so gebunden sind, dass mehr Zugeständnisse an uns und unsere Wünsche gerade nicht möglich sind. Manchmal hilft es, direkt nachzufragen, ehrlich interessiert und ohne Vorwürfe: »Was beschäftigt dich denn gerade so, dass für alles andere keine Kraft mehr übrig ist?« Manchmal ist es besser, einfach abzuwarten und dabei selbst möglichst freundlich und zugewandt zu bleiben, damit unser Kind bei uns Kraft tanken kann. Denn was auch immer es ihm gerade schwermacht, mit uns so zu kooperieren, wie es das eigentlich selbst gerne möchte: Es regelt das gerade *für* sich. Nicht *gegen* uns.

# Wie Familie gelingen kann

## Attachment Parenting – was spricht dafür, was dagegen?

Es muss doch auch anders gehen! Das ist der Grundgedanke, mit dem immer mehr Eltern an ihr Elternsein herangehen – gerade, weil sie sich bewusst sind, wie viel Leid und Schmerz die klassische Erziehung über die Jahrhunderte für Kinder bedeutet hat. Doch wo fängt man an, wenn man das Alte furchtbar findet, aber noch keinen neuen Weg kennt? Häufig mit Abgrenzung von dem, was man auf keinen Fall will: Wir wollen unsere Kinder nicht schreien lassen, nicht abhärten, nicht auf Distanz halten – das ist der kleinste gemeinsame Nenner einer wachsenden Gruppe junger Eltern, die es anders machen wollen. Eine Graswurzelbewegung des Widerstands gegen den Erziehungs-Mainstream – das ist das Selbstverständnis, mit dem diese Eltern ihre Elternschaft leben, auch wenn sich aus der kleinen, widerständigen Gruppe längst eine große und einflussreiche Szene herausgebildet hat, für die über die Jahre verschiedene Selbstbezeichnungen entstanden sind: »Natürliche Elternschaft«, »gewaltfreie Erziehung«, »demokratisches Familienleben« – sie alle meinen etwas Ähnliches und doch nicht das Gleiche.

Mit den Jahren hat sich aus dem englischen Begriff des *Attachment Parenting*, der mit AP abgekürzt wird, der deutsche Begriff BO herausgebildet, das wahlweise für *bindungsorientierte*, *beziehungsori-*

*entierte oder bedürfnisorientierte Elternschaft* stehen kann – oder für alles zusammen. Gemeinsam ist allen drei Begriffen, dass sie eine gewisse Sanftheit und Freundlichkeit Kindern gegenüber für sich beanspruchen. Andere Eltern fühlen sich durch diesen Begriff logischerweise schnell angegriffen, weil sie dadurch nahezu automatisch zum nicht liebevollen Counterpart degradiert werden. Hinzu kommt, dass das Herüberschwappen der Ansätze des Attachment Parenting von Nordamerika nach Europa mit einem schleichenden Bedeutungswandel einherging. Als der US-amerikanische Kinderarzt Dr. William Sears in den 1990er-Jahren den Begriff des Attachment Parenting prägte, beschrieb er damit eine bestimmte Grundhaltung gegenüber Babys und Kleinkindern, die in spezifischen Verhaltensweisen Ausdruck finden sollten – den sogenannten »Baby B«, zu denen beispielsweise Breastfeeding (Stillen), Bedsharing (das gemeinsame Schlafen von Mutter und Baby in einem Bett) sowie Babywearing (das Tragen im Tragetuch) gehörten. Sears' Attachment Parenting war also ein in sich geschlossenes Konzept für einen bestimmten Umgang mit Babys, der auf nahezu permanenten Körperkontakt setzte, während der Begriff der »bindungsorientierten Elternschaft« hierzulande in einem viel umfassenderen Sinne interpretiert und verstanden wird.

Als William Sears seine Thesen zum angemessenen Umgang mit Babys unter dem Schlagwort Attachment Parenting zusammenfasste, legte er damit einen polarisierenden Gegenentwurf zum auch in den USA weitverbreiteten und überall empfohlenen Umgang mit Babys vor. Ob in der Geburtsklinik oder beim Kinderarzt, in Elternratgebern oder Erziehungsberatungsstellen: Zuvor bekamen Eltern überall zu hören, sie müssten ihre Babys auf alle Fälle früh zur Selbstständigkeit erziehen und bloß nicht zu viel mit ihnen kuscheln, damit sie nicht verzärteln. Babys stundenlang alleine schreien zu lassen, gehörte zu diesem Entwurf guter Elternschaft ganz selbstverständlich dazu. Die explizite Aufforderung ausgerechnet eines Kinderarztes, diese Angst vor dem Verwöhnen abzuschütteln und Babys nach Herzenslust all die Nähe zu schenken, die sie verlangen, schlug dementsprechend ein wie eine Bombe – und war für viele Familien ein immenser Befreiungsschlag. Endlich mussten sie sich nicht mehr dafür rechtfertigen, ihr weinendes Baby hochzunehmen, und es nicht mehr heimlich und mit schlechtem Gewissen nachts zu sich ins Bett holen. Stattdessen konnten sie stolz und selbstbewusst verkünden, ihr Kind *the Attachment Parenting Way* zu begleiten – mit offizieller Zustimmung eines Arztes, der nun ständig im Fernsehen zu sehen war. Es war, als gäbe es endlich einen zweiten legitimen Weg, Eltern zu sein. Und zwar einen, der sich viel, viel besser anfühlte!

Um die Entstehung und Wirkung des Attachment Parenting zu verstehen, muss man wissen, dass auf diese Methode zwei Frauen ganz maßgeblichen Einfluss hatten. Die eine hieß Jean Liedloff und war eine Studentin, die in den 1970er-Jahren mehrere Expeditionen zum Volk der Yequana in Mittelamerika gemacht hatte, einem indigenen Stamm, der die junge Frau mit seinem achtsamen, feinfühligen, nähebetonten Umgang mit Babys und Kleinkindern beeindruckte. Fasziniert und tief berührt hielt Liedloff ihre Beobachtungen in dem Buch *The Continuum Concept* fest, das unter dem Titel *Auf der Suche nach dem verlorenen Glück* auch auf Deutsch erschienen ist und ein internationaler Bestseller wurde. Liedloffs These: Aufgrund des in westlichen Industrienationen üblichen distanzierten Umgangs mit Babys und Kleinkindern bleiben wesentliche kindliche Grundbedürfnisse unbefriedigt, allen voran das nach Nähe und Geborgenheit – mit dramatischen Folgen. Aus Babys, die alleine schreien gelassen, mit denen nicht genug gekuschelt, die nicht getragen und getröstet wurden, entwickeln sich unsichere, unglückliche, dauergestresste Erwachsene, schrieb Liedloff, und schlug eine direkte Brücke zwischen den harschen Erziehungsmethoden in ihrer Heimat und den vielen Suchterkrankungen, Ehescheidungen und Suiziden in der westlichen Welt. Das Buch traf einen Nerv – auch bei Sears, der sein Attachment Parenting als direkte Antwort auf Liedloffs Befunde verstand.

Die zweite Frau, ohne die es das Attachment Parenting in seiner heutigen Form nicht gäbe, war seine Ehefrau Martha Sears, eine Krankenschwester und Stillberaterin der *La Leche Liga*, die heutzutage eine etablierte Stillorganisation ist. Auch hier ist der geschichtliche Kontext bedeutsam: Als Martha Sears sich fürs Stillen zu engagieren begann, waren die Stillraten in den USA auf einem historischen Tiefstand: Flaschennahrung galt als sicherer, moderner und praktischer und wurde in Geburtskliniken standardmäßig verfüttert, während Frauen, die stillen wollten, Stein um Stein in den Weg gelegt bekamen. Vor diesem Hintergrund lässt sich der heilige Zorn erklären, mit dem die frühen Still-Aktivistinnen gegen die Übermacht der Pulvermilch-Industrie in den Kampf zogen, um den Wert des Stillens und der Muttermilch zurück ins gesellschaftliche Bewusstsein zu holen. Auch davon ist viel in Sears' Konzept eingeflossen, mehr noch: Die gesamte Attachment-Parenting-Philosophie ist letztlich ums Stillen herum aufgebaut. Den griffigen Namen hat Sears' dann schließlich der gerade erstarkenden Bindungsforschung entlehnt, die die Bedeutung sicherer Bindungserfahrungen fürs gesamte Leben betonte – und geboren war ein Elternschaftsentwurf, der gleich mehrere Sehnsüchte mit einem Schlag befriedigte: die nach mehr Natürlichkeit, nach Rückenstärkung sowie der Erlaubnis, aufs eigene Herz zu hören, mit dem guten Gefühl, das einzig Gesunde und Richtige zu tun. Und dann das praktische Checklisten-Format: Sieben Baby-Bs galt es nur abzuhaken, dann waren die sichere

Bindung und das glückliche Leben quasi vorprogrammiert. Sears' Attachment Parenting erwies sich als absoluter Verkaufsschlager: Seine Bücher wurden zu Standardwerken; über die Jahre kamen immer mehr hinzu, die sich den verschiedenen Eltern-Themen auf der Grundlage seiner Philosophie näherten – und egal, ob es um den Schlaf oder ums Schreien ging, immer lautete die Lösung für alles: Liebe, Nähe und noch mehr Liebe. In einem Land wie den USA, das in der Kindererziehung nach wie vor auf sehr viel Härte setzt und in allen 50 Bundesstaaten Eltern das körperliche Züchtigungsrecht zugesteht – also explizit das Schlagen von Kindern erlaubt –, ist ein solcher unermüdlicher Einsatz für einen liebevollen, sanften Umgang mit Kindern und ihren Bedürfnissen unzweifelhaft sehr verdienstvoll. Unzähligen Familien haben Sears und seine Bücher geholfen, die ewige Spirale der Härte und des Schreienlassens zu durchbrechen und sich ihren Babys und Kleinkindern voller Liebe und Vertrauen zuzuwenden. Doch die Popularität des Attachment Parenting hat auch ihre Schattenseiten: Der eng gesteckte Rahmen, wie laut Sears liebevolles Elternsein aussehen muss und welche Features unbedingt dazugehören, kann Eltern schließlich nicht nur entlasten, sondern auch ungeheuren Druck auslösen – etwa, wenn es mit dem Stillen nicht klappt oder im Familienbett keiner genügend Schlaf bekommt. Nicht umsonst sprechen US-amerikanische Kinderärzte in Anlehnung an das postnatale Stress-Syndrom heute manchmal von dem postnatalen Sears-Syndrom – und meinen damit einen Zustand völliger Erschöpfung, die daraus resultiert, dass Mütter sich so dabei aufreiben, jederzeit alle Baby-Bedürfnisse zu erfüllen, dass sie ihre eigenen dabei völlig aus dem Blick verlieren. Ebenfalls problematisch am Attachment Parenting ist die Verknüpfung bestimmter Säuglingspflegepraktiken mit dem Bindungsbegriff – so wird nämlich suggeriert, eine sichere Bindung hinge vom Abarbeiten bestimmter Checklisten-Punkte ab, die von einer natürlichen Geburt übers Stillen und Tragen bis hin zum Verzicht auf die Rückkehr in den eigenen Beruf reichen. Das ist so nicht nur falsch, sondern grob irreführend: Die wichtigste Erkenntnis der modernen Bindungsforschung ist schließlich, dass die Bindungsqualität einzig und allein von der Feinfühligkeit der Bezugspersonen abhängt – und ganz sicher nicht von Tragetuch oder Muttermilch. Doch Sears nimmt es mit der Wissenschaft ohnehin nicht so genau: Passt ihm ein Studienergebnis, zitiert er es gerne; ansonsten verweist er zu Referenzzwecken je nach Bedarf auf die Natur, die Bibel oder seine persönliche Erfahrung als Vater von sieben Kindern. Sein Sohn Bob scheint ihm da nachzueifern: Trotz der überwältigenden Beweislage für die Sicherheit von Schutzimpfungen hat er sich einen Namen als einer der impfkritischsten Ärzte der USA gemacht und schürt Ängste vor dem Impfen in seinem eigenen *The Vaccine Book*, das natürlich in der »Sears Library« seines Vaters erschienen ist und gemeinsam mit dessen Werken beworben und vermarktet wird. Halten wir also fest: Das Sears'sche Attachment-Parenting- Konzept hat vielen Eltern Mut zu einem sanfteren, liebevolleren Umgang mit ihren Babys gemacht, was absolut zu begrüßen ist. Es beinhaltet jedoch auch unwissenschaftliche und ideologische Aspekte, die ausgesprochen problematisch sind und die den Blick darauf, wie liebevolle Elternschaft heute aussehen kann, dramatisch verengen.

Unabhängig von William Sears und seiner Arbeit entwickelten sich ab den 1970er-Jahren auch in Europa verschiedene Strömungen, die sich für einen neuen Blick auf Kinder und einen neuen Umgang mit ihnen einsetzten. Antiautoritäre Kinderläden experimentierten mit größtmöglicher Entwicklungsfreiheit bereits im Kleinkindalter. Die französischen Frauenärzte Frédérick Léboyer und Michel Odent machten sich als *enfants terribles* der Geburtshilfe für das Mutter-Kind-Bonding nach der Geburt und fürs Stillen stark und lösten damit eine Revolution in Geburtskliniken aus, die binnen weniger Jahre auf Stillförderung und Rooming-in umstellen mussten, also Wochenbettstationen, auf denen Babys rund um die Uhr direkt bei ihren Eltern sein können, um angesichts der Wünsche einer neuen Elterngeneration überhaupt noch wettbewerbsfähig zu bleiben. Alice Miller entlarvte in ihrem viel beachteten Buch *Am Anfang war Erziehung* die gewaltvollen Strukturen, die dem klassischen Erziehungsverständnis zugrunde liegen. Ekkehard von Braunmühl legte mit *Antipädagogik* einen umfassenden Gegenentwurf vor. Und das Wissenschaftler-Ehepaar Prof. Dr. Klaus und Dr. Karin Grossmann etablierte mit seiner Pionierarbeit die moderne Bindungsforschung in Deutschland. Doch ein breit diskutiertes Thema wurden die neuen Ansätze bindungsorientierter Elternschaft erst, als die erste Elterngeneration Mitte der 1990er-Jahre online ging und Einflüsse des US-amerikanischen Attachment Parenting über Mailinggruppen und Foren Eingang in die deutsche Erziehungslandschaft fanden. In den ersten Jahren glich die deutsche Attachment-Parenting-Bewegung dabei einer Art Geheimbund: Um in den entscheidenden E-Mail-Verteiler aufgenommen zu werden, musste man die richtigen Leute kennen oder zufällig in einem großen Elternforum auf ein winziges Unterforum stoßen, in dem sich der harte Kern jener Eltern traf, die schon bindungsorientiert leben wollten, bevor es diese Bezeichnung in Deutschland überhaupt gab. 2003 ging mit *rabeneltern.org* das erste explizit bedürfnisorientierte Elternforum an den Start; das allererste deutschsprachige Buch zum Thema – *Geborgene Babys* von Rabeneltern-Mitbegründerin Julia Dibbern – erschien 2004 in einem winzigen, von der Autorin selbst gegründeten Nischenverlag und wurde zu dem Geheimtipp schlechthin für alle, die es anders machen wollten. Die wütende Leidenschaft, mit der Dibbern darin gegen den allgegenwärtigen, übermächtigen und so wenig liebevollen Erziehungs-Mainstream anschreibt, offenbart, in welchem gesellschaftlichen Klima die ersten Advokatinnen bindungsorientierter Elternschaft sich bewegten – und welchen Anfeindungen und Vorurteilen sie sich dabei ausgesetzt sahen. Diese Anfänge zu kennen, ist wichtig, um zu verstehen, für welche immensen Veränderungen der vergangenen Jahre sie verantwortlich ist – und warum sie trotzdem ein ziemliches Imageproblem hat. Wer heute Elternthemen im Internet recherchiert, erlebt die bindungsorientierte Szene nämlich keineswegs als das zarte Nischenpflänzchen, als das sie angefangen hat. Im Gegenteil: Sie ist gefühlt überall. Kein Forum, keine Facebookgruppe, kein Instagram-Account zu Familienthemen, in denen sich ihre Befürworter und Anhänger nicht tummeln. Die erfolgreichsten Elternblogs sind bindungsorientiert; die meistverkauften Elternratgeber ebenfalls. BO liegt im Trend, steht für Aufbruch und Achtsamkeit, Nachhaltigkeit und Neuanfang, und das ist für viele Eltern und Kinder ein großes Geschenk. Nie gab es im Nachkriegsdeutschland mehr Rückendeckung für Eltern, die liebevoll und sanft mit ihren Kindern umgehen wollten, als heute. Die Eltern-Kind-Beziehung ist kuscheliger und inniger geworden, Körperkontakt steht – gerade auch unter Vätern – nicht mehr unter dem Generalverdacht der Verweichlichung. Trugen in den 1970er- und 1980er-Jahren nur Hippies und andere Überzeugungstäter ihre Babys im Tragetuch, zieht heute mit fast jedem Baby auch eine Babytrage in die Familie ein. Und galt die Idee, nachts direkt beim Baby zu schlafen, noch vor zehn Jahren weitgehend als verpönt, gibt es heute in jedem Möbelhaus praktische Beistellbettchen für mehr Nähe in der Nacht und Tipps zum sicheren Co-Sleeping im Geburtsvorbereitungskurs. Babys bewusst schreien zu lassen, lehnen immer mehr Eltern ab, ebenso wie Auszeiten auf der berühmten »Stillen Treppe«. Und Kinder gar zu schlagen, ist absolut verpönt. Sogar das Schimpfen ist aus der Mode gekommen, wie der große Erfolg gleich mehrerer Anti-Schimpf-Ratgeber zeigt. Und bestärkten sich die User der ersten Erziehungsforen im Internet noch vor zehn Jahren darin, im Bestrafen von Kindern vor allen Dingen konsequent sein zu müssen, finden sich nun an allen Ecken und Enden des Internets Tipps, wie es anders gehen kann und die tausendfach gelesen und geteilt werden. Das ist wunderbar und ein riesiger Erfolg für all die Menschen, die sich seit Jahren für Kinderrechte und mehr Bindung und Beziehung im Familienleben engagieren. Als Mutter und Autorin, die sich seit vielen Jahren selbst aktiv und öffentlich für ein bindungsstarkes Familienleben einsetzt, kenne ich jedoch aus erster Hand leider auch die Schwierigkeiten, die mit dem Erstarken der bindungsorientierten Szene in den vergangenen Jahren einhergehen. Denn selbst wirklich gute Ideen werden problematisch, wenn sie zur in sich geschlossenen Ideologie werden. Und guten und richtigen Ansätzen kann kaum etwas Schädlicheres passieren, als sie zu unumstößlichen Dogmen zu überhöhen. Genau das passiert jedoch häufig in der aktuellen Erziehungsdiskussion, wie sie insbesondere in den sozialen Netzwerken geführt wird. Da werden im Namen von BO Mütter beschämt, die zugeben, sich von der permanenten Erfüllung kindlicher Bedürfnisse völlig ausgebrannt zu fühlen, und Vätern wird unterstellt, sich aufgrund ihres Geschlechts nicht genauso gut um kleine Kinder kümmern zu können. Da werden berufstätige Eltern, die familienergänzende Betreuungsmodelle nutzen, als »Rabeneltern« diffamiert, die besser keine Kinder bekommen hätten. Und denen, die sich gegen das Stillen, das Tragen oder das gemeinsame Schlafen im Familienbett entscheiden, die sichere Eltern-Kind-Bindung abgesprochen. Natürlich denken nicht alle bindungsorientierten Eltern so. Im Gegenteil: Diejenigen, die solch ein radikales Verständnis von Bindungsorientiertheit haben, stellen eine winzige Minderheit dar. Doch wie so oft werden diejenigen mit den extremsten Positionen am lautesten in der Öffentlichkeit wahrgenommen. So entsteht schnell der Eindruck, man habe es bei bindungsorientierten Eltern mit Anhängern einer hochideologischen und zutiefst reaktionären Sekte zu tun, die im Namen der Bindung unfassbar hohe und rigide Anforderungen an Eltern und insbesondere an Mütter stellt und mit Abweichlern keine Gnade kennt. Dazu kommt bei einigen leider noch eine beunruhigende Nähe zu Verschwörungstheorien aller Art, ein Hang zu Impfskepsis und paramedizinischen Behandlungsmethoden sowie ein alarmierender Antifeminismus, der ein bedenkliches Einfalltor für rechte Ideologien unter dem Deckmantel der Bindungsfreundlichkeit darstellt.

Die meisten Menschen, die sich der bindungsorientierten Elternschaft verbunden fühlen, ticken in Wirklichkeit völlig anders. Sie suchen einfach nur nach einem liebevollen Weg, ihre Kinder ins Leben zu begleiten. Von welchem Punkt sie dabei starten, ist individuell ganz verschieden: Manche finden über eine wissenschaftlich-evidenzbasierte Annäherung ans Elternsein zur bindungsorientierten Elternschaft, weil sie die Erkenntnisse der modernen Bindungsforschung in ihr praktisch umgesetzt sehen. Doch es gibt auch bindungsorientierte Eltern, die mit Wissenschaft nicht viel am Hut haben und sich für den bindungsorientierten Weg entscheiden, weil er ihnen intuitiv richtig erscheint. Eine große Gruppe bindungsorientiert lebender Menschen ist selbst alles andere als liebevoll groß geworden und wird von dem starken Wunsch angetrieben, es mit den eigenen Kindern besser zu machen. Andere erkennen in dem sanften Umgang ihre eigenen Eltern wieder und wollen mit ihren Kindern fortsetzen, was ihnen selbst gutgetan hat. Bindungsorientierte Elternschaft ist also ein Sammelbecken für unterschiedliche Menschen mit ganz verschiedenen politischen Überzeugungen, Lebensverhältnissen und religiösen Prägungen, die bei näherer Betrachtung auch sehr verschieden mit ihren Kindern umgehen. Nur eins haben sie alle gemeinsam: Eine Erziehung der Härte, die kindliche Bedürfnisse ignoriert und missachtet, kommt für sie nicht infrage. Dazuzugehören ist ein menschliches Grundbedürfnis – wir alle wollen Mitglieder einer Gemeinschaft sein, die uns stützt und stärkt und mit der wir uns verbunden fühlen. Dieses Bedürfnis erfüllten sich Menschen von jeher auf ganz unterschiedliche Weise. Nicht nur die eigene Familie kann ein solcher Zusammenschluss Verbundener sein, auch sämtliche Vereine, Clubs und Freundeskreise leben von Zugehörigkeit auf der einen und der Abgrenzung auf der anderen Seite. Nach der Kirchenzugehörigkeit und der politischen Heimat ist in den vergangenen Jahren ein neues, verbindendes wie trennendes Element in die Ausbildung sozialer Gruppierungen eingezogen: die Frage nach dem Modell der eigenen Elternschaft. Mit dem Erstarken der bindungsorientierten Szene in den westlichen Industrienationen, gerade auch in Deutschland, ist es dadurch in den letzten zehn Jahren zu einer Art Lagerbildung gekommen, die schnell den Eindruck erweckt, als stünden sich heute die Vertreter zweier gänzlich verschiedener Erziehungsstile nahezu unvereinbar gegenüber: die ganz klassisch erziehenden Eltern und die Eltern, die sich selbst als bindungs- und bedürfnisorientiert definieren und im Umgang mit ihren Kindern neue Wege gehen wollen. Und beide beobachten einander mit großer Skepsis. Die Bindungsorientierten sehen in den Klassisch-Erziehenden Vertreter eines veralteten, von Gewalt und autoritärem Denken geprägten Umgangs mit Kindern, der dringend überwunden werden muss. Und die Klassisch-Erziehenden halten die Bindungsorientierten für weltfremde Hippies, deren Kinder keine Grenzen kennen. Dass diese gegenseitige Betrachtungsweise leicht zu Wut und Verletzung auf beiden Seiten führt, ist wenig überraschend. Schließlich lässt sich niemand gern als drakonischer mittelalterlicher Zuchtmeister darstellen, nur weil er dem eigenen Kind vielleicht das dritte Eis verwehrt – genauso, wie es wenig Spaß macht, als Weichei dazustehen, das sein Kind lieber vor ein Auto laufen lassen würde, als einmal laut und deutlich Nein zu sagen. Tatsächlich ist an diesen Klischees nicht viel dran. Elternsein ist so viel vielfältiger, als dass zwei verfeindete Lager all die Lebensentwürfe heutiger Familien auch nur im Ansatz repräsentieren könnten – zumal sich die Mehrzahl der Eltern sowieso im Grenzgebiet zwischen klassischer und bindungsorientierter Erziehung bewegt, je nach Lebensphase und Tagesform. Das Narrativ von den unversöhnlichen Fraktionen sorgt deshalb allenfalls dafür, dass Eltern das Gefühl haben, sich zwischen zwei möglichen Wegen entscheiden zu müssen, und dabei keinem der hohen Ansprüche des jeweiligen Ansatzes genügen zu können. So hilfreich ein Label wie »Bindungsorientierte Elternschaft« auch sein kann, um Gleichgesinnte miteinander zu vernetzen, um miteinander und voneinander zu lernen, so viel verbrannte Erde hat gerade dieser Begriff in den vergangenen Jahren leider auch hinterlassen, weil er Eltern das Gefühl gab, Familien zweiter Klasse zu sein, wenn sie nicht strenge und eng gefasste Kriterien erfüllten. Denn als Erziehungsstil, der mit den sieben Sears'schen Baby Bs letztlich mit einer Checkliste begann, konnte sich das Konzept auch hierzulande nie ganz von dem Image befreien, es ginge vor allem um das Abarbeiten eines ellenlangen Anforderungskatalogs, der bei einer natürlichen Geburt ohne Schmerzmittel beginnt, mit jahrelangem Stillen, ausschließlichem Tragen und stoisch ertragenen, schlaflosen Nächten im Familienbett weitergeht und mit Öko-Kleidung, Barfußschuhen, rückwärtsgerichteten Kindersitzen und einer Ablehnung jeder außerfamiliären Betreuung über viele Jahre noch lange nicht endet.

## Bindung als Schlüssel

Menschenkinder sind soziale Wesen, die darauf gepolt sind, Teil einer Gemeinschaft zu werden, denn alleine können sie nicht überleben. Ihre erste und wichtigste Entwicklungsaufgabe besteht deshalb darin, eine tragfähige Verbindung zu den Menschen um sie herum aufzubauen, damit diese sich auch zuverlässig um sie kümmern und mit allem versorgen, was sie brauchen. Damit das klappt, hat die Evolution Menschenbabys allerlei Werkzeuge mitgegeben. Ihr zuckersüßer Anblick – das sogenannte »Kindchenschema« – soll nicht nur in ihren Eltern, sondern auch in allen anderen Erwachsenen um sie herum fürsorgliche und liebevolle Gefühle wecken. Ihr Weinen und Schreien sind gleichzeitig in Lautstärke und Frequenz extra so durchdringend, damit es niemand einfach ungerührt ignorieren kann – das soll der Dringlichkeit ihrer Bedürfnisse Ausdruck verleihen. Vor allem aber können Babys von Geburt an aktive Bindungssignale aussenden: Sie schauen uns an, halten uns fest, kuscheln sich in unsere Arme. Bei all diesen Interaktionen werden in uns ebenso wie in unseren Kindern Bindungshormone ausgeschüttet, allen voran der als »Liebeshormon« bekannt gewordene Botenstoff Oxytocin. Er macht uns weich, zugewandt, verletzlich. Und lässt uns Menschen ans Herz wachsen. Deshalb wird er auch immer dann ausgeschüttet, wenn Menschen einander besonders nah kommen: beim Küssen, beim Umarmen, beim Sex. Und eben auch bei der Geburt, beim Stillen und beim Kuscheln mit unseren Kindern.

Eine Bindung zu unseren Kindern müssen wir nicht bewusst aufbauen. Das passiert ganz von selbst, in Tausenden kleinen Momenten. Jede Berührung, jeder Blick, jedes Wort trägt dazu bei. Was auch immer wir tun: Bindung passiert. Unsere Kinder können nicht anders, als sich zu binden. So sind sie veranlagt. Deshalb sind sie in ihrem Bindungsverhalten auch nicht wählerisch: Wird ein Kind in eine Familie geboren, in der es kein freundliches Wort, keine liebevolle Berührung erfährt, bindet es sich trotzdem an die Menschen, die eben da sind. Anspruchsvoll zu sein in der Wahl ihrer Bindungspersonen konnten sich Neugeborene in der Geschichte unserer Art schlicht nicht leisten. Doch das heißt nicht, dass es egal wäre, welche Erfahrungen unsere Kinder in ihren ersten Lebenstagen, -wochen und -monaten machen.

Im Gegenteil: Abhängig davon, was Kinder im Kontakt mit den Menschen um sie herum erleben, prägen sie unterschiedliche Bindungsmuster aus, die ihr Verhalten und Empfinden im Alltag maßgeblich bestimmen.

Macht ein Kind die Erfahrung, dass es in eine Familie voller liebevoller Zugewandtheit geboren ist, in der seine Bedürfnisse ernst genommen, gesehen und zuverlässig erfüllt werden, entwickelt es eine sichere Bindung. Das heißt: Es geht mit dem Grundgefühl durchs Leben, dass die Welt ein guter Ort ist, an dem es sich sicher und geborgen fühlen kann, weil es seine engsten Bezugspersonen als liebevolle, verlässliche Wegbegleiter an seiner Seite weiß. Sicher gebundene Kinder spüren, dass sie geliebt werden, was immer sie auch tun, und dass ihre Bindungspersonen gerne Zeit mit ihnen verbringen. Diese Erfahrung macht sie innerlich so stark und selbstbewusst, dass sicher gebundene Kinder mit fortschreitendem Alter den Mut aufbringen, die Welt um sie herum zusehends auf eigene Faust zu entdecken. Entscheidend für das Entstehen dieser sicheren Bindung ist die Verlässlichkeit und Beständigkeit, mit der die erwachsenen Bindungspersonen reagieren: Sie sind nicht mal liebevoll und mal abweisend, sondern verhalten sich kontinuierlich zugewandt und feinfühlig, wann immer ihr Kind sie braucht. Verhalten sich Bindungspersonen hingegen eher sprunghaft und unberechenbar, mal sanft und geduldig, mal abweisend und impulsiv und mal auch gar nicht, entwickeln Kinder als Reaktion auf diesen unbeständigen und wenig vorhersehbaren Umgang mit ihnen eine unsicher-ambivalente Bindung. Das heißt: Sie fühlen sich ihren vertrauten Bindungspersonen zwar innig verbunden, haben aber auch ständig Angst, sie zu verlieren. Dementsprechend fällt es ihnen schwer, sich sicher und geborgen genug zu fühlen, um die Welt zu erkunden. Stattdessen »kleben« sie häufig an den Erwachsenen, die sie lieben, und versuchen, durch ständiges Binden ihrer Aufmerksamkeit zu verhindern, dass diese sie aus dem Fokus verlieren. Reagieren die Erwachsenen darauf genervt oder gar aggressiv, schlägt das Verhalten unsicher gebundener Kinder schnell ins Gegenteil um: Aus Angst vor Zurückweisung zeigen sie nun fast gar kein Nähebedürfnis mehr, sondern versuchen, allein klarzukommen. Ihr Bindungsmuster verändert sich hin zur unsicher-vermeidenden Bindung. Das heißt: Die Kinder verhalten sich auffällig ruhig und unauffällig, weinen und schreien wenig und fordern kaum Aufmerksamkeit ein – sind dabei jedoch dauergestresst und neigen zu einem schwachen Selbstbewusstsein und großer Bindungsunsicherheit auch im Kontakt mit anderen Menschen. In sehr seltenen Extremsituationen, in denen Kinder stark vernachlässigt werden und so gut wie gar keine Interaktion mit erwachsenen Bezugspersonen stattfindet, kann auch eine sogenannte desorganisierte Bindung entstehen, bei der Kinder überhaupt keine tragfähigen Beziehungen knüpfen können und in der Folge starke seelische Probleme sowie Verhaltensauffälligkeiten entwickeln. Bindungsmuster spiegeln also die Erfahrungen wider, die Kinder bisher gemacht haben – und stellen die Weichen dafür, welche sie in Zukunft machen werden. Denn unsere Bindungserfahrungen haben Einfluss auf nahezu alle Bereiche unseres Lebens: unser Selbstbewusstsein, unsere Ängste, unseren Mut, aber auch unser Sozialverhalten, unsere Lernfähigkeit und unsere Lebensqualität. Wie genau unsere Erlebnisse mit anderen Menschen sich dabei in uns niederschlagen, ist hochkomplex, denn wir sind nicht einfach sicher oder unsicher gebunden – wir können mit unterschiedlichen uns nahestehenden Personen auch unterschiedliche Bindungen haben, die sich auf unseren Selbstwert und unsere sozialen Beziehungen auswirken. Denn Bindungsmuster werden immer in der Interaktion zwischen zwei Personen geprägt: etwa einer Mutter und ihrem Kind. Oder einem Opa und seinem Enkel. Ein Kind mit mehreren engen Bindungspersonen in seinem Umfeld kann also durchaus mehrere Bindungsmuster parallel erfahren. Ein Kind, das eine sichere Bindung zu einem Elternteil hat und eine unsicher-vermeidende zum anderen, wächst anders auf als ein Kind, das eine unsicher-vermeidende Bindung zu beiden Eltern hat, aber eine sichere Bindung zu seiner Oma und seiner Tagesmutter. Aus der Resilienzforschung wissen wir, dass mindestens eine sichere Bindungserfahrung für ein Kind den ganzen Unterschied machen kann zwischen einer schlimmen Kindheit ohne jede Perspektive und einer herausfordernden Kindheit, die es aber hinter sich lassen und in ein besseres Leben starten kann. Umgekehrt profitieren Kinder am stärksten von einem ganzen Bindungsnetz unterschiedlicher wertschätzender Beziehungen, die bei all ihrer individuellen Verschiedenheit gemeinsam haben, sein sicheres Bindungsmuster zu verstärken. Dabei ist Bindung nichts Statisches: Nur weil ein Kind mit zwei Jahren eine sichere Bindung zu seinen Eltern und Großeltern hat, heißt das nicht, dass das mit vier, acht oder zwölf Jahren immer noch so sein wird. Denn anders als viele glauben, ist die Ausbildung unserer Bindungsmuster nicht irgendwann in der frühen Kindheit abgeschlossen. Im Gegenteil: Unsere sozialen Bindungen sind lebendig und dynamisch und verändern sich mit den Jahren. Deshalb ist Bindung als Thema auch nicht nur in den ersten Lebensjahren relevant, sondern auch und gerade dann, wenn unsere Kinder älter werden. Denn so, wie es wichtig ist, dass unsere Babys und Kleinkinder spüren, dass sie in ihrer ganzen Anhänglichkeit und Liebesbedürftigkeit gut und richtig sind, brauchen unsere größer werdenden Kinder, dass wir sie mit einem guten Gefühl aus der fast schon symbiotisch engen Beziehung der ersten Lebensjahre entlassen und ihnen zugestehen, ihre eigenen Wege zu gehen, ohne dass sie sich dabei gemein oder schuldig fühlen müssten. Eine sichere Bindung zu pflegen, bedeutet deshalb nicht nur, mit der liebevollen Fürsorge der ersten Lebensjahre den Grundstein zu legen für Urvertrauen und Sicherheit, sondern auch, das stückweise Loslassen zu üben und unseren Kindern zu zeigen, dass wir uns auch dann mit ihnen verbunden fühlen, wenn sie immer weitere Kreise ziehen, flügge werden und sich ihr eigenes Leben aufbauen. Dabei kann es durchaus vorkommen, dass unsere Bindungsqualität zwischendrin auch mal leidet – der Weg vom kuscheligen Kleinkind zum autarken, jungen Menschen ist schließlich für alle Beteiligten nicht immer leicht. Doch wenn wir uns bewusst machen, dass keine Beziehungsirritation für immer sein muss und dass sich die Eltern-Kind-Bindung in jedem Alter durch einen wertschätzenden und feinfühligen Umgang miteinander verändern lässt, müssen wir auch diese Veränderungen nicht fürchten. Denn um unseren Kindern gute Bindungserfahrungen mitzugeben, müssen wir kein winziges Zeitfenster abpassen, das sich kurz nach der Geburt schon gleich wieder schließt. Stattdessen haben wir ein ganzes Leben dazu Zeit, ihnen immer wieder und immer wieder neu durch feinfühliges und verlässliches Verhalten zu zeigen, wie geliebt und liebenswert sie sind.

## Wie Bindung und Bedürfnisse zusammenhängen

Jeder Mensch sehnt sich danach, sich geliebt zu fühlen. In romantischen Komödien dreht sich deshalb oft alles um die entscheidenden drei Worte nach 120 Minuten Irrungen und Wirrungen: »Ich liebe dich!« Kuss, Abspann, Schluss. Im echten Leben merken wir jedoch schnell: Um uns wirklich geliebt zu fühlen, reichen warme Worte allein nicht aus. Ein Liebesschwur, auf den eine Respektlosigkeit nach der anderen folgt, ist keinen Pfifferling wert. Denn echte Liebe zeigt sich darin, wie Menschen miteinander umgehen. Der US-amerikanische Paartherapeut Gary Chapman schrieb in den 1990er-Jahren einen Weltbestseller darüber, dass verschiedene Personen dabei offenbar auf unterschiedliche »Liebessprachen« reagieren: Manche fühlen sich besonders durch Lob und Anerkennung geliebt, andere sehnen sich nach Zärtlichkeit, und wieder andere fühlen sich vor allem durch ganz praktische Hilfe und Unterstützung im Alltag geliebt. *Eine* Liebessprache ist jedoch universal: Wir alle fühlen uns geliebt, wenn wir in unseren Bedürfnissen gesehen und ernst genommen werden. Es spricht viel dafür, dass die Chapman'schen »Die fünf Sprachen der Liebe« letztlich deshalb so gut funktionieren, weil sie Menschen dazu auffordern, sich genau den Bedürfnissen ihres Gegenübers zuzuwenden, bei denen derjenige den größten Mangel verspürt. Für Kinder gilt der Zusammenhang zwischen erfüllten Bedürfnissen und einem tiefen Gefühl des Geliebtseins noch einmal in besonderem Maße. Schließlich liegt der Anfang ihrer Sehnsucht nach unserer Liebe viel weiter zurück, als unsere Sprache reicht. Geliebt zu werden und liebevoll versorgt zu werden, ist für ein Baby eins. Geht es ihm gut, ist es geborgen. Ist es geborgen, fühlt es sich geliebt. Fehlt ihm etwas, bekommt es Angst. Bleibt es dann allein, fehlt es ihm an allem: an Schutz, an Sicherheit und an dem Gefühl, geliebt zu sein. Werden unsere Kinder älter, ändert sich das nicht wesentlich. Natürlich freuen sie sich über ein zärtliches »Ich hab dich lieb«. Doch wirklich wichtig sind für sie ganz andere Dinge: wie wir reagieren, wenn sie weinen oder wütend sind oder etwas kaputt gemacht haben. Was sie spüren, wenn sie mit uns zusammen sind. Kennen wir ihre Bedürfnisse, nehmen wir sie ernst? Oder verleugnen wir sie, machen sie lächerlich? Sichere Bindung entsteht, wo wir nicht ungnädig auf unseren Prinzipien bestehen, sondern freundlich und zugewandt reagieren – auch, wenn unsere Kinder Fehler machen. So vergaß eine meiner Töchter in den ersten Schuljahren ab und zu im morgendlichen Aufbruchstrubel ihren Turnbeutel. Ich wusste, dass das für sie ganz schlimm war: Wer sein Sportzeug nicht mitgebracht hatte, durfte nämlich nicht mitturnen, sondern musste auf der Bank sitzen bleiben und zuschauen. Das fand meine Tochter ganz schrecklich. Trotzdem vergaß sie regelmäßig, dass Mittwoch Sporttag war. Und ich auch. Eines Mittwochs, ich hatte meine Tochter gerade in die Schule gebracht, kam ich nach Hause – und stolperte im Flur über den Turnbeutel, den ich dort extra hingelegt hatte, damit wir ihn nicht vergessen. Was jetzt? Mein erster Gedanke war: Da muss sie jetzt durch, sonst lernt sie es nie. Dann kann sie eben nicht mitturnen. Aus Schaden wird man klug. Der zweite: Ich könnte ihr den Beutel natürlich jetzt auch demonstrativ ins Klassenzimmer bringen. Das wird ihr so peinlich sein, dass sie ihn nie wieder vergisst. Mein erster Impuls war also nicht, meinem Kind zu helfen, sondern ihm eine Lektion zu erteilen. Schließlich wird uns in unserer Kultur immer wieder gespiegelt, dass Kinder so was brauchen. Erst als ich mir selbst bewusst die Erlaubnis gab, mich zu fragen, was denn nun der sanfteste, liebevollste Weg wäre, kam ich auf die Idee, einfach noch mal zur Schule zu gehen und das Sportzeug ganz diskret an die Garderobe neben ihre Jacke zu hängen, als sei es schon immer da gewesen. Dabei kam ich mir vor wie eine überspannte Helikopter-Mutter: die Turnbeutel-Hinterherträgerin, die ihrem Kind keinen Frust zumutet. Später erzählte mir meine Tochter, wie sich die Situation tatsächlich für sie angefühlt hatte. Kurz nach Beginn der ersten Stunde war ihr der vergessene Turnbeutel nämlich eingefallen, und sie hatte sich deshalb so schlecht gefühlt. Und dann kam die riesige Erleichterung, als er in der Pause wie durch ein Wunder an der Garderobe hing und sie mitturnen konnte. »Und da hab ich mich so lieb gehabt gefühlt von dir, Mama, weil du mich doch gerettet hast, anstatt sauer zu sein.« Das sind die Erfahrungen, die für Kinder wirklich zählen, denn sie prägen das Bindungsmuster unserer Kinder und beantworten so die für sie wichtigste Frage von allen: Bin ich eigentlich liebenswert, genau so, wie ich bin?

Viel spricht dafür, dass eine sichere Bindung das Beste ist, was wir unseren Kindern mitgeben können. Denn nahezu alles, was wir unseren Kindern heute fürs Leben wünschen, wurzelt nach den Erkenntnissen der modernen Bindungsforschung in sicheren Bindungserfahrungen während Kindheit und Jugend: Selbstbewusstsein ebenso wie Beziehungsfähigkeit, Belastbarkeit ebenso wie ein gesunder Umgang mit Stress. Trotzdem haben viele Eltern eine gewisse Scheu, die Bedürfnisse ihrer Kinder vorbehaltlos zu erfüllen – aus Sorge, zu viel Fürsorge könne einer gesunden Selbstständigkeitsentwicklung im Wege stehen. Dabei ist das Gegenteil der Fall: Wachsen Kinder damit auf, dass ihre emotionalen und körperlichen Bedürfnisse prompt und zuverlässig erfüllt werden, stärkt diese Erfahrung nämlich nicht nur ihr Bindungssystem, sondern auch ihr Explorationssystem, also jene Anteile ihrer

Persönlichkeit, die nach Selbstwirksamkeit, Autonomie und Freiheit streben. Genau genommen sind Bindungssystem und Explorationssystem sogar untrennbar miteinander verknüpft: Stärken wir durch unser elterliches Verhalten das eine, stärken wir automatisch auch das andere. Und das heißt: Versuchen wir, die Selbstständigkeit unserer Kinder auf Kosten ihrer Bindungsbedürfnisse zu pushen, werden sie dadurch weder sicher gebunden noch selbstständig, sondern fühlen sich mit hoher Wahrscheinlichkeit so unsicher wie überfordert. Stärken wir hingegen ihr Bindungssystem durch einen feinfühligen Umgang mit all ihren Bedürfnissen, fördern wir damit auch ihre Selbstständigkeitsentwicklung – auch wenn es uns in dem Moment nicht so vorkommen mag. Hat ein Kind genügend sichere Bindungserfahrungen im Gepäck, kann es dann je nach Situation das System aktivieren, das es gerade braucht: Fühlt es sich sicher, geborgen und fit, operiert es im explorativen Modus und erkundet vertrauensvoll und offen seine Welt. Ist es hingegen müde, hungrig, ängstlich oder gestresst, schaltet es in den Bindungsmodus um, indem es die Nähe zu einer vertrauten Person sucht. Hat es dort genügend Rückversicherung getankt, schaltet es wieder in den explorativen Modus um. Bei sehr kleinen Kindern ist im Bindungsmodus enger Körperkontakt oft das Einzige, was ihnen zuverlässig Halt und Sicherheit gibt. Bei älteren reicht oft bereits ein freundlicher Blick oder ein liebevolles Wort, um sie zurück ins freudige Explorieren zu schicken. Druck, Stress und Zwang bringen dieses ausgeklügelte Wechselspiel zwischen Erkunden und Rückversichern hingegen schnell zum Kollabieren. Wünschen wir uns also für unsere Kinder, dass sie anpackend und selbstbewusst ihr eigenes Leben in die Hand nehmen, sollten wir auf ihre Signale vertrauen. Wenn sie Nähe suchen, brauchen sie Nähe. Und wenn sie nach Freiheit streben, brauchen sie Freiheit. Und nur, wenn sie beide Bedürfnisse ohne Angst zeigen und leben können, können sie ihr volles Entwicklungspotenzial entfalten.

Bindung entsteht im alltäglichen Miteinander, genau wie Selbstbewusstsein und Selbstwirksamkeit – das zu wissen, kann Eltern nicht nur entlasten, sondern auch ganz schön Druck machen. Denn wenn jede winzige Interaktion zählt – wie sollen wir es dann schaffen, dass unser Kind nur positive Botschaften von uns mitbekommt? Schließlich sind wir alle mal genervt, gestresst oder schlecht gelaunt, und wer im turbulenten Familienalltag noch nie die Nerven verloren hätte, werfe doch bitte den ersten Feuchttücher-Pack. Tatsächlich werden die Erkenntnisse der modernen Bindungsforschung von vielen Eltern heute so gnadenlos interpretiert, als würde jeder kleine Fehler die Eltern-Kind-Bindung für immer zerstören. Umso wichtiger ist es, klipp und klar zu sagen: So bedeutsam die Summe der alltäglichen Beziehungserfahrungen für die Bindungsentwicklung ist, so irrelevant sind einzelne Ausnahmemomente für diesen Prozess. Für ein Kind, das in einer liebevollen, wertschätzenden Atmosphäre aufwächst, werden einzelne Momente erschöpfter Genervtheit deshalb auch keine nachhaltigen Spuren in seiner Bindungsbiografie hinterlassen. Für die ist nämlich das allgemeine Familienklima entscheidend, also der Umgang miteinander, der die Regel und nicht die Ausnahme ist. Dazu kommt, dass die Evolution zu keinem Zeitpunkt mit perfekten Eltern gerechnet hat. Beantworten wir also im Großen und Ganzen die Bedürfnisse unserer Kinder prompt und angemessen, fallen einzelne unerfüllte Bedürfnisse nicht weiter ins Gewicht. Im Gegenteil: So wichtig das feinfühlige Reagieren auf Bedürfnisse für die kindliche Entwicklung auch ist – dass Bedürfnisse auch manchmal nicht adäquat beantwortet werden, ist tatsächlich ebenfalls ein Entwicklungsmotor. Was auf den ersten Blick widersprüchlich wirkt, ergibt bei näherem Hinsehen durchaus Sinn: Sichere Bindung entsteht auf Basis erfüllter Bedürfnisse, doch unperfekte Eltern geben Kindern auch die Chance, mal auszuprobieren, sich selbst zu helfen. Weint ein Baby etwa in seiner Babyschale im Auto, und Papa kann es nicht sofort trösten, weil er erst zum nächsten Parkplatz fahren muss, entdeckt das Kleine vielleicht, dass es sich auch selbst beruhigen kann, indem es an seinem Daumen nuckelt. Dieses Wachsen durch Unperfektheit ist jedoch etwas völlig anderes als das bewusste Verweigern von Zuwendung zu Erziehungszwecken. Denn Kinder spüren nicht nur, ob wir ihre Bedürfnisse gerade erfüllen oder nicht, sondern auch, mit welcher Haltung wir dies tun. Ist ein dreijähriges Kind hingefallen und wird nicht getröstet, weil seine Eltern finden, es solle nicht so ein Drama machen, fühlt sich das völlig anders an, als wenn das Trösten einen Moment warten muss, weil Mama erst noch den kleinen Bruder davon abhalten muss, auf die Straße zu rennen. Konkret heißt das: Um eine sichere Bindung zu entwickeln, brauchen Kinder das Gefühl, dass wir ihre Bedürfnisse sehen, ernst nehmen und zu erfüllen versuchen. Dass wir das niemals hundertprozentig schaffen, ist dabei kein Systemfehler, sondern genauso Teil des evolutionären Entwicklungsplans wie unser Bemühen darum.

## Bedürfnisse als Richtschnur

Genug zum Essen und Trinken zu haben, ein schützendes Dach über dem Kopf, wärmende Kleidung und ausreichend Schlaf, dazu Nähe, Liebe und Geborgenheit – das brauchen wir alle, Kinder wie Erwachsene. Denn wir Menschen sind Bedürfniswesen: Wir spüren, was wir brauchen, und streben danach, es zu erlangen. Dabei sind unsere Bedürfnisse innerer Antrieb und unser Überlebensgarant in einem. Sie sorgen nämlich dafür, dass wir immer wieder nach neuen Wegen suchen, uns zu holen, was wir für unser seelisches und körperliches Wohlbefinden brauchen. »Mit allem, was ein Mensch jemals tut oder unterlässt, versucht er, sich mindestens ein Bedürfnis zu erfüllen«, fasste der Kommunikationspsychologe Marshall B. Rosenberg dieses Prinzip zusammen. Deshalb kommen wir auf der Suche nach unserem Nordstern auch nicht an den menschlichen Grundbedürfnissen vorbei. Nichts ist für unsere Lebensqualität, unser Selbstwertgefühl sowie unsere körperliche und seelische Gesundheit so entscheidend wie die Frage, wie es um unseren ureigenen Bedürfnishaushalt bestellt ist. Sind unsere inneren Tanks gut gefüllt, sind wir reich an allem, was wir brauchen? Oder leben wir in einem Zustand des Mangels und jagen unerfüllten Bedürfnissen hinterher, die uns schwächen und unglücklich machen? Genau solche unerfüllten Bedürfnisse sind es nämlich, die uns unser Familienleben oft so schwer machen. Wenn unsere Kinder ständig meckern, motzen und streiten, wenn Matchbox-Autos fliegen und Türen knallen, wenn die Nerven blank liegen und sich all unsere guten Vorsätze in ohrenbetäubendem Brüllen auflösen, stecken mit an Sicherheit grenzender Wahrscheinlichkeit unerfüllte Bedürfnisse hinter all diesem Stress. Läuft der Alltag hingegen rund, fühlen wir uns wohl in unserer Elternrolle und mit unseren Kindern gut im Flow, haben wir wahrscheinlich gerade alle genug von dem, was wir brauchen – und das macht den großen Unterschied. Wünschen wir uns für unser Familienleben also ein stabiles, tragfähiges Fundament, gibt es dafür kein solideres Baumaterial als erfüllte Bedürfnisse. Denn nichts gibt uns Menschen mehr Kraft, Halt und Sicherheit, als zuverlässig zu bekommen, was wir brauchen.

Erfüllte Bedürfnisse machen Eltern und Kinder stark. Doch das heißt nicht, dass es so einfach wäre, sie mal eben zum Nordstern unseres Familienlebens zu machen, denn um Bedürfnisse zuverlässig zu erfüllen, müssen wir sie erst einmal erkennen. Und das ist gar nicht so leicht. Schließlich haben wir in unserer Gesellschaft eine lange Tradition, Bedürfnisse weder ernst noch wichtig zu nehmen. Viele Menschen, die heute Eltern werden, haben weder selbst als Kind die Erfahrung gemacht, in ihren Bedürfnissen gesehen zu werden, noch je ihren Eltern dabei zuschauen können, wie diese sich gut um ihre eigenen Bedürfnisse gekümmert haben. Stattdessen lernten sie, sich zusammenzureißen, kein Drama zu machen und mit unerfüllten Bedürfnissen zu leben, so wie Generation um Generation es vor ihnen tat. Die Bedürfnisse ihrer eigenen Kinder zu »lesen«, fühlt sich deshalb für viele an, wie eine komplizierte Fremdsprache zu erlernen. Beginnen wir deshalb am Anfang: Bedürfnisse beschreiben, was ein Mensch körperlich und seelisch braucht, um gut und gerne leben zu können.

Die wichtigsten körperlichen Grundbedürfnisse sind Luft zum Atmen, Nahrung, Schlaf, Berührung und Stimulation sowie körperliche Unversehrtheit und Schmerzfreiheit. Die wichtigsten seelischen Grundbedürfnisse sind Liebe und Fürsorge, Anerkennung und Angenommensein, Nähe und Bindung, Autonomie und Selbstwirksamkeit, Halt und Begrenzung, emotionale Sicherheit und Geborgenheit. Schauen wir uns diese Auflistung an, stellen wir fest, dass weder Kuscheln noch Stillen noch Tragen darin vorkommt, ebenso wenig wie Zeit als Paar, unsere unverzichtbare Tasse Kaffee am Morgen oder ein gemütliches Bett. Warum? Weil Bedürfnisse verhältnismäßig abstrakte, weit gefasste Möglichkeiten beschreiben, einen bestimmten Mangel, etwa Hunger oder Einsamkeit, zu lindern oder ganz zu beheben. Den Weg dahin lassen sie hingegen offen. Nahrung ist ein Bedürfnis. Einen Apfel zu essen ist ein Weg, dieses Bedürfnis zu stillen. Einen Schweinebraten zu genießen ein anderer Weg. Und einen Diätshake zu schlürfen wieder ein anderer. Es gibt also unglaublich viele Wege, ein spezifisches Bedürfnis zu befriedigen. Doch sie helfen uns nur weiter, wenn sie auch zum richtigen Ziel führen. Haben wir Hunger und bekommen eine wärmende Decke oder eine feste Umarmung angeboten, ist das zwar sehr nett und für einen kurzen Moment vielleicht auch tröstlich, aber letztlich ändert sich dadurch nichts an unserem Problem: Wir brauchen etwas zum Essen! Die bestgemeinte Zuwendung verfehlt also ihr Ziel, wenn sie nicht dazu geeignet ist, das dahinterstehende Bedürfnis zu erfüllen. Diese Unterscheidung zwischen Bedürfnissen und den vielen möglichen Wegen, sie zu erfüllen, ist ein unglaublich wichtiger Punkt, wenn wir unser Familienleben an den Bedürfnissen aller Familienmitglieder ausrichten wollen. Denn wenn wir jeden Wunsch für ein Bedürfnis halten, fühlt sich unser Alltag schnell wie ein nicht enden wollendes Squash-Turnier an, bei dem uns die Bälle immer schneller und unerbittlicher um die Ohren fliegen: »Ich will Kakao!« – »Aber nur aus der roten Tasse!« – »Ich will aber die blaue!« – »Die will aber ich!« – »Ich muss aufs Klo!« – »Ich will aber, dass du mitkommst!« – »Die blaue Tasse!« – »Die rote!« – »Ich will aber nicht Hände waschen!« – »Wo bleibt mein Kakao?«

Es ist unmöglich, all diese Anforderungen gleichzeitig zu erfüllen, und trotzdem versuchen wir es immer wieder, weil wir die Bedürfnisse unserer Kinder ernst nehmen wollen, aber nie gelernt haben, zwischen Bedürfnissen und Wünschen zu unterscheiden. Die Folge: Wir empfinden unsere Kinder als unglaublich anstrengend und fordernd, fühlen uns erschöpft und ausgebrannt, scheitern gefühlt täglich an unseren eigenen Ansprüchen – und stellen irgendwann die Ohren auf Durchzug oder werden laut, wenn unsere Kinder immer noch mehr von uns wollen, weil wir einfach nicht mehr können. Das ist nicht nur unbefriedigend, es ist auch das Gegenteil eines Familienlebens, das die Bedürfnisse aller in den Mittelpunkt stellt. Denn wenn Eltern nur noch den Wünschen ihrer Kinder hinterherjagen, ist das nicht gesünder, als wenn Kinder sich ständig den Wünschen ihrer Eltern unterordnen müssen. Wenn es uns allen miteinander dauerhaft gut gehen soll, muss deshalb eine gesunde Balance der Bedürfnisse das Ziel sein.

Kinder zeigen uns, was sie brauchen. Und zwar von Anfang an. Schon Neugeborene schmatzen und wenden ihr Köpfchen auf der Suche nach der Milch, reiben sich die Augen, wenn sie müde werden und schmiegen sich an uns, um sich sicher und geborgen zu fühlen. Je genauer wir sie beobachten, desto leichter fällt es uns, die feinen Signale zu entschlüsseln, mittels derer sie mit uns kommunizieren. Ihr Blick, ihre Mimik, ihre Körperspannung – all das kann uns wertvolle Hinweise darauf geben, wie es ihnen geht und was sie gerade brauchen. Nachdem dieser feinfühlige Austausch ohne Worte jahrzehntelang verpönt war, entdecken ihn nun immer mehr Eltern für sich wieder und stellen fest: Vertrauen wir darauf, was unser Baby uns zeigt, macht das im Alltag vieles leichter. Vergessen wir deshalb all die starren Zeitpläne und Vorschriften, die den Babyalltag so lange geprägt haben, und schauen einfach darauf, was unser Baby uns zeigt – ohne die unselige Angst, es dadurch zu verwöhnen. Dass Babys ständig gestillt werden wollen ist ebenso normal, wie dass sie am liebsten an der Brust einschlafen. Mindestabstände zwischen Milchmahlzeiten einzuhalten, ist längst passé, neue Milch auf alter macht kein Bauchweh, und ein Baby mit Muttermilch oder Pre-Milch zu überfüttern, ist schlicht unmöglich. Die wenigsten Babys finden allein in den Schlaf, die meisten schlafen am besten direkt bei den Eltern, und beides ist überhaupt kein Problem. Und ob ein Baby seine Krabbeldecke und seinen Kinderwagen liebt oder nur und ausschließlich mit direktem Körperkontakt glücklich ist, ist keine Frage der Erziehung oder der Gewöhnung, sondern schlicht eine des angeborenen Temperaments. Deshalb können wir auch garantiert nichts falsch machen, wenn wir unserem Baby alles geben, wonach es verlangt. Im Gegenteil: Wir legen damit den Grundstein für eine sichere Bindung und für eine vertrauensvolle, tragfeste Eltern-Kind-Beziehung.

Es liegt in der Natur von uns Menschen, unsere eigenen Bedürfnisse auf Schlaf hintanzustellen, sobald wir Eltern werden. Das ist evolutionär auch sinnvoll, denn Babys haben dringende Bedürfnisse, die kaum Aufschub dulden. Egal, ob sie Nähe oder Milch brauchen – sie brauchen sie in ebendiesem Moment. Spannenderweise weisen Eltern kleiner Babys in dieser Lebensphase ein besonders hohes Level des Hormons Prolaktin auf, das bei Stillenden unter anderem für die Milchbildung verantwortlich ist, Menschen insgesamt jedoch besonders fürsorglich und aufopferungsvoll macht. Das heißt: Wir sind als frischgebackene Eltern sogar rein biologisch darauf programmiert, den Bedürfnissen unseres Babys höhere Priorität einzuräumen als unseren eigenen. Darin liegt jedoch auch eine Gefahr, denn Bedürfnisse sind nicht verhandelbar: Wir brauchen, was wir brauchen, auch wenn wir gerade ein Kind bekommen haben. Das evolutionäre Gegengewicht zur Aufopferungsbereitschaft junger Eltern war deshalb seit jeher ihr soziales Umfeld, das sie stützte und versorgte. So war sichergestellt, dass Eltern auch im Brutpflegemodus nicht über ihre eigenen Grenzen gingen – es gab ja genug Mit-Mütter und -Väter, die sich ebenfalls um das Baby und die junge Familie kümmerten. Heute sieht das oft anders aus: Wer sich im klassischen Kleinfamiliensetting um ein Baby kümmert, ist oft über viele Stunden des Tages damit allein – und somit kaum in der Lage, sich um die eigenen Bedürfnisse zu kümmern. Dazu kommt, dass die wenigsten von uns vor dem Elternwerden überhaupt bewusst wahrgenommen haben, was unsere Bedürfnisse sind und wie entscheidend sie unsere Lebensqualität beeinflussen. So kommt es, dass wir leicht in einen Mangel laufen, ohne es zu bemerken – und erst spüren, dass etwas nicht stimmt, wenn unsere Bedürfnistanks schon restlos leer sind. Deshalb ist es so wichtig, dass wir uns klarmachen: Dass unsere eigenen Bedürfnisse erfüllt werden, ist kein beliebig verzichtbarer Luxus, sondern existenziell wichtig für unsere ganze Familie. Denn wir sind es, die den Laden zusammenhalten. Und das können wir nur, wenn wir selbst stark und stabil dastehen. Ja, anders als unsere Babys sind wir in der Lage, unsere Bedürfnisse einen Moment zurückzustellen. Doch wir dürfen diese Fähigkeit nicht überstrapazieren, sonst wackelt irgendwann das Fundament, auf dem wir alle stehen. Wenn wir unseren Kindern alles geben wollen, was sie brauchen, müssen wir uns deshalb klarmachen, was sie mehr brauchen als alles andere: Eltern, denen es gut geht und die die Kraft haben, gut für sie und sich selbst zu sorgen. Das klingt so logisch und ist doch so schwer. Denn nicht nur unsere Ansprüche an uns selbst stehen uns dabei im Weg, sondern auch unsere Angst vor Konflikten. Denn den Absprung aus der Aufopferung zu finden, ist auch deshalb so schwer, weil es bedeutet, mit unseren Kindern in die Auseinandersetzung zu gehen. Was brauche ich und was brauchst du? Uns diese Frage zu stellen, kann eben auch bedeuten, dass sich in unserem Alltag etwas verändern muss, dass wir nicht weiter an bestimmten Ritualen festhalten können, die unseren Kindern die Welt bedeuten, die für uns aber nicht mehr tragbar sind. Und dann?

### Eine gesunde Balance

So vertraut und nah wir uns unseren Kindern oft fühlen, so fremd ist uns manchmal ihr penetrantes Beharren auf bestimmten Dingen: Warum muss es unbedingt der blaue Becher sein? Wie kann es so wichtig sein, erst die Schuhe und dann die Mütze anzuziehen? Was um alles in der Welt rechtfertigt dieses Riesendrama meines Teenagers, nur weil das WLAN gerade zickt? Umgekehrt gibt es auch in unserem Alltag bestimmte Knackpunkte, an denen gefühlt alles kollabiert. Stress, Streit, Schlafmangel – das alles können wir wegstecken, solange der Rest rund läuft. Ist dann aber am Morgen auch noch unser Lieblingsmüsli leer, oder das Auto springt nicht an, ist es mit unserer Contenance vorbei. Auf einmal bricht der ganze Frust aus uns heraus, und wir können uns nur schwer wieder beruhigen – nicht anders als unsere Kinder, wenn wir ihr Marmeladenbrot falsch durchgeschnitten haben. Der Grund für diese heftigen, emotionalen Reaktionen ist bei kleinen wie bei großen Menschen, dass wir unter Stress geraten, wenn unsere vertrauten Wege, ein bestimmtes Bedürfnis zu erfüllen, nicht mehr funktionieren. Ein spezielles Müsli am Morgen erfüllt für viele Menschen beispielsweise nicht nur das Bedürfnis nach Nahrung, sondern auch das nach Halt und Struktur, Berechenbarkeit und Sicherheit. Der immer gleiche Geschmack zur immer gleichen Zeit ist also ein Fixpunkt in unserem Tag, der nicht nur ein körperliches Grundbedürfnis, sondern gleichzeitig auch mehrere emotionale Bedürfnisse für uns erfüllt. Deshalb ist ein Käsebrot auch kein adäquater Ersatz dafür: Es macht zwar genauso satt, lässt unsere seelischen Bedürfnisse aber ins Leere laufen. Genauso verhält es sich auch bei unseren Kindern. Rein praktisch gesehen mag es egal sein, ob mein Sohn von mir zum Ballett gefahren wird oder bei unserem Nachbarn mitfährt. Doch wenn die gemeinsamen zwanzig Minuten im Auto für ihn der

Zeitpunkt sind, an dem er sich sein Bedürfnis nach Nähe und Verbindung, Aufmerksamkeit und Fürsorge erfüllt, ist es eben nicht egal, wer fährt. Genauso wenig, wie die Farbe des Trinkbechers bedeutungslos ist, wenn ein Kleinkind sich mit der Wahl des exakt richtigen Bechers sein Bedürfnis nach Autonomie und Selbstwirksamkeit erfüllt. So absurd und sinnlos bestimmte Forderungen und Wünsche unserer Kinder also auch erscheinen mögen: Wir können uns ganz sicher sein, dass dahinter immer mindestens ein Bedürfnis steht, das sie sich auf diese Weise zu erfüllen versuchen. Und das heißt: Sicherlich haben wir das Recht, Vorschläge unserer Kinder abzulehnen und Nein zu Wünschen zu sagen, die wir nicht erfüllen können oder wollen. Doch so lange das dahinterstehende Bedürfnis nicht erfüllt ist, wird unser Kind immer wieder nach neuen Wegen suchen, es sich zu erfüllen – und erst damit aufhören, wenn es sein Ziel erreicht hat. Ein gutes Beispiel dafür ist das Bedürfnis nach Aufmerksamkeit, das bei Kindern unendlich groß ist. So groß, dass es sich für Eltern so anfühlen kann, als hätten sie keine Minute für sich, weil ständig jemand ankommt: »Spielst du mit mir?« – »Schaust du mal hier?« – »Hilfst du mir kurz?« – »Liest du mir vor?« Vor lauter Genervtheit und Erschöpfung reagieren wir auf all diese Aufforderungen häufig nur noch halbherzig und irgendwann gar nicht mehr: »Komm, spiel doch jetzt mal allein in deinem Zimmer!« Dahinter steht natürlich auch ein absolut legitimes Bedürfnis: das nach Ruhe und Entspannung. Doch weil der Aufmerksamkeitstank unseres Kindes durch unser geistesabwesendes Hin-und-her-Geschiebe seiner Matchbox-Autos noch nicht annähernd gefüllt ist, sucht es nun nach anderen Wegen, sein Bedürfnis zu stillen. Es malt zum Beispiel seinen kleinen Bruder an. Oder die Wände im Kinderzimmer. Oder es stopft mehrere Rollen Klopapier in die Toilette. Was man eben so tut, um Eltern dazu zu bringen, vom Sofa aufzuspringen und wirklich ganz und gar da zu sein – auch wenn es schimpfend und zeternd ist. Generationen von Erziehungsratgebern haben Eltern geraten, derlei Rufe nach Aufmerksamkeit zu ignorieren oder abzustrafen. So sollten Kinder lernen, sich zurückzunehmen. Ihr Protest dagegen wurde als unwichtig abgetan: »Der hat doch alles, was er braucht! Der will nur Aufmerksamkeit!« Als wäre Aufmerksamkeit kein Bedürfnis, das Beachtung verdiente! Tatsächlich ist das bewusste Ignorieren von Bedürfnissen so ziemlich das Schlimmste, was wir einem anderen Menschen antun können – egal in welchem Alter. Denn verwehrt zu bekommen, was wir brauchen, trifft uns alle im Kern unseres Selbst. Du bist es nicht wert, dass ich mich dir und deinem Bedürfnis zuwende – das ist die Botschaft, die wir empfangen, wenn wir uns in unserer Bedürftigkeit zeigen und ignoriert werden. Gleichzeitig kommt es in jedem Beziehungsgeflecht immer wieder vor, dass verschiedene Menschen ganz unterschiedliche Dinge wollen: Wenn mein Kind unbedingt mit mir spielen mag, ich selbst aber eigentlich nur noch ausruhen will – was dann? Oder wenn drei unterschiedlich alte Geschwister alle gleichzeitig völlig unterschiedliche Dinge von mir wollen, und ich selbst muss eigentlich auf die Toilette? Viele Eltern haben sich für solche alltäglichen Stresssituationen die Strategie angewöhnt, sich innerlich abzuschotten von all den an sie herangetragenen Erwartungen, um sich selbst zu schützen. »Ich bin auch nur ein Mensch – ich kann es eben nicht allen recht machen«, ist der dazu passende Glaubenssatz, mit dem sich viele Familien durch das Wirrwarr ständig kollidierender Wünsche eben durchwursteln, so gut es geht. Dass dabei immer wieder auf allen Seiten Bedürfnisse auf der Strecke bleiben, ist kein Wunder. Vor allem ihre eigenen Bedürfnisse stellen Eltern in solchen Überforderungssituationen nahezu immer, solang es geht, zurück – bis ihnen irgendwann die

Hutschnur platzt: »Es ist mir völlig egal, was du schon wieder willst – ich geh jetzt aufs Klo, und zwar allein!« Um aus dieser Dynamik auszubrechen und dahin zu kommen, dass wir in unserem Familienleben Raum für die Bedürfnisse aller schaffen, besinnen wir uns deshalb zunächst am besten darauf, was Bedürfnisse wirklich sind. Nämlich kein Bestellzettel, den wir abarbeiten müssen, sondern die Sehnsucht nach bestimmten Erfahrungen, die wir alle sammeln müssen, damit es uns gut gehen kann – die wir aber auf ganz unterschiedlichen Wegen machen können. Mit unseren Bedürfnissen ist es also ein bisschen so, als wären wir alle Wanderer, die für eine sichere, gute Reise unterschiedliche Dinge brauchen: etwas zum Essen, etwas zum Trinken, etwas zum Wärmen, etwas zum Festhalten, etwas zum Ruhen, etwas gegen die Angst, etwas gegen Einsamkeit. Wir beginnen unseren Weg mit einem leeren Rucksack und sammeln unterwegs alles ein, was uns nützlich zu sein scheint. So sehen unsere Rücksäcke mit der Zeit ganz unterschiedlich aus: Manche von uns haben sich angewöhnt, ihren Hunger vor allem mit Beeren und Nüssen zu stillen, die sie am Wegrand finden. Andere haben gelernt, essbare Pilze von giftigen zu unterscheiden. Und wieder andere sind zu versierten Eierdieben geworden. Manche haben einen Stock zum Festhalten gefunden, andere ein Seil, wieder andere eine Kette. Die einen wärmen sich am Feuer, die anderen mit einer Decke. Und weil alles, was wir gefunden und mitgenommen haben, mit der Zeit aufgebraucht wird, sind wir ständig weiter auf der Suche nach nützlichen Dingen – und greifen dabei mit Vorliebe auf das zurück, was sich für uns in der Vergangenheit bereits bewährt hat.

In Bezug auf uns und unsere Kinder heißt das: Wir alle haben uns an bestimmte Wege gewöhnt, uns bestimmte Bedürfnisse zu erfüllen. Und ja, die stehen sich wirklich oft schier unvereinbar gegenüber – wenn ich in Ruhe einen Film gucken und mein dreijähriger Sohn im selben Zimmer lautstark auf dem Wäschekorb trommeln will, kommen wir nicht zusammen. Doch so unvereinbar unsere Wünsche auch sein mögen – unsere Bedürfnisse sind es nicht. Im Gegenteil: Sie sind universal. Egal, ob wir ganz klein sind oder sehr groß: Im Grunde genommen sehnen wir uns alle nach denselben Grunderfahrungen, die wir sammeln und mitnehmen wollen und von denen wir im Alltag zehren. Allerdings sind unsere Bedürfnistanks manchmal unterschiedlich gefüllt: Nach einem langen Kindergartentag sehnt sich mein Sohn vielleicht besonders stark nach Nähe und Verbindung sowie nach Spaß und Aktivität, während ich, die ich den ganzen Tag am Schreibtisch saß, vor allem das Bedürfnis nach Ruhe und Entspannung habe. Doch gleichzeitig schlummert natürlich auch in mir das Bedürfnis nach Verbindung und Spaß mit meinem Kind, und in meinem Kind das Bedürfnis nach Ruhe und Entspannung. Anstatt uns also an der Unvereinbarkeit von ruhigem Filmgucken und wildem Trommeln aufzureiben, suchen wir nach einem Weg, unsere Bedürfnisse gemeinsam anders zu erfüllen – zum Beispiel, indem wir zusammen raus auf den Abenteuerspielplatz gehen, wo mein Sohn trommeln und toben und so sein Bedürfnis nach Verbindung, Aktivität und Spaß stillen kann, während ich nebenan auf einer Parkbank Ruhe und Entspannung finde.

Natürlich sind solche wunderbar harmonischen Lösungen nicht immer drin, und auch im zugewandtesten Familienalltag wird es Momente geben, wo Bedürfnisse kollidieren und sich kein befriedigender Weg auftut, sie alle unter einen Hut zu kriegen. Doch sich bewusst zu machen, dass sich Bedürfnisse auf ganz unterschiedliche Weise erfüllen lassen, weitet ganz automatisch unseren Horizont und hilft uns dabei, neue Antworten auf typische Probleme im Familienalltag zu finden – gerade wenn wir unsere Kinder als sehr festgelegt auf bestimmte Dinge erleben, die wir so nicht mehr leisten können oder wollen. Das Kleinkind lässt sich nur von Mama ins Bett bringen, und Papa hat keine Chance? Dann geht es dabei eben nicht nur um sein Bedürfnis nach Nähe und Verbindung, es stillt sich dadurch vermutlich auch sein Bedürfnis nach Halt und Sicherheit sowie nach Selbstwirksamkeit und Autonomie: »Ich entscheide das allein!« Bestehen wir nun einfach darauf, dass Papa das doch genauso gut kann, übergehen wir diese Bedürfnisse. Und ernten deshalb wahrscheinlich heftigen Protest. Suchen wir hingegen nach neuen Wegen, fällt die Veränderung viel leichter. Vielleicht kann das Kleine ja entscheiden, wo es ins Bett gebracht werden will – im Elternschlafzimmer oder im eigenen Bett? Und was könnte sein Bedürfnis nach Halt und Sicherheit erfüllen? Dass sich Papa erst mal mit dazulegt vielleicht? Solche neuen Wege zu etablieren, kostet Kraft und Geduld. Und es ist ganz normal, dass wir dabei auch Widerstand spüren: Wer gibt schon gern Vertrautes und Liebgewonnenes auf? Doch wenn wir dabei im Blick behalten, dass wichtige Rituale für uns ebenso wie für unsere Kinder selten nur ein Bedürfnis erfüllen, und dass wir für jedes einzelne von ihnen einen angemessenen Ersatz finden können, wird Raum für Veränderungen frei, den wir vorher nicht für möglich gehalten hätten. Hinter jedem Verhalten steht mindestens ein Gefühl, und dahinter verbirgt sich mindestens ein Bedürfnis: Mit diesem Dreischritt im Kopf können wir Lösungen sehen, wo früher nur unüberwindbare Probleme waren. So haben mein Mann und ich uns etwa oft geärgert, wenn unsere Kinder uns abends keine Minute in Ruhe ließen und uns gefühlt nach jedem Satz unterbrachen. Wir wurden ungeduldig und ungerecht, unsere Kinder nörgelig und streitlustig, und unser ganzes Familienleben war irgendwie aus dem Lot. Was stand hinter all diesen ungünstigen Verhaltensweisen? Gefühle von Frust und Wut, ausgelöst durch ein unerfülltes Bedürfnis nach Nähe und Verbindung, aber auch nach Freiheit und Autonomie. Und zwar sowohl bei uns wie auch bei unseren Kindern. Uns Eltern fiel auf, dass wir vor lauter Familientrubel keinen Ersatz gefunden hatten für unsere Date Nights aus der Zeit vor den Kindern, die für uns immer viele Bedürfnisse auf einmal erfüllten: das nach Nähe und Verbindung, nach Spaß und Unterhaltung, nach Ruhe und Entspannung, nach Autonomie und Selbstwirksamkeit. Ein normaler Abend auf dem Sofa mit Wäsche-Zusammenlegen und *Friends*-Gucken kam dagegen natürlich nicht an. Gleichzeitig war es, insbesondere als unsere Babys noch sehr klein waren, für uns oft nicht möglich, entspannt zusammen auszugehen. Also überlegten wir ganz gezielt, wie wir uns all die Bedürfnisse, die früher für uns ein Kinobesuch oder ein schönes Essen im Restaurant erfüllt haben, anders erfüllen könnten. So kamen wir auf unsere Date Nights zu Hause, bei denen wir zuerst mit unseren Kindern am Abendbrottisch sitzen und ihnen unsere volle Aufmerksamkeit schenken, aber – Achtung! – nicht mitessen. Danach lassen wir uns nämlich unser eigenes Abendessen luxuriöserweise aus unserem Lieblingsrestaurant nach Hause liefern und genießen es in Ruhe bei Kerzenlicht zu zweit und unterhalten uns dabei über alles, was uns gerade beschäftigt, ohne dabei die Hausarbeit zu erledigen. Okay, manchmal sind wir auch zu dritt, weil das Baby noch nicht schläft, aber zumindest unsere großen Kinder schauen in der Zeit zusammen ein Stockwerk über uns gemeinsam einen Film und stillen so weiterhin ihr Bedürfnis nach Nähe und Verbindung sowie Beschäftigung und Spaß – nur eben gerade miteinander und nicht mit uns.

Bedürfnisse lassen sich nicht unterdrücken. Klar können wir versuchen, sie wegzuschieben, einzusperren, unterzubuttern. Doch dann kommen sie irgendwann auf andere Weise wieder hervor. Ein typisches Beispiel dafür ist das Bedürfnis nach Nähe und

Verbindung, das wir in unserer Kultur vielen kleinen Kindern sehr früh abzutrainieren versuchen. So lernen etwa viele Babys und Kleinkinder, in ihrem eigenen Bett ohne Hilfe einzuschlafen, auch wenn sie eigentlich lieber kuscheln würden – es bleibt ihnen ja nichts anderes übrig. Viele Jahre später entwickeln sie dann plötzlich Einschlafprobleme und kommen nachts ins Elternbett. Warum? Weil in ihnen noch ein unerfülltes Bedürfnis schlummert, das sie sich *jetzt* erfüllen. Steigen Eltern nun in einen Machtkampf ein und schließen etwa nachts ihre Schlafzimmertür zu, bleibt das Bedürfnis weiterhin unerfüllt, und das Kind wird weiter nach Wegen suchen, sich die verwehrte Nähe zu suchen – sehr wahrscheinlich woanders als zu Hause. Steigen Eltern in einer solchen Situation hingegen aus dem Ring und geben ihrem Kind die Gelegenheit, die verpasste Nähe nachzuholen, kann sich das Bedürfnis auch dann noch vollständig erfüllen. Und das Schlafen im eigenen Bett ist danach plötzlich kein Problem mehr.

Ähnlich verhält es sich mit unterdrückten Bedürfnissen aus unserer eigenen Kindheit: Finden wir keinen Weg, uns ihnen hier und heute zu widmen, werden sie sich immer wieder zu den unpassendsten Momenten an die Oberfläche drängen. Und weil sie sehr alte, eben kindliche Bedürfnisse sind, vermitteln sie uns oft das Gefühl, dass jemand anders sie für uns erfüllen müsste. So, wie Kinder es eben brauchen, dass andere Menschen – und zwar erwachsene Menschen – sich ihrer Bedürfnisse annehmen. Im Zusammenleben mit unseren Kindern führt das zu einem ziemlichen Rollen-Tohuwabohu. Denn in solchen Momenten stehen wir als Erwachsene vor unseren Kindern, haben aber selbst Bedürfnisse wie ein Kind und bräuchten eigentlich einen Erwachsenen, der sich um sie kümmert. Weil da aber kein anderer Erwachsener ist, rutscht schnell unser Kind in die Rolle, diesen Job übernehmen zu sollen – also quasi für einen Moment der Erwachsene in unserer Beziehung zu sein. Was kompliziert klingt, passiert im Alltag tatsächlich ständig – nämlich immer dann, wenn unsere Kinder das Gefühl haben, uns Nähe und Verbindung, Halt und Begrenzung, Sicherheit und Geborgenheit schenken zu müssen, was für sie natürlich eine kolossale Überforderung darstellt. Der einzige Weg aus diesem Konflikt ist, sich dieser Dynamik bewusst zu werden und nach Wegen zu suchen, als die Erwachsenen, die wir heute sind, selbst die Verantwortung für unsere unerfüllten, kindlichen Bedürfnisse zu übernehmen – also quasi gleichzeitig das Kind zu sein, das wir einmal waren, und die Eltern, die wir in diesem Moment gebraucht hätten. Was brauche ich und was brauchst du? Diese Frage bekommt in diesem Kontext noch einmal eine ganz neue Bedeutung, denn nun stellen wir sie nicht unserem Kind, sondern dem Kind in uns. Zu erspüren, was dieses Kind heute braucht, um die alten Bedürfnisse loslassen zu können, die sich uns heute immer wieder in den Weg stellen, gehört zu den schwierigsten Herausforderungen des Elternseins. Und sie führt dazu, dass wir teilweise ziemlich seltsam anmutende Dinge tun müssen, um innerlich zu heilen: Kissenschlachten machen und in Pfützen springen, wenn es uns an Spaß und Lebensfreude fehlt. Uns selbst umarmen, wenn wir Nähe und Fürsorge brauchen. Oder uns ein eigenes Gute-Nacht-Ritual basteln, wenn wir Halt und Sicherheit vermissen. Das Gute ist, dass viele dieser alten Wunden im Zusammensein mit unseren Kindern ganz von alleine heilen, weil wir mit ihnen so viel kuscheln, spielen und toben, dass sich dabei unsere eigenen Bedürfnistanks wie von selbst mit auffüllen. Das Schwierige am Elternsein mit eigenen unerfüllten Kindheitsbedürfnissen ist, dass wir manchmal von unbändiger Wut überwältigt werden, wenn unsere Kinder nicht zu schätzen wissen, was sie an uns haben, oder durch ihr Verhalten an unseren seelischen Wunden rühren. Für all die Momente, in denen das passiert, gilt deshalb ein ganz wichtiger Grundsatz: Was auch immer mein Kind gerade will, braucht oder tut – jetzt bin erst mal *ich* dran. Denn wenn wir uns von einem Ort der inneren Verletzung aus unserem Kind zuwenden, kommt garantiert nichts Gutes dabei heraus. Erspüren wir hingegen, was wir selbst brauchen, damit es uns wieder gut gehen kann, können wir uns danach auch unserem Kind und seinen Bedürfnissen zuwenden. Halten wir also einen Moment inne und fühlen ganz bewusst hin: Was brauche ich jetzt? Welche meiner Bedürfnisse sind nicht erfüllt? Manchmal fehlt uns vielleicht nur ein Glas Wasser, um weitermachen zu können. Oder ein kurzer Moment der Ruhe im Badezimmer. Es kann jedoch auch gut sein, dass wir ein Bedürfnis erspüren, das wir jetzt in diesem Moment nicht sofort stillen können: das nach Entlastung, wenn wir gerade allein sind. Das nach einer Pause, die vielleicht momentan nicht drin ist. Das ist okay. Es ist trotzdem gut und wichtig, dieses unerfüllte Bedürfnis wahrzunehmen. Und es kann helfen, sich ihm vorerst zumindest symbolisch freundlich anzunehmen, bevor wir uns zu einem anderen Zeitpunkt richtig darum kümmern können. Sehne ich mich allein mit Baby nach Nähe und Gemeinschaft, kann ich vielleicht nicht sofort meine beste Freundin treffen. Aber ich kann ihr kurz eine Nachricht schreiben und mich allein dadurch besser fühlen. Solche Strategien zu trainieren ist wichtig, damit es in unserer Familie nicht zu einem dauerhaften Rollentausch kommt, einer sogenannten Parentifizierung, bei dem sich das Kind in der massiv überfordernden Situation wiederfindet, die Verantwortung für unser Wohlergehen auf seinen Schultern zu spüren.

### Gut gesehen ist halb erfüllt

Wie Menschen mit unseren Bedürfnissen umgehen, macht etwas mit unseren Beziehungen. Von Menschen, die unsere Wünsche und Sehnsüchte mit Füßen treten, fühlen wir uns kleingemacht und ungeliebt. Hört jemand hingegen ganz genau zu, wenn wir erzählen, was wir brauchen, und bemüht sich liebevoll um uns und unsere Bedürfnisse, sichert er sich damit einen ganz besonderen Platz in unserem Herzen. Unseren Kindern geht es da nicht anders. Das ist einerseits wundervoll, weil wir ihnen so jeden Tag auf ganz vielfältige Weise zeigen können, wie viel sie uns bedeuten. Es kann uns aber auch ganz schön unter Druck setzen, denn wie um alles in der Welt sollen wir es schaffen, jedes einzelne Bedürfnis prompt und liebevoll zu erfüllen – gerade, wenn wir vielleicht mehrere Kinder haben? Und wenn gelingende Beziehungen auf der Basis erfüllter Bedürfnisse fußen, wie sollen unsere Kinder dann im Kindergarten, in der Schule oder im Verein klarkommen, wo sich wenige Erwachsene um eine ganze Kindergruppe kümmern und für die Befindlichkeiten Einzelner wenig Platz ist? Tatsächlich sind es genau solche Bedenken, die die sogenannte »bedürfnisorientierte Elternschaft« teilweise in Verruf gebracht haben als weltfremdes Erziehungskonzept, das allenfalls mit Einzelkindern funktioniert, deren Eltern ihnen wie nimmermüde Diener jeden Wunsch von den Augen ablesen.

Deshalb an dieser Stelle in aller Deutlichkeit: Für eine sichere Bindung, eine tragfähige Eltern-Kind-Beziehung und ein positives Familienklima ist es nicht notwendig, dass jedes einzelne Bedürfnis sofort und vollumfänglich erfüllt wird – das ist weder möglich noch erstrebenswert. Bedürfnisse zur Richtschnur des eigenen Familienlebens zu machen, bedeutet vielmehr, eine Haltung einzunehmen, die die Bedürfnisse von Kindern wie Erwachsenen ernst nimmt und wertschätzt – und zwar, weil es die Menschen hinter diesen Bedürfnissen ernst nimmt und wertschätzt. Denn darum geht es ja: dass unsere Kinder sich gesehen und geliebt fühlen, und wir selbst uns auch. Konkret heißt das: Natürlich kann auch ich als Mutter von vier Kindern im Alltag nicht jedes Bedürfnis erfüllen. Aber ich kann meinen Kindern signalisieren, dass ich ihre Bedürfnisse sehe und ernst nehme. Und zwar selbst dann, wenn ich mich gerade nicht um ihre Erfüllung kümmern kann. Allein das macht emotional einen riesigen Unterschied: Fühle ich mich gesehen, bin ich wichtig, auch wenn mein Bedürfnis warten muss. Werde ich ignoriert, bin ich genauso wenig der Beachtung wert wie mein Bedürfnis. Trotzdem stresst es mich natürlich, wenn alle meine Kinder gleichzeitig etwas von mir wollen, und ich vor lauter verschiedenen Bedürfnissen kaum noch weiß, wo mir der Kopf steht. Bis vor ein paar Jahren habe ich in solchen Situationen deshalb hektisch versucht, möglichst fix alle Kinder zufriedenzustellen. Ich habe also Schuhe ausgezogen, während ich gleichzeitig stillte, Einkaufslisten diktierte und meinen eigenen knurrenden Magen ignorierte, weil zum Essen keine Zeit war. Gut ging es mir damit nicht, und nach solchen Bedürfnisstürmen fühlte ich mich oft regelrecht ausgebrannt, obwohl ich längst nicht alles geschafft hatte, was ich wollte. Deshalb habe ich mir überlegt, wie es anders gehen kann. Bestürmen mich meine Kinder heute alle gleichzeitig und von allen Seiten, atme ich erst mal tief durch und versuche zu erspüren, was ich jetzt brauche. Denn so dringend die Anliegen meiner Kinder auch sein mögen: Aus einem leeren Krug kann ich nicht schöpfen. Nur wenn meine Bedürfnistanks gut gefüllt sind, kann ich auch gut für sie da sein. Also atme ich, hole mir bei Bedarf etwas zu essen oder zu trinken, und sortiere währenddessen die auf mich einprasselnden Anliegen, indem ich sie zunächst einmal schlicht benenne: »Du hast Hunger, du willst bei deiner Freundin übernachten, du brauchst eine frische Windel und dir ist langweilig – sehe ich das richtig?« Es ist erstaunlich, welchen Effekt allein dieses Aussprechen der verschiedenen Wünsche oft hat. Als wäre ihnen allein dadurch bereits die Spitze genommen, dass sie offensichtlich gesehen und wahrgenommen wurden. »Okay, dann mache ich dir zuerst eine frische Windel, du kannst dir einen Joghurt aus dem Kühlschrank nehmen, danach finden wir für dich eine gute Beschäftigung, und dann rede ich mit dir in Ruhe über die Übernachtung!« Mit solchen konkreten Ankündigungen informiere ich meine Kinder darüber, in welcher Reihenfolge ich mich ihren verschiedenen Bedürfnissen zuzuwenden gedenke. Dabei sortiere ich grob nach Dringlichkeit, versuche aber auch, nicht immer die Großen automatisch länger warten zu lassen – auch ein Baby mit voller Windel kann sich mal kurz gedulden, wenn seine große Schwester dringend Hilfe mit ihrem neuen Handy braucht. Letztlich ist die genaue Reihenfolge auch nicht so wichtig wie die Tatsache, dass es eine gibt – und zwar, weil ich dadurch weiß, wann ich mich wem zuwende, anstatt permanent zwischen allen Anforderungen hin und her zu springen. Erstaunlicher Nebeneffekt: Viele Anliegen meiner Kinder haben sich bei diesem Vorgehen bereits von selbst erledigt, wenn ich mich um sie kümmern will. Das gelangweilte Kind hat plötzlich ein interessantes Bastelprojekt gefunden, das hungrige sich selbst ein Brot geschmiert. Denn anstatt Kinder in ihren Bedürfnissen zu ignorieren und zurückzuweisen, erfüllt allein das Hingucken und Benennen oft schon das wichtigste Bedürfnis von allen: das nach Aufmerksamkeit, nach Wichtigsein und Gesehenwerden. Und genau das sage ich auch all den Menschen, die in Kindergärten, Schulen oder Vereinen arbeiten und mich bei meinen Vorträgen fragen, wie so ein zugewandter, liebevoller Umgang auch bei großen Kindergruppen funktionieren soll: Es geht nicht darum, alle Bedürfnisse zu erfüllen, erst recht nicht sofort. Kinder, die keine winzigen Babys mehr sind, sind durchaus in der Lage, ihre Bedürfnisse für eine ganze Zeit zurückzustellen. Doch um sich wohlzufühlen, müssen sie sich uns zeigen können, mit all ihren Bedürfnissen. Auch dann, wenn wir ihre Bedürfnisse gerade nicht erfüllen können. Das macht den ganzen Unterschied.

## Liebevolle Wegbegleiter

»Kinder sind Reisende, die nach dem Weg fragen« – diese pakistanische Weisheit ist gar kein schlechter Vergleich, wenn wir uns fragen, wie wir unsere Kinder zugewandt und respektvoll begleiten, sie anleiten und beschützen, und ihnen ihren Lebensrucksack mit vielen stärkenden Erfahrungen füllen. Denn gute Reisebegleiter haben ziemlich viel mit guten Eltern gemeinsam: Sie führen, ohne zu befehlen, und achten darauf, dass es der ganzen Gruppe gut geht. Sie haben Verständnis dafür, dass ihre Reisenden sich vor Ort nicht so gut auskennen wie sie selbst, und erklären ihnen deshalb auch noch beim hundertsten Mal freundlich die Route. Sie geben Geheimtipps und Lebensweisheiten weiter, lernen aber auch von ihren Gästen. Sie nutzen ihren Erfahrungsvorsprung, um ihre Reisegruppe zu beschützen, und übernehmen die Verantwortung dafür, dass alle gesund und munter wieder nach Hause kommen. Vor allem aber haben sie keine Scheu, sich persönlich, nahbar und echt zu zeigen – schließlich wollen wir in eine fremde Kultur nicht von roboterartigen Wesen eingeführt werden, die einfach nur ihren Text abspulen, sondern von Menschen, die wir unterwegs immer besser kennenlernen.

Unseren Kindern geht es ganz ähnlich: Sich die ganze Welt im Alleingang zu erschließen, liegt nie in ihrem Interesse. Es hat einen Grund, dass neugeborene Babys als Allererstes ein Gegenüber suchen. Jedes Menschenkind *braucht* mindestens einen erwachsenen Menschen, der es anleitet und führt und der die

Verantwortung für sein Wohlergehen übernimmt. Völlige Freiheit wäre völliges Verlorensein. Das allgegenwärtige Bild, Kinder am besten *auf Augenhöhe* zu begleiten, führt deshalb leicht in die Irre. Unsere Kinder *wollen* zu uns aufschauen. Es ist wichtig für sie, dass wir eben nicht auf einer Ebene mit ihnen agieren, sondern größer, erfahrener und weitsichtiger sind und in der Lage, nicht nur für uns selbst die volle Verantwortung zu tragen, sondern auch zusätzlich *für sie*. Zu den eigenen Eltern aufzusehen, ist für ein Kind also weder erniedrigend noch einschüchternd. Entscheidend ist vielmehr, *was genau* Kinder sehen, wenn sie zu uns nach oben schauen: einen strengen, ungnädigen Lehrmeister, der ihnen Angst macht. Oder ein freundliches Gesicht, das sich ihnen zuwendet und ihnen verspricht, immer für sie da zu sein.

Es ist nicht verwunderlich, dass insbesondere in Deutschland viele Eltern Schwierigkeiten haben mit der Vorstellung, ihre Kinder *führen* zu sollen. Denn in dem Wort klingt ein autoritärer Anspruch mit, der in unserer Geschichte gleich mehrfach zu unermesslichen Grausamkeiten führte – nicht umsonst ließ Adolf Hitler sich *Führer* nennen und erwartete blinden Gehorsam. Und jetzt sollen wir modernen, zugewandten Eltern ausgerechnet unsere Kinder *führen*? Tatsächlich ist es im Deutschen schwierig, ein anderes Wort zu finden für das, was unsere Kinder von uns brauchen. Nämlich nicht nur, dass wir sie *begleiten*, sondern tatsächlich auch, dass wir vorausgehen, eine Richtung vorgeben, *Führungsverantwortung* übernehmen. Der historisch unbelastete englische Begriff *leadership* bringt ganz gut zum Ausdruck, worum es dabei wirklich geht: nicht um Gewaltanwendung, nicht um Unterdrückung, nicht um Gehorsam. Nein: Führen heißt Leiten. Also: den Weg weisen. So, wie die drei Weisen aus dem Morgenland sich gewaltfrei von einem Stern gen Krippe lotsen ließen, so brauchen auch unsere Kinder einen Leitstern für ihr Leben. Und das sind wir Eltern und die Art und Weise, wie wir mit ihnen umgehen. Wie sieht dieses respektvolle Leiten ganz konkret aus? Nun: Zunächst einmal so, dass wir mit großer Freundlichkeit und Selbstverständlichkeit den Rahmen abstecken, in dem unsere Kinder groß werden. In vielen Dingen tun wir das ja bereits ganz automatisch: Wir wohnen an einem bestimmten Ort, also wohnt dort auch unser Kind. Wir leben auf eine bestimmte Weise, also lebt so auch unser Kind. Ob unser Kind in der Stadt oder auf dem Land aufwächst, mit vielen Geschwistern oder mit gar keinen, mit einem Lastenrad oder mit zwei Autos vor der Tür, mit drei frisch gekochten Mahlzeiten am Tag oder mit Schulmensa und Schnitten zum Abendbrot – all das ergibt sich einfach daraus, wie wir Eltern leben, lieben und arbeiten. Mit derselben Selbstverständlichkeit, mit der wir unserem Kind diesen Rahmen schaffen, können wir als Eltern auch bestimmte Familienregeln etablieren. Etwa, dass wir morgens alle gemeinsam frühstücken, wenn uns das wichtig ist. Oder dass vor dem Essen alle die Hände waschen. Wir können auf Tischmanieren achten und darauf, dass niemand aufsteht, bevor der Letzte aufgegessen hat. Wir können es zum Bestandteil unseres Familienlebens machen, dass alle ihre Jacken selbstständig an die Garderobe hängen und ihre benutzten Teller selbst in die Küche tragen und dass wir sonntags alle zusammen Oma anrufen. Und die Wahrscheinlichkeit ist hoch, dass unsere Kinder all diese Dinge ungefragt übernehmen und umsetzen – einfach, weil wir ihnen vorleben, dass das bei uns in der Familie nun mal so *ist*. Schließlich sind Kinder grundsätzlich nicht auf Krawall gebürstet, sondern auf Kooperation gepolt. Sie *wollen* unsere Erwartungen erfüllen und unsere Regeln einhalten. Und zwar völlig unabhängig davon, wie wir sie erziehen.

Unserem Familienleben selbstbewusst und klar eine bestimmte Form zu geben, die uns selbst guttut, gefällt und zu uns passt, ist also weder autoritär noch dominant, sondern schlicht das, was unsere Kinder von uns erwarten. Spannend wird es jedoch, wenn unsere Kinder aus irgendeinem Grund an diesem Rahmen rütteln, indem sie etwa eine unserer Regeln wiederholt missachten. Dann zeigt sich, wie wir unsere Führungsrolle *wirklich* leben. Ein autoritärer Führer duldet nämlich keinen Widerspruch. Für ihn ist klar: »Was ich sage, wird gemacht.« Übertragen aufs Familienleben heißt das: Bringt ein Kind trotz mehrmaliger Aufforderung seinen Teller *nicht* selbst in die Küche, hängt es seine Jacke *nicht* an die Garderobe oder wäscht es sich *nicht* die Hände, bekommt es Ärger. Es wird angemeckert, mit Strafen bedroht, ausgeschlossen, beschämt.

Es gibt jedoch auch verkappt autoritäre Führer. Die wollen nicht wirken wie Diktatoren, gehorchen sollen ihre Untergebenen aber trotzdem. Sie würden in einer solchen Situation vermutlich auf subtilen emotionalen Druck setzen: »Jetzt bin ich aber sehr enttäuscht von dir!« Zugewandte, respektvolle Führungskräfte verstehen das Nichtbefolgen einer Anweisung hingegen nicht als empörende Respektlosigkeit, sondern als ein Zeichen, dass irgendwas nicht stimmt. »Hey«, sagen sie zum Beispiel. »Was ist denn los? Warum fällt es dir in letzter Zeit so schwer, dich an diese Regel zu halten?« Sie treten also mit ihrem Gegenüber in einen Dialog und versuchen, seine Beweggründe zu verstehen. Und genau das macht liebevolles Führen als zugewandte Eltern aus. Wenn wir davon ausgehen, dass das Verhalten eines jeden Menschen immer einen Grund hat, dann ist eine Regelverletzung kein Affront, sondern ein Anlass, mehr übereinander zu lernen. Denn im Grunde genommen gibt es nur zwei Gründe, aus denen klare Regeln von Kindern nicht eingehalten werden: weil sie von ihnen überfordert sind. Oder weil es ihnen nicht gut geht. So sind etwa viele Anforderungen, die wir an unsere Kinder stellen, schlicht nicht entwicklungsgerecht. Von einem anderthalbjährigen Kind zu erwarten, kein Essen auf den Boden zu werfen, ist in etwa so, wie von einem jungen Hund zu erwarten, niemals zu bellen. Klar kann man beide, Kinder wie Hunde, mit harter Dressur dazu bringen, ihre angeborenen Impulse zu unterdrücken. Doch in einer Lernumgebung ohne Angst werden ihre natürlichen Impulse immer stärker sein als irgendwelche künstlichen Regeln, die nichts mit ihrem Alter und ihrer Entwicklungsstufe zu tun haben. Kinder sind evolutionär darauf gepolt, die Welt zu erforschen, sich vor Gefahren zu schützen, sich viel zu bewegen, sich ihren Anteil zu sichern und auf keinen Fall übersehen zu werden. Deshalb *müssen* sie mit Essen matschen und patschen und hunderttausend Mal Dinge auf den Boden werfen. Deshalb meiden sie manchmal grüne und unbekannte Lebensmittel, die in der Menschheitsgeschichte oft giftig und gefährlich waren, und setzen stattdessen auf Vertrautes. Deshalb *können* sie bei Tisch oft nicht ruhig sitzen. Deshalb raffen sie alle Kekse vom Teller, bevor ein anderer schneller ist. Und deshalb überschreien sie im Zweifelsfall ihre Geschwister. Wie anstrengend, nervig, provokant oder grenzüberschreitend eine kindliche Verhaltensweise also auch immer wirken mag: Es steckt immer, immer, immer ein Grund dahinter. Und der ist nie, sich schlicht aus Trotz nicht an Regeln halten zu wollen. Heißt das, dass wir sämtliche Regelverstöße einfach tolerieren müssen? Nein. Doch sie sollten ein Anlass sein, unsere Familienregeln neu zu überprüfen. Vielleicht haben sie uns lange gute Dienste geleistet – und jetzt passen sie schlicht nicht mehr zu der neuen Entwicklungsphase unseres Kindes und müssen den neuen Gegebenheiten angepasst werden. Oder sie passen noch für fast alle Familienmitglieder, aber für eins muss gerade eine Ausnahmeregelung gefunden werden. Manche Regeln können wir ganz abschaffen, andere leicht modifizieren oder durch eine neue ersetzen. Bei anderen kommen wir zu dem Schluss, dass sie bleiben müssen, auch wenn das für Frust sorgt. Der entscheidende Unterschied zwischen diktatorischer Führung und respektvollem Leiten ist jedenfalls, dass wir nicht glauben, ein *Recht* darauf zu haben, dass unsere Regeln eingehalten werden, einfach, weil wir die Eltern sind, sondern dass unsere Familienregeln ein dynamisches System sind, das sich wandeln und verändern kann und das sich den Bedürfnissen *aller* Familienmitglieder anpasst. Und so wichtig uns eine Vorgabe auch sein mag: Gewalt ist niemals ein legitimer Weg, Regelverletzungen zu ahnden und Regeltreue einzufordern.

## Reden, fragen und verstehen

Was auch immer wir tun, wir können nicht *nicht* kommunizieren – dieses bekannte Axiom des Sprachwissenschaftlers Paul Watzlawick beschreibt ganz gut die Herausforderung, vor der alle Eltern stehen, die sich vorgenommen haben, mit ihren Kindern stets *liebevoll* zu kommunizieren. Denn wenn alles Kommunikation ist – jeder Blick, jede Geste, und nicht nur jedes Wort, das wir sagen, sondern auch jedes Wort, das wir *nicht* sagen –, dann ist es schlicht unmöglich, einem Vorsatz wie dem treu zu bleiben, in all unserer Kommunikation nichts als Liebe loszuschicken. Auch wenn wir Eltern uns das manchmal wünschen würden. In Wirklichkeit ist die Sache, wie so oft, komplex. Denn die menschliche Kommunikation ist so widersprüchlich und facettenreich wie alle menschlichen Beziehungen, und die zwischen Eltern und Kindern hat dabei noch einmal ein paar ganz eigene Klippen. Nicht nur, dass wir anfangs jahrelang mit kleinen Menschen sprechen, die sich dabei erst ganz allmählich die Bedeutung von Worten und Sätzen erschließen. Wir kommunizieren mit unseren Kindern auch immer auf mindestens zwei Ebenen: der Sachebene und der Ebene unserer Eltern-Kind-Beziehung. Das heißt: In jeder noch so banalen Äußerung wie »Kannst du mal eben den Tisch decken?« schwingt für unsere Kinder immer auch eine Aussage darüber mit, wie wir Eltern gerade zu ihnen stehen. Und das ist manchmal ziemlich nervig, weil unsere Kinder, sobald wir müde oder erschöpft oder unkonzentriert sind, deshalb ganz schnell verunsichert nachfragen: »Ist alles okay, Mama? Bist du traurig? Bist du sauer? Ist irgendwas?« So fein sind ihre Antennen. Und so sehr sind sie darauf gepolt, immer und immer wieder zu überprüfen, ob mit unserer Beziehung zueinander auch wirklich alles in Ordnung ist. Deshalb können wir ihnen auch kein X für ein U vormachen. Sind wir sauer oder genervt, kriegen sie das garantiert mit. Auch wenn wir versuchen, es vor ihnen zu verbergen.

Wie wir mit unseren Kindern kommunizieren, verrät aber nicht nur ihnen, wie wir sie sehen und wie es uns geht. Es zeigt auch, wie wir uns selbst sehen und wie wir gern *sein wollen*. Denn unsere Worte sind das, was wir am schnellsten und einfachsten ändern können, um eine gänzlich andere Wirkung auf Menschen zu erzielen. So ist es kein Wunder, dass sich mit dem gesellschaftlichen Wertewandel hin zu einer gewaltfreieren Erziehung auch die Art und Weise verändert hat, wie wir mit unseren Kindern sprechen. Harsch zu befehlen ist out, sanft zu erklären ist in – auf diese kurze Formel lässt sich bringen, was sich in der Eltern-Kind-Kommunikation in den vergangenen Jahren massiv verändert hat. Das ist zunächst einmal unzweifelhaft eine positive Entwicklung. Nicht umsonst formulierte die amerikanische Autorin Peggy O'Mara einmal so treffend: »Wie wir heute mit unseren Kindern reden, so wird später ihre innere Stimme sein.« Was ich jedoch beobachte, ist, dass sich mit dem Anspruch der *liebevollen*

Kommunikation in viele Interaktionen zwischen Eltern und Kindern eine unglaubliche Unklarheit eingeschlichen hat.

Wir sagen: »Denkst du dran, dass es draußen kalt ist?« Und meinen: »Zieh deine Handschuhe an!«

Wir sagen: »Jetzt ist es aber wirklich schon spät.« Und meinen: »Mach jetzt den Fernseher aus!«

Wir sagen: »Meinst du nicht, dass Oma sich über einen Anruf freuen würde?« Und meinen: »Greif zum Telefon und ruf an!«

Wir stellen also Fragen, die keine sind. Suggerieren eine Wahlfreiheit, die keine ist. Und drücken uns schwammig aus, weil wir das als freundlicher empfinden als eine klare Ansage. Dadurch machen wir es unseren Kindern unglaublich schwer, mit uns zu kooperieren. Denn dafür müssen sie aus den ganzen indirekten Sprechakten erst mal herausfiltern, was genau wir überhaupt von ihnen wollen. Je kleiner unsere Kinder sind, desto schwerer fällt ihnen das. Doch Kinder bis zum Schulalter kommen tatsächlich meist am besten mit ganz knappen, konkreten Handlungsanweisungen klar. Also nicht: »Wärst du bitte so freundlich, mal eben den Tisch zu decken, mein Schatz?« Sondern: »Hier, bring mal dein Besteck zu deinem Platz!« Dass es uns trotzdem oft schwerfällt, uns unseren Kindern gegenüber so zu äußern, ist kein Wunder. Mit knappen Anweisungen verbinden wir nämlich Befehle, und mit Befehlen Hierarchien, und mit Hierarchien Unterdrückung und Machtmissbrauch. »Meine Kinder sind doch keine kleinen Soldaten«, entgegnete mir deshalb auch einmal eine Mutter zweijähriger Zwillinge empört, als ich ihr vorschlug, die morgendlichen Dauerdiskussionen beim Aufbruch in die Kita durch kurze, klare Kommandos zu ersetzen: »Schuhe an, Rucksack auf und los!« Doch dass umständliche Formulierungen mit vielen Bitten und Fragen und Höflichkeitsfloskeln in unseren Ohren oft freundlicher klingen als knappe, präzise Aussagen, ist einzig eine

Frage unserer Sozialisation. Wir haben es schlicht selten anders kennengelernt, als dass Höflichkeit eine gewisse sprachliche Umständlichkeit bedeutet, während autoritäres Gehabe durch knackige Kürze zum Ausdruck gebracht wird – ein Umstand, mit dem sich auch Paartherapeuten herumschlagen, weil es dadurch selbst gestandene Ehepaare oft kaum schaffen, einander klar und wertschätzend zu vermitteln, was sie eigentlich brauchen.

Doch das Gute ist: Unsere Kinder haben noch keine Vorstellung davon, was höflich ist und was nicht. Sie erwarten von der Kommunikation mit uns deshalb nur zwei Dinge: zu verstehen, was wir von ihnen wollen, und zu spüren, dass sie geliebt werden. Und beides lässt sich wunderbar auch mit klaren, schnörkellosen Aussagen in einem zugewandten, freundlichen Ton erreichen. Heißt das, dass wir zu unseren Kindern nicht mehr bitte sagen dürfen? Natürlich nicht: Es gibt viele Situationen, in denen derlei klassisch höfliche Formulierungen passend sind und dabei ihren Zweck erfüllen. Doch gerade, wenn wir im Alltag mit unseren Kindern manchmal das Gefühl haben, wie gegen eine Wand zu reden, lohnt es sich, einmal zu überprüfen, was für Füllwörter wir da eigentlich in unsere Sätze packen, die es insbesondere unseren kleinen Kindern oft erschweren, uns zu verstehen.

Denn für ein Kind im Spracherwerb ist jedes einzelne Wort ein Signal, das erst mal entschlüsselt und verarbeitet werden muss. Kommen sehr viele davon in einer einzelnen Aufforderung zusammen, passiert es so leicht, dass die Kernbotschaft im Verständnisprozess verloren geht. Deshalb sind viele Kinder so dankbar für klare und knappe Aussagen ohne Höflichkeitsfloskeln.

Es gibt noch andere Situationen, in denen wir es unseren Kindern unnötig schwer machen, uns zu verstehen. So sprechen wir oft in Frageform mit ihnen, weil das netter klingt. Wenn wir also sagen »Magst du mir mal eben beim Abtrocknen helfen?«, fühlen wir uns weniger autoritär, als wenn wir sagen: »Bevor du wieder spielen gehst, hilfst du mir bitte beim Abtrocknen.« Warum? Weil Fragen eine Wahlmöglichkeit suggerieren: Magst du? Oder magst du nicht? Nehmen unsere Kinder uns dann hingegen beim Wort und antworten wahrheitsgemäß »Nö, keine Lust«, werden wir oft sauer. Weil unsere Frage eben in Wirklichkeit keine offene Frage war, sondern eine Aufforderung. Nun können wir unseren Kindern natürlich beibringen, dass die Frageform einfach nur eine höfliche Formulierung ist für eine Aufforderung ohne Wahlmöglichkeiten. Viele von uns sind mit dieser Botschaft groß geworden: Auf höfliche Fragen ist die einzig akzeptable Antwort ein Ja. In der Folge davon fällt es vielen von uns total schwer, Nein zu sagen, um unsere eigenen Grenzen zu wahren. Wenn unsere Kinder auf unsere Fragen nicht ehrlich antworten dürfen, führt das also mit hoher Wahrscheinlichkeit dazu, dass sie sich auch auf die Fragen anderer hin zum Ja-Sagen verpflichtet fühlen.

»Aber ein Bier schaffst du doch noch?«

»Kommst du bitte zumindest kurz noch mit hoch?«

»Kannst du mir bitte noch dieses eine Mal Geld leihen?«

Ich glaube, wir tun unseren Kindern einen großen Gefallen damit, wenn wir ihnen vorleben, dass sie zu diesen und allen anderen Fragen jederzeit und ohne schlechtes Gewissen Nein sagen dürfen. Frage ich meine Kinder also, ob sie nicht mal ihre Zimmer aufräumen, oder ihre Jacken aufhängen, oder ihre Hausaufgaben machen wollen, und sie verneinen, ist das ihr gutes Recht. Ärgere ich mich darüber, zeigt es mir vor allem, dass ich mein Anliegen mal wieder nicht präzise genug formuliert habe. »Ich will aber, dass du deine Jacke aufhängst!«, korrigiere ich mich also. Und plötzlich lautet die Antwort in neunzig Prozent der Fälle: »Na gut.«

Eine klare und direkte Familiensprache zu pflegen, kann also vieles leichter machen, und führt trotzdem nicht dazu, dass Kinder anderswo mit ihren Formulierungen anecken. Im Gegenteil: Kinder haben feine Antennen für sprachliche Besonderheiten und registrieren genau, dass im Kindergarten oder in der Schule, bei den Großeltern oder beim Einkaufen manchmal anders gesprochen wird als daheim – und versuchen mit der Zeit ganz von selbst, sich an die jeweiligen Gepflogenheiten anzupassen. So hatte etwa unsere zweite Tochter bereits mit drei Jahren verstanden, dass Höflichkeit vor allem eine Frage der Wertschätzung ist, und entzückte seither alle Menschen, denen wir auf unseren täglichen Wegen so begegneten, mit ihren bezaubernden Rückmeldungen: »Du hast aber ein cooles gelbes Fahrrad, liebe schöne Briefträgerin!«, rief sie zum Beispiel auf dem Weg zum Kindergarten unserer Postfrau zu. Und den Straßenreiniger grüßte sie mit einem großen Kompliment für seine Kehrkünste. »Na, du bist aber gut erzogen!«, sagte er daraufhin. »Danke!«, entgegnete meine Tochter. »Das hab ich ganz allein gemacht!«

Wir kennen alle das Beispiel vom rosa Elefanten, den wir uns nicht *nicht* vorstellen können, wenn wir dazu aufgefordert werden. Denn unser Gehirn übersetzt Worte in Bilder, und wenn ein Wort in einem Satz verneint wird, stellen wir es uns trotzdem vor. Kämen wir etwa bei einer beruflichen Fortbildung in einen Konferenzsaal, an dessen Tür ein Schild verkündete »Kopfstand zu machen ist in diesem Raum bei Strafe verboten«, kämen wir nicht umhin, uns vorzustellen, wer um alles in der Welt hier wohl wie Kopfstände gemacht hat, die zu diesem Hinweis führten – auch wenn wir selbst nie vorhatten, uns bei dieser Fortbildung auf den Kopf zu stellen. Explizite Verbote bringen uns also überhaupt manchmal erst auf Ideen, denn sie setzen uns Bilder in den Kopf, um sie dann als verboten zu deklarieren. Deshalb ist es auch so ungünstig, dass in vielen Schwangerschaftsratgebern all die Lebensmittel abgebildet werden, die jetzt besser gemieden werden sollen: Wein, Sushi, Mettbrötchen. Das macht nämlich erst recht Appetit! Und nicht nur das: Die Bilder in unserem Kopf steuern auch unsere unbewussten Handlungen. So lernte ich einmal in einem Fahrsicherheitstraining, das bei Autounfällen in baumgesäumten Alleen überproportional viele Fahrzeuge tatsächlich in die Baumstämme krachen, und nicht in die großen Lücken dazwischen. Warum? Verkehrspsychologen vermuten, dass der angstvolle Gedanke »Nicht in den Baum!« dazu führt, dass Menschen unbewusst genau dahin steuern, woran sie gerade denken: den Baum. Deshalb wurde uns Trainingsteilnehmern eingeschärft, in Gefahrensituationen im Straßenverkehr nicht an das zu denken, was wir *vermeiden* wollen, sondern an das, was wir *tun* sollen: »In der weißen Linie bleiben.« Oder eben: »Lieber in die Lücke fahren!«

Genau das gleiche Wirkprinzip des Gehirns erleben wir auch im Umgang mit unseren Kindern. Insbesondere Kinder im Vorschulalter haben oft noch große Schwierigkeiten dabei, sprachliche Verneinungen für sich zu übersetzen. Das heißt, sie nehmen von einer Aufforderung wie »Nicht den heißen Ofen anfassen!« automatisch zuerst die Schlüsselworte »Ofen« und »anfassen« wahr und haben daraufhin unwillkürlich ein Bild vor Augen, das nur in ihrem Unterbewusstsein präsent ist: Ofen anfassen! Diese Aussage löst in ihnen wiederum den Handlungsimpuls aus, genau das auszuprobieren, und zack, haben sie sich verbrannt und werden womöglich noch dafür geschimpft, weil wir ihnen doch extra noch gesagt hatten, dass sie das lassen sollen. Sagen wir unseren Kindern deshalb lieber klar, was wir wirklich von ihnen erwarten, anstatt sie mit komplizierten sprachlichen Negationen zu verwirren.

Schwierig ist es insbesondere für kleine Kinder, wenn wir zu ihnen einfach nur »Nein!«, »Stopp!« oder »Lass das!« sagen, anstatt ihnen eine klare Handlungsalternative zu geben. Wenn ein dreijähriges Kind etwa gerade fasziniert die einzelnen Tannennadeln aus dem Adventskranz zupft – was soll es dann genau machen, wenn jemand zu ihm sagt: »Hör sofort auf damit!«? Klar, wir Erwachsene finden es logisch, dass es sich doch stattdessen mit einem der vielen Spielsachen oder Bilderbücher beschäftigen könnte. Doch für ein Kind, das gerade mitten in einer Beschäftigung steckt, ist die Alternative zu dieser zunächst einmal: nichts zu tun, und das weckt wiederum kein inneres Bild in ihnen, das sie von ihrer aktuellen Tätigkeit weglocken könnte. Wenn wir also wollen, dass Kinder etwas *nicht* tun, sagen wir ihnen am besten, was sie *stattdessen* tun sollen.

»Halt bitte dieses Päckchen Vanillezucker fest« statt »Nicht in die Schüssel fassen!«

»Bei Grün gehen wir los!« statt »Nicht bei Rot auf die Straße laufen!«

»Bleib bei mir!« statt »Lauf nicht weg!«

Und: »Hör auf, die Tannennadeln aus dem Adventskranz zu zupfen und hilf mir lieber beim Plätzchenbacken!«

### Vom Loben und Entschuldigen

Wenn Eltern sich vornehmen, freundlich und liebevoll mit ihren Kindern umzugehen, dann fangen sie nahezu automatisch an, sie unglaublich viel zu loben: »Toll machst du das, mein Schatz! Wirklich ganz klasse! Prima, Liebling!« Es ist natürlich naheliegend, warum sich diese Aussagen für uns nett und liebevoll anfühlen – schließlich sind sie genau das, was wir selbst gerne hören, weil es sich auch für uns gut anfühlt. Und ist Lob nicht auch ein wunderbarer Weg, Wertschätzung auszudrücken? Nicht umsonst hing mit dem Erstarken der gewaltfreien Erziehung in den 1980er-Jahren in so manchem progressiven Elternhaus der Sticker am Kühlschrank: »Hast du dein Kind heute schon gelobt?« Tatsächlich hat es Kindern in den vergangenen Jahren oft an positiver Rückmeldung durch ihre Eltern massiv gefehlt – mit gravierenden seelischen Folgen. Der noch heute in Schwaben beliebte Spruch, nach dem »nicht geschimpft genug gelobt« sei, ist nämlich eine glatte Lüge: Kinder, die nur Schimpfen und als positivste Erfahrung eben nicht geschimpft zu werden kennen, haben nicht umsonst immense Schwierigkeiten, ein gesundes Selbstwertgefühl auszubilden. Denn dafür brauchen Kinder authentische, liebevolle, wertschätzende Rückmeldungen zu dem, was sie tun. Erfahren sie nur negatives Feedback oder Gleichgültigkeit, fühlen sie sich weder gesehen noch liebenswert. Der Trend zum Loben, also zum bewussten Herausstellen, was das Kind gut gemacht hat, ist deshalb grundsätzlich eine erfreuliche Entwicklung. Denn er zeigt, dass immer mehr Eltern daran gelegen ist, ihre Kinder zu stärken und ihnen darüber gute Gefühle vermitteln zu wollen, wer sie sind und was sie tun. Die Sache hat nur einen Haken: Die Art und Weise, wie wir in unserer Gesellschaft oft unsere Kinder loben, hat nahezu immer einen Bewertungscharakter. Das heißt: Wir spiegeln unseren Kindern – zumindest rein sprachlich – nicht, dass wir mit Freude sehen, was sie da tun, sondern beurteilen ihr Tun wie Lehrkräfte, die Noten vergeben. »Sehr gut! Prima! Klasse gemacht!« – all diese Wendungen suggerieren, es gäbe eine Art Bewertungsskala, auf der unsere Kinder gerade ganz oben stehen, ob mit ihrem Lego-Turm, ihrem selbst gemalten Bild oder mit ihrer Minecraft-Welt. Daraus schließen Kinder messerscharf: Mache ich meine Sache *spitze*, *prima* und *ganz, ganz toll*, sehen meine Eltern glücklich aus und sind voller Liebe zu mir. Ich sollte also tunlichst versuchen, alles immer so großartig hinzukriegen, damit ich sie nicht enttäusche. So entsteht in ihrem Empfinden schnell eine schwierige Verknüpfung zwischen Gelobt- und Geliebtwerden: Wenn ich alles supertoll mache, loben mich meine Eltern. Dann fühle ich mich geliebt. So kommt es, dass unsere Kinder durch unsere Kommunikation mit ihnen schnell nicht nur »neintaub«, sondern auch regelrecht lobsüchtig werden können. Ständig wollen sie sich rückversichern: »Gefällt dir dieses Bild auch, Mama? Hab ich das ganz, ganz toll gemacht?« Hinter von Eltern oft als irritierend lobheischend empfundenen Aussagen steht oft die tiefe Unsicherheit, die es in Kindern hinterlässt, das Gefühl zu haben, sich Liebe, die sich vor allem in Lob ausdrückt, permanent aufs Neue verdienen zu müssen. Machen wir uns nichts vor: Für Eltern kann diese so geschürte kindliche Sehnsucht nach Lob und Anerkennung natürlich auch sehr bequem sein, denn sie macht Kinder gehorsam und gefügig. Wer süchtig ist nach Lob, tut alles, um es zu bekommen. Denn nicht gelobt zu werden, fühlt sich für derartig konditionierte Kinder an wie Liebesentzug, und das ist bekanntlich die schlimmste Strafe von allen. Ist ein Kind also daran gewöhnt, für braves Verhalten gelobt zu werden, genügt allein das Ausbleiben dieses Lobs, um es in einen Stresszustand zu versetzen, den es um jeden Preis abstellen will. Also tut dieses Kind, sofern es irgendwie kann, was seine Eltern von ihm erwarten, und verletzt lieber seine eigene Integrität, als auf die wohltuende Dusche warmer Worte zu verzichten. Diesen Mechanismus einzusetzen und zu verstärken, kann ganz schön verführerisch sein. Denn auf Lob konditionierte Kinder sind oft unglaublich brav, ohne dass ihre Eltern das Gefühl haben, autoritär und strafend zu erziehen. Im Gegenteil: Sie sind ja ganz nett, loben viel, sprechen freundlich mit ihrem Kind – und hören eben nur damit auf, wenn es nicht tut, was es soll. Wie krass manipulativ dieses oft unbewusste Verknüpfen von Lob und Liebe ist, spüren viele Erwachsene, wenn sie daran denken, wie sie sich fühlen, wenn ihre eigenen Eltern ihnen heute ins Gesicht sagen, dass sie irgendetwas, was sie tun oder vorhaben, nicht gut finden. Für viele Menschen fühlt sich das nämlich nahezu unerträglich an. Obwohl sie natürlich rational wissen, dass es total okay ist, eigene Entscheidungen zu treffen, ist es, als bräuchten sie bis heute in gewisser Weise den Segen ihrer Eltern, um guten Gewissens zu tun, was sie wollen. Das ist eine Spätfolge anerzogener Lob-Hörigkeit, die brave, aber innerlich zutiefst verunsicherte Kinder hervorbringen kann, die sich der Liebe ihrer Eltern nie ganz sicher sind.

Heißt das, dass wir unsere Kinder am besten gar nicht mehr loben sollten? Nein: Natürlich ist es gut und richtig, unseren Kindern unsere Wertschätzung widerzuspiegeln für das, was sie tun, und uns aufrichtig mit ihnen zu freuen. Und weil wir nun mal in einer Leistungsgesellschaft leben, gehört dazu manchmal ganz gewiss auch, besondere Leistungen als genau solche auch verbal anzuerkennen: »Mensch, eine glatte Eins im Mathetest! Das ist wirklich was Besonderes!« Doch anstatt Lob in unserer Familie wie mit der Gießkanne zu verteilen, tun wir unseren Kindern einen großen Gefallen, wenn wir unsere Rückmeldungen an unsere Kinder möglichst konkret und persönlich halten und uns überlegen, wozu genau wir gerade eine positive Rückmeldung geben wollen: zum Ergebnis einer Anstrengung? Zu der Anstrengung selber? Oder zu dem Beziehungsmoment, den wir gerade miteinander erleben? Oft ist es ja, wenn wir ehrlich sind, so, dass wir lobende Standardfloskeln wie »Super, mein Schatz!« dann nutzen, wenn wir mit unserer Aufmerksamkeit ganz woanders sind und unser Kind versucht, mit uns in Kontakt zu treten. Etwa auf dem

Spielplatz. »Mama, guck mal, ich bin hier ganz oben auf dem Klettergerüst!« – »Prima, mein Schatz!«, rufen wir und schauen weiter aufs Handy. Doch was loben wir in dem Moment eigentlich genau? Die Kletterleistung? In Wirklichkeit loben wir unser Kind doch eher weg, als wirklich hinzuschauen. Das merkt unser Kind natürlich und fordert gleich die nächste Rückmeldung: »Jetzt bin ich hier, Mama, schau mal!« – »Ganz klasse, Liebling!«

Es ist ein bisschen Übungssache, aus dieser kommunikativen Endlosschleife auszusteigen, aber es lohnt sich, statt recht willkürlich mit Worten des Lobes um uns zu werfen, in einen echten Dialog zu treten und unseren Kindern erst mal schlicht rückzumelden, dass wir sie *sehen*, ohne sie irgendwie zu *bewerten*. »Hallo, mein Schatz, ich sehe dich! Mensch, bist du aber weit oben! Sehe ich für dich schon ganz klein aus?« – das ist kein Lob, das ist eine wertschätzende Rückmeldung, ein echtes Kontaktangebot, ein Beziehungsmoment. Und damit das, wonach sich unsere Kinder in den allermeisten Fällen sehnen, wenn sie uns rufen. Sie wollen meist gar nicht, dass wir ihre Leistung bewerten, sie nehmen unser Lob nur freudig an, weil es eben die Rückmeldung ist, die sie von uns kriegen. Und wenn wir wirklich einmal besonders stolz sind auf etwas, das unser Kind getan oder geschafft hat, können wir immer noch überlegen: Ist es wirklich die Note im Vokabeltest, die wir toll finden? Soll das die Botschaft an unser Kind sein: »Toll, dass du eine 2 geschrieben hast«? Oder wollen wir nicht eigentlich sagen: »Ich bin total beeindruckt, wie diszipliniert du dich auf diesen Vokabeltest vorbereitet hast, obwohl Englisch nun wirklich nicht dein Lieblingsfach ist.« Dann sagen wir doch einfach genau das, und zeigen unserem Kind damit, was wir wirklich wertschätzen: nicht nur das Ergebnis, sondern vor allem den Weg dorthin. Wertschätzend zu kommunizieren bedeutet also nicht, auf Lob zu verzichten, sondern es so gezielt, bewusst und persönlich einzusetzen wie möglich. Ich habe eine Freundin, die beherrscht diese Kunst auf besonders beeindruckende Weise. Und zwar nicht nur in der Kommunikation mit ihren Kindern, sondern mit allen Menschen, die mit ihr zu tun haben. Was auch immer sie loben will: Immer findet sie ein Detail, das sie herausgreift und würdigt und so Beziehung schafft, statt zu bewerten. »An diesem Kuchen mag ich nicht nur gern, dass er nach Sommer und Erdbeeren schmeckt, sondern vor allem, dass man ihm richtig ansieht, wie viel Spaß du beim Backen hattest«, sagte sie zum Beispiel einmal zu mir. Und ich dachte: So eine liebevolle, individuelle Rückmeldung fühlt sich wirklich so anders an, als nur zu hören: »Toll gemacht!« Nach Gesehenwerden, nach Wertschätzung, nach Gut-genug-Sein. Und das ist es doch, was wir unseren Kindern vorleben und mitgeben wollen.

## Bitte, Danke, Entschuldigung

Vielen Eltern ist es wichtig, ihren Kindern ein paar Höflichkeits-Basics beizubringen. Sie sollen höflich grüßen, sich mit Blickkontakt verabschieden, und Bitte, Danke und Entschuldigung sagen lernen. Dahinter steht der verständliche Wunsch, Kinder möglichst frühzeitig mit den Grundregeln des sozialen Miteinanders vertraut zu machen, die sie ihr ganzes Leben lang brauchen werden. Dagegen ist grundsätzlich auch nichts einzuwenden: Kinder brauchen Erfahrungen im Miteinander mit anderen Menschen, um die Normen ihrer Kultur zu verinnerlichen und sich im Alltag zurechtfinden zu können. Das ist das Prinzip der Sozialisation: Wir müssen uns irgendwo abgucken können, wie das geht: sich angemessen verhalten. Deshalb können wir uns auch sicher sein, Kindern derlei Höflichkeitsregeln nicht aktiv anerziehen zu müssen. Sie übernehmen sie ganz von selbst, wenn wir sie ihnen im täglichen Miteinander vorleben – die einen früher, die anderen später, doch je weniger Druck wir dabei machen, desto eher wird das gute Benehmen ganz von alleine kommen. Bis unsere Kinder so weit sind, selbst all das sagen zu können, was wir aus Höflichkeit als wichtig erachten, übernehmen wir diese Rolle deshalb am besten möglichst unaufgeregt für sie. »Danke, der Felix hat sich wirklich sehr über dein Geschenk gefreut!« Oder auch: »Entschuldige bitte, dass Lina deinen Bagger genommen hat, ohne zu fragen. Sie fand ihn einfach so spannend, dass sie das ganz vergessen hat. Jetzt gebe ich ihn dir zurück!« Gerade wenn unsere Kinder soziale Normen verletzt haben, fällt vielen Eltern dieses gelassene Kommunizieren *für* den eigenen Nachwuchs schwer. Dahinter steht der Glaubenssatz, dass Kinder für die Folgen ihrer Fehler selbst geradestehen sollen. Je unangenehmer die Entschuldigung, so die weitverbreitete Ansicht, desto höher die Wahrscheinlichkeit, dass das Kind sein Vergehen nicht wiederholt. Wenn die Eltern sich hingegen schützend vor ihr Kind stellen und sich an seiner Stelle entschuldigen: Wo bleibt da der Denkzettel, die Schmach, die Scham, der Lerneffekt? Tatsächlich ist neurologisch längst nachgewiesen, dass soziales Lernen gänzlich anders funktioniert. Unter Stress und Scham merkt sich unser Gehirn nämlich gar nichts. Erleben wir hingegen zunächst als Zuschauer, wie man einen Fehler beheben kann, indem man um Verzeihung bittet und Verantwortung übernimmt, verankert sich dieses Verhalten in unserem eigenen Wertesystem als richtig und gut – und wird irgendwann von alleine übernommen. So schwer es also auch fallen mag und egal, was unser Kind verbockt hat: Entschuldigungen zu erzwingen, ist mit einem zugewandten Miteinander nicht vereinbar. Denn so peinlich und unangenehm uns das als Eltern auch sein mag: Für die Mehrzahl aller Kinder führt der Weg hin zum sozialverträglichen Erwachsenen durch Phasen, in denen sie hauen, beißen, lügen und klauen – und all das ist völlig normal. Dass ihr Verhalten nicht okay war, lernen sie nicht durch mit Druck durchgesetzte Zwangsentschuldigungen, sondern durch die Entwicklung ihrer Empathiefähigkeit. In dem Moment nämlich, in dem ich als empathischer Mensch spüre, was mein Verhalten mit meinem Gegenüber macht, will ich ganz von allein dafür Sorge tragen, andere nicht zu verletzen und für meine Fehler geradezustehen. Auf dem Weg dahin brauchen Kinder jedoch nicht nur freundliche, authentische Vorbilder, sondern auch Eltern, die sich nicht zu schade sind, als Sprachrohre ihrer Kinder zu fungieren und in ihrem Namen Danke, Bitte und Entschuldigung zu sagen. Genauso wichtig ist es, dass wir unseren Kindern vorleben, was diese Worte bewirken können – und was nicht. So bekommen viele Kinder das Gefühl vermittelt, mit einem »Entschuldigung!« könne man jeden Schaden ungeschehen machen. Weshalb manche Kinder sich fortan prophylaktisch erst mal für alles entschuldigen, während sie unaufhörlich weiter Grenzen übertreten. Machen wir ihnen deshalb lieber vor, was Entschuldigungen sein können – und was nicht. Dazu gehört, unsere Kinder selbst um Entschuldigung zu bitten, wenn wir etwas verbockt haben – und ihnen gleichzeitig zuzugestehen, trotzdem weiter traurig, wütend oder verletzt zu sein. Aufmerksam sollten wir auch werden, wenn unser Kind sich ständig für Dinge entschuldigt, die eigentlich überhaupt kein Fehlverhalten darstellen. Dieses Verhalten, das viele als Zeichen besonderer Höflichkeit interpretieren, wurzelt nämlich oft in der tiefen Sorge, vielleicht aus Versehen etwas falsch zu machen und dadurch die Gunst der Eltern zu verlieren. Umso wichtiger ist es, bei unnötigen Entschuldigungen klar zu intervenieren: »Du musst dich doch nicht entschuldigen, weil du einen Joghurt aus dem Kühlschrank genommen hast! Du bist hier schließlich genauso zu Hause wie wir!«

Wünschen wir uns ein respektvolles, zugewandtes Familienleben, kann unsere Kommunikation untereinander diese Werte stärken. Spiegelt sich unsere gegenseitige Wertschätzung in unserer Sprache, unserer Mimik und Gestik wider, stärkt das unsere Beziehung und unser gemeinsames Wertefundament. Es passiert jedoch auch sehr leicht, dass wir mit unseren Worten, unserem Tonfall, unserer Gestik und Mimik verunsichern und verletzen. Und zwar auch dann, wenn oberflächlich von außen betrachtet gar nichts Schlimmes passiert: »Ich hab doch nur gesagt, dass Theresas Tochter jeden Tag freiwillig ihre Lateinvokabeln wiederholt. Warum bist du denn jetzt schon wieder eingeschnappt?« Woran das liegt, erklärt der Kommunikationswissenschaftler Friedemann Schulz von Thun besonders anschaulich in seinem sogenannten Vier-Ohren-Modell, mit dem er illustriert, dass jede einzelne Äußerung eines Menschen gleich *vier*fach bei seinem Gegenüber ankommt. Jede Nachricht, so Schulz von Thun, hat nämlich vier Seiten: eine Sachinformation, eine Selbstkundgabe, einen Beziehungshinweis und einen Appell. Das heißt: Worüber wir auch immer inhaltlich sprechen, wir reden dabei immer auch von uns selbst, von unserer Beziehung und von unserer Erwartung an unser Gegenüber. Und selbst wenn wir das nicht bewusst tun, *hört* die Person, mit der wir sprechen, diese vier Seiten unserer Nachricht und reagiert entsprechend darauf. Mit diesem Modell lässt sich leicht erklären, warum es in zwischenmenschlichen Beziehungen so häufig zu Kommunikationsproblemen kommt. Denn obwohl das Vier-Ohren-Modell mittlerweile fast vierzig Jahre alt ist, bestehen immer noch viele Menschen darauf, doch *nur* eine simple Feststellung gemacht zu haben, ohne jeden Angriff oder Appell – etwa: »Die anderen Mütter im Kindergarten finden es alle eine gute Idee, einen Kleiderbasar zu organisieren.« –, und wundern sich dann, dass ihr Gegenüber trotzdem auf die unausgesprochenen Anteile dieser Aussage reagiert: die Selbstaussage, die Erwartung, den Beziehungshinweis. Anstatt diese Aspekte unserer Kommunikation also zu negieren oder wegzuschieben (»Das bildest du dir ein!«), gehört zu einer wertschätzenden Kommunikation, an alle vier Ohren unseres Gegenübers die Nachricht zu schicken, die wir tatsächlich aussenden wollen. Besonders wichtig ist das für unsere Kinder, die die Feinheiten der zwischenmenschlichen Kommunikation erst noch lernen und deshalb etwa implizite Aufforderungen oft noch nicht entschlüsseln können. Einen Satz wie »Also *ich* habe ja für *meine* Mutter zum Muttertag immer ein schönes Bild gemalt« hört ein Kind etwa mit hoher Wahrscheinlichkeit vor allem mit seinem »Informations-Ohr«. Aha, denkt es sich. Mama hat das also früher so gemacht. Na dann. Den Appell-Charakter der Aussage hat es hingegen weder erkannt noch entschlüsselt. Da ist die Enttäuschung natürlich vorprogrammiert. Um unseren Kindern zu helfen, sich als selbstwirksam und kooperativ erleben zu können, ist es deshalb wichtig, dass wir insbesondere Appelle möglichst klar und eindeutig formulieren. »Morgen ist Muttertag, und ich wünsche mir, dass du mir dazu ein Bild malst!« ist etwa eine Aussage, die ein Kind gut verstehen kann. Ob es dann auch wirklich Lust zum Malen hat, ist eine andere Frage. Aber auch darüber können wir ja reden.

»Ich glaub, es hackt! Wie sieht's denn hier aus?« Wer noch nie angesichts eines völlig verwüsteten Kinderzimmers einen solchen Ausruf tat, werfe den ersten Lego-Stein. Doch so verständlich es ist, dass uns im Stress auch einfach mal der Kragen platzt, so wenig hilfreich ist diese Form der Kommunikation für unser Familienleben. Denn was kommt bei einem Menschen an, der so angefahren wird? Stress, Scham, Schuldgefühle. Je größer das

Machtgefälle zwischen zwei Menschen ist, desto heftiger ist dieser Effekt. Raunzt mich mein Bürokollege an, warum ich schon wieder meine Teetasse nicht *in*, sondern *auf* die Spülmaschine gestellt hätte, ist das unangenehm, aber nicht bedrohlich. Baut sich hingegen meine Chefin vor mir auf und watscht mich mit genau denselben Inhalten ab, kommt allein durch die extra Hierarchieebene zwischen uns ein zusätzliches Element von Einschüchterung dazu, die mich regelrecht erstarren lässt. Genau so geht es unseren Kindern, wenn ein elterliches Donnerwetter über sie hinweggeht. Erschreckt und wie erstarrt warten sie einfach nur, dass es irgendwie vorbeigeht – ohne das Gefühl zu haben, selbst irgendetwas ausrichten zu können. Der amerikanische Psychologe Marshall B. Rosenberg nennt diese Art der Kommunikation, die einschüchtert, kleinmacht, attackiert, anklagt und verletzt, »Wolfssprache« und schreibt ihr auf Dauer einen ähnlich verheerenden Effekt auf zwischenmenschliche Beziehungen zu wie der körperlichen Gewalt. Dabei kommt die Wolfssprache nicht immer laut und polternd daher; sie kann ihr Gift auch leise und subtil versprühen. Ein weitverbreitetes Mittel dabei sind etwa Pauschalisierungen in Kombination mit sogenannten Du-Botschaften: »Nie hilfst du im Haushalt!« – »Immer kommst du zu spät!« Solche Vorwürfe transportieren auf der Beziehungsebene nämlich automatisch das Signal, ein Totalversager zu sein, der nicht *mal einen* Fehler gemacht hat, sondern *immer falschliegt*. Und das ist Gift fürs Selbstbewusstsein, erst recht für das eines Kindes, das gerade noch seinen Platz in der Welt sucht. Als Gegenentwurf zu dieser gewaltvollen Wolfssprache hat Rosenberg deshalb das Konzept der »Giraffensprache« entwickelt, die für einen wertschätzenden Umgang miteinander steht und besser unter dem Namen *Gewaltfreie Kommunikation*, kurz: GfK bekannt ist. Die Grundidee dabei ist, dass es Menschen miteinander besser geht, wenn sie ihre eigenen Bedürfnisse klar erkennen und benennen – anstatt zu erwarten, dass, wer sie liebt, schon wissen wird, was sie brauchen. Und weil die wenigsten von uns das so in der eigenen Kindheit gelernt haben, gibt es dazu einen Vier-Schritte-Plan, der dabei helfen soll, insbesondere in Stresssituationen – wie etwa der im völlig chaotischen Kinderzimmer – nicht ins aggressive Wolfsmuster zu verfallen. Diese vier Schritte sind:

1. Beschreiben, was ich gerade sehe.
2. Beschreiben, wie ich mich deshalb gerade fühle.
3. Meine Bedürfnisse erkennen und benennen.
4. Eine konkrete Bitte formulieren.

Bezogen auf das Chaos im Kinderzimmer sähe das dann etwa so aus:

»Ich sehe, dass ihr alle Spielzeugkisten ausgeleert habt und alle Regale ausgeräumt.

Ich fühle mich deshalb ziemlich überfordert, wenn ich daran denke, wie viel Arbeit es wird, das alles wieder aufzuräumen.

Deshalb brauche ich eure Hilfe.

Ich will, dass wir jetzt zusammen alle Spielsachen wieder in ihre Kisten sortieren.«

So konstruktiv, konkret und in Ich-Botschaften angesprochen zu werden, ist unzweifelhaft angenehmer, als angemeckert zu werden.

Trotzdem gibt es an der *Gewaltfreien Kommunikation* natürlich auch Kritik. So besteht beim konsequenten Abarbeiten der vier Schritte etwa die Gefahr, dass unsere Kommunikation zwar pädagogisch korrekt, aber völlig unpersönlich wird. Unsere Kinder brauchen jedoch keine Eltern, die reden, als hätten sie einen Erziehungsratgeber auswendig gelernt, sondern echte Menschen aus Fleisch und Blut, die authentische Reaktionen zeigen. Dazu kommt, dass die Gewaltfreie Kommunikation als Methode nicht davor schützt, gewaltvollen Machtmissbrauch zu betreiben. Im Gegenteil: Ich kann mich ihrer Mittel auch bedienen, um mein Gegenüber auf ganz harmlos anmutende Weise herabzuwürdigen – etwa, indem ich mich durch meine eigene rhetorische Überlegenheit selbst überhöhe und jedes Aufbegehren als nicht gewaltfrei kommuniziert und deshalb leider inakzeptabel abschmettere. Gewaltfreie Kommunikation macht unser Familienleben also nur dann wertschätzender, wenn wir uns die dahinterstehende *Haltung* bewusst machen und klar und respektvoll unsere Bedürfnisse kommunizieren. Ob nach Rosenberg'schem Vier-Schritte-Plan. Oder einfach, wie uns der Schnabel gewachsen ist.

### Ironie und Sarkasmus

Humor ist eine wunderbare Sache: Miteinander lachen zu können, verbindet Menschen mehr als fast alles andere. Humor kann Konflikte entschärfen, angespannten Situationen die Dramatik nehmen und uns nicht zuletzt die Gabe schenken, über uns selbst lachen zu können. Doch Humor hat auch eine dunkle Seite: Er kann verletzen und ausgrenzen, entwürdigen und dem Spott preisgeben. Als Humor getarnte Diskriminierung hat dabei eine lange Tradition – man denke nur an die vielen Witze, die auf rassistischen oder sexistischen Stereotypen basieren. Sich über Kinder lustig zu machen, funktioniert nach demselben Prinzip. So ergötzen sich beispielsweise jedes Jahr Millionen an den Videos im Internet, in denen amerikanische Eltern, einer Aufforderung des Talkshow-Hosts Jimmy Kimmel folgend, ihren Kindern nach Halloween erzählen, sie hätten deren gesamte Süßigkeitenausbeute aufgegessen. Der Schock, die Wut, die Tränen der Empörung – all das wird per Smartphone festgehalten und zur allgemeinen Erheiterung ins Netz gestellt: »Ist doch nur Spaß!« Viele Menschen sind an diese Bloßstellung kindlicher Gefühle zu Unterhaltungszwecken so gewöhnt, dass sie sie als harmlos wahrnehmen und überhaupt nicht verstehen können, warum andere solche Spaßverderber sind, wenn sie das kritisieren. Solche medialen Vorbilder sorgen dafür, dass auch wir Eltern in Situationen, in denen wir cool wirken wollen, oft den Impuls verspüren, uns über unsere Kinder lustig zu machen. Nicht bösartig, nicht verletzend, nur ein bisschen, um anderen Erwachsenen zu zeigen, dass wir keine unentspannten Übereltern sind, sondern entspannte Zeitgenossen mit Sinn für Humor. Besonders beliebt ist dabei das Stilmittel der Ironie. »Na, du hast ja offensichtlich prima auf dein neues Kleid aufgepasst!«, sagen wir also mit einem Augenzwinkern in Richtung Erzieherin, während wir unser matschverschmiertes Kind in Empfang nehmen. Oder »Du hast ja mal wieder für zwei gegessen!« beim Blick in die noch fast vollständig gefüllte Snackbox. Das soziale Bedürfnis dahinter ist klar: Wir wollen mit solchen Aussagen ein bestimmtes Bild von uns selbst präsentieren – nämlich das der relaxten, humorvollen Eltern – und dadurch eine Beziehung positiv gestalten, nämlich die zu einem anderen Erwachsenen, der uns toll finden soll. Darüber verlieren wir jedoch oft aus den Augen, was solche dahingesagten Bemerkungen mit unseren Kindern machen, die noch keine Ironie verstehen. Für sie sind solche offensichtlich falschen, in sich widersprüchlichen Aussagen nämlich maximal verwirrend. Warum sagt Mama, dass die Box fast leer ist, wenn sie doch noch voll ist? Warum klingt dieses Lob irgendwie wie Kritik? Und wieso lächelt Papa, während er sagt, dass mein Kleid sauber ist, obwohl es eigentlich dreckig ist, und er gar nicht glücklich wirkt? *Double Bind* ist der Fachbegriff für solche Botschaften, bei denen verschiedene wahrgenommene Signale nicht zusammenpassen und deshalb beim Empfänger zu großer Verunsicherung führen. Wir alle kennen solche Situationen, in denen wir etwa merken, dass unser Gegenüber sauer auf uns ist, es aber nicht zugeben will. »Es ist alles okay«, hören wir, und spüren doch mit jeder Faser unseres Körpers: *Nichts* ist okay. Ein furchtbares Gefühl, das zermürbende Gedankenspiralen in Gang setzt: Was könnte nur los sein? Was könnte ich falsch gemacht haben?

Genau das passiert auch bei unseren Kindern, wenn sie wahrnehmen, dass das, was wir sagen, und das, was wir dabei ausstrahlen, nicht zusammenpasst. Und auch die Erklärung, dass das doch nur ein Witz gewesen sei, hilft ihnen dabei nicht weiter, denn ihr Gehirn ist darauf gepolt, Zusammenhänge verstehen zu lernen. Die Dinge müssen zusammenpassen: der Gesichtsausdruck und die Worte und das, was jemand sagt. Sonst ist ein Fehler im System. Und diesen Fehler suchen Kinder immer bei sich.

Uns Erwachsene stellt das kommunikativ vor eine echte Herausforderung. Denn Ironie ist überall. Kaum ein Austausch zwischen guten Freunden kommt ohne sie aus. Viele Partnerschaften sind im ganz positiven Sinne geprägt von dem feinen Spott, mit dem man sich gegenseitig aufzieht, ohne einander wirklich zu verletzen. Doch damit das funktioniert, müssen alle Beteiligten kognitiv in der Lage sein, die ziemlich komplizierte Funktionsweise von Ironie zu verstehen: das Gegenteil von dem zu sagen, was man meint, also eigentlich zu lügen, dabei aber gleichzeitig durch nonverbale Signale einen Hinweis darauf zu geben, sodass alle verstehen, was eigentlich gemeint ist. Ironie verstehen und selbst anwenden zu können, ist also wie eine Geheimsprache zu lernen. Die kognitiven Voraussetzungen dafür haben Kinder im Durchschnitt erst mit ungefähr zehn Jahren, wobei die individuellen Unterschiede immens sind: Manche Kinder entwickeln tatsächlich schon mit fünf bis sechs Jahren eine riesige Freude an Sprachwitz und verstecktem Humor und experimentieren mit ersten Formen einfacher Ironie. Andere Menschen sind zeitlebens von der Widersprüchlichkeit ironischer Aussagen gestresst und begreifen einfach nicht, warum ihr Gegenüber die Bedeutung seiner Aussage so unnütz irritierend verpackt.

Müssen wir also zehn Jahre lang auf jegliche Ironie in unserer Kommunikation verzichten? Nein, aber wir sollten uns als Eltern bewusst sein, dass die subtile Doppeldeutigkeit ironischer Aussagen insbesondere sehr junge und sehr sensible Kinder massiv stressen kann. Ironische Aussagen *über sie in ihrer Anwesenheit* sollten wir deshalb ebenso vermeiden wie ironische Aussagen *ihnen gegenüber.* Ansonsten ist – wie immer – Feinfühligkeit gefragt. In der Sache harmlose, leicht zu durchschauende ironische Scherze zwischen den eigenen Eltern können für Kinder durchaus wie eine Ironie-Schule wirken, in der sie einiges lernen und sich abgucken können darüber, wie Erwachsene manchmal zum Spaß das Gegenteil von dem sagen, was sie meinen. Dass es ein Witz ist, wenn Papa sagt, dass die etwas scharf geratene Tomatensuppe ja heute besonders mild ist, können schon viele Grundschulkinder verstehen. Ganz anders sieht das aus, wenn ironische Bemerkungen an Ängsten rühren, die Kinder ohnehin in sich tragen. Ein Satz wie »Wenn du dir so einen Bart wachsen lässt, lasse ich mich scheiden« schürt etwa die nahezu allen Kindern vertraute Sorge, das eigene Familiengefüge könnte in Gefahr sein, und wird deshalb trotz eindeutigen Humormarkern meist nicht als harmloser Scherz erkannt. Kommt es zu einer solchen Situation, ist es wichtig, dass das Kind nicht vermittelt bekommt, humorlos zu sein und zu nerven, indem es Witze nicht versteht, sondern ruhig zu erklären, dass das eine dieser komischen Erwachsenen-Bemerkungen war, bei der man das Gegenteil von dem sagt, was man meint. Und die entstandenen Ängste geduldig zu entkräften.

Für alle Freunde des beißenden Sarkasmus und des bitterschwarzen Humors heißt das: Bis wir mit unseren Kindern die spitzen Pointen wie Pingpongbälle hin und her spielen können, müssen wir einen langen Atem haben. Denn um aus einem sarkastischen Schlagabtausch ohne Verletzungen hervorzugehen, ist Augenhöhe unabdinglich. Und gerade, wenn unser Humor gern an Tabus wie etwa das Thema Tod und Sterben rührt, muss ich seelisch stabil sein, um Witze darüber genießen zu können. Bei den allermeisten Kindern ist das nicht der Fall. Je nach Temperament und Persönlichkeit unseres Kindes *kann* es sein, dass es als Teenager daran Freude findet. Oder im Erwachsenenleben. Doch bis dahin tun wir ihnen einen großen Gefallen, wenn sie erst einmal lernen, dass wir meinen, was wir sagen. Weil wir größer und mächtiger sind als sie, und unsere Worte für sie deshalb so unendlich viel Gewicht haben. Und weil kein Scherz der Welt es wert ist, ihnen Angst zu machen.

### Die Sieben-zu-eins-Formel

Im ganz normalen Familienleben ergeben sich Tausende Interaktionen pro Tag. Und es ist weder möglich noch erstrebenswert, bei jeder einzelnen von ihnen das Vier-Ohren-Modell sowie die Grundregeln der Gewaltfreien Kommunikation bewusst mitzudenken. Schließlich soll sprachliche Kommunikation nichts Hochkompliziertes sein, bei dem wir ständig Angst haben, etwas falsch zu machen. Sie soll so selbstverständlich und spontan passieren wie all die kleinen nonverbalen Gesten – die flüchtigen Berührungen, die Küsse auf Kinderköpfe. Gleichzeitig ist es manchmal schwer, einfach unbeschwert drauflos zureden, wenn man gleichzeitig doch gerade erst gelesen hat, dass jede Äußerung alle möglichen Beziehungsinformationen transportiert und ein unbedachter Satz aus der Mottenkiste der eigenen Erziehung durchaus schlimme Folgen haben kann. Wie soll das also zusammengehen: im Alltag achtsam und wertschätzend zu kommunizieren, ohne jede Formulierung zu zerdenken? Zwei Gedanken finde ich dafür hilfreich. Der erste: In unserer Kommunikation spiegelt sich ganz automatisch unsere Haltung unseren Mitmenschen gegenüber wider. Wir müssen also nicht jeden einzelnen Satz auf die Goldwaage legen, den wir zu unseren Kindern sagen. Wir müssen uns einfach nur wieder und wieder daran erinnern, dass sie ganz eigene wunderbare Persönlichkeiten sind, die uns – egal, was sie tun – nicht ärgern wollen. Klar sind wir trotzdem auch mal von ihnen angestrengt oder genervt. Doch wenn wir ganz grundsätzlich davon ausgehen und wirklich *glauben*, dass unsere Kinder großartig und liebenswert sind, genau so, wie sie sind, dann wird sich diese Sicht auf sie ganz von allein in unserer Kommunikation niederschlagen, ohne dass wir bewusst darüber nachdenken müssten. Und der zweite Gedanke: Es ist völlig normal, dass wir Menschen als facettenreiche Persönlichkeiten mit einem turbulenten Gefühlsleben nicht immer nur wertschätzende, sanfte, konstruktive Signale aussenden. Wir alle haben auch aggressive, destruktive, gemeine Persönlichkeitsanteile, und manchmal brechen sie aus uns heraus. Das ist nicht schön, aber menschlich. Wie es unseren Liebsten damit geht, hat jedoch unglaublich viel damit zu tun, in welche Beziehungsnormalität solche Reaktionen eingebettet sind. So hat der amerikanische Psychologe und Paartherapeut John Gottman herausgefunden, dass verächtliche Gesten (wie etwa ein genervtes Augenrollen) durch liebevolle Gesten (wie etwa eine Umarmung) emotional ausgeglichen werden können. Aber: Weil Verletzungen in uns allen so viel stärker wirken als positive Beziehungssignale, braucht es *sieben* liebevolle Beziehungsinteraktionen, um *eine* unfreundliche auszugleichen. Das heißt: Gibt es in einer Partnerschaft oder einer Eltern-Kind-Beziehung mindestens sieben Mal so viele liebevolle, zugewandte, wertschätzende, freundliche Interaktionen wie unfreundliche, genervte, stehen die Chancen sehr gut, dass die Beziehung sich trotz gelegentlicher Ausreißer für alle Beteiligten gut und sicher anfühlt. Sinkt der Quotient hingegen unter diesen Wert, ist das tatsächlich ein Problem. Natürlich kann eine solche Formel nur ein grober Richtwert sein: Nicht jede Beziehungsirritation wiegt gleich schwer, und nicht jeder Mensch kann die Verunsicherung, die mit einer solchen einhergeht, gleich leicht überwinden. Doch was wir aus Gottmans Erkenntnissen über intakte und dysfunktionale Beziehungen ableiten können, ist, dass es nicht die wenigen Ausnahmen sind, die unsere Beziehungen am nachhaltigsten prägen, sondern das, was *fast immer* passiert. Je mehr positive, liebevolle, authentisch wertschätzende Beziehungsmomente wir also miteinander haben, desto besser sind wir dafür gerüstet, auch mal einen schlimmen Streit zu überstehen.

## Einfach ehrlich sein

Um unseren Kindern gute Eltern zu sein, schlüpfen wir oft in eine Rolle. Um die Jahrtausendwende kündigten etwa viele Eltern mit der strengen Super Nanny aus dem Fernsehen als Vorbild in ernstem Ton klare Konsequenzen bei Regelverstößen an und bemühten sich nach Kräften, sich bei deren Umsetzung nicht erweichen zu lassen. Sämtliche Gefühle, die nicht zu dieser Rolle passten, galt es zu verbergen. Heute ist eine der beliebtesten Eltern-Rollen die der sanften, liebevollen, geduldigen Eltern, die niemals schimpfen und immer für alles Verständnis haben. Inspiriert von Familien auf Instagram, die es anscheinend genauso machen und die immer *sehr* glücklich wirken, versuchen Eltern, diesem Ideal nachzustreben. Und unterdrücken oft dabei mit aller Kraft sämtliche menschlichen Regungen, die nicht zu dieser selbst gewählten Rolle passen. Die Folge ist oft, dass sich all der weggeschobene Frust, all die ganz und gar nicht sanften Anschuldigungen und heruntergeschluckten Vorwürfe im eigenen Inneren sammeln wie in einem gigantischen Pulverfass – und irgendwann in einer Riesen-Explosion herausbrechen, unmittelbar gefolgt von Selbstvorwürfen und Schuldgefühlen. »Heute war ich eine richtige Arschloch-Kack-Scheiß-Mama«, schrieb mir eine Mutter einmal nach einem solchen Ausbruch. »Ich habe alle meine Ideale verraten und nur noch geschrien und getobt. Es war furchtbar! Manchmal frage ich mich, ob meine Kinder besser dran wären mit einer Mutter, die schimpft und straft, als mit einer, die alles besser machen will – und dann immer wieder so ausrastet.« Aus vielen Gesprächen mit anderen Eltern, und nicht zuletzt aus meinen eigenen Erfahrungen, weiß ich: Sich und den eigenen Weg so existenziell infrage zu stellen, ist gerade unter Eltern, die es *besonders gut* machen wollen – *besonders* sanft, *besonders* liebevoll, *absolut* gewaltfrei – weit verbreitet. Stellen wir uns also der unbequemen Frage: Kann es wirklich sein, dass wir unseren Kindern mit all unseren Versuchen, besonders achtsam und respektvoll mit ihnen umzugehen, manchmal mehr schaden als nützen, weil wir es schlicht nicht durchhalten können?

Tatsächlich lässt sich nicht leugnen, dass solche Total-Ausraster wie der, den mir die verzweifelte Mutter beschrieb, für Kinder ungemein belastend sind. Und es ist tatsächlich nachgewiesen, dass es selbst Kindern, die sehr streng und autoritär erzogen werden, emotional besser geht als denen, deren Eltern dauerhaft unberechenbar zwischen freundlicher Zugewandtheit und wutschnaubender Härte hin und her springen, sodass ihre Kinder niemals wissen, woran sie sind. Das ist auch logisch: Kinder sehnen sich zuallererst nach Sicherheit, und Sicherheit erwächst aus Verlässlichkeit. Wenn meine Eltern sehr rigide Regeln festlegen und diese mit unnachgiebiger Konsequenz durchsetzen, mag sich das für mich als Kind einengend und gemein anfühlen; doch ich weiß zumindest, woran ich bin. Schwanken meine Eltern hingegen ohne einen für mich irgendwie nachvollziehbaren Grund zwischen lächelnder Großzügigkeit und plötzlichen Wutausbrüchen, suche ich als Kind die Schuld für diese ständigen Stimmungsschwankungen bei mir – und stehe unter Dauerstress, weil ich versuche, mir meine Eltern gewogen zu halten, ohne es jemals schaffen zu können.

Kinder brauchen also zuallererst Verlässlichkeit. Und die können wir ihnen nicht geben, solange wir eine Rolle spielen. Abgesehen davon ist zu schauspielern unglaublich anstrengend. So anstrengend, dass es kein Mensch dauerhaft durchhalten kann. Deshalb ist es tatsächlich auch nicht ratsam, sich das nette, sanfte, liebevolle Elternsein, das in den sozialen Netzwerken gerade so gefeiert wird, überzustreifen wie ein Kostüm. Denn dann bleibt von den großen und wichtigen Ideen zugewandter Elternschaft schnell nicht mehr übrig als eine erbarmungslose To-do-Liste:

Du musst immer lächeln.
Du darfst niemals schimpfen.
Du musst immer geduldig sein.
Du musst immer Verständnis haben.
Du darfst niemals »wenn-dann« sagen.
Dein Kind darf niemals weinen. Und du auch nicht!

Wenn respektvolles Elternsein keine Rolle sein soll, ist das umgekehrte Vorgehen sinnvoll: Anstatt uns alles Mögliche zu verbieten und uns selbst strenge Regeln aufzuerlegen, wie wir uns von nun an immer verhalten müssen, beginnen wir lieber mit dem großen Erlauben. Denn wenn wir Freundlichkeit, Zugewandtheit und Respekt zur Basis unseres Familienlebens machen wollen, heißt das, dass uns auf einmal ganz viele Wege offen stehen, die uns vorher aus Angst vor unliebsamen Konsequenzen versperrt waren. Wir dürfen uneingeschränkt freundlich und großzügig mit unseren Kindern sein – und mit uns selbst. Wir dürfen nachgeben und weich und sanft und inkonsequent sein, wenn es uns allen guttut. Wir dürfen Dinge tun, die »man« angeblich nicht macht, wenn sie uns das Leben leichter machen. Und: Wir dürfen bei alldem wir selbst sein. Denn echter Respekt fußt auf Klarheit und Authentizität.

Authentizität ist in den vergangenen Jahren ein bisschen zum Modewort geworden, auch und gerade unter jungen Eltern. Verständlicherweise: In einer Zeit, in der schöner Schein allgegenwärtig ist, ist die Sehnsucht nach einem Gegenentwurf groß. Als Eltern authentisch sein zu dürfen, ist deshalb für viele der hochwillkommene Counterpart zu jenem unbarmherzigen Perfektionismus, der Familien mit gefühlt unerreichbaren Standards massiv unter Druck setzt. »Die großen bindungsorientierten Elternbloggerinnen sagen, man dürfe nicht mehr schimpfen, schreien und strafen? Da bin ich doch lieber *authentisch* und werde auch mal laut!« – »Jetzt soll es also schon Gewalt sein, Kinder zum Hausaufgabenmachen zu zwingen? Also, ich spreche lieber ein *authentisches* Fernsehverbot aus, als später ein Kind ohne Schulabschluss zu haben!« – »Meine Tochter soll sich anziehen können, wie sie mag? Das wäre einfach nicht *authentisch*: Ich mag sie nun mal am liebsten in Röcken und Kleidern.«

Diese Beispiele zeigen: Elterliche Authentizität ist zum Sammelbegriff geworden für alles, was man *trotzdem* macht. Wider den Perfektionsdruck, wider den gefühlten Erziehungs-Mainstream.

Dabei meint Authentizität eigentlich etwas ganz anderes: Wer authentisch ist, der zeigt sich offen und ehrlich. Und handelt so, wie es seiner Persönlichkeit und seinen Werten entspricht. Dazu gehört unbedingt, auch die eigenen Grenzen klar aufzuzeigen und zu verteidigen. Wutausbrüche und Schimpftiraden sind hingegen meist nicht authentisch, sondern Ausdruck davon, dass wir unsere Grenzen eben gerade nicht genug gewahrt haben.

Als Eltern gleichzeitig liebevoll und authentisch zu sein, ist also kein Widerspruch, sondern die Grundvoraussetzung für ein respektvolles Miteinander. Denn Liebe und Zugewandtheit ohne klare persönliche Grenzen führen dazu, dass wir uns selbst verlieren – und darüber irgendwann laut und wild und wütend werden. Haben wir hingegen im Alltag nicht nur die Bedürfnisse und Grenzen unserer Kinder, sondern auch unsere eigenen liebevoll im Blick und kommunizieren diese offen und ehrlich, staut sich in uns meist auch nicht jene unbändige Aggression an, die sich schließlich in unkontrollierten Wutausbrüchen ihre Bahn bricht.

Respektvolles Elternsein fängt also bei uns selbst an. Wie wir mit uns und unseren eigenen Bedürfnissen umgehen, legt den Grundstein für unser Miteinander in der Familie. Benutzen wir den Begriff der Authentizität, um unsere Schimpftiraden und Wutausbrüche als eben ehrlich zu rechtfertigen, nehmen wir uns deshalb eine große Chance – nämlich die, zu verstehen, woher die Wut und der Frust in uns kommen und was wir tun können, damit es uns selbst besser geht. Denn Ärger und Enttäuschung ungefiltert unseren Kindern entgegenzuschleudern, ist ebenso wenig authentisch, wie sie herunterzuschlucken und zu tun, als ob nichts wäre. Authentisch ist es, uns zu fragen, was genau uns so enttäuscht und traurig macht. Und uns unseren Familien in dieser Verletzlichkeit zu zeigen und klar und deutlich unsere Wünsche und Erwartungen zu formulieren, ohne sie für unsere Gefühle verantwortlich zu machen. Denn wenn es uns gelingt, unserer eigenen Verletzlichkeit und unseren eigenen Gefühlen in unserem Familienleben ebenso einen Raum zu geben wie der Liebe, der Geduld, und der Freundlichkeit unseren Kindern gegenüber, spielen wir keine Rolle mehr, sondern sind wirklich die respektvollen, zugewandten Eltern, die wir sein wollen.

## Respektvolles Miteinander, ganz konkret

Wenn wir über Beziehungen zwischen Erwachsenen sprechen, haben die meisten von uns einen sehr klaren moralischen Kompass, was geht und was nicht. Vertraute sich uns eine gute Freundin an und erzählte, ihr Partner würde genau kontrollieren, was sie isst, ihr erklären, wann sie satt sei, und ihr aus Angst um ihr Gewicht nicht mehr als eine kleine Süßigkeit pro Tag erlauben, wäre unser Rat ziemlich eindeutig: Was für ein Kontrollfreak! Nimm deine Beine in die Hand und lauf! Und wenn wir mitkriegten, dass unsere Nachbarin ihren Partner regelmäßig ins Schlafzimmer einsperrte, wenn er nicht tut, was sie sagt, und ihn dann darin verzweifelt weinen und mit den Fäusten gegen die Tür schlagen hören würden, würden die meisten von uns wahrscheinlich irgendwann die Polizei anrufen. Bei der Beziehung zwischen Eltern und Kindern ist das anders: Da scheint uns vieles okay oder zumindest vertretbar, was im Umgang zwischen Erwachsenen klar alle Alarmglocken schrillen ließe. Schließlich ist die Beziehung zwischen Eltern und Kindern eine ganz besondere: kein Miteinander gleichberechtigter Partner auf Augenhöhe, sondern eine Versorgungsgemeinschaft, in der ein Mensch in Sachen Macht und Verantwortung klar über dem anderen steht, in dem es einen Schutz- und einen Erziehungsauftrag gibt, und in dem bei einem Menschen deutlich weniger Weitsicht und Wissen vorausgesetzt werden kann als beim anderen. Und das macht die Sache tatsächlich kompliziert. Denn wo ein solches Macht- und Verantwortungsgefälle besteht, können wir unmöglich die gleichen Kriterien für eine gute Beziehung anlegen wie bei zwei gleichberechtigten Erwachsenen. Tun wir das nicht, passiert es jedoch leicht, dass wir dem schwächeren Part in der Eltern-Kind-Beziehung, nämlich dem kleinen Menschen in der Obhut eines größeren, automatisch nicht nur weniger Rechte, sondern auch weniger Recht auf Würde zugestehen. Und das ist ein Problem, wenn wir davon ausgehen, dass Menschenwürde unverbrüchlich ist und für alle gelten muss, unabhängig von Alter und Reifegrad. Die schwierige Frage ist also: Wie kann eine respektvolle Beziehung zwischen zwei Menschen aussehen, zwischen denen ein immenses Machtgefälle besteht?

Tatsächlich kann unser moralischer Kompass, den respektvollen Umgang unter Erwachsenen betreffend, ein guter Ausgangspunkt in dieser Frage sein. Einfach, weil er uns dafür sensibilisiert, wo wir im Umgang mit Kindern automatisch andere Maßstäbe anlegen. Wird uns ein solcher Unterschied bewusst, können wir dann ja immer noch die wichtige zweite Frage anschließen: Gibt es einen guten Grund, ein Kind hier anders zu behandeln als ein erwachsenes Gegenüber? Oder haben wir es schlicht mit struktureller Diskriminierung zu tun? Betrachten wir den ganz alltäglichen Umgang mit Kindern einmal durch diese Linse, wird uns schnell auffallen, mit wie viel weniger Respekt Kinder oft mit der größten Selbstverständlichkeit behandelt werden – und zwar sowohl innerhalb der Familie als auch im öffentlichen Raum. Wenn meine Kinder etwa mit mir einkaufen gehen, erlebe ich es sehr oft, dass Verkäuferinnen offensichtlich die Höflichkeitserziehung fremder Kinder als Teil ihres Arbeitsauftrags verstehen:

»Wie heißt das Zauberwort?«, fragen sie, wenn schüchterne Dreijährige auf ein Rosinenbrötchen zeigen, ohne bitte zu sagen. »Das kriegst du aber nur, wenn du auch selber danke sagst!«, verkünden sie, das Würstchen in der Hand. Und ganz häufig werden wartende kleine Kunden auch gänzlich ignoriert oder warten gelassen, bis alle erwachsenen Kunden bedient wurden, als sei deren Zeit automatisch kostbarer. Nun kann man natürlich einwenden, an dieser Tresen-Erziehung sei doch nichts dabei, schließlich sei es doch richtig, dass Kinder Bitte und Danke sagen lernen. Doch darum geht es nicht. Es geht um die Selbstverständlichkeit, mit der Kinder korrigiert und vorgeführt werden, wie es bei Erwachsenen niemals passieren würde. Stellen wir uns einmal vor: Ein gestresster Geschäftsreisender in Anzug und Krawatte käme morgens in den Backshop und verlangte einen Kaffee und ein belegtes Brötchen und bekäme als Antwort: »Wie heißt das Zauberwort?« Er käme sich verhöhnt vor. Und wenn er dann nach einem der kostenlosen Holz-Kaffeestäbchen griffe und die Verkaufsperson hielte seine Hand fest und sagte: »Nur, wenn du auch Bitte sagst!«, wäre die Grenze zur unverzeihlichen Übergriffigkeit endgültig überschritten. Bei Kindern hingegen nehmen wir all das häufig hin, weil sie noch klein sind, weil sie noch lernen müssen – als empfänden sie dabei nicht die gleiche Scham, die gleiche Übergriffigkeit wie wir Großen. Das ist nicht nur diskriminierend, es ist auch kontraproduktiv: Gutes Benehmen in jedweder Form lernen junge wie ältere Menschen nämlich ausschließlich durch das Abschauen von Vorbildern. An Verkaufstheken bloßgestellt worden zu sein, führt hingegen höchstens dazu, sich klein und minderwertig zu fühlen – und nicht selten auch als Erwachsene noch unangenehmes Herzklopfen zu haben, wenn es darum geht, Würstchen oder ein Brötchen zu bestellen.

Viel schwerer noch als das Verhalten von Fremden wiegt für

unsere Kinder jedoch der Umgang ihrer engsten und liebsten Bezugspersonen mit ihnen. Das fängt bei Kleinigkeiten an. Wie oft schneiden wir unseren Kindern das Wort ab, wischen ihre Anliegen beiseite oder hören ihnen gar nicht richtig zu? Wie oft setzen wir uns aus Bequemlichkeit oder Ungeduld über ihre Wünsche hinweg? Wie oft glauben wir, das Recht zu haben, über sie zu bestimmen, einfach weil wir die Großen sind? Um solchen Ungerechtigkeiten auf die Spur zu kommen, kann es durchaus hilfreich sein, sich konsequent immer wieder zu fragen: Was würde ich jetzt eigentlich tun, wenn das mein Partner, meine Partnerin wäre? Oder mein bester Freund, meine beste Freundin? Tatsächlich stelle ich bei mir selbst oft fest, wie viel flexibler und auch großzügiger ich reagiere, wenn ich mir in typischen Nerv-Situationen mit meinen Kindern ein erwachsenes Gegenüber vorstelle. Kräht mein Dreijähriger am Mittagstisch, dass er aber Traubensaft will und nicht den Apfelsaft, der auf dem Tisch steht, ist mein erster Impuls, zu sagen: »Es gibt das, was auf dem Tisch steht!« Stelle ich mir hingegen vor, meine Freundin wäre zu Besuch und fragte, ob wir auch Traubensaft dahätten, fände ich gar nichts dabei und würde ich selbstverständlich sofort und gerne zur Speisekammer gehen und das Gewünschte holen. Warum unterscheidet sich meine emotionale Reaktion in diesen beiden Situationen so stark? Nun, zum einen sicher, weil meine erwachsene Freundin gelernt hat, ihr Anliegen gefälliger zu formulieren als mein Kindergartenkind. Dann spielt die soziale Prägung eine Rolle, Gäste besonders zuvorkommend zu behandeln. Doch es lässt sich nicht leugnen, dass sich auch einige ganz handfeste Glaubenssätze aus der Geschichte der Erziehung in meiner spontanen Reaktion widerspiegeln: »Kinder können nicht immer ihren Willen bekommen.« – »Was auf dem Tisch steht, wird gegessen.« – »Ich bin doch nicht eure Sklavin.« – »Sei zufrieden mit dem, was du hast!« –

»Kindern Extrawünsche zu erfüllen, lässt sie nur immer gieriger werden. Irgendwann ist auch mal Schluss!«

Der Hauptunterschied ist also: Meinen Sohn will ich erziehen – meine Freundin nicht. Deshalb ist mein erster Impuls, meinen Sohn durch meine Macht als Mama etwas zu verwehren – während ich mit meiner Freundin ohne jeden inneren Widerstand großzügig sein kann. Heißt das, dass es falsch wäre, zu Kindern jemals Nein zu sagen? Natürlich nicht. Die Frage ist vielmehr, ob wir das, was sie sich gerade wünschen, auch unseren Partnern, Eltern oder Freunden verwehren würden. Oder nur unseren Kindern, weil sie kleiner und schwächer sind als wir. Und weil wir glauben, sie auf diese Weise erziehen zu müssen.

Mich persönlich haben solche Gedankenspiele schon oft dabei unterstützt, uralten Glaubenssätzen auf die Spur zu kommen und meine Kinder respektvoller zu behandeln. Unvergessen der Tag, an dem ich mir die Frage stellen musste, ob es mir zustehen würde, meinem Mann zu verbieten, mit Winterstiefeln, pinkfarbenem Rock, rotem T-Shirt und Sonnenhut mit Melonenaufdruck bekleidet in den Zoo zu gehen (Nein!), ob ich meiner Mutter vorschreiben würde, im Zoo auch tatsächlich Tiere anzuschauen und nicht nur auf dem Spielplatz herumzuhängen (Nein!), und ob ich meiner besten Freundin erlauben würde, bei 35 Grad im Schatten auf meinem Schoß zu sitzen (Nein!).

Gleichzeitig steht außer Frage: Solche Vergleiche zwischen unseren emotionalen Reaktionen auf die Anliegen von Kindern und Erwachsenen sind nicht immer hilfreich. Zum einen, weil uns das Zusammenleben mit Kindern vor Probleme stellt, die sich im Alltag mit Erwachsenen so schlicht nicht ergeben. Und zum anderen, weil Kinder eben keine kleinen Erwachsenen *sind* – und wir dementsprechend eine Verantwortung ihnen gegenüber haben. Konkret heißt das: Im Alltag mit Kindern stehen wir vor Herausforderungen, die es in all unseren zigtausenden Interaktionen mit Erwachsenen so niemals geben würde. Bei manchen Konflikten kann ich mir schlicht nicht vorstellen, sie mit einem erwachsenen Menschen zu haben. Und deshalb hilft mir der Vergleich auch nicht im Umgang mit meinem Kind. Dazu kommt, dass es bei Meinungsverschiedenheiten im Umgang mit Erwachsenen natürlich immer auch Lösungswege gibt, die mir als Mutter oder Vater mit meinem Kind so schlicht nicht zur Verfügung stehen. So fällt es mir leicht, die Frage zu beantworten, was ich tun würde, wenn mein Mann sich weigerte, mich bei einem Termin zu begleiten: Dann bliebe er eben zu Hause. Und wenn er auf einen Abend bei Freunden keine Lust mehr hätte, während ich noch bleiben und quatschen will, ginge er eben vor und ich käme nach. Im Zweifelsfall macht einfach jeder das, was er gerade will – diese wunderbare Konfliktlösungsoption besteht mit Kindern für viele Jahre eben gerade nicht. Weil sie nicht alleine zu Hause bleiben und nicht ohne uns auf dem Spielplatz bleiben können. Weil wir da sein müssen, wo sie sind, und sie mitkommen müssen, wenn wir loswollen – zumindest, solange niemand anderes auf sie aufpassen kann. Das heißt: Anders als mit sämtlichen Erwachsenen in unserem Leben sind wir mit unseren Kindern für viele Jahre wie zusammengekettet. Das macht es unendlich viel schwerer, faire Lösungen im Umgang mit unterschiedlichen Wünschen zu finden. Und schließlich haben wir als Eltern unseren Kindern gegenüber schlicht auch eine Verantwortung, wie sie Erwachsene einander gegenüber normalerweise nicht haben. Für die körperliche und seelische Gesundheit unserer Kinder Sorge zu tragen und sie vor Gefahren zu schützen, ist ganz eindeutig unsere elterliche Pflicht. Würde mein Mann sich hartnäckig weigern, sich zu waschen oder seine Zähne zu putzen, wäre das zwar gewiss ein Streitthema zwischen uns und im schlimmsten Fall irgendwann vielleicht sogar ein Trennungsgrund – aber es wäre letztlich seine Verantwortung und nicht meine. Würde meine beste Freundin sich nur noch von Chips und Softdrinks ernähren, könnte ich ihr gegenüber meine Sorge ausdrücken, dürfte aber nicht in ihre Ernährungsweise eingreifen. Und stellte ich fest, dass meine Eltern in Online-Spielen versänken und darüber alles andere vernachlässigten, könnte ich versuchen, mit ihnen darüber zu sprechen, dürfte aber letztlich nicht in ihre freie Lebensgestaltung eingreifen. So ist das bei Erwachsenen: Jeder hat das Recht auf seine eigenen Entscheidungen – selbst dann, wenn sie ihm schaden.

Bei unseren Kindern ist das anders. Sie können die Verantwortung für ihr eigenes Wohlergehen noch nicht alleine tragen. Unsere elterliche Sorge erstreckt sich deshalb auch auf ihre Körperhygiene, ihre Ernährung, ihren Medienkonsum und viele andere Lebensbereiche. Gleichzeitig besteht genau bei diesen Themen die Gefahr, als Eltern übergriffig zu agieren und unseren Kindern in ziemlich respektloser Weise vorzuschreiben, was sie zu tun und was sie zu lassen haben. Und all die Partner-Freundin-Mutter-Vergleiche helfen uns dabei kein Stück. Denn wo Wunsch gegen Wunsch, und Bedürfnis gegen berechtigte Sorge steht, zieht in der besonderen Dynamik zwischen Eltern und Kindern nahezu immer irgendeiner von beiden den Kürzeren: Entweder das Kind muss etwas machen, was es überhaupt nicht will, oder ein Elternteil zwingt sich, dem Kind zuliebe, zu etwas, wozu es eigentlich überhaupt nicht bereit ist. Am Ende solcher Konflikte steht oft ein Übergriff: Entweder wir tragen ein schreiendes, strampelndes Kind vom Spielplatz nach Hause, weil wir uns nicht mehr anders zu helfen wissen. Oder wir zwingen uns selbst mit großer innerer Härte dazu, Bedürfnisse zu ignorieren und Verpflichtungen nicht zu erfüllen, um bloß den Wünschen unseres Kindes gerecht zu werden. Beides fühlt sich nicht gut an und kratzt an unserer Beziehung, weil sich einer dem anderen völlig unterordnen muss, ohne Rücksicht auf das eigene Wohlergehen. Wie kann respektvoller Umgang miteinander auch in solchen Situationen aussehen, in denen es keine einfache, einvernehmliche Lösung gibt? Antworten auf diese schwierige moralische Frage finden wir, wenn wir uns damit beschäftigen, wie viel Selbstbestimmung und wie viel Fremdbestimmung in einem Kinderleben Platz haben. Und was wir tun können, wenn unsere eigenen ethischen Ansprüche mit unserer Lebenswirklichkeit kollidieren.

## Kinder müssen wollen dürfen

Meine Tochter war etwa vier Jahre alt, da nahm sie sich eines Tages einen großen Kochtopf aus unserem Schrank, schleppte ihn auf unseren Balkon und fing an, alles Mögliche hineinzuwerfen: Blätter, Erde, Blütenblätter, kleine Äste. »Was machst du da?«, fragte ich entgeistert. »Ich koche Hexensuppe«, entgegnete sie seelenruhig und warf einen glänzenden Kieselstein in den Topf. »Hör auf damit!«, sagte ich. »Ich will das nicht!« Dann hörte ich ihre kleine Schwester weinen und ging nach drinnen, um nach ihr zu sehen. Als ich einige Zeit später wieder nach draußen kam, traf mich fast der Schlag: In unserem Kochtopf befand sich mittlerweile ein widerliches Gebräu aus Schlamm und Dreck, gewürzt mit einigen Zutaten, die mir bekannt vorkamen: Zimtstangen, getrocknete Pilze, und einige Teebeutel schwammen obenauf. »Warst du etwa an unserem Vorratsschrank?«, fragte ich wütend. »Und warum hast du überhaupt weitergemacht mit der Hexensuppe? Ich hatte dir doch klipp und klar gesagt, dass ich das nicht will. Hast du das etwa nicht gehört?« »Doch«, sagte meine Tochter und lächelte mich freundlich an. »Ich hatte gehört, dass *du* es nicht willst. Aber *ich* wollte es trotzdem.«

Unverschämt, unmöglich, unerhört – das sind die typischen

ersten Reaktionen, wenn ich von dieser selbstbewussten Antwort meines Kindes erzähle. Wie frech ist das denn? Sich so über den expliziten Willen der eigenen Mutter hinwegzusetzen, und dann auch noch zu lächeln? Doch bei näherem Hinsehen sind die Worte meiner Tochter nur dann frech, unangebracht und ungehörig, wenn wir davon ausgehen, dass es die Pflicht unserer Kinder ist, *ihren* Willen *unserem* Willen unterzuordnen. Der Grund für die spontane Empörung der meisten Menschen – mich eingeschlossen! – ist also eine klare Nachwirkung der alten Überzeugung, dass unsere Kinder uns schlicht *Gehorsam* schulden. Die moderne »Ich will«-Formulierung, die ich gewählt hatte, war also nichts anderes als ein Feigenblatt für das autoritäre »Du musst«, das ich nie gesagt hätte, weil es mit meinem Selbstbild als liebevolle Mutter nicht zusammenpasst. Mein Kind hingegen hatte genau entsprechend der Werte gehandelt, die wir ihm im Alltag versuchen vorzuleben: Jeder Mensch hat das Recht, seinen Willen zu äußern. Aber niemand hat das Recht, immer seinen Willen zu bekommen. Sie wusste aus eigener Erfahrung, dass ein »Ich will aber« nicht immer davor schützt, dass das Gegenteil passiert. Und schloss daraus so logisch wie messerscharf, dass dieser Grundsatz für Kinder wie für Erwachsene gleichermaßen gelten muss. Und damit hatte sie ja auch recht: Kein Mensch hat das Recht, immer seinen Willen zu bekommen. Kinder nicht und Erwachsene nicht. Deshalb ist für unsere Kinder zwar wichtig zu wissen, was wir wollen. Und kooperativ, wie sie sind, werden sie sich auch oft daran halten. Aber eben nicht *immer*. Dann nämlich nicht, wenn ihr Drang, die Welt zu entdecken, größer ist als ihr Wunsch, uns glücklich zu machen. Und sie in dem Grundvertrauen aufwachsen, dass sie nichts zu befürchten haben, wenn sie diesem Impuls nachgeben. »Ein Kind unter sechs Jahren kann nicht bewusst ungehorsam sein. Es folgt nur seinem angeborenen Instinkt, die

Welt zu verstehen«, beschreibt der amerikanische Autor Joseph Chilton Pearce dieses Phänomen in seinem Buch »Die magische Welt des Kindes und der Aufbruch der Jugend« sehr schön. Bedeutet das, dass wir unsere Kinder alles machen lassen müssen, was sie wollen? Nein: Es heißt, dass wir *noch klarer* kommunizieren müssen. »Hörst du bitte auf?« ist eine Frage, die unsere Kinder problemlos mit Ja oder Nein beantworten können. »Hör auf, im Topf zu rühren, und komm mit ins Haus!« ist eine Aufforderung, der sie mit sehr hoher Wahrscheinlichkeit Folge leisten werden – aber garantiert ist auch das nicht. »Ich will nicht, dass du Hexensuppe kochst!« gibt meinem Kind eine wichtige Information darüber, wie ich zu seinem Vorhaben stehe, und appelliert an seine angeborene Kooperationsbereitschaft, lässt ihm aber selbstverständlich trotzdem die Option, seinem eigenen Willen gerade eine höhere Priorität einzuräumen. Will ich deshalb absolut nicht, dass etwas passiert, muss ich das auch *genau so* sagen und persönlich dafür Sorge tragen. Im Falle des Hexensuppen-Debakels hatte ich dazu schon sehr bald Gelegenheit: Kaum hatten wir den verdreckten Topf nämlich wieder gereinigt und unserer Tochter noch einmal ganz genau erklärt, dass ich wirklich nicht will, dass sie darin Matschepampe macht, sah ich sie den Topf schon wieder zum Balkon tragen. »Stopp!«, sagte ich diesmal. »Ich verbiete dir, in diesem Topf wieder so eine Suppe zu kochen. Ich habe nämlich wirklich keine Lust, wieder so lange schrubben zu müssen, bevor ich uns darin Abendessen kochen kann. Und meine Kochzutaten möchte ich auch behalten.« Mit diesen Worten nahm ich meiner Tochter den Topf aus den Händen und stellte ihn in unserem Küchenschrank auf ein hohes Regalbrett, damit sie selbst nicht mehr drankommen konnte. Auch unsere Gewürze und Tee-Vorräte verwahrte ich so sicher, dass sie sich nicht mehr selbst daran bedienen konnte. Dann gab ich ihr einen alten Eimer und einen Stock und sagte ihr, damit könne sie im Garten gerne Hexensuppe kochen mit allem, was sie dort finde. »Und wie soll sie dann braun und gelb werden ohne Zimt und Curry?«, murrte meine Tochter. »Ich bin mir sicher, du wirst dafür eine Lösung finden«, entgegnete ich freundlich, und das war das Ende unserer Hexensuppen-Unterhaltung.

Halten wir also fest: Wenn unsere Kinder sich über unseren expliziten Willen hinwegsetzen, dann kann unklare Kommunikation dahinterstecken – es kann aber auch sein, dass ihr eigener Wille unseren gerade schlicht aussticht. Die Gefühle von Wut, Frustration und Empörung, die wir dabei oft empfinden, haben nichts mit unserem Kind zu tun und sind auch nicht seine Schuld. Sie verraten uns vielmehr, wie stark wir alle noch in manchen autoritären Erwartungen von Gehorsam und Unterwürfigkeit gefangen sind und wie schwer es uns fällt, diese zu überwinden. Deshalb fühlen wir uns auch so leicht missachtet und übergangen, wenn unsere Kinder sich über unseren Willen hinwegsetzen – als seien wir hilflose Opfer und keine selbstwirksamen Erwachsenen. Daher ist es so zentral, dass wir für das, was uns wirklich wichtig ist, selbst die Verantwortung übernehmen, und zwar sowohl kommunikativ als auch in unserem Handeln. Wenn ich partout nicht will, dass mein Kind an mein Strickzeug geht, dann sage ich das und räume es an einen Ort, wo es nicht drankommt. Wenn ich es nicht ertragen kann, wie mein Kleiner beim Abendessen sein Besteck auf den Boden schmeißt, dann ist es fairer, ihm Löffel und Gabel erst mal abzunehmen und ihn mit den Händen essen zu lassen, als sauer auf ihn zu sein, weil er sich nicht an meine Regeln hält. Es ist wichtig, dass wir Eltern lernen, klar zu sagen, was wir wollen. Und es ist genauso wichtig, dass unsere Kinder das tun. Dabei müssen wir nicht befürchten, sie zur Unhöflichkeit zu erziehen: Kinder sind schlau und verstehen mit dem Älterwerden ganz von allein, dass es sich in bestimmten sozialen Settings gehört, »Ich möchte bitte« zu sagen, und in persönlichen Beziehungen trotzdem das kraftvollere »Ich will« zu verwenden. Und was das Lächeln angeht, das wir so oft in den Gesichtern unserer Kinder sehen, wenn sie eben *nicht* gemacht haben, was wir wollten – das ist keinesfalls die ultimative Provokation, als die es oft interpretiert wird. Im Gegenteil: Es ist eine uralte Beschwichtigungsgeste, mit der Primaten einander seit Jahrtausenden signalisieren, dass sie nicht auf Streit und Ärger aus sind, sondern einfach nur dringend das machen mussten, was sie eben gemacht haben. Sehen wir es als das Friedensangebot, das es ist, anstatt es als »freches Grinsen« abzutun, kann uns das helfen, auch das Handeln unseres Kindes als das anzusehen, was es ist: kein Ärgern, keine Ungehörigkeit, kein Grenzentesten, sondern schlicht: dem eigenen Herzen folgen.

## Selbstbestimmung, Fremdbestimmung: Wer führt?

Wie wichtig ist der einzelne Mensch? Es ist eine ziemlich philosophisch anmutende Frage, der sich Ethnologen nähern, wenn sie unterschiedliche Kulturen daraufhin erforschen, mit welchem Selbstbild die Menschen dort aufwachsen und agieren. Dabei unterscheiden sie zwischen dem independen, also unabhängigen und dem interdependen, sich also als Teil einer Gemeinschaft verstehenden Selbst. Während sich die Menschen in traditionalen Kulturen meist als Teil eines großen Ganzen verstehen, steht in den westlich geprägten Industriekulturen das Individuum hoch im Kurs: Wer ich bin und wie ich die Welt sehe, definiert mich mehr als meine Rolle in meinem sozialen System. »Ich bin, weil wir sind« – diese Redensart aus der afrikanischen Ubuntu-Philosophie fasst wie ein Glaubensbekenntnis zusammen, worauf das menschliche Selbstverständnis für den größten Teil der Menschheitsgeschichte basierte. Der Mensch als Teil seines hierarchisch organisierten Stammes, seines Clans, seiner Gemeinschaft, ohne die er nichts ist. Unser moderner Individualismus ist dazu ein radikaler Gegenentwurf: Jeder Mensch hat einen Wert an sich, ist aber für sich selbst verantwortlich. Daraus resultiert eine große persönliche Freiheit, aber oft auch eine immense Einsamkeit: Wer keine Gruppe hat, die für einen sorgt, ist schnell auf sich allein gestellt. Diese widersprüchlichen, kulturellen Prägungen müssen wir mitdenken, wenn wir über die Selbstständigkeitsentwicklung unserer Kinder sprechen wollen und darüber, wie viel sie allein bestimmen dürfen – oder nicht. Denn das Spannungsfeld zwischen Führen und Lockerlassen, Bestimmen und Begleiten, in dem wir als Eltern heute unweigerlich stehen, spiegelt eine viel größere gesellschaftliche Frage wider: Wie viel Selbst braucht unser Ich?

Dass wir in einer Kultur leben, die dem Individuum einen hohen Stellenwert einräumt, lässt sich auch daran erkennen, was sich Eltern heute für ihre Kinder wünschen: Selbstbestimmung, Selbstwertgefühl, Selbstvertrauen, Selbstständigkeit, Selbstverwirklichung. Natürlich sollen unsere Kinder auch sozial und empathisch und rücksichtsvoll sein, aber bitte nicht *selbst*los. Für sich und die eigenen Interessen einstehen zu können, ist für uns heute ein hoher Wert, und hat deshalb auch ganz automatisch Einfluss darauf, wie wir mit unseren Kindern umgehen. So sind die meisten Eltern hierzulande stark darauf gepolt, jeden Schritt in Richtung Selbstständigkeit zu ersehnen und zu feiern. Wir sprechen von *Meilensteinen*, wenn unsere Kinder ohne unsere Hilfe einschlafen, allein aufs Klo gehen, ohne uns woanders übernachten. Und von *Rückschritten*, wenn sie plötzlich wieder mehr Nähe, Rückversicherung, Begleitung brauchen. Das zeigt, wie erstrebenswert für uns Unabhängigkeit ist – und wie schwer wir uns teilweise mit der Abhängigkeit tun, die mit dem Kindsein automatisch einhergeht.

Keiner will ein Kind haben, das immer am Rockzipfel hängt. Das ist nämlich das Sinnbild elterlichen Versagens: ein Kind großzuziehen, das nicht auf eigenen Beinen stehen kann. Der Fokus auf das Selbst hat deshalb vielen erzieherischen Härten den Boden bereitet – indem etwa Schlaflerntrainings mit dem Versprechen beworben wurden, die Selbstständigkeitsentwicklung von Babys zu fördern. Doch Kinder von Geburt an als eigenständige Individuen zu betrachten, hatte auch positive Konsequenzen. So führte etwa das neue Menschenbild der Bindungsforschung dazu, kindlichen Bedürfnissen mit derselben Ernsthaftigkeit zu begegnen wie denen Erwachsener. Dass wir als Kinder unsere Eltern also überhaupt als Gegenüber wahrnehmen und ansprechen, dass wir sie nach ihrer Meinung fragen und ihre Gedanken hören wollen – all das fußt ebenfalls in unserer kulturellen Prägung vom Wert des Selbst.

Unsere Kinder sind also beides: kleine Individuen in einer individualistischen Gesellschaft und gleichzeitig evolutionär darauf gepolt, Teil einer hierarchisch organisierten Gruppe zu sein. Sie erwarten also Führung genauso wie Fürsorge. Und wachsen zugleich hinein in eine Welt, in der sie schon ganz früh spüren und auch spüren *sollen*, dass ihre Wünsche nicht egal sind und dass ihr Wille Wert hat. Aus erzieherischer Sicht ist diese Ausgangslage tatsächlich Neuland. Noch nie zuvor hatten Eltern einerseits den Anspruch an sich selbst, ihren Kindern die Führung zu geben, auf die sie evolutionär vorbereitet sind, und gleichzeitig ihrem modernen Selbstverständnis und Ethos gerecht zu werden, sie als freie und selbstbestimmte Individuen groß werden zu lassen. Deshalb tun wir uns damit auch so schwer. Und haben ständig das

Gefühl, unseren Kindern entweder zu viel Entscheidungsfreiheit zu lassen.

Oder zu wenig.

Gehen wir deshalb gemeinsam auf Spurensuche, was es wirklich mit der Selbstbestimmung unserer Kinder auf sich hat – im Bewusstsein der Tatsache, dass unsere Vorstellungen vom richtigen Maß an Entscheidungsfreiheit und Autonomie immer auch im Kontext der Kultur beantwortet werden müssen, in der wir mit unseren Kindern leben. Also: Welche Formen der Selbstbestimmtheit tun unseren Kindern gut? Was können sie für sich selbst entscheiden? Und woran erkennen wir, dass wir unser Kind in Sachen Selbstverantwortung gerade überfordern?

Das Recht auf Selbstbestimmung ist der zentrale Kerngedanke der Menschenrechte, wie sie vor über 70 Jahren von den Vereinten Nationen gemeinsam definiert wurden. In der deutschen Gesetzgebung findet sich dieser Anspruch in Artikel 2 des Grundgesetzes wieder, in dem jedem Menschen das Recht auf »freie Entfaltung seiner Persönlichkeit« zugesprochen wird. Würde und Selbstbestimmtheit sind moralisch also unmittelbar miteinander verknüpft: Ich kann einen Menschen nur achten, wenn ich auch seine Freiheit achte, er selbst zu sein. Das heißt: Ich respektiere sowohl sein Recht auf körperliche Selbstbestimmung als auch das auf seine eigenen Entscheidungen. Was bedeutet das nun in Bezug auf unsere Kinder?

Nun, zuallererst bedeutet es ein Recht auf körperliche Selbstbestimmung. Das heißt: Unsere Kinder dürfen allein entscheiden, wem sie die Hand geben wollen, wer sie auf den Schoß nehmen darf, wer eine Umarmung oder ein Küsschen bekommt. Sie zu solchen Körperlichkeiten – auch indirekt – zu zwingen, missachtet dieses Recht. Deshalb ist es so wichtig, dass wir uns schützend vor unsere Kinder stellen, wenn andere derlei Zuneigungsbekundungen einfordern, obwohl unserem Kind dabei sichtlich unwohl ist. Unseren Kindern von Anfang an zuzugestehen, über ihren eigenen Körper zu bestimmen, ist dabei nicht nur die aktive Verteidigung eines Grundrechts – es ist auch die beste Missbrauchsprophylaxe. Denn die meisten Übergriffe gegenüber Kindern können geschehen, weil Missbrauchsopfer häufig nie gelernt haben, auf ihr eigenes Körpergefühl zu hören und klar ihre eigenen Grenzen zu vertreten. Stattdessen haben sie verinnerlicht, dass es Kindern nicht zusteht, von Erwachsenen eingeforderte Berührungen zurückzuweisen, nur weil sie ihnen unangenehm sind. Kinder in ihrem Recht auf körperliche Selbstbestimmung zu stärken, vermittelt ihnen hingegen auch ganz automatisch das wichtige Prinzip *Consent*, den die meisten von uns vor allem im Kontext sexueller Beziehungen zwischen Erwachsenen kennen. Doch dass keine Handlung am Körper eines anderen ohne dessen explizites Einverständnis geschehen darf, ist ein Grundsatz, der nicht nur beim Sex gilt. Dennoch setzen wir uns im alltäglichen Miteinander oft über die körperlichen Grenzen von Kindern hinweg, ohne uns dessen überhaupt bewusst zu sein. Es ist einfach so normal für uns, unseren Kindern etwa ihr eigenes Empfinden abzusprechen.

»Mir ist zu warm!« – »Quatsch, du bist genau richtig angezogen.«

»Ich habe Hunger!« – »Das kann nicht sein, du hast doch gerade erst was gegessen.«

»Ich bin noch nicht müde!« – »Natürlich bist du müde, es ist doch schon sieben Uhr!«

»Ich mag es nicht, wenn Tante Tine mich umarmt!« – »So ein Unsinn! Du *liebst* doch Tante Tine!«

Mit derlei Aussagen vermitteln wir unseren Kindern, dass sie ihrer eigenen Wahrnehmung nicht vertrauen können. Und das ist ein echtes Problem, denn wer als Kind nicht lernt, für die eigenen Grenzen einzustehen, kann das oft auch im Jugendlichen- und Erwachsenenalter nicht. »Komm schon, nun sei doch nicht prüde … nur noch ein kleines bisschen … du willst es doch auch« – ohne ein gesundes Gefühl für das eigene Recht auf körperliche Selbstbestimmung lassen sich Menschen von derlei Aussagen leicht unter Druck setzen und zu Handlungen drängen, die sich falsch anfühlen, die ihr Gegenüber aber erwartet. Um solchen Dynamiken vorzubeugen, ist es deshalb wichtig, dass wir unsere Kinder von Anfang an nicht wie Puppen behandeln, mit denen wir nach Belieben tun und lassen können, was wir wollen, sondern wie vollwertige Menschen, die das Recht haben, über sich und ihren Körper zu bestimmen. Das geht im Babyalter los, in dem uns unsere Kinder durch ihre Mimik und Gesten zeigen, ob sie gerade hochgenommen oder in Ruhe gelassen werden wollen, und geht bei unseren größeren Kindern weiter, die eigenmächtig über ihre Frisur entscheiden wollen oder darüber, wann sie satt sind. In diesem Kontext ist auch die Empfehlung der Sexualpädagogin Deanne Carson zu verstehen, bereits Babys vor dem Wickeln um Erlaubnis zu fragen, was im Jahr 2018 eine globale Welle der Belustigung und Empörung auslöste. Dabei ging es Carson zu keinem Zeitpunkt darum, dass Eltern ihre Babys nicht mehr wickeln sollten. Was sie vermitteln will, ist ein neues Mindset. Nicht: »Ich bestimme, was mit dir und deinem Körper passiert, weil ich größer und stärker bin.« Sondern: »Ich achte deine körperlichen Grenzen und überschreite sie nicht einfach mit der größten Selbstverständlichkeit.« Natürlich sollen und müssen Eltern keine Angst haben, aus Versehen die körperliche Integrität ihrer Babys zu verletzen, indem sie sie ungefragt kuscheln, tragen, baden und in den Arm nehmen. Schließlich sind Menschenbabys evolutionär darauf vorbereitet, dass all das mit ihnen geschieht. Doch die

Grundhaltung, die wir ihnen gegenüber dabei einnehmen, macht einen Unterschied. Streift sich ein Baby etwa immer wieder sein Sonnenhütchen vom Kopf, da es ihm offensichtlich unangenehm ist, können wir es entweder zubinden, sodass das Kleine es schlicht nicht mehr abnehmen kann, und uns damit über sein Körperempfinden hinwegsetzen. Oder wir können respektieren, dass ihm die Mütze unangenehm ist, und unser Baby stattdessen einfach unter einen Sonnenschirm setzen. Dass wir nicht automatisch das Recht haben, uns körperlich gegenüber unseren Kindern durchzusetzen – das ist der Gedanke, an den wir uns gewöhnen müssen, wenn wir es ernst meinen, Kinder als vollwertige, wenn auch kleine Menschen behandeln zu wollen.

Womit wir bei unserem wohl größten ethischen Dilemma als Eltern angekommen wären: Ja, zu den Menschenrechten unseres Kindes gehört sein Recht auf Selbstbestimmung und *Consent*. Gleichzeitig sind wir Eltern jedoch in der Verantwortung, für die Gesundheit und Sicherheit unserer Kinder Sorge zu tragen. Und das eine geht nicht immer mit dem anderen zusammen – etwa, wenn unser Zweijähriges partout nicht will, dass wir ihm seine volle Windel ausziehen, während wir wissen, dass es wund wird, wenn wir genau das *nicht* tun. Und Entscheidungen, die ihren eigenen Körper betreffen, sind längst nicht die einzigen, in denen das Selbstbestimmungsrecht unserer Kinder mit anderen uns wichtigen Anliegen kollidiert. Wenn meine zehnjährige Tochter etwa beschließt, nicht mehr zur Schule gehen zu wollen, Schulpflicht hin oder her – was dann?

In einem ethischen Dilemma zu stecken, ist für uns Menschen eine unglaublich unangenehme Situation. Denn ein ethisches Dilemma ist von einem Gefühl der Unauflöslichkeit bestimmt, weil wir dabei die Wahl zwischen zwei oder mehr Optionen haben, die sich alle gegenseitig ausschließen, und die *alle* mindestens eins unserer ethischen Prinzipien verletzen. Das heißt: Uns steht keine einzige Option offen, die nicht den massiven Nachteil hätte, dass wir dabei gegen unsere eigenen Werte handeln. Und das bedeutet für unser Gehirn Stress pur, denn unser Wertesystem ist nicht umsonst das Fundament unseres Selbstbilds. Wir können also nicht einfach ein Auge zudrücken, ohne dabei das Gefühl zu haben, uns selbst zu verraten. Deshalb geraten wir in einen Zustand, der sich *kognitive Dissonanz* nennt. Dabei warnt uns unser Gehirn mittels eines schier unerträglichen Spannungsgefühls, dass wir gerade im Begriff sind, unsere moralische Wertebasis zu verlassen – und zwar egal, was wir tun. Weil sich das so schlimm anfühlt, wählen viele Menschen in solchen Momenten den intuitiv einfachsten Weg, diese Spannung aufzulösen: Sie suchen nach einer Ausrede, warum ein moralisches Prinzip in dieser Situation nicht gilt. »Mein Kind ist nicht wirklich verzweifelt, wenn ich es festhalte, um ihm die Zähne zu putzen. Es schreit dabei nur aus Trotz!« wäre eine solche Erklärung, mit der wir uns selbst belügen, um eine unerträgliche Situation erträglich zu machen. In unserer Kultur finden sich unzählige Beispiele für solche Rechtfertigungen, mit denen wir kollektiv versuchen, ethische Dilemmata verschwinden zu lassen: »Das Leben ist nun mal kein Ponyhof.« – »Kinder wissen doch gar nicht, was gut für sie ist.« – »Es kann eben nicht immer alles nur nach deinem kleinen Dickkopf gehen.« Das große Problem bei dieser Strategie der kognitiven Dissonanzreduktion ist jedoch, dass sie auf Kosten unserer Empathiefähigkeit geht. Das heißt: Wenn wir uns einreden, dass der Protest unserer Kinder ja ohnehin nur Show und nicht ernst zu nehmen sei, spiegelt sich das in unserem Verhalten wider. Wir setzen uns also nicht nur über ihren Willen hinweg, wir geben ihnen dabei gleichzeitig auch noch das Gefühl, ein unangemessenes Drama zu veranstalten und selbst schuld zu sein an ihrer misslichen Lage. Und das ist es oft, was diese Erfahrung für unsere Kinder erst recht schlimm macht. Der deutlich anstrengendere, aber fairere Umgang mit ethischen Dilemmata ist es deshalb, der Spannung in unserem Inneren nicht auszuweichen, sondern sie auszuhalten und innerhalb dieses Spannungsfelds widerstreitender ethischer Prinzipien die Entscheidung zu treffen, die wir für *am ehesten vertretbar* halten. Mehr bleibt uns nicht übrig. Das heißt: Es ist unmöglich, Eltern zu sein, ohne immer wieder in Situationen zu kommen, in denen wir uns über das Selbstbestimmungsrecht unserer Kinder hinwegsetzen müssen, weil ein anderes wichtiges Anliegen noch schwerer wiegt. Und es spricht sehr viel dafür, dass unsere Kinder evolutionär darauf vorbereitet sind, den Frust, der damit einhergeht, seelisch gut wegstecken zu können, solange sie dabei zugewandt begleitet werden – schließlich war es in der gesamten Geschichte der Menschheit niemals möglich oder erstrebenswert, dass Eltern ihren gesamten Alltag auf die Wünsche und Befindlichkeiten ihrer Kinder ausgerichtet hätten. Im Gegenteil: Es ging und geht immer um eine gesunde Balance der Bedürfnisse. Unser eigenes Selbstbestimmungsrecht als Eltern ist nicht weniger wichtig als das unserer Kinder. Unsere Bedürfnisse wiegen genauso schwer, und unsere Verantwortung gebietet es, immer wieder auch unbequeme Entscheidungen durchzusetzen, weil sie einfach *wichtig* sind. Es liegt in der Natur solcher ethischer Dilemmata, dass die Entscheidungen, die wir unter ihrem Druck fällen, fehleranfällig sind. Es ist deshalb sehr wahrscheinlich, dass wir in einer solchen Konfliktsituation auch immer mal wieder eine Wahl treffen, die wir hinterher bereuen. Das lässt sich nicht vermeiden, wenn wir gerade in schwierigen Momenten nicht nach einem festen Regelwerk vorgehen wollen, sondern immer wieder neu abwägen, was nun *am ehesten* das richtige Vorgehen ist.

## Neue Wege statt Schwarz und Weiß

Wenn wir uns in einer Situation wiederfinden, in der wir vor der Wahl stehen zwischen unserem eigenen Interesse und dem unseres Kindes, befinden wir uns also in einem moralischen Dilemma. Es ist ganz normal, dass wir darauf mit Stress reagieren. Das Problem dabei: Stress verengt unsere Sicht auf die Dinge und gibt uns schnell das Gefühl, nur zwischen zwei Optionen wählen zu können. Du oder ich, schwarz oder weiß. Dabei gibt es häufig noch ganz viele weitere Möglichkeiten, die Situation aufzulösen, die wir in diesem Zustand gar nicht mehr wahrnehmen. Es kann deshalb eine gute Übung sein, in diesen Momenten zu versuchen durchzuatmen und keine Entscheidung zu treffen, bevor wir uns nicht mindestens drei weitere Optionen zwischen völligem Nachgeben und hundertprozentigem Durchsetzen überlegt haben. Der Trick dabei ist es, die Sachzwänge, die uns in diese gefühlt ausweglose Lage gebracht haben, zu hinterfragen. Das Kind will nicht vom Spielplatz nach Hause, wir müssen aber um sechs zu Abend essen, weil uns sonst der Feierabend um die Ohren fliegt? Statt uns im Streit übers Gehen oder Bleiben zu verlieren, könnte es auch eine Option sein, irgendwo in einem Supermarkt um die Ecke ein paar Brötchen, Äpfel und Käse zu kaufen und das Abendbrot heute in Form eines Spielplatz-Picknicks stattfinden zu lassen. Dabei geht es weniger darum, einen Kompromiss oder Mittelweg zu suchen, bei dem letztlich beide Seiten verlieren, als darum, gänzlich neue und kreative Lösungen zu finden – das berühmte *thinking outside the box*. Das Kind will sich morgens partout nicht anziehen? Dann darf es eben im Schlafanzug zur Kita gehen, und wir ziehen es dort um. Das Grundschulkind will abends nicht ins Bett, wir Eltern sehnen uns aber nach dem Feierabend? Vielleicht können wir uns zusammen aufs Sofa kuscheln, und wir Eltern gucken mit Kopfhörern unsere Lieblingsserie, während unser Kind neben uns noch spielt oder liest. Auch wenn es nicht immer solche wundersamen Lösungen gibt, ist es unglaublich wichtig, sich nicht selbst unter Druck zu setzen, für jeden Konflikt eine solche Bilderbuch-Auflösung finden zu müssen. Es geht nicht darum, eine Trophäe für Super-Eltern zu gewinnen, sondern darum, den Blick zu weiten dafür, was alles möglich ist, wenn wir uns erlauben, außerhalb der vertrauten Handlungsoptionen zu denken. Manchmal kommen wir dabei auf coole Ideen. Manchmal nicht. Und beides ist okay.

### Wer leidet mehr?

Es gibt jedoch auch Situationen, da gibt es keine Kompromisse. Wenn ich um 14 Uhr einen Arzttermin habe, und mein Zweijähriges weigert sich um 13.30 Uhr immer noch standhaft, das Haus zu verlassen, habe ich irgendwann nur noch zwei Optionen: Ich lasse meinen Termin sausen. Oder ich schnappe mein Kind, ob es will oder nicht, und flitze los. Für viele Eltern fühlen sich solche Momente schrecklich an: Da will man liebevoll und geduldig sein, kündigt den Termin rechtzeitig an, lockt und begleitet und vermittelt und erklärt, und am Ende verlässt man doch wieder wütend und gestresst das Haus, ein tobendes Kleinkind unterm Arm, und hofft, dass angesichts des damit einhergehenden Gebrülls keiner das Jugendamt ruft. Unsere Wut darüber, dass sie uns gerade wieder mal das Leben so schwer machen, obwohl wir uns doch so anstrengen, ihnen gute Eltern zu sein, geht natürlich auch an unseren Kindern nicht spurlos vorbei. Was die ganze Situation für alle noch dramatischer macht. Um gar nicht erst in diese völlige Eskalation zu schlittern, ist es deshalb ratsam, uns in solchen Situationen nicht in unzähligen Versuchen zu verrennen, einen gangbaren Weg für alle zu finden, sondern festzustellen: Hier muss eine klare Entscheidung her. »Mein Weg oder dein Weg, dazwischen gibt es gerade nichts.« Eine Leitfrage, die mir in solchen Stresssituationen schon oft weitergeholfen hat, stammt aus den sogenannten Kloeters-Briefen, einer Sammlung von Tipps zum liebevollen Umgang mit Kindern aus den 70er-Jahren. Sie lautet schlicht: »Wer leidet mehr?« Das heißt: Wessen Interesse ich in einer Konfliktsituation im Zweifelsfall den Vorrang gebe, entscheidet sich nicht danach, wer älter oder stärker, kleiner oder lauter ist, sondern nach meiner Abschätzung des individuellen Leidensdrucks in dieser Situation. »Wer leidet mehr?« Die Frage ist natürlich hochsubjektiv, und selbstverständlich kann ich mit meiner Einschätzung auch mal danebenliegen. Doch sie kann meinen Blick von allen sozialen Verpflichtungen, all dem Müssen, weglenken und stattdessen auf mein Kind, auf mich und den Schmerz richten, den die Entscheidung, ein Interesse dem anderen gegenüber Priorität einzuräumen, nach sich zieht. Um die Frage nach dem größeren Leid beantworten zu können, muss ich mein Kind und mich selbst ernst nehmen. Gefühle nicht wegwischen, sondern validieren und in die Waagschale werfen. Das ist nicht immer leicht. Denn fest steht: Es leidet nicht immer derjenige mehr, der am lautesten schreit. Gerade bei Geschwisterstreitigkeiten gibt es oft stilles Leid, das leicht übersehen zu werden droht angesichts des intensiven Wutgeheuls auf einer Seite. Und wie gewichte ich meinen eigenen Leidensdruck als Mutter, die es gewohnt ist, die emotionalen Lasten ihrer Kinder oft noch mitzutragen, gegen die Verzweiflung meines Babys oder meines Teenies? »Wer leidet mehr?« – diese Frage ist keine Geheimformel, die alle Probleme löst, aber ein kluger Anfangspunkt, um mir klar zu werden, wie wichtig mir mein eigenes Anliegen gerade ist. So bin ich mir etwa darüber klar geworden, dass die Unwilligkeit meiner Kinder, mit mir pünktlich das Haus zu verlassen, oft mit einer Schwierigkeit mit Übergängen zusammenhängt: Zu

Hause zu spielen ist einfach viel gemütlicher, als sich anzuziehen und loszugehen. Das heißt: Sie wehren sich zwar dagegen, doch sind wir erst mal unterwegs, geht es ihnen auch schnell wieder gut. Mein Leidensdruck hingegen ist immens, wenn ich für mich wichtige Termine verpasse – ob Zahnreinigung oder Treffen mit Freunden. Also priorisiere ich in solchen Momenten mittlerweile ohne schlechtes Gewissen meinen Wunsch, loszugehen, gegenüber ihrem, nicht losgehen zu müssen. Umgekehrt gibt es Situationen, da spüre ich einen großen Leidensdruck bei meinen Kindern – etwa, wenn mein Mann und ich abends mal wieder ausgehen wollen und eins unserer Kinder uns anfleht, doch zu Hause zu bleiben, weil es Angst davor hat, nicht von uns, sondern von unserer Babysitterin ins Bett gebracht zu werden. Da haben wir schon öfter entschieden, dass unser Leidensdruck, nicht ins Kino zu gehen, nicht so hoch ist wie der unseres Kindes in dem Moment. Also blieben wir zu Hause. Wichtig ist, dass sich solche individuellen Entscheidungen nicht generalisieren lassen. Es gibt auch Situationen, da wiegt der Leidensdruck ans Haus gefesselter Eltern schwerer als der ihres Kindes, das nicht bei der Babysitterin bleiben will. Und andere, da gibt es gute Gründe, dem Wunsch eines Kindes, zu Hause zu bleiben, höhere Priorität einzuräumen als einem Grillabend mit Freunden. Was uns Angst macht, was wir brauchen, womit wir zurechtkommen, ist individuell extrem verschieden. Und manchmal bleibt uns nichts anderes übrig, als unsere Entscheidung danach auszurichten, wer das mit ihr einhergehende Leid gerade eher tragen kann. Das Ergebnis dieses Entscheidungsprozesses ist jedenfalls eine möglichst große, innere Klarheit, die mir hilft, weiterzugehen. Mal, weil ich zu dem Schluss gekommen bin, kontrolliert nachzugeben, da in diesem Moment mein Kind mehr leidet als ich. Und mal, weil ich mich entschieden habe, mich zugewandt durchzusetzen, weil mein eigener Leidensdruck in dem Moment schwerer wiegt.

### Kontrolliertes Nachgeben

Viele Eltern kennen diese Momente, in denen sie schlicht keine Kraft mehr haben, dem geballten Durchsetzungswillen ihres Kindes irgendwas entgegenzusetzen. Also lassen sie es gewähren, nicht aus einer bewussten Entscheidung heraus, sondern aus blanker Erschöpfung: »Dann nimm halt das Wohnzimmer auseinander.« – »Dann hol dir halt das dritte Eis aus dem Tiefkühlfach.« – »Dann mal dich halt mit meinem Make-up an. Mir alles egal – ich kann nicht mehr!« Auf diese Weise nachzugeben, fühlt sich furchtbar an. Und lässt in uns Wut und Frust schwelen. Wir fühlen uns ausgenutzt, übergangen, ignoriert. Und nehmen unseren Kindern unbewusst übel, uns mit ihrem Dickkopf in diese Situation gebracht zu haben. Besonders häufig sehe ich diese stumme, vorwurfsvolle Resignation auf Spielplätzen, wo Eltern mit leerem Blick und kalten Füßen neben dem Sandkasten stehen und offensichtlich nur noch nach Hause wollen, auch immer wieder zaghafte Versuche unternehmen, ihr Kind zum Gehen zu bewegen, dann aber wieder resigniert nachgeben, wenn ihr Vorschlag mit Widerstand quittiert wird. Es wäre nun leicht, diesen Eltern den Schwarzen Peter zuzuschieben: Warum setzt ihr euch nicht einfach durch? Ihr seid doch die Erwachsenen! Doch so einfach ist es nicht. Rufen wir uns die »Wer leidet mehr?«-Frage in Erinnerung, kann es durchaus eine valide Entscheidung sein, mit einem unwilligen Kind noch auf dem Spielplatz zu bleiben. Schließlich kann es mit einem hohen Leidensdruck einhergehen, eine Sandburg nicht zu Ende bauen zu dürfen, mit dem geliebten Schaukeln aufhören zu müssen oder nicht mehr Klettern zu sollen, obwohl genau das gerade alle Bedürfnisse erfüllt, die ein Kind nach einem langen Tag so hat. Doch indem wir uns um eine klare Entscheidung drücken und unzufrieden und resigniert darauf warten, dass unser Kind endlich kommt, schieben wir ihm die Verantwortung dafür zu, dass wir hier gerade unglücklich sind und frieren. Tatsächlich liegt die Verantwortung dafür, wie es uns geht, jedoch immer bei uns, den Erwachsenen. Wir haben die Macht in dieser Familie, wir sind die Großen. Und es ist unser Job, eine klare Entscheidung zu treffen und zu ihr dann auch zu stehen. Wenn wir also das Spielbedürfnis unseres Kindes gerade gegenüber unserem Wunsch, nach Hause zu gehen, priorisieren wollen, dann bitte bewusst und mit großer Klarheit: »Du willst noch nicht nach Haus gehen? Alles klar, dann klettere noch und ich gehe derweil ein paar Runden um den Platz, damit mir ein bisschen wärmer wird!« Raus aus der Opferrolle, rein in die Verantwortung – das ist das Grundprinzip beim kontrollierten Nachgeben. Wir ordnen unser Bedürfnis gerade unter, weil wir es *wollen*, weil wir uns bewusst dafür entschieden haben. Unser Kind hat uns nicht erpresst, nicht manipuliert, zu nichts gezwungen. Unser Kind hat ein Bedürfnis angemeldet, und wir, die Erwachsenen, haben uns dazu entschlossen, es über unserem eigenen zu priorisieren. Und jetzt stehen wir dazu und lassen unser Kind ohne Schuldgefühle seinen Spaß haben, mit klarem Blick und ohne stumme Vorwürfe, während wir gleichzeitig so gut es geht für uns und unsere eigenen Bedürfnisse sorgen. Und wenn die Waagschale kippt und unser Leidensdruck überwiegt, entscheiden wir neu.

### Zugewandtes Durchsetzen

Mein Wille zählt gerade mehr als deiner – es ist schwer, so etwas zu denken. Sich zuzugestehen, dass die eigenen Bedürfnisse oder Anliegen gerade Vorrang haben. Und gleichzeitig ist es so wichtig, dass wir als Eltern das Recht haben, diese Entscheidung zu treffen. Weil es keinem Menschen gut gehen kann, der dauerhaft seine Bedürfnisse hintanstellen muss. Kindern nicht, aber auch Eltern nicht. Das heißt: Wenn all die kreativen Wege, die unterschiedlichsten Bedürfnisse unter einen Hut zu bekommen, nicht mehr greifen, und kontrolliertes Nachgeben für uns aus guten Gründen gerade keine Option ist, müssen wir da manchmal durch: Wir müssen uns über den Willen unserer Kinder hinwegsetzen, um unserer eigenen Bedürfnisse willen. Für viele Eltern ist das der Punkt, wo sie das Gefühl haben: »Liebevoll kommen wir hier nicht weiter. Jetzt ist Härte angesagt. Da muss mein Kind jetzt durch!« Die Folge solcher Gedanken ist: Wir verhärten uns. Machen uns gefühlstaub und unnahbar. »Mir egal, ob du jetzt weinst! Das ist jetzt einfach dran!« Diese Verhärtung ist natürlich ein Schutzmechanismus. Wir machen unsere Schotten dicht, um nicht spüren zu müssen, wie schmerzvoll es für unsere Kinder ist, was wir gerade tun: sie schnappen und wegtragen, sie festhalten und gegen ihren Willen an- oder ausziehen, sie in den Autositz drücken und festschnallen, während sie sich durchbiegen und schreien, als gäbe es kein Morgen. Doch für das emotionale Abschotten in solchen Momenten bezahlen wir einen hohen Preis. Gerade weil wir uns dabei so gefühlstaub machen, sind wir für unsere Kinder nämlich genau in diesen ohnehin schon schlimmen Situationen emotional kaum noch erreichbar. Und wenn sie versuchen zu erspüren, was wir ihnen gegenüber gerade empfinden, so registrieren sie vor allem: Wut. »Warum musst du dich jetzt schon wieder so anstellen? Wie kannst du es mir so schwer machen? Du bist schuld, dass das hier gerade so ein Drama gibt!« Wut macht aggressiv, und Aggressionen lassen uns grob werden. Werden wir wütend, sprechen wir lauter, schimpfen wir mehr, packen wir unser Kind härter an. Wir verwenden also nicht nur körperliche Kraft, die unbedingt notwendig ist, sondern nehmen auch billigend in Kauf, unserem Kind wehzutun. Das heißt: Zu dem Schmerz, dass ihr Wille übergangen und ihre Integrität verletzt wird, kommt für ein Kind in diesem Moment meist auch noch der körperliche und seelische Schmerz durch die Wut der Eltern dazu. Und: Es soll dafür auch noch allein die Schuld tragen! Ein klassischer Fall von *victim blaming* – ebenso wie beim resignierten Nachgeben wird dem Kind dabei also die alleinige Verantwortung für die missliche Lage zugeschanzt, in der es sich befindet. Es könnte ja besser mitmachen! Doch die Verantwortung für unser Handeln liegt immer bei uns Eltern – auch und gerade in jenen belastenden Situationen, in denen wir uns über den Willen unseres Kindes hinwegsetzen. Anstatt uns also emotional abzuschotten, uns innerlich hart zu machen und unserem Kind die Schuld für die Misere zuzuschieben, ist es unsere Aufgabe, gerade jetzt weich, offen und liebevoll zu bleiben. Für viele klingt das wie ein Widerspruch: »Wie soll ich mich denn durchsetzen können, wenn ich sanft bin?« Das liegt daran, dass in unserer Kultur Durchsetzungskraft automatisch mit Härte in Verbindung gebracht wird, und Weichheit mit Schwäche. Deshalb stehen sämtliche liebevollen Erziehungsansätze auch immer unter dem Generalverdacht, Kindern nicht genug Grenzen zu setzen und Eltern zu verbieten, sich auch mal durchzusetzen. Dabei braucht es, um den eigenen Willen durchzusetzen, nicht Härte, sondern Klarheit. Und Klarheit geht wunderbar mit einem liebevollen, respektvollen Umgang miteinander einher. Wir können uns das nur so schwer vorstellen, weil uns die Vorbilder dafür fehlen.

Wie also geht das konkret, das zugewandte Durchsetzen? Ein Bild, das mir dabei hilft, ist das eines verstörten Tieres, dem ich helfen will. Sagen wir: einer Katze, die sich verletzt hat und die ich zum Tierarzt bringen will. Wird sie sich dagegen wehren, dass ich sie anfasse? Wahrscheinlich. Wird sie vielleicht sogar fauchen, kratzen und versuchen, mich zu beißen? Gut möglich. Tut sie all das aus böser Absicht? Natürlich nicht. Sie tut, was ihre Natur ihr vorgibt. Sie kann sich nicht anders verhalten. Das ist nichts Persönliches und geht auch nicht gegen mich – sie wehrt sich einfach gegen etwas, was sie nicht versteht und deshalb nicht will und ihr Angst macht. Genauso verhält es sich auch mit unseren Kindern: So einleuchtend es für uns Erwachsene auch sein mag, dass irgendwas gerade vernünftig ist und auch gar kein Problem darstellt und schlicht zu erledigen ist, so unmöglich ist es manchmal für unsere Kinder, in diesen Momenten zu tun, was wir von ihnen erwarten. Weil sie, genau wie Katzen, von ganz eigenen inneren Kräften getrieben sind. Und die machen es ihnen eben manchmal verflixt schwer, unsere Erwartungen zu erfüllen. Das ist nichts Persönliches und geht auch nicht gegen uns – sie können eben nur gerade nicht kooperieren, sonst würden sie es tun. Also behandle ich meine Kinder in solchen Momenten, wie ich auch eine verletzte Katze behandeln würde: mit großer Sanftheit, großer Nachsicht, großem Verständnis – und ebenso großer Klarheit. Ich halte sie davon ab, mir wehzutun, und halte sie vorsichtig fest, packe sie ein, spreche dabei sanft und beruhigend mit ihnen und erkläre, was gerade passiert. Ich entschuldige mich dafür, gerade gegen ihren Willen zu handeln, und erkläre ihnen, warum das trotz allem gerade notwendig ist. Ich bin bestimmt, aber nicht rabiat. Und vor allem bleibe ich in der Verantwortung, und gebe ihnen nicht die Schuld daran, dass gerade alles so anstrengend ist. Und das macht den ganzen Unterschied.

### Was würde ich wollen?

Wenn meine Kinder irgendetwas partout nicht wollen, das aus meiner Sicht aber absolut notwendig ist, justiere ich meinen moralischen Kompass oft mit einer Gedankenreise in meine eigene ferne Zukunft als hochbetagte Dame. Tatsächlich haben sehr alte und sehr junge Menschen nämlich oft viel gemeinsam: Sie sind beim Anziehen, bei der Körperpflege, beim Essen, Trinken und bei der Medikamenteneinnahme oft auf Hilfe und praktische Unterstützung angewiesen. Und sie sind häufig kognitiv noch nicht oder eben nicht mehr in der Lage, die volle Tragweite der eigenen Entscheidungen zu überblicken. Will eins meiner Kinder also partout nicht Zähneputzen, oder sich entlausen lassen, oder dringend notwendige Medikamente nehmen, stelle ich mir vor, ich sei alt, pflegebedürftig und dement – und meine Kinder wären in genau der Situation, in der ich gerade bin. Sie wollen also, dass ich mir meine Zähne putzen, eine Impfung geben lasse oder ein wichtiges Medikament einnehme. Und ich weigere mich. Weil ich nicht will und weil ich nicht einsehe, was das soll. Was würde ich mir in so einem Moment von meinen Lieben wünschen? Tatsächlich nicht, dass sie zulassen, dass ich mir gesundheitlich schade, weil ich die Folgen meines Handelns nicht mehr überblicken kann. Stattdessen wollte ich, dass sie verantwortungsvoll und umsichtig nach bestem Wissen und Gewissen in meinem Sinne entscheiden. Auch, wenn das bedeutete, dass sie sich über meine explizite Willensäußerung hinwegsetzten. Entscheidend wäre für mich dabei das Wie. Ich stelle es mir schrecklich vor, einfach ohne Erklärung festgehalten und quasi überwältigt zu werden. Oder sogar noch geschimpft zu werden, weil ich mich gegen etwas wehre, das ich nicht nachvollziehen kann. Schlimm fände ich auch Schuldzuweisungen wie »Immer machst du so ein Drama!«. Was mir hingegen – so glaube ich – helfen würde, wäre, wenn liebevolle Menschen mich mit großer Klarheit, aber ohne jede Härte durch die Situation begleiteten. »Wir putzen jetzt deine Zähne, Mama, weil wir nicht wollen, dass du Zahnschmerzen bekommst. – Ja, ich weiß, dass du das nicht willst. Und es tut mir leid, dass ich es trotzdem machen muss. Ich bemühe mich auch, ganz vorsichtig zu sein, okay? Du kannst mir vertrauen, dass ich alles tue, um dir nicht wehzutun.« Natürlich ist mir klar, dass mein Dreijähriger eine solche Situation auch ganz anders empfinden kann, als ich sie mir mit dieser gedanklichen Brücke vorstelle – zumal ich ja auch nur erahnen kann, was ich in einer solchen Lage wollen würde, ohne es definitiv zu wissen. Doch was diese emotionale Annäherung in jedem Fall bewirkt, ist, dass sie mein Mitgefühl größer und meine Ungeduld kleiner werden lässt. Und allein damit ist schon viel gewonnen.

Für viele Eltern ist es schwer erträglich, wenn ihre Kinder sich so wild gebärden, sobald sie sich *einmal* einfach fügen sollen – etwa beim Impfen oder beim Zähneputzen. »Jetzt nehmen wir schon so viel Rücksicht darauf, was unser Kind will«, sagte eine Mutter mal zu mir. »Und dann ist es immer noch nicht genug!« Tatsächlich ist der Widerstand, mit dem unsere Kinder sich häufig dagegen wehren, wenn wir ihren Willen übergehen, ein *gutes* Zeichen. Denn er spricht für die vertrauensvolle, zugewandte Beziehung, die wir in weniger brisanten Situationen miteinander aufgebaut haben. Ihr Protest zeigt: Übergriffigkeit und Fremdbestimmung sind für sie *nicht* normal. Normal ist es für sie, gesehen und gehört zu werden, wertgeschätzt und respektiert zu sein. Sie kennen keine Angst vor Strafen, keine Drohungen und keine Gewalt. Sie wehren sich, weil sie sich ungerecht behandelt fühlen. Und sie fühlen sich bei uns so sicher und geborgen, dass sie uns ihren ganzen Frust, ihre ganze Enttäuschung und ihre ganze Wut zeigen können, ohne je zu fürchten, dadurch unsere Liebe zu verlieren. Kinder, deren Beziehung zu ihren Eltern *nicht* auf so einem soliden Fundament steht, sind oft viel ängstlicher: Sie gehorchen, ohne sich zu beschweren, weil es für sie normal ist, dass andere über sie bestimmen und dass ihr Wille nur selten zählt. Das mag auf den ersten Blick verlockender wirken. Doch im Grunde genommen ist es ein großer Schatz, wenn unsere Kinder sich darüber empören, wenn wir uns über ihren Willen hinwegsetzen, weil es zeigt: Das ist für unsere Kinder nicht der Alltag. Sondern die absolute Ausnahme.

Wie unglaublich groß der Wunsch ist, die Verantwortung für die eigenen ethischen Dilemmata abzugeben, erlebe ich immer wieder, wenn ich öffentlich über meinen eigenen Umgang mit solchen Interessenkonflikten spreche. So habe ich beispielsweise für mich entschieden, dass der Wunsch meines kleinen Sohnes, in den Ferien manchmal tagelang nicht das Haus verlassen zu wollen, nicht mein Bedürfnis aufwiegt, regelmäßig mit unserem Baby an der frischen Luft spazieren zu gehen. Wenn niemand anderes zu Hause auf ihn aufpassen kann, muss er also mit. Diese Entscheidung so klar zu vertreten, wird mir unter anderem dadurch erleichtert, dass ich aus Erfahrung weiß, dass mein Sohn mit seinem Laufrad draußen eigentlich jede Menge Spaß hat – er ist also durchaus mit Freude mit mir unterwegs, er will nur nicht *los*. Also sage ich mittlerweile mit großer Klarheit, dass wir jetzt zusammen rausgehen. Und er sagt, dass er das nicht will. Und ich sage, dass ich das sehe, dass wir jetzt aber trotzdem losgehen. Und dann gehen wir los. Als ich im Rahmen einer Diskussion im Internet einmal von dieser unserer individuellen Lösung erzählte, schwappte mir eine Welle der Erleichterung entgegen: *Danke*, dass du das so ehrlich erzählst. Wenn sogar *du* das machst, *dann* trau ich mich das ab jetzt auch.

Solche Reaktionen erlebe ich sehr oft. Es ist, als brauchten viele Eltern fürs Justieren des eigenen moralischen Kompasses auch in schwierigen Situationen die Gewissheit, dass auch Menschen wie ich, deren Beruf es ist, sich über einen zugewandten Umgang mit unseren Kindern zu äußern, manchmal keinen besseren Ausweg finden, als bestimmte Dinge schlicht durchzusetzen. Ich verstehe diesen Wunsch, und möchte trotzdem vorsichtig davor warnen, sich bei herausfordernden Entscheidungen in der eigenen Familie allzu sehr an Vorbildern zu orientieren. Denn so gerne ich etwa von unseren individuellen Lösungen erzähle, um anderen Familien Mut zu machen oder sie auf eine neue Idee zu bringen, so bewusst bin ich mir auch, dass jedes ethische Dilemma seine eigene Lösung verlangt. Wenn ich also öffentlich erzähle, dass meine Kinder weitgehend selbst bestimmen dürfen, was sie essen, wie viel sie fernsehen und wann sie ins Bett gehen, dass Zähneputzen, Haarewaschen und Anschnallen im Auto hingegen bei uns Pflicht sind, dann stelle ich damit keine Freibriefe aus, wie mir manchmal unterstellt wird. Ich zeige einfach auf, wie *ich* versuche, so zugewandt wie verantwortungsvoll mit bestimmten Herausforderungen umzugehen. Natürlich bin ich mir dabei der besonderen Verantwortung bewusst, die damit einhergeht, für viele Menschen eine gewisse Vorbildrolle innezuhaben. Und ich bemühe mich nach Kräften, dieser Verantwortung gerecht zu werden. Doch das ändert nichts daran, dass uns allen gerade bei echten ethischen Dilemmata niemand die Verantwortung abnehmen kann und darf, für unsere eigenen, sorgfältig abgewogenen Entscheidungen geradezustehen.

## Selbstbestimmt heißt nicht allein

Kindsein ist untrennbar mit der Erfahrung verbunden, über die wichtigsten Parameter unseres Lebens nicht selbst entscheiden zu können. Es sind die Erwachsenen, die den ganz großen Rahmen abstecken: wo wir leben. Wie groß oder klein unsere Familie ist. Welches Miteinander für uns normal ist. Für die meisten Erwachsenen ist so viel Fremdbestimmung eine furchtbare Vorstellung: Wir wollen die Freiheit haben, selbst zu entscheiden, wo, wie und mit wem wir zusammenleben. Unseren Kindern geht das zum Glück anders. Sie kommen zur Welt und nehmen das, was sie dort erwartet, als ihren Platz in der Welt und als ihre Normalität an. Dabei hat das hohe Maß an Fremdbestimmung, das mit einem Leben als Kind einhergeht, für sie oft etwas ausgesprochen Entlastendes: Nicht selbst entscheiden zu müssen, wo sie wohnen wollen, wie ihre Familie und wie ihr Tagesablauf aussehen soll, wie sich die Erwachsenen kümmern, gibt ihnen die Möglichkeit, sich ungestört ihren eigenen Entwicklungsaufgaben zuzuwenden. Also: Kind zu sein. Wenn wir davon sprechen, dass auch Kinder ein Recht auf Selbstbestimmung haben, bedeutet das deshalb nicht, dass es für Kinder sinnvoll oder erstrebenswert wäre, dieselbe Entscheidungsverantwortung wie Erwachsene zu tragen. Im Gegenteil: Auf den Schultern von Kindern, die wie kleine Erwachsene alles für sich selbst entscheiden müssen, liegt eine viel zu schwere Last. Schließlich sollen Kinder sich durch ihr Recht auf Selbstbestimmung weder alleingelassen noch überfordert fühlen. Kinder in all ihren Belangen vollkommen sich selbst zu überlassen, wäre schlicht: Verwahrlosung. Wie in allen anderen Bereichen des Elternseins ist deshalb auch bei der Frage, wer was bestimmen darf, Feinfühligkeit und Augenmaß gefragt. Will unser dreijähriger Sohn auf dem Höhepunkt seiner Autonomiephase mit seinem Laufrad allein zum Supermarkt fahren und dort einkaufen, ist das zwar ausgesprochen beeindruckend, aber so leider nicht zu verantworten. Ich kann aber versuchen, seinem Autonomiebedürfnis zumindest entgegenzukommen, indem ich etwa mit etwas Abstand hinter ihm hergehe und draußen vor der Ladentür warte, während er stolz seinen ersten selbst gekauften Joghurt aufs Kassenband legt. Will meine siebenjährige Tochter hingegen alleine einkaufen gehen, sieht die Situation ganz anders aus: Je nachdem, wie wir leben und wie sicher sie sich in unserer Wohnumgebung bewegt, können wir als Eltern ihr das durchaus mit gutem Gewissen erlauben. Und *ganz sicher* müssen wir unserer dreizehnjährigen Tochter das Recht zugestehen, alleine mit ihren Freundinnen einkaufen zu gehen – so viel Selbstbestimmung muss in diesem Alter einfach drin sein. Doch wie viel Selbstbestimmung einem Kind guttut, ist nicht nur eine Frage des Alters, sondern auch seines individuellen Temperaments, seiner Reife und seines Entwicklungsstandes. So haben wir etwa die Erfahrung gemacht, dass es einem unserer Kinder am besten geht, wenn es selbst entscheiden kann, wann es abends schlafen geht. Es hatte einfach schon von klein auf ein unglaublich gutes Gespür dafür, wann es müde ist und Schlaf braucht. Noch heute legt es sich dann einfach hin – und schläft. Ein anderes unserer Kinder ist von derselben Anforderung klar überfordert: Es findet abends nicht ins Bett, kommt morgens nicht gut raus, und ist dadurch den ganzen Tag müde, reizbar und unzufrieden. Also greifen wir Eltern regulierend ein und läuten jeden Tag ungefähr zur selben Zeit sein Abendritual ein. Und bleiben bei ihm, bis es eingeschlafen ist.

Das kindliche Selbstbestimmungsrecht zu achten, heißt also nicht, unsere Kinder alles alleine entscheiden zu lassen, sondern nach Wegen zu suchen, ihnen so viel Co-Regulation wie nötig und so viel Selbstbestimmung wie möglich einzuräumen, sodass sie den Mix aus Halt und Freiheit, Begrenzung und Autonomie bekommen, den sie gerade brauchen. Dabei sollten wir aber auch bedenken, dass jede Entscheidung Kraft und Ressourcen kostet. Einer der Gründe dafür, dass wir Erwachsenen uns oft so erschöpft und ausgebrannt fühlen, sind die vielen tausend Entscheidungen, die wir jeden Tag treffen müssen. Ritualisierte Abläufe, die uns helfen, durch den Tag zu kommen, ohne ständig neu nachdenken, abwägen und entscheiden zu müssen, werden deshalb auch von erwachsenen Menschen als große Erleichterung empfunden. Unseren Kindern geht es da nicht anders. Anstatt also zu glauben, wir täten unseren Kindern mit permanenten Wahlmöglichkeiten den größten Gefallen, lotsen wir unsere Kinder lieber liebevoll durch den Alltag und räumen ihnen den Raum für Selbstbestimmung vor allem da ein, wo er ihnen selbst wichtig ist. So ist es manchen Kindern ziemlich egal, was sie anhaben. Ihnen einfach Klamotten rauszulegen, ist nicht übergriffig, sondern sinnvoll: Warum sie mit einer Entscheidung stressen, die ihnen nichts bedeutet? Ganz anders sieht das aus, wenn unsere Kinder uns signalisieren, dass ihnen wichtig ist, was sie tragen. Dann gebietet es nämlich tatsächlich der Respekt, sie an der Kleidungsauswahl zumindest fair zu beteiligen. Dazu kann selbstverständlich auch eine gute Beratung durch uns Erwachsene gehören: »Ich glaube, in der Leggins wirst du heute draußen frieren« ist ein hilfreicher Hinweis, der Kindern trotzdem noch den Spielraum für eigene Entscheidungen lässt. Wer verhindern will, dass das eigene Kind im Winter unbedingt in Shorts und kurzen T-Shirts aus dem Haus will, kann ja auch den Kleiderschrank entsprechend jahreszeitengerecht umräumen. Wenig befriedigend ist es hingegen für viele autonomiebestrebte Kinder, wenn ihnen mit einer von den Eltern getroffenen Vorauswahl eine Illusion von Selbstbestimmtheit suggeriert werden soll, die in Wirklichkeit gar nicht existiert. Wer drei Jahre alt ist und nicht Zähne putzen will, fühlt sich nicht ernst genommen, wenn er dafür immerhin zwischen der blauen und der roten Zahnbürste wählen darf. So funktioniert Selbstbestimmung nicht. Ähnlich problematisch sind die weitverbreiteten Vereinbarungen und Absprachen in Familien, bei denen die Kinder in Wahrheit gar keine echte Wahl haben. Typisches Beispiel: Fernsehen. »Mama, darf ich noch eine Folge?« – »Na gut, noch eine. Dann ist aber Schluss!« Und dann sind Eltern sauer, wenn das Kind nach der vereinbarten Folge nicht klaglos abschaltet: »Wir hatten das doch so ausgemacht.« Es gibt nicht wenige Eltern, die eine auf diese Weise gebrochene Abmachung regelrecht als Vertrauensbruch empfinden. Dabei sind solche Vereinbarungen in den allermeisten Fällen schlicht Schein-Vereinbarungen, die eine Entscheidungsfreiheit unserer Kinder suggerieren, die wir ihnen schlicht nicht gewähren. Denn, Hand aufs Herz: Würde unser Kind nicht nicken, sondern »Nein, eine Folge genügt mir nicht, ich will lieber drei!« sagen, was wäre wohl unsere Antwort? Vermutlich »Dann gibt es halt gar keine«. Und weil unser Kind das weiß und dieses Risiko nicht eingehen will, stimmt es *jeder* Vereinbarung zu – in dem Wissen, dass es sich eigentlich nicht um eine gemeinsam getroffene Absprache handelt, sondern um eine Anordnung. Mit Selbstbestimmung haben solche Familienregeln, mit denen wir uns von unseren Kindern letztlich nur unsere eigenen Vorgaben absegnen lassen, nichts zu tun. Tatsächlich ist es oft mehr dieser Widerspruch, der unsere Kinder stresst, als die Fremdbestimmung an sich. Beschließen die eigenen Eltern, dass nach einer Folge *Sponge Bob* das Tablet ausgemacht wird, ist das vielleicht ärgerlich und frustrierend, aber kein Drama. Kriegt ein Kind aber Ärger, weil es dem Impuls nicht widerstehen konnte, weiterzugucken, »obwohl wir das doch besprochen hatten«, fühlt es sich, als habe es mit seinem ganz normalen kindlichen Verhalten seine Eltern enttäuscht, indem es eine Verabredung gebrochen hat, die abzulehnen zu keinem Zeitpunkt sicher gewesen wäre. Und das ist Mist. Nehmen wir uns deshalb vor, ehrlich mit unseren Kindern zu sein, auch wenn uns das der angenehmen Illusion beraubt, mit unseren Kindern immer alles ganz demokratisch und auf Augenhöhe zu regeln. Das ist nämlich schlicht nicht wahr. Vermitteln wir unseren Kindern also klar, woran sie gerade sind. Dürfen sie wirklich und ehrlich selbst entscheiden, wie sie sich anziehen, was sie sich zum Geburtstag wünschen oder wie viel Kuchen sie essen? Dann sagen wir ihnen das und halten uns daran. Wollen wir zwar ihre Meinung hören und mitbedenken, aber letztendlich selbst die Entscheidung treffen? Auch gut, aber dann dürfen wir nicht so tun, als sei es anders. Und gewähren wir unserem Kind in einem Punkt aus welchem Grund auch immer gar kein Mitspracherecht, ist es nur fair, das auch genauso zu kommunizieren. So wissen meine Kinder beispielsweise, dass sie sich keine Ohrlöcher stechen lassen dürfen, bevor sie alt genug sind, das bei einem professionellen Piercer machen zu lassen – also mit 14 Jahren. Bis dahin haben sie in dieser Entscheidung schlicht kein Mitspracherecht. Mein Mann und ich haben für diese Regelung unsere Gründe, die wir unseren Kindern gerne erklären. Wir begleiten auch ihren Frust darüber, wenn nötig. Aber, so gemein unsere Kinder das auch finden mögen: Selbstbestimmt entscheiden dürfen sie in dieser Frage in ihrem Alter noch nicht.

So klar und kompromisslos die Überlegenheit der elterlichen Entscheidungsmacht einzusetzen, passt für viele von uns nicht mit unserem Selbstbild zusammen. Wer zugewandt, respektvoll und freundlich sein will, will diskutieren und vermitteln und gemeinsam eine Lösung finden. Und das ist ja auch wunderbar so. Doch wir müssen aufpassen, dass unsere Vorstellung von friedlicher Einvernehmlichkeit bei allen Entscheidungen nicht dazu führt, dass wir unsere Kinder subtil unter Druck setzen, all das *gut finden* zu müssen, was wir *für sie* beschließen – weil wir uns nicht eingestehen wollen, dass wir manchmal auch Entscheidungen gegen ihren Willen treffen. Nehmen wir diese Verantwortung auf uns, ist es für unsere Kinder viel leichter, mit einer gewissen

Fremdbestimmung klarzukommen – und sei es, weil sie ungehemmt sauer auf uns sein können.

Darüber hinaus finde ich es wichtig, sich bewusst zu sein, dass wir auf manche Aspekte von Fremdbestimmung im Leben unserer Kinder nicht zu sehr mit unserer »Erwachsenenbrille« gucken dürfen. So finden es viele Menschen beispielsweise eine ganz schreckliche Vorstellung, von jemand anderem, Größerem, Stärkerem einfach hochgenommen und weggetragen zu werden. Und es ist *gut*, sich bewusst zu sein, was für eine machtvolle Handlung das ist. Gleichzeitig ist es für unsere Kinder in ihren ersten Lebensjahren jedoch völlige Normalität, hochgenommen und herumgetragen zu werden. Und zwar ständig. Nun ist es natürlich etwas anderes, ob ich mir ein zufriedenes Kleinkind ins Tragetuch binde, oder ob ich einen weinenden und schreienden Zweijährigen gegen seinen Willen vom Spielplatz nach Hause trage. Doch das Hochgenommen- und Getragenwerden ist für Kinder in diesem Alter an sich keine schlimme oder beängstigende Erfahrung, im Gegenteil: Es ist ihnen komplett vertraut. Was sie ärgert und stört und wogegen sie protestieren, ist also, dass wir uns über ihren Willen hinwegsetzen. Nicht dass wir sie dazu aus einer Situation nehmen und auf unserem Arm woanders hintragen. Das gilt selbstverständlich nur, wenn wir ihnen dabei nicht wehtun. Zugewandt und freundlich zu bleiben, ist umso wichtiger, je hilfloser und verletzlicher sich ein Kind gerade fühlt. Und ein Kind, das wir mitnehmen, *obwohl es das nicht will*, fühlt sich *sehr* verletzlich. Gleichzeitig ist genau dieses körperliche Hochnehmen, Mitnehmen, Herausnehmen aus einer Situation tatsächlich manchmal die einzige Art, einem kleinen Kind eine Grenze zu vermitteln. Meine neun Monate alte Tochter versteht mich schlicht noch nicht, wenn ich ihr sage, dass sie dem Hund nicht in die Augen patschen darf. Sie lernt es, indem ich ihr vormache, wie sie ihn am Bauch streicheln kann. Und indem ich sie woanders hinsetze, wenn sie sich mit ihren Händen wieder seinem Gesicht nähert. Das ist keine Gewalt. Das ist altersangemessenes Begleiten. Die Zeit, in der wir unsere Kinder im Zweifelsfall einfach hochnehmen und woanders hinbringen können, ist naturgemäß kurz. Es kann und darf also keine Dauerlösung sein, unsere körperliche Überlegenheit zu nutzen, um uns gegenüber unseren Kindern durchzusetzen. Doch bis die Macht unserer Worte allein ausreicht, kann und wird es höchstwahrscheinlich manchmal nicht zu vermeiden sein, unsere körperliche Überlegenheit dazu zu nutzen, unsere Kinder dazu zu bewegen, das zu tun oder nicht zu tun, was aus unserer Sicht jetzt *wirklich wichtig* ist.

## Regeln, Grenzen, Konsequenzen

»Kinder lernen aus den Folgen«, lautet der Titel eines echten Klassikers der Erziehungsratgeberliteratur von Rudolph Dreikurs. Und es stimmt: Was worauf folgt, ist für Kinder tatsächlich eine immens wichtige Lernerfahrung.

### Rituale als wichtige Lernabläufe

Schon Babys erkennen bestimmte Handlungsabläufe in ihrem Alltag wieder und freuen sich, wenn sie damit quasi ein Stück in die Zukunft schauen können. Sie rudern etwa freudig mit den Ärmchen, wenn sie sehen, dass das Wasser in die Badewanne eingelassen wird, weil sie wissen: Gleich darf ich planschen! Oder sie werden ganz aufgeregt, wenn sie sehen, dass jemand die Babytrage anlegt, in die sie gleich hineindürfen. Auch ältere Kinder lieben oft Regelmäßigkeit und Rituale: Wenn alles so wie immer ist, fühlen sie sich sicher. Dabei müssen wir Eltern uns um diese haltgebende Struktur meist gar nicht besonders bemühen; sie ergibt sich einfach aus dem ganz normalen Tagesablauf: Erst kommt das Aufstehen, dann kommt das Frühstück, dann kommt das Zähneputzen – dass eins stets auf das andere folgt, hilft Kindern, sich nicht ständig auf neue überraschende Anforderungen einstellen zu müssen, sondern einfach die verinnerlichten Abläufe abzuspulen. Vertraute *Abfolgen* im Tagesablauf sorgen also ebenso für wohltuende Berechenbarkeit wie die immer gleichen *Reihenfolgen* etwa beim Baden, Wickeln oder Einbinden ins Tragetuch. Doch es gibt noch eine weitere Art von Folgen, die unsere Kinder kennenlernen: nämlich die *Konsequenzen*, die aus bestimmten Handlungen resultieren. Die Erfahrung, dass das eigene Handeln etwas verändert, einen Effekt hat, ist dabei eine unglaublich wichtige: Sie vermittelt Kindern nämlich das Gefühl von Selbstwirksamkeit, also der Überzeugung, individuell einen Unterschied machen zu können. Mein dreijähriger Sohn ist etwa ein begeisterter Küchenhelfer. Und nichts macht ihn zufriedener, als zu merken, dass das, was er da tut, wirklich etwas bewirkt. »Schau«, sage ich also zu ihm, während er mit großer Ernsthaftigkeit Butter, Mehl und Eier in einer Schüssel verrührt. »Nur, weil du alle Zutaten so kräftig miteinander vermischst, kann Pfannkuchenteig aus ihnen werden!« Und wenn der dampfende Stapel dann auf dem Tisch steht, sagt er stolz: »Und alles nur, weil *ich* gerührt habe!«

Es ist erstaunlich, dass wir so selten *diese* Folgen meinen, wenn wir davon sprechen, dass Kinder aus Konsequenzen lernen. Schließlich sind die allermeisten Konsequenzen im Alltag mit Kindern ausgesprochen positive: Weil sich die Vierjährige schon so toll alleine angezogen hat, kommen wir pünktlich los. Weil der Grundschüler schon morgens beim Frühstück die coolsten Witze erzählt, starten wir mit guter Laune in den Tag. Weil wir uns morgens vermisst haben, freuen wir uns nachmittags beim Wiedersehen. Und nur weil wir Kinder haben, kennen wir dieses ganz besondere Glücksgefühl, wenn abends alle schlafend im Bett liegen und wir zumindest noch einen kleinen Moment für uns haben. Alles wunderbare Konsequenzen. Und doch verwenden wir das Wort meistens nur dann, wenn es schwierig wird, wenn es kracht, wenn wir sauer werden und uns nicht mehr zu helfen wissen. Kinder lernen aus den Folgen – daraus wird dann schnell eine Methode, um ein bestimmtes Ziel zu erreichen. Denn dann können wir diese natürlich auch in unserem Sinne beeinflussen und unerwünschtes Verhalten gezielt mit unangenehmen Konsequenzen belegen. Wem dieses Wirkprinzip merkwürdig vertraut vorkommt, der hat weiter vorne im Buch gut aufgepasst – und zwar, als es um das Thema Strafen ging. Also jene bewusst eingesetzten unangenehmen Folgen, mit denen ein bestimmtes Verhalten unterdrückt oder verändert werden soll. Sind Strafen und Konsequenzen also das Gleiche? Nein, aber sie werden im modernen Erziehungsratgebersprech oft deckungsgleich gebraucht. Und das sorgt für Verwirrung: Denn wenn Strafen Gewalt sind, Kinder aber aus den Folgen lernen – welche Konsequenzen sind denn dann in Ordnung und welche nicht?

Schauen wir uns also mal genauer an, was Konsequenzen eigentlich sind, wie sie uns im Alltag mit unseren Kindern helfen können, und wo sie mehr schaden als nutzen. Dafür müssen wir zunächst einmal eine wichtige Unterscheidung treffen: nämlich die zwischen natürlichen, künstlichen und persönlichen Konsequenzen.

## Die verschiedenen Formen von Konsequenzen

Natürliche Konsequenzen beschreiben all das, was *unwillkürlich* auf bestimmte Handlungen folgt: Lege ich mich nach dem Schwimmen noch nass in den Sand, sehe ich danach aus wie paniert. Schneide ich meine langen Haare ab, sind sie danach kurz. Renne ich mit Wucht gegen den Türrahmen, kriege ich einen blauen Fleck. Und räume ich mein chaotisches Zimmer nicht auf, bleibt es unordentlich.

Künstliche Konsequenzen sind hingegen etwas völlig anderes: Sie passieren nicht einfach ohne Plan oder Intention, sondern jemand *sorgt dafür*, dass sie passieren. Das ist zum Beispiel der Fall, wenn ein Kino- oder Theaterbesitzer festlegt: »Wer nicht pünktlich zum Vorstellungsbeginn kommt, wird nicht mehr eingelassen.« Oder wenn ein Handwerker sagt: »Wer keine Anzahlung macht, von dem nehme ich auch keinen Auftrag an.«

Weder natürliche noch künstliche Konsequenzen sind also per se gut oder schlecht. Es gibt ziemlich dramatische, natürliche Konsequenzen, und absolut sinnvolle künstliche Konsequenzen, die Menschen aus nachvollziehbaren Gründen festlegen. Doch der entscheidende Unterschied zwischen natürlichen und künstlichen Konsequenzen ist, dass die einen einfach *geschehen*, und die anderen *beschlossen und durchgesetzt* werden. Das heißt: Künstliche Konsequenzen sind immer intentional. Sie sollen einen bestimmten *Zweck* erfüllen und verknüpfen dabei eine bestimmte Handlung mit einer mehr oder weniger willkürlich festgelegten Folge. Das kann ein positiver Anreiz sein wie der, dass Krankenkassenkunden Bonusleistungen bekommen, wenn sie bestimmte Gesundheitskurse absolvieren oder alle Schutzimpfungen nachweisen können. Es kann aber auch eine Sanktion sein, etwa wenn ein Falschparker ein Ordnungsgeld zahlen muss. Künstliche Konsequenzen in der *Erziehung* funktionieren nach demselben Prinzip: Versprechen Eltern ihrem Kind einen Euro für jede Eins in der Schule, versuchen sie, durch eine positive Konsequenz einen Anreiz für eine aus ihrer Sicht erstrebenswerte Verhaltensänderung zu setzen (auch wenn sie dabei wahrscheinlich nicht von einer

Konsequenz, sondern von einer *Belohnung* sprechen würden). Umgekehrt denken sich Eltern für unerwünschte Verhaltensweisen häufig allerlei unangenehme künstliche Konsequenzen aus, von Taschengeldkürzungen über Extra-Pflichten im Haushalt bis zum Tablet-Verbot – also klassische Strafen.

Und jetzt wird es spannend: Weil der hart und autoritär anmutende Begriff der *Strafen* nicht so recht zum sanften und partnerschaftlichen Selbstverständnis der modernen Pädagogik passte – ein völliger Verzicht auf Druckmittel in der Erziehung jedoch auch unrealistisch schien –, wurde in der Erziehungsberatung und -literatur der vergangenen Jahrzehnte der schöne Begriff der »logischen Konsequenzen« geprägt. Diese sollten explizit *keine* gemeinen Strafen sein, sondern im Gegenteil pädagogisch wertvolle Folgen, aus denen Kinder lernen, ohne gleichzeitig gedemütigt oder verletzt zu werden. Das klingt zugegebenermaßen erst mal ziemlich verlockend. Doch wie genau sollen diese neuen Wundermittel der Erziehung aussehen und funktionieren? Nun: Der Hauptunterschied zwischen klassischen Strafen und sogenannten logischen Konsequenzen besteht darin, dass versucht wird, den Willkürfaktor zu verringern. Das heißt: Werden beim klassischen Bestrafen oft völlig arbiträre Dinge miteinander verknüpft – wie Lügen und drei Wochen lang den Müll runterbringen müssen, oder Frechsein und kein Sandmännchen gucken dürfen –, bemühen sich Erziehende beim Einsatz logischer Konsequenzen, zumindest irgendeine Verbindung zwischen Vergehen und Sanktion herzustellen. Typisches Beispiel: Trödelt das Kind abends im Bad, bleibt leider, leider keine Zeit mehr für eine Gute-Nacht-Geschichte. Oder: Chattet die Teenie-Tochter mit ihren Freundinnen, statt für die Französischarbeit zu lernen, und schreibt deshalb eine schlechte Note, kommt erst mal nachmittags das Handy weg, weil sie ohne das ja nicht vom Lernen abgelenkt gewesen wäre. Je schwieriger es ist, irgendein Druckmittel mit dem unerwünschten Verhalten zu verknüpfen, desto weiter wird dabei der Anspruch einer logischen Folge ausgelegt. So gibt es etwa Menschen, die den Ausschluss vom gemeinsamen Familienfilmschauen am Samstagabend als logische Konsequenz für Nichtaufräumen-Wollen mit der gewagten Erklärung begründen, es sei schließlich logisch, dass, wer an den Familienpflichten keinen Anteil haben wolle, auch nicht beim Familienvergnügen dabei sein dürfe. Mir haben auch schon Eltern erklärt, die logische Konsequenz dafür, den Fernseher nicht wie vereinbart nach einer Folge *Paw Patrol* auszuschalten, sei, die Länge einer weiteren Folge vor dem ausgeschalteten Gerät zu sitzen und auf den schwarzen Bildschirm starren zu müssen, ohne aufstehen zu dürfen. All diese Beispiele zeigen: Irgendwelche verkrampften Schein-Zusammenhänge zwischen einem unerwünschten Verhalten und einer künstlichen Konsequenz herzustellen, macht diese genauso wenig netter, sanfter oder liebevoller wie die Logik der Scharia, Dieben ihre raffgierigen Hände abzuhacken, was schließlich auch irgendwie im Zusammenhang mit ihrem Vergehen steht. Im Gegenteil: Die seltsam konstruierten Verbindungen zwischen unerwünschtem Verhalten und künstlicher Konsequenz suggerieren subtil einen unvermeidlichen Zusammenhang zwischen Handlung und Folge, den es so schlicht nicht gibt. Das heißt: Anstatt zumindest dazu zu stehen, dass sie hier gerade eine Erziehungsmaßnahme durchführen, die wehtun muss, damit sie funktioniert, verstecken sich Eltern beim Einsatz logischer Konsequenzen oft hinter der scheinbaren Unvermeidlichkeit der Folgen, tun also so, als handle es sich dabei um natürliche Konsequenzen, für die sie keinerlei Verantwortung trügen. »Ich *würde* dir ja gerne noch was vorlesen, mein Schatz, aber du kennst ja die Regel: Wer um sieben noch nicht im Bett liegt, bekommt nur noch einen

Kuss!« – Mit Aussagen wie diesen werden Kinder nicht nur eindeutig bestraft; es wird auch noch die Schuld für diese willkürliche Konsequenz dem Kind zugeschanzt, während sich die Eltern ihre Hände in Unschuld waschen, als könnten sie nichts dafür. *Victim Blaming* oder *Täter-Opfer-Umkehr* nennt man dieses Prinzip, die Schuld für eine Grenzüberschreitung dem Verhalten des Opfers zuzuschreiben. Es hinterlässt besonders tiefe Spuren in der Seele von Kindern, weil es ihnen suggeriert, jede noch so willkürliche oder gemeine Strafe *verdient* zu haben. »Logische Konsequenzen« sind also bei genauem Hinsehen nichts anderes als die alten Strafen im neuen Gewand. Denn so freundlich und erklärbar sie auch daherkommen mögen, basieren sie doch auf demselben Grundprinzip wie alle anderen Strafen auch: eine Verhaltensänderung bewirken zu wollen, indem man jemandem wehtut. Dass die Strafen dabei oft so ausgestaltet sind, dass sie für einen *erwachsenen* Menschen nicht besonders schlimm wären, macht es nicht besser. Denn so verlieren wir leicht unsere Empathie dafür, was sie für unsere Kinder wirklich bedeuten. Das *Sandmännchen* oder eine Gute-Nacht-Geschichte gestrichen zu bekommen, eine unliebsame Hausarbeit erledigen zu müssen oder eine Zeit lang keinen Zugriff auf das Handy zu haben, mag uns wie ein harmloser Denkzettel vorkommen – doch das täuscht. Allein die Tatsache, *dass* sie bestraft werden, ist für Kinder schon ausgesprochen schmerzhaft – und dass Eltern dabei oft gerade die Punkte herauspicken, die für die Kinder selbst eine hohe emotionale Bedeutung haben, für die Erwachsenen in der Familie hingegen fast schon lächerlich unwichtig scheinen, lässt die Verletzung nur noch tiefer gehen.

Welche Konsequenzen wir uns auch immer ausdenken und so scheinbar logisch wir sie auch begründen mögen – verfolgen wir damit das Ziel, auf das Verhalten unseres Kindes mittels unangenehmer Folgen Einfluss zu nehmen, sind diese Konsequenzen schlicht Strafen, auch wenn wir sie anders nennen.

Dürfen unsere Kinder also keine Konsequenzen für ihr Handeln erfahren? Doch, selbstverständlich. Und das tun sie auch, ganz automatisch. Wenn meine Tochter sich weigert, ein Regencape anzuziehen, weil das uncool aussieht, wird sie auf dem Schulweg im Zweifelsfall nass. Zieht sich mein Sohn im Sommer im Garten permanent die Schuhe aus, kann es sein, dass er barfuß auf eine Wespe tritt. Und wenn meine Viertklässlerin sich partout weigert, ihre Hausaufgaben zu machen, ist die natürliche Konsequenz, dass sie sie am nächsten Morgen in der Schule nicht hat und das vermutlich irgendwie ihrer Lehrerin erklären muss. Das ist es aber auch. Mehr passiert nicht. Es sei denn, jemand greift zu künstlichen Konsequenzen, etwa wie die Lehrerin zu einer Strafarbeit. Das kann natürlich passieren. Und ist im Grunde genauso fies wie jede andere Strafe auch. Doch der riesige Unterschied ist: Es passiert nicht im Rahmen unserer Eltern-Kind-Beziehung. Und das ist wichtig, weil unsere Familie für uns alle doch der sichere Hafen sein muss, an dem wir uns bedingungslos geliebt und sicher fühlen. Es wird sich also, so ärgerlich und falsch wir das auch finden mögen, in der Welt, in der wir leben, kaum vermeiden lassen, dass irgendwer unsere Kinder mal bestraft. Doch das ist für unsere Kinder bei Weitem nicht so schmerzhaft, wie *von uns Eltern* bestraft zu werden, die sie mehr lieben und mehr brauchen als alle anderen Menschen auf der Welt.

Wenn ich mit dem Auto zu schnell fahre und einen Brief bekomme, in dem steht, dass ich ein Bußgeld zahlen muss, ärgere ich mich zwar, aber ich fühle mich nicht emotional getroffen und verletzt. Ich weiß: In Deutschland leben über 80 Millionen Menschen; natürlich muss der Staat irgendwie dafür sorgen, dass sich alle an die Regeln halten. Und weil es ihm unmöglich ist, zu jedem

Einzelnen von uns eine vertrauensvolle, zugewandte Beziehung aufzubauen, innerhalb derer der angeborene Kooperationswille eines jeden Menschen wirken kann, nimmt er eben die Abkürzung über Gesetze und Sanktionen im Rahmen eines Rechtsstaats. Deshalb sagt mein Ticket auch nichts über mich oder meinen Wert als Person aus. Doch eine Familie ist kein Staat. Was hier passiert, geschieht auf der persönlichen Ebene. Und wenn wir anfangen, einander bewusst wehzutun, verändert das unsere Beziehung. Deshalb ist es so wichtig, all die künstlichen Konsequenzen, die anderswo durchaus ihre Berechtigung haben mögen, aus unserem Vertrauensverhältnis herauszulassen. Auch wenn das bedeutet, dass wir uns tatsächlich manchmal nicht gegen unsere Kinder durchsetzen können. Weil die natürliche Konsequenz eines unaufgeräumten Zimmers eben tatsächlich nur ein unaufgeräumtes Zimmer ist. Und die einer nicht gemachten Hausaufgabe nicht mehr als eine nicht gemachte Hausaufgabe.

Eine besondere Folge persönlichen Handelns wird in der Diskussion um Grenzen, Regeln und Konsequenzen jedoch oft vergessen. Nämlich die Frage, wie das Verhalten anderer – etwa unserer Kinder – uns selbst und unsere Beziehung zueinander beeinflusst. Denn wenn mein Kind mich anmotzt, mir Vorwürfe macht, mir aus Unachtsamkeit wehtut oder mich ignoriert, lässt mich das nicht kalt. Mein erster persönlicher Impuls in solchen Momenten ist leider tatsächlich oft, schlicht zurück zu meckern, Gegenvorwürfe zu machen oder meinem Kind zu sagen, dass es sich nicht wundern muss, wenn ich nachher keine Lust habe, mit ihm zu spielen, wenn es mich *so* behandelt. Wenn ich ehrlich bin, stecken dahinter meist genau jene verkappten Rachegefühle, von denen im Kapitel über Strafen bereits die Rede war: Verletzt du mich, verletz ich dich zurück! Weil ich meine Kinder jedoch weder für ihr Verhalten noch für ihre Gefühlsäußerungen bestrafen will – auch nicht durch emotionale Erpressung, subtile Schuldzuweisungen oder andere versteckte Sanktionen –, habe ich meine eigenen inneren Verletzungen in solchen Momenten oft heruntergeschluckt. Ich wollte die Erwachsene sein, nicht nachtragend, sondern großzügig. Und auf keinen Fall wollte ich meine Kinder mit Schuldzuweisungen belasten: »Nur wegen dir ist die Mama jetzt ganz traurig ...« Das Problem dabei war nur: Indem ich meine emotionale Reaktion für mich behielt und mich bemühte, einfach weiterzumachen wie zuvor, enthielt ich meinen Kindern eine ganz wichtige Rückmeldung vor. Nämlich die, dass ihr Verhalten Folgen hat. Emotionale Folgen, persönliche Folgen, Folgen für unsere Beziehung. Denn natürlich war mein heruntergeschluckter Schmerz nicht einfach weg, sondern nagte an mir – und verursachte, dass ich mein Kind nicht so uneingeschränkt wunderbar und liebenswert finden konnte wie sonst. Schließlich hatte es mir wehgetan!

Heute weiß ich: Genau so geht es ganz vielen Eltern. Insbesondere Müttern. Denn das Herunterschlucken von Verletzungen, der allgemeinen Harmonie zuliebe, ist eine Eigenschaft, die eng mit der Erziehung als Mädchen verknüpft ist. Bloß vergeben, bloß vergessen, bloß kein Drama machen! Bis der innerlich angehäufte Schmerz zu groß wird und sich wie bei einem Vulkanausbruch unkontrolliert entlädt. Unsere Kinder stellen wir mit diesem Verhalten unbewusst vor eine schier unlösbare Aufgabe: Sie sollen nämlich auf unsere Gefühle Rücksicht nehmen, die wir nicht erwähnen. Sich für Verletzungen entschuldigen, von denen sie nichts wissen. Und persönliche Grenzen wahren, die wir ihnen nicht zeigen. Im Grunde erwarten wir von ihnen, dass sie mit traumwandlerischer Sicherheit erahnen, was uns verletzt, weil wir uns nur dann wirklich von ihnen gesehen und geliebt fühlen, wenn wir ihnen das nicht sagen müssen. Das kann nicht funktionieren. Denn so feine Antennen unsere Kinder haben mögen: Es ist schlicht nicht ihre Aufgabe, zu erraten, was wir von ihnen erwarten. Dafür sind sie viel zu sehr mit ihren ganz eigenen Entwicklungsaufgaben beschäftigt.

Dass wir in einem respektvollen Familienleben nicht das Recht haben, verletzende Verhaltensweisen mittels Druck und Strafen schlicht abzustellen, heißt also nicht, dass wir es einfach hinnehmen müssen. Wenn meine dreizehnjährige Tochter mich also anmeckert, weil sie ihr Handy nicht findet, wäre es gemein, ihr deshalb irgendetwas anderes wegzunehmen oder zu verbieten. Und auch im selben Ton zu reagieren, würde weder ihr noch mir weiterhelfen. Doch ich kann ihr natürlich sagen, dass mich ihr Tonfall gerade stresst und traurig macht – ohne ihr damit die Verantwortung für mein Wohlergehen zuzuschieben. Das ist in der Tat manchmal ein schmaler Grat. Denn in dem besonderen Abhängigkeitsverhältnis, das zwischen Kindern und ihren Eltern nun einmal existiert, passiert es unglaublich leicht, dass sich allein die Rückmeldung, wie sich ein bestimmtes Verhalten für mich anfühlt, sich für das Kind so anfühlt, als sei es persönlich dafür verantwortlich, dass es uns immer gut geht. Das stellt für Kinder jedoch eine maßlose Überforderung dar. Weshalb es wichtig ist, dass unsere Kinder wissen, dass wir als Erwachsene grundsätzlich ihren Stress, den Frust und die Wut aushalten können, und dass das innerhalb der Eltern-Kind-Beziehung auch unsere Aufgabe ist.

Ich bin deshalb dazu übergegangen, meinen Ärger nicht mehr wegzulächeln, sondern meinen Kindern ehrlich zu zeigen, wenn ich erschöpft, traurig, verletzt, wütend, frustriert, vor den Kopf gestoßen oder enttäuscht bin. Und ihnen gleichzeitig immer wieder zu sagen, dass es zu meinem Job als Mama auch gehört, aushalten zu können, dass sie ihren eigenen Umgang mit diesen großen, dunklen Gefühlen erst noch lernen, und dass die Beziehung zu uns Eltern dabei sozusagen ihr Trainingslager ist. Konkret bedeutet das, dass ich es zwar zulasse, dass meine Kinder sich auch mal schuldbewusst fühlen, wenn sie meine Grenzen übertreten haben – dass ich sie in diesem Gefühl aber auch nicht schmoren lasse. Denn ich weiß ja, wie wichtig ich für sie bin und was für eine Macht damit einhergeht, von ihnen so gebraucht und geliebt zu werden. Das heißt: Hat eins meiner Kinder mich angeschrien, beschimpft oder beleidigt und kommt anschließend reumütig und zerknirscht zu mir, zeige ich zwar aufrichtig, welche Gefühle dieses Verhalten in mir ausgelöst hat, baue aber gleichzeitig eine Brücke, wie wir uns wieder vertragen können. Dabei ist es mir wichtig, meinen Kindern zu zeigen, dass wir unterschiedliche Meinungen haben und trotzdem miteinander im Reinen sein können. Entscheidend ist, wie wir miteinander umgehen. Und diesen Umgang leben wir Eltern vor. Wer aufrichtige Entschuldigungen von Kindern nicht annimmt und sich selbst nie entschuldigt, wer reumütige Kinder hilflos zappeln lässt, ohne ihnen einen Ausweg aus dem Konflikt aufzuzeigen, wer nachtragend eine Liste führt über die Verletzungen der Vergangenheit und diese bei jedem neuen Streit wieder herausholt – der muss sich nicht wundern, wenn die eigenen Kinder diese Unerbittlichkeit für normal und angemessen halten und ihrerseits hart und unnachgiebig auf all die Fehler reagieren, die wir als Eltern ganz unweigerlich machen. Dass es uns manchmal schwerfällt, zu verzeihen, großzügig zu sein, Vergangenes loszulassen, darf aus meiner Sicht deshalb keine Ausrede dafür sein, unsere Kinder in Konfliktsituationen am langen Arm verhungern zu lassen. »Ich bin eben so« zu sagen, entbindet uns nicht von der Verantwortung, die wir für die Qualität der Beziehung zwischen uns und unseren Kindern haben – immer auch, im Streit oder bei verbalen Verletzungen.

Kinder lernen aus den Folgen: Das kann im familiären Miteinander durchaus auch heißen, dass unsere Kinder erfahren, dass elterliche Kraftreserven endlich sind. *Persönliche Konsequenzen* nennt die Pädagogin Inke Hummel diese authentischen Reaktionen, die keine Verhaltensänderung durch Strafe bewirken wollen, sondern Kindern eine echte Chance eröffnen, zu lernen und zu verstehen, was ihr Verhalten für unmittelbare Auswirkungen auf ihr Gegenüber hat. Wenn ich den gesamten Nachmittag mit Streitschlichten beschäftigt war, kann es gut sein, dass ich am frühen Abend schlicht zu erschöpft bin, um noch ausgiebig Federball zu spielen. »Das tut mir leid, mein Schatz«, sage ich dann. »Ich bin gerade wirklich zu müde dafür. Es war nämlich heute echt anstrengend für mich, mit euch immer wieder Wege aus dem ganzen Streit zu finden.«

Für viele Eltern klingt das erst mal widersprüchlich: Das abendliche Vorlesen zu streichen, weil das Kind im Bad getrödelt hat, soll eine Strafe sein, aber nicht mehr vorzulesen, weil man von dem ganzen Gestreite so müde ist, soll plötzlich in Ordnung sein? Tatsächlich sind die *Handlungen*, die aus persönlichen Konsequenzen erwachsen, oft gar nicht anders als irgendwelche vorher festgelegten logischen Konsequenzen. Der große Unterschied besteht in der *Haltung*, die dahintersteht: Mit einer Strafe will ich jemandem eine Lektion erteilen, damit derjenige sein Verhalten ändert. Ziehe ich eine persönliche Konsequenz, sorge ich hingegen *für mich*. Und diesen Unterschied spürt auch mein Gegenüber. So muss mein Mann beispielsweise stets um kurz nach sieben los zur Arbeit. Im Winter kratzt er mir dabei auf dem Weg zu seinem Auto immer noch kurz die vereisten Scheiben auf meinem frei, damit ich das kurze Zeit später nicht mit den Kindern im Schlepptau machen muss. Fällt mir nun morgens um kurz vor sieben ein, dass er mir unbedingt noch bei einem Problem mit meinem Computer helfen soll, und stürzt er in der Folge um Viertel nach sieben dann ziemlich hektisch aus dem Haus, kann es gut sein, dass er mir im Gehen zuruft: »Deine Scheibe kratz ich heute nicht frei!« Je nach Stimmung und Tonfall kann sich das wie eine patzige Retourkutsche anfühlen: »Wenn du mich mit deinem Computerscheiß davon abhältst, pünktlich loszukommen, seh ich es nicht ein, deine Scheibe freizukratzen. Dann siehst du mal, wie das ist, wenn man loswill, aber erst noch irgendeinen Mist erledigen muss!« Es kann aber auch ein freundlicher Hinweis sein, dass für diese freundliche Geste heute beim besten Willen keine Zeit bleibt: »Tut mir leid, Liebling, aber jetzt bin ich so spät dran, dass du deine Scheibe heute selbst freikratzen musst! Bitte denk daran und plan die Extra-Zeit ein, damit du nicht selbst unter Druck kommst.«

Ob eine persönliche Konsequenz also Strafe oder Ausdruck von Selbstfürsorge ist, hängt nicht nur von unserer Intention ab, sondern auch davon, wie sie bei unserem Gegenüber *ankommt*. Verquicken wir unsere Konsequenz mit Vorwürfen und Schuldzuweisungen, ist es beispielsweise schier unvermeidlich, dass sie wie eine Strafe wirkt. Bleiben wir hingegen bei uns und unseren eigenen begrenzten Kraft- und Zeitreserven, können wir persönliche Konsequenzen viel leichter vertreten, ohne persönlich verletzend zu werden. Dazu gehört auch, entstehenden Frust liebevoll zu begleiten und uns darum zu bemühen, Bedürfnisse anderweitig zu erfüllen. Ist es abends beispielsweise so spät geworden, dass wir zum Vorlesen schlicht zu müde sind, macht es einen riesigen Unterschied, ob wir unserem Kind spiegeln, dass es daran selbst schuld sei, schließlich hätte es ja nicht so langsam sein müssen. Oder ob wir ihm anbieten, uns statt noch gemeinsam zu lesen einfach zusammen ins große Bett zu kuscheln, weil wir das trotz aller Erschöpfung noch können.

Der vielleicht wichtigste Unterschied zwischen Strafen und persönlichen Konsequenzen ist jedoch, dass Strafen starr und unnachgiebig sind, persönliche Konsequenzen sich hingegen verändern können und dürfen. Soll eine Konsequenz nämlich wehtun, müssen wir Eltern uns verhärten, um nicht einzuknicken. Deshalb wird elterliche Konsequenz auch so oft mit eiserner Rigidität gleichgesetzt. Echte, persönliche Konsequenzen sind jedoch alles andere als in Stein gemeißelt: Je nachdem, wie sich eine Situation verändert, verändern sich unsere Gefühle schließlich mit. So kann es gut sein, dass ich mich nach einem Nachmittag voller Streitereien zunächst nicht dazu durchringen kann, noch mit meinen Kindern Federball zu spielen, weil ich erst mal eine Pause brauche. Und wenn ich diese Pause hatte, merke ich, dass ein gemeinsames Federballspiel eigentlich *genau das* ist, was uns allen jetzt guttäte. Wie schlimm wäre es, müsste ich mich dann an meine Spielabsage von vor einer Stunde klammern, um ja nicht inkonsequent zu sein! Natürlich darf sich meine Haltung verändern. Und natürlich dürfen sich auch Konsequenzen verändern. Wenn ich merke, dass eine gecancelte Gute-Nacht-Geschichte für meinen dreijährigen Sohn den Weltuntergang bedeutet, muss ich nicht standhaft bleiben, sondern darf überlegen, ob ich nicht doch noch die Kraft für zumindest ein kurzes Buch aufbringen kann. Und wenn ich es selbst nicht kann, kann es vielleicht mein Partner.

»Ich muss zugeben, dass ich mit ziemlich vielen Wenn-danns arbeite«, bekannte die SZ-Redakteurin und zweifache Mutter Barbara Vorsamer im Jahr 2015 in einem viel beachteten Blogpost über Erziehung und Consent. »Auch aus Mangel an besseren Ideen.« Sie reagierte damit auf den in den vergangenen Jahren von verschiedenen Erziehungsexperten mit großer Vehemenz vertretenen Anspruch, sogenannte Wenn-dann-Sätze aus der Erziehung zu streichen, weil sie Kinder unter Druck setzten. Was dazu führte, dass viele Eltern in der Alltagskommunikation mit ihren Kindern plötzlich ständig ein schlechtes Gewissen hatten, weil sie unglaublich oft *wenn* und *dann* sagten. Deshalb ist es mir an dieser Stelle wichtig, einmal kurz einzuordnen, wobei es bei der Kritik an Wenn-dann-Formulierungen im Erziehungskontext wirklich geht – und worum explizit nicht.

Wenn wir die Worte *wenn* und *dann* in Kombination verwenden, verweisen wir damit auf einen Zusammenhang zweier Ereignisse. Also auf exakt jene Folgen oder auch Konsequenzen, von denen in diesem Kapitel bereits ausführlich die Rede war. »Wenn es regnet, wird die Erde nass.« – »Wenn wir jetzt nicht losgehen, verpassen wir unseren Bus.« – »Wenn du mich boxt, tut mir das weh.« – »Wenn du jetzt nicht aufhörst, musst du auf dein Zimmer gehen.« Diese Beispiele zeigen: Mit Wenn-dann-Formulierungen können wir jede Form von Konsequenz sprachlich zum Ausdruck bringen, von natürlichen Konsequenzen über künstlich festgelegte und persönliche Konsequenzen bis hin zu Strafen, die ja eine besondere Form künstlich festgelegter Konsequenzen, nämlich die mit explizit verletzender Absicht sind. In der Kommunikation mit Kindern auf jegliche Wenn-dann-Sätze zu verzichten, wäre deshalb weder ratsam noch sinnvoll. Schließlich gibt es im Familienalltag eine Menge Zusammenhänge darzustellen und zu begreifen, und es ist wichtig, dass wir unseren Kindern dabei helfen, die Folgen bestimmter Ereignisse oder Handlungsweisen abzuschätzen. Von *wenn* und *dann* zu sprechen ist also überhaupt kein Problem, solange wir diese Worte nicht missbrauchen, um unseren Kindern zu *drohen*. »Wenn wir jetzt nicht losgehen, kommen wir zu spät zum Morgenkreis« ist als Aussage also genauso okay wie »Wenn du so rumschreist, kriege ich davon Kopfschmerzen«. Es spricht also überhaupt nichts dagegen, unsere Kinder auf die anzunehmenden Folgen ihres Handelns hinzuweisen oder sie auch explizit davor zu warnen. Der einzige Kontext, in dem Wenn-dann-Formulierungen gewaltvoll sind, ist die Androhung von Strafen: »Wenn du jetzt nicht sofort aufhörst, dann kriegst du heute keinen Nachtisch!« Doch ich finde es wichtig, sich klarzumachen, dass die Gewalt in diesem Satz nicht an den Worten *wenn* und *dann* hängt, sondern an seiner *Intention*, das Kind durch Angst vor einer unangenehmen Konsequenz gefügig zu machen. Sonst passiert es nämlich leicht, dass Eltern nur die Formulierung ändern – nicht aber die Methode, Gehorsam zu erreichen. So hörte ich etwa einmal zufällig, wie ein Vater zu seiner kleinen Tochter im Schwimmbad betont leise und sanft sagte: »Du magst jetzt also nicht mit mir nach Hause kommen? Das ist aber wirklich schade. Denn ich habe zufällig gehört, dass Teddybären überhaupt keine Lust haben, abends im Bett von Kindern zu schlafen, die nicht auf ihre Eltern hören. Also müssen diese Kinder dann ganz allein im Dunkeln liegen. Und das wäre doch wirklich traurig, meinst du nicht?« Natürlich kam das Kind dann sofort mit, mit schreckgeweiteten Augen. Ohne dass ein einziges *Wenn* oder *Dann* gefallen wäre.

Verbannen wir also nicht die Formulierung aus unserem Wortschatz, sondern die erpresserische Grundhaltung aus unserem Mindset: Kinder auf die Konsequenzen ihres Handelns hinzuweisen, ist vollkommen legitim. Sich extra fiese Konsequenzen auszudenken, um unsere Kinder gefügig zu machen, nicht.

### Die Sache mit den Grenzen

»Kinder brauchen Grenzen.« Ein Satz wie ein Felsblock: groß, schwer, absolut. Tatsächlich war genau diese Aussage – die nicht ohne Grund auch der Titel eines der erfolgreichsten deutschsprachigen Elternratgebers ist – lange Zeit so etwas wie der Minimalkonsens in der deutschen Gesellschaft zum Thema Erziehung. Über das Wann und Wie des Grenzensetzens wurde durchaus diskutiert, aber wenig über das Ob. Denn, wie gesagt: Kinder brauchen Grenzen. Wer diesen Satz infrage stellt, steht schnell im Verdacht, der antiautoritären Erziehung anzuhängen, die die allermeisten Eltern primär aus mit wohligem Gruseln überlieferten Geschichten aus den späten 1960er- und frühen 1970er-Jahren kennen. Sie handeln etwa von Kindern, die splitterfasernackt durch chaotische Altbauwohnungen marodierten, in denen ihre Eltern in Zimmern ohne Türen der freien Liebe mit wechselnden Partnern frönten. Oder von Kinderläden, in denen die Kleinen munter das gesamte Inventar zerstören, wovon sie von den anwesenden Hippie-Kindergärtnern selbstverständlich nicht abgehalten werden, um die freie Kreativitätsentwicklung nicht zu stören. Angesichts solcher Beispiele verwundert es nicht, dass die meisten Menschen bis heute an Verwahrlosung denken, wenn sie von Kindern hören, denen keine Grenzen gesetzt werden. Gleichzeitig ist mit dem Erstarken der bindungsorientierten Ansätze in den vergangenen Jahren die Diskussion um die Notwendigkeit des Grenzensetzens neu entflammt. Denn auch wenn die aus der »Attachment Parenting«-Bewegung erwachsenen kinderfreundlichen Ideale wenig mit den politischen Wurzeln der antiautoritären Erziehung gemeinsam haben, gibt es doch ein wichtiges Bindeglied: die konsequente Ablehnung der Annahme, dass man Kinder in ihrer persönlichen Freiheit einschränken darf, einfach, weil sie Kinder sind. Womit wir wieder bei den Grenzen wären: Brauchen Kinder sie denn nun? Oder dienen sie eigentlich nur der Bequemlichkeit von uns Erwachsenen?

Sprechen wir also über Grenzen. Und fangen dabei bei der Wortbedeutung an. Einer der Gründe, warum in der Diskussion, ob Kinder Grenzen brauchen, so viel durcheinandergeht, ist nämlich, dass sehr unterschiedliche Menschen darunter sehr unterschiedliche Inhalte verstehen. So hat nahezu jeder alte weiße Mann, der in den vergangenen 30 Jahren einen Beitrag zur hiesigen Erziehungsdebatte geliefert hat, dabei auch auf die immense Wichtigkeit von Grenzen hingewiesen. Ob Bernhard Bueb, Michael Winterhoff, Jan-Uwe Rogge oder Jesper Juul: alles große Grenzen-Befürworter! Sie sprechen dabei jedoch von völlig unterschiedlichen Dingen.

Für Bueb, den ehemaligen Schulleiter des Elite-Internats Schloss Salem, gehören Grenzen ganz klar zum Instrumentarium guter, nämlich autoritärer Erziehung. Grenzen sind für ihn Regeln, die von Erwachsenen mehr oder minder willkürlich beschlossen und gesetzt werden, und Kinder und Jugendliche haben ihnen unwidersprochen Folge zu leisten. Das schule die Disziplin. Lehrjahre sind schließlich keine Herrenjahre.

Rogge, der in den 1990er-Jahren oft als der deutsche Erziehungspapst bezeichnet wurde, verwendet den Grenzen-Begriff hingegen ganz im Sinne der autoritativen Erziehung: Grenzen werden nicht einfach gesetzt, sondern können von Eltern und Kindern durchaus gemeinsam verhandelt und im Dialog verändert werden. Dann müssen sie aber konsequent eingehalten werden, sonst fehlt es Kindern an Halt und Sicherheit.

Winterhoff, der Bonner Psychiater, der einen Bestseller darüber schrieb, wie Kinder angeblich keine Tyrannen werden, haut in eine ähnliche Kerbe, betont jedoch zusätzlich den Aspekt, dass Grenzen auch dazu da sind, dass Kinder und Eltern sich als eigene Persönlichkeiten wahrnehmen und begegnen können und nicht als grenzenlose Einheit.

Der dänische Familientherapeut Jesper Juul hingegen hat einen ganz anderen Ansatz: Vom Grenzensetzen hält er gar nichts, da er darin nichts anderes als eine elterliche Machtdemonstration sieht, die der Beziehung zwischen Kindern und Erwachsenen schade. Stattdessen plädiert er dafür, die eigenen *persönlichen* Grenzen zu wahren und auch Kindern dieses Recht zuzugestehen.

Halten wir also fest: Der Begriff der Grenzen kann in der Erziehung sowohl für eingeforderten Gehorsam als auch für eine gesunde seelische Abgrenzung als auch für ein gemeinsam verhandeltes Regelwerk als auch für das konsequente Eintreten für die eigenen Bedürfnisse verstanden werden. Es wird leider noch komplizierter.

Der Begriff »Grenze« hat im Deutschen schließlich nicht nur eine pädagogische beziehungsweise psychologische Bedeutung; wir beschreiben damit auch geografische sowie politische Grenzen und damit ebenfalls Themen von hoher emotionaler Sprengkraft. Denn wenn wir von Grenzen sprechen, dann klingen in diesem Begriff eben nicht nur die Regeln mit, nach denen wir das Zusammenleben mit unseren Kindern organisieren, sondern auch die menschenunwürdigen Zustände an den EU-Außengrenzen, die Grenze zwischen West- und Ostdeutschland, die Erinnerung an die plötzlich geschlossenen Grenzen innerhalb Europas während der Corona-Krise, und Donald Trump, der mit dem Versprechen einer gewaltigen Mauer an der Grenze zwischen den USA und Mexiko einen Präsidentschaftswahlkampf gewann. Derlei Assoziationen verstärken natürlich die Wahrnehmung, dass Grenzen etwas Hartes, Unnachgiebiges, Erbarmungsloses, Ausschließendes sind. Während die Vorstellung, eben *keine* Grenzen zu haben, uns eher an Freiheit, Offenheit, Gastfreundschaft und Barmherzigkeit denken lässt. Was die Diskussion darüber, ob Kinder denn nun Grenzen brauchen, noch einmal krasser emotional auflädt: Wer will schon der Donald Trump der Kindererziehung sein? Nehmen wir deshalb zunächst einmal diese Unterscheidung vor: Wenn wir im Zusammenhang zwischenmenschlichen Miteinanders von Grenzen sprechen, meinen wir damit das, was im Englischen als *boundaries* bezeichnet wird. Mit politischen Landesgrenzen – auf Englisch: *borders* – haben diese nichts zu tun, und es tut der Diskussion gut, die einen Grenzen von den anderen so gut es geht auch assoziativ zu trennen.

Bleibt die Frage: Brauchen unsere Kinder sie denn nun, diese *boundaries*? Ein cleverer Vorschlag, wie wir in dieser Frage weiterkommen, stammt von dem französischen Kinderrechtler und Autor André Stern, der in seinen Vorträgen sein Publikum gerne bittet, den Begriff »Kinder« in dem Satz »Kinder brauchen Grenzen« doch einfach mal durch den Begriff »Frauen« zu ersetzen. »Brauchen Frauen Grenzen?« Allein die Frage klingt schon falsch. Und dieses Gefühl bleibt, durch welche Gruppe Menschen wir auch immer die Gruppe der Kinder in unserem Felsblock-Satz vom Grenzenbrauchen ersetzen: »Katholiken brauchen Grenzen.« – »Senioren brauchen Grenzen.« – »Rollstuhlfahrer brauchen Grenzen.« – »Finanzbeamte brauchen Grenzen.« Wie auch immer wir es drehen und wenden: Einen Teil der Gesamtbevölkerung so herauszuheben und zu betonen, dass genau diese Gruppe Grenzen brauche, fühlt sich verkehrt an. Warum? Weil es diskriminierend ist. Ein Satz wie »Frauen brauchen Grenzen« suggeriert, dass für Frauen irgendwelche Extra-Regeln gälten, die andere Menschen nicht betreffen. Auch wenn der Satz nach dem dritten Wort endet, hören wir regelrecht, wie er weitergeht: »Frauen brauchen Grenzen – Männer nicht.« Und das macht das geflügelte Wort, dass Kinder Grenzen brauchen, so problematisch, denn es suggeriert unwillkürlich, dass Kinder *im Gegensatz zu allen anderen Menschen* Grenzen brauchen. Und das ist diskriminierend und öffnet der willkürlichen Ungleichbehandlung Tür und Tor. »Warum darf ich meiner Tochter das Tablet wegnehmen, meinem Mann aber nicht? Kinder brauchen eben Grenzen.« – »Warum darf ich meinem Kleinkind vorschreiben, was es isst, aber nicht meiner Schwiegermutter? Kinder brauchen eben Grenzen.« – »Warum darf ich meinem Sohn sein Taschengeld vorenthalten, der Staat mir aber nicht das Kindergeld? Kinder brauchen eben Grenzen.« Konkret heißt das: Wer so heraushebt, dass ausgerechnet *Kinder* Grenzen brauchen, stützt damit das gesellschaftliche Selbstverständnis, dass Kinder es im Gegensatz zu Erwachsenen für ihre persönliche Entwicklung regelrecht *brauchen*, in ihrer persönlichen Freiheit eingeschränkt zu werden. Und das steht tatsächlich im Widerspruch zu all den Werten, auf denen ein zugewandtes, respektvolles Familienleben basiert.

Doch das heißt im Umkehrschluss nicht, dass Kinder *keine* Grenzen brauchen! Es stimmt nämlich tatsächlich, dass es für die gesunde Entwicklung von Kindern und Jugendlichen essenziell wichtig ist, sich als eigenständige Persönlichkeiten zu erleben, sich ab*grenzen* zu dürfen von den eigenen Eltern, ihr eigenes Ich zu entdecken. Und um ein Bewusstsein dafür zu entwickeln, dass nicht alle Menschen so denken und fühlen wie sie, und dass jedes Gegenüber seine eigenen Bedürfnisse hat, ist es für sie tatsächlich eine ganz wichtige Erfahrung, *Grenzen* kennenzulernen – nämlich die ihrer Familienmitglieder, Freunde, Lehrpersonen und Bekannten. »Stopp! Nein! Ich will das nicht!« Durch derlei authentische Rückmeldungen entwickeln Kinder eine Vorstellung davon, wie sie sich anderen Menschen gegenüber empathisch und rücksichtsvoll verhalten können, ohne die Regeln und Normen ihrer Community zu verletzen. Dafür brauchen sie jedoch die Erfahrung, Grenzen nicht nur von der Außenseite kennenzulernen, als derjenige also, der begrenzt *wird* – sondern auch selbst *eigene* Grenzen markieren zu können und die Erfahrung zu machen, dass diese respektiert und gewahrt werden. Der Trugschluss ist also nicht, dass Kinder Grenzen brauchen, sondern, dass *nur* Kinder Grenzen brauchen. In Wirklichkeit brauchen wir sie nämlich alle. »Menschen brauchen Grenzen« – warum haben wir diesen Satz eigentlich noch in keinem Erziehungsratgeber gelesen? Weil die Mär von den Kindern, die zu ihrem eigenen Wohl begrenzt werden müssen, so unglaublich praktisch war. Man konnte damit nämlich fast alles rechtfertigen, vom Mützenzwang im Kindergarten über den verpflichtenden Mittagsschlaf bis hin zum Taschengeldentzug bei rebellischen Teenies. Doch letztlich steckte hinter diesen Grenzen um der Grenzen willen der alte Glaubenssatz, dass es Kindern *guttut*, zu lernen, sich unterzuordnen. Und dass Eltern *ein Recht* darauf haben, Regeln festzulegen und deren Einhaltung einzufordern. Das hat mit einem respektvollen Miteinander jedoch wenig zu tun. Wie kann es also aussehen, ein Familienleben mit gesunden Grenzen ohne Willkür und Unterdrückung?

Dafür ist es notwendig, sich von dem Gedanken zu verabschieden, als Eltern Grenzen *setzen* zu müssen. Denn dieser Begriff impliziert bereits, dass es unsere Aufgabe sei, uns irgendwelche Regeln auszudenken und diese dann – zack! – unseren Kindern wie einen Zaun vor die Nase zu setzen. Tatsächlich war die Kindheit vieler Kinder von einem solchen Labyrinth von Zäunen geprägt: In ihrem ganz normalen Alltag stießen sie ständig an irgendwelche mehr oder weniger willkürlichen Verbote, an die sie sich zu halten hatten, während über ihre eigenen Grenzen munter hinweggegangen wurde: »Stell dich nicht so an!« Wollen wir es anders machen, müssen wir zunächst einmal erspüren, wo unsere eigenen Grenzen eigentlich liegen. Das ist ein bisschen, als hätten wir einen eigenen kleinen, persönlichen Gartenzaun um uns herum, der unsere Privatsphäre markiert, oder, etwas abstrakter: den Schutzraum für unsere persönlichen Bedürfnisse. Das ist das, was Jesper Juul mit persönlichen Grenzen meint.

»Beim Essen zu schmatzen ist verboten« ist etwa eine abstrakte, unpersönliche Regel. Versuche ich, sie durchzusetzen, lädt sie regelrecht zum Widerstand ein, und schürt dadurch nahezu unwillkürlich Frust und Konflikte, die nicht selten dazu führen, dass die nettesten Eltern plötzlich zu offenen Drohungen greifen: »Wenn du noch einmal schmatzt, ist dein Teller weg!« Merke ich hingegen, dass eine schmatzende Tischgesellschaft *meine persönliche* Wohlfühlgrenze überschreitet, kann ich diese Grenze ganz anders kommunizieren. »Ich will beim Essen kein Schmatzen hören, weil mir das den Appetit verdirbt« ist eine ganz andere Aussage: persönlich, ehrlich, nachvollziehbar. Die Wahrscheinlichkeit, dass Kinder sich zumindest bemühen, den so vorgebrachten Wunsch zu erfüllen, ist dementsprechend viel höher. Eine Garantie dafür gibt es natürlich trotzdem nicht – sei es, weil sie schlicht noch zu klein sind, um das Gewünschte umsetzen zu können, sei es, weil sie aus einem anderen Grund gerade nicht kooperieren können oder wollen. Dann können wir im Rahmen unserer Familienkultur schauen, wie wir mit der Überschreitung unserer persönlichen Grenze umgehen wollen. In unserer Familie kam es dabei einmal zu der Situation, dass mir mein schmatzendes Kindergartenkind treuherzig vorschlug, wenn mich sein Schmatzen störe, könne ich doch einfach auch in der Küche essen. Mein allererster spontaner Impuls war der Gedanke: Was für eine Unverschämtheit! *Ich* soll jetzt also den Tisch verlassen, nur weil *du* schmatzen musst? An solchen Reaktionen merken wir, wie krass wir darauf getrimmt sind, dass Kinder sich gefälligst unseren Wünschen unterzuordnen haben – statt Vorschläge zu machen, die unser formuliertes Bedürfnis sogar erfüllen, aber eben von *uns* verlangen, uns aus unserer Komfortzone zu begeben. Tatsächlich war der Vorschlag meines Kindes nämlich keineswegs ungehörig oder frech, sondern ausgesprochen konstruktiv. Es konnte ja nicht wissen, dass für mich das Essen mit allen anderen zusammen *noch* wichtiger war als eine geräuschfreie Mahlzeit. Treten wir so miteinander in den Austausch über unsere jeweiligen Grenzen, passieren spannende Dinge. Oft merken wir dabei, dass unsere Grenzen gar nicht so fix sind, wie wir bisher dachten. Wir können sie dehnen und verschieben, um einander entgegenzukommen und sie auf diese Weise den jeweiligen Rahmenbedingungen anzupassen. Wir können der Tatsache Rechnung tragen, dass Mama andere Grenzen hat als Papa, und dass manche Grenzen auch tagesformabhängig sind. Doch die vielleicht wichtigste Veränderung ist, dass ich in einem respektvollen, zugewandten Familienleben in letzter Konsequenz selbst dafür verantwortlich bin, dass es mir gut geht. Nicht mein Partner, nicht meine Kinder. Wenn ich etwas nicht will, ist es mein Job, gut für mich selbst zu sorgen. Ich kann um Rücksicht bitten, aber keinen Gehorsam verlangen. Meine Grenze – meine Verantwortung.

Das klingt so logisch und ist doch so schwer in der Umsetzung. Eines der häufigsten Themen, mit denen sich verzweifelte Eltern an mich wenden, ist tatsächlich dieses: dass es ihnen so schwerfällt, ihre eigenen Grenzen zu wahren. Dass ihre Kinder gefühlt permanent über sie hinwegtrampeln. Und dass sie oft das Gefühl haben, mit strikten Regeln und klaren Konsequenzen ginge es ihnen besser als mit der selbst gewählten Verantwortung, gut für sich selbst zu sorgen – die letztlich dazu führt, dass es am Ende niemandem mehr gut geht. Den Kindern nicht, weil ihnen der Halt und die Orientierung fehlen. Und den Eltern nicht, weil sie ihre eigenen Bedürfnisse permanent hintanstellen und sich wie die Schuhabtreter der Familie fühlen.

Im persönlichen Gespräch stellt sich dann meist heraus, dass Eltern, die so mit dem Einstehen für ihre individuellen Grenzen kämpfen, als Kinder selbst nie gelernt haben, ihre eigenen Grenzen zu spüren und für sie einzustehen. Sie sind so auf Funktionieren getrimmt, dass sie meist erst *wahrnehmen*, dass ihre persönlichen Grenzen massiv überschritten sind, wenn sie vor lauter Stress kaum noch Luft bekommen. Dazu kommt, dass viele Eltern schlicht nicht wissen, wie man klar und respektvoll die eigenen Grenzen vertritt, ohne seine Kinder anzuschreien oder sie zu bestrafen. Deshalb ist es mir so wichtig, an dieser Stelle ganz konkret zu erklären, wie wir unsere eigenen Grenzen erkennen, kommunizieren und auch gegen Widerstand verteidigen können, ohne unseren Kindern zu drohen oder sie anderweitig unter Druck zu setzen.

Also: Wir alle haben bestimmte Bedürfnisse, und eines davon ist, dass unsere persönlichen Grenzen gewahrt werden. Das heißt: dass niemand etwas mit uns macht, was wir nicht wollen, und dass niemand uns zwingt, etwas zu tun, mit dem es uns nicht gut geht. Wo genau unsere persönlichen Grenzen liegen, ist individuell sehr verschieden. So gibt es etwa Menschen, die können vom Kuscheln mit geliebten Familienmitgliedern kaum genug kriegen und genießen jeden Körperkontakt. Die meisten Menschen kommen jedoch irgendwann an einen Punkt, an dem ihnen die Nähe unangenehm wird, sich beklemmend anfühlt, zu viel ist. Bei manchen ist dieser Punkt recht schnell erreicht, bei anderen erst nach vielen Stunden intensiver »Belagerung«, doch das Gefühl in diesem Moment ist immer ähnlich: Wir spüren plötzlich ein Unwohlsein, das mit einem starken inneren Widerstand einhergeht. Wir haben das Gefühl, raus aus der Situation zu wollen, unsere momentane Lage so nicht länger auszuhalten. Wir sind überreizt und gestresst und rutschen in eine Abwärtsspirale aus Frust, Wut und Aggression. All diese Reaktionen zeigen an, dass hier unsere persönliche Grenze überschritten wurde. Das kann in allen möglichen Situationen passieren: im Job, beim

Einkaufen, mit Freunden oder in der Familie. Manchmal werden unsere persönlichen Grenzen überschritten, weil uns jemand körperlich zu nah kommt; manchmal reicht es schon, wenn jemand mit uns spricht oder irgendwas von uns will. Je nachdem, wie sensibel oder belastbar wir sind, geraten wir im Alltag häufiger oder seltener an unsere Grenzen. Doch wir haben sie alle. Viele von uns sind jedoch von frühster Kindheit an darauf trainiert, diesem unangenehmen Gefühl nicht nachzugeben, sondern unseren inneren Widerstand zu ignorieren und durchzupowern. Wir übergehen unsere persönlichen Grenzen also, um Erwartungen zu genügen, Leistungsanforderungen zu erfüllen, unseren eigenen Ansprüchen gerecht zu werden. Viele von uns verwechseln diese Härte gegen uns selbst sogar mit einer gesunden Selbstdisziplin, auf die wir richtiggehend stolz sind, und halten Menschen, die stärker auf ihre persönlichen Grenzen achten, insgeheim für verweichlicht.

Und dann kriegen wir Kinder. In deren Natur liegt es, zu fordern. Anfangs nicht mehr, als sie brauchen. Später jedoch immer mehr. Die Evolutionsbiologie hat dafür eine einleuchtende Erklärung parat: Während Menschenbabys zu allen Zeiten nicht mehr verlangen mussten, als sie brauchten, um zu überleben, sahen sich Kleinkinder ab etwa zwei Jahren in der Geschichte unserer Art nicht selten mit einem knallharten Verteilungskampf um Wasser, Nahrung und Nähe konfrontiert, bei dem es überlebenswichtig war, nicht zu kurz zu kommen. Die Antwort der Evolution auf diese Survival-Herausforderung sind Kleinkinder, die mit aller Macht Maximalforderungen stellen. Nicht, weil sie alles brauchen, was sie fordern. Sondern weil sie auf diese Weise sicherstellen, dass sie von den kostbaren und endlichen Ressourcen ihres Stammes genügend abbekommen, um groß zu werden. Das heißt: Es liegt in der Natur von Kindern, ganz viel zu wollen. Und es liegt eigentlich auch in der Natur von Eltern, auf dieses Wollen nur so weit einzugehen, wie es ihre persönlichen Ressourcen und ihre individuellen Grenzen zulassen – anders hätten sie nämlich selbst nicht überlebt. Doch wenn Eltern dieses selbstverständliche Wahren der eigenen Grenzen und das faire Einteilen der kostbaren Ressourcen Kraft, Zeit und Nerven in ihrer eigenen Kindheit nie gelernt haben, gerät dieses sensible Gleichgewicht des Forderns und Gewährens aus der Balance. Die Folge ist oft ein Gefühl permanenter Unzufriedenheit sowie ein Ausgebranntsein, das wir bewusst oder unbewusst unseren anstrengenden Kindern anlasten: Wären sie nicht ständig so fordernd, wären wir nicht so erschöpft.

Der Ausweg aus dieser ungesunden Dynamik führt darüber, die eigenen Grenzen wieder spüren zu lernen. Wenn wir also einen inneren Widerstand fühlen, scheinbar grundlos in eine emotionale Abwärtsspirale rutschen, überreizt und genervt sind oder Gedanken registrieren wie »Das ist mir alles zu viel«, »Das will ich eigentlich nicht«, »Wie komme ich hier nur raus?« – dann sind das wertvolle Hinweisgeber für uns, dass hier eines unserer persönlichen Limits berührt wurde. Allein das wahrzunehmen, ist schon ein wichtiger Schritt. Der nächste ist, diese Grenze auch wirklich zu benennen, und zwar klar und deutlich: »Stopp! Ich *will* das nicht!« So entwickeln wir nach und nach ein immer präziseres Gespür dafür, wann wir genug haben, und können unsere persönlichen Grenzen markieren und schützen, bevor jemand schon halb darüber hinweggegangen ist.

Zu spüren, was wir Eltern wollen und was wir *nicht* wollen, ist unglaublich wichtig, um unsere Kinder liebevoll zu begleiten. Denn die meisten seelischen Verletzungen im Familienleben rühren daher, dass Menschen viel zu lange, und oft ohne es zu merken, über ihre Grenzen gegangen sind – und sich ihr aufgestauter

Schmerz darüber irgendwann in Gewalt entlädt. Deshalb ist es so wichtig, dass wir als Eltern lernen, mit gutem Gewissen *Nein* und *Stopp* zu sagen, ohne unsere Kinder dabei emotional zurückzuweisen. Der Familientherapeut Jesper Juul hat darüber mit »Nein aus Liebe« ein ganzes Buch geschrieben, weil es vielen von uns so schwerfällt. Zu stark haben wir verinnerlicht, dass *Ja* ein freundliches, zugewandtes, verbindendes Wort ist. Und *Nein* ein liebloses, hartes, verletzendes. Angesichts dieser kulturellen Botschaft dürfen wir uns nicht darüber wundern, dass erwachsene Menschen im Namen der Liebe die ungeheuerlichsten Dinge mit sich machen lassen, weil *Nein* zu sagen so ein schlechtes Image hat. Doch beim liebevollen Wahren der eigenen Grenzen geht es nicht um das Wort an sich. Es geht um die *Haltung*, mit der wir es einsetzen und uns so für unsere persönliche Integrität starkmachen. Das ist es, was Juul meint, wenn er davon spricht, dass ein Nein die liebevollste aller Antworten sein kann: Wenn ich gut für mich selbst sorge und klar meine Grenzen abstecke, nehme ich meinem Gegenüber damit die Last von den Schultern, für mich wissen zu müssen, was gut für mich ist. Stattdessen übernehme ich Verantwortung nicht nur für mein eigenes Wohlergehen, sondern auch für meinen Anteil an unserer Beziehung, indem ich ihm zeige: Hier ist meine Grenze, die du nicht überschreiten solltest, damit unsere Beziehung keinen Schaden nimmt.

Das klingt alles reichlich abstrakt? Dann versuchen wir es doch mit einem Beispiel. Eins meiner Kinder wünscht sich von mir abends vorm Einschlafen oft noch eine Massage. Ein schönes Ritual, das wir beide mögen und das ihm hilft, sich zu entspannen und die Anspannung des Tages loszulassen. Ich massiere mein Kind also wirklich gerne. Für etwa fünf Minuten. Dann merke ich, wie meine Hände müde werden. Und ich auch. »Noch ein kleines bisschen, Mama? Bitte?«, fragt mein Kind dann oft, wenn es merkt, dass ich meine Massage beenden will. Und weil ich eine gute Mutter sein will, mache ich an diesem Punkt noch ein bisschen weiter. Und noch ein bisschen. Und noch ein bisschen. Weil mein Kind mich darum bittet. Und ich nicht Nein sagen will. Die Folge: Irgendwann ist aus unserem schönen Abendritual eine nervige Pflicht geworden, bei der ich mit mühsam unterdrückter Wut meinem nimmersatten Kind den Rücken knete und mich frustriert frage, warum es eigentlich nie genug bekommt. Was dabei unweigerlich passiert: Ich schanze meinem Kind die Verantwortung dafür zu, dass ich gerade meine persönlichen Grenzen überschreite. Weil ich von ihm erwarte, dass es von sich aus erkennt, dass es gerade zu viel von mir verlangt. Weil ich mir wünsche, dass es mir von sich aus die Erlaubnis gibt, aufzuhören. Damit ich nicht Nein sagen muss. Das ist aber nicht die Aufgabe meines Kindes. Es darf zum Ausdruck bringen, was es mag, was ihm gefällt und was es sich wünscht. Und dabei darauf vertrauen, dass ich, seine Mama, dabei nichts tue, was mir selbst nicht guttut. Kinder dürfen sich wünschen, was immer sie wollen. Ihre Wünsche dürfen auch maßlos sein. Wir Eltern müssen sie ja nicht erfüllen. Deshalb sind es auch nicht sie, die uns unter Druck setzen, sondern letztlich wir selbst, weil es nicht zu unserem Selbstbild passt, rechtzeitig Nein zu sagen. Und rechtzeitig, das heißt: nicht erst dann, wenn unsere persönliche Grenze bereits weit überschritten ist und wir frustriert und wütend sind. Dann fühlt sich unser Nein nämlich tatsächlich schnell beängstigend und abweisend an. Ich spreche aus Erfahrung: »Nein, ich massiere dich keine Sekunde länger! Ist dir eigentlich klar, wie spät es schon ist? Du müsstest schon längst schlafen und hast immer noch nicht genug!« Sagen wir deshalb lieber bereits dann Nein, wenn wir zu unseren Kindern gleichzeitig innerlich noch Ja sagen können. »Jetzt ist Schluss, mein Schatz, ich bin müde.« – »Noch eine Minute?« –

»Nein, mein Schatz.« – »Aber es ist sooo schön!« – »Ich weiß. Aber jetzt bin ich müde. Gute Nacht.«

Tatsächlich ist unser Problem als Eltern also häufig nicht, dass wir generell zu wenig Nein sagten, sondern dass wir es *ständig* sagen und trotzdem unsere persönlichen Grenzen nicht klar kommunizieren. Ein eindrucksvolles Beispiel dafür lieferte im Jahr 2013 der Journalist Marc Baumann, indem er für einen Artikel fürs SZ *Magazin* übers Neinsagen einen Tag mit seiner kleinen Tochter mit einem Aufnahmegerät mitschnitt und später erschrocken feststellte, dass er quasi ununterbrochen in Verboten gesprochen hatte: »Nein, es ist noch nicht Aufstehzeit! Halt, das ist viel zu viel Marmelade! Stopp, zum Frühstück essen wir nie Eis! Nein, kein Sommerkleid, such dir was Wärmeres aus! Hör auf, Quatsch zu machen, wenn ich deine Zähne putze!«

So geht das den ganzen Tag. Tatsächlich ist Baumann mit dieser Erfahrung nicht allein. Insbesondere Eltern von kleinen Kindern finden sich in der Kommunikation mit ihrem Nachwuchs schnell in einer Endlosschleife aus Ermahnungen wieder, die fast schon automatisch aus ihren Mündern kommen: »Stopp! Halt! Nein! Das macht man nicht!« Gerade weil hinter all diesen Worten meist jedoch keine persönlich kommunizierten Grenzen stehen, sondern mehr oder weniger unhinterfragt wiedergekäute Allgemeinplätze und Glaubenssätze, werden sie für unsere Kinder schnell zu einer Art Hintergrundrauschen ihrer Kindheit: immer da, aber auch leicht auszublenden, weil es ohnehin immer das Gleiche ist. In der Folge dieser Dauerbeschallung werden Kinder leicht »neintaub« – sie hören das Wort gar nicht mehr richtig und messen ihm auch kaum eine Bedeutung zu, weil es sich über die immer gleichen seelenlosen Wiederholungen komplett abgenutzt hat. Wenn Eltern sich darüber beklagen, dass ihre Kinder »nicht hören«, steckt in Wirklichkeit oft genau dieses Phänomen dahinter: Wer ständig nur hört, was er alles nicht darf, hört irgendwann tatsächlich gar nichts mehr.

Wollen wir also, dass unsere Kinder unsere persönlichen Grenzen kennen und respektieren, ist es hilfreich, unsere verbalen Stoppschilder mit Bedacht einzusetzen. Ja, wir können, dürfen und sollen zu unseren Kindern Nein sagen. Aber bitte nicht ständig, sondern dann, wenn es wirklich wichtig ist. Unsere permanenten Ermahnungen gehören also dringend auf den Prüfstand: Wo reproduzieren wir einfach nur Erziehungs-Stereotype? Und wann vertreten wir wirklich unsere eigenen persönlichen Grenzen?

Erste Faustformel: Wann immer ein Satz mit »man« beginnt, hat er meist nichts mit uns zu tun. »Man legt seine Ellbogen nicht auf den Tisch« ist ein Beispiel für eine solch unpersönliche Aussage. Natürlich können wir unseren Kindern diese Knigge-Regel vermitteln, wenn sie uns wichtig erscheint, aber dann sagen wir das am besten auch so: »Mir ist wichtig, dass wir beim Essen nicht die Ellbogen auf den Tisch legen.« Vielleicht ist uns das bei näherem Hinsehen aber auch eigentlich gar nicht so wichtig. Dann können wir uns den Kommentar ganz sparen.

Zweite Faustformel: Persönliche Grenzen betreffen uns. Unsere Würde, unsere Bedürfnisse, unsere Erschöpfung. »Nein, ich will nicht, dass du auf mir herumkletterst!« markiert eine solche persönliche Grenze. »Nein, nicht auf dem Sofa hüpfen!« nicht. Ich bin schließlich nicht das Sofa. Natürlich kann ich trotzdem wollen, dass mein Kind nicht auf meinen Möbelstücken herumspringt. Aber anders als beim Wahren meiner persönlichen Grenzen, bei denen ein unmissverständliches Nein wichtig ist, kann ich bei anderen Wünschen nach Wegen suchen, das Verhalten meines Kindes umzulenken, statt es zu verbieten. »Du willst hüpfen? Hier ist eine Matratze dafür!« erreicht dasselbe Ziel und verhindert, dass mein Kind, wenn ich an eine echte persönliche Grenze stoße, schon so viele Neins gehört hat, dass jetzt keins mehr zu ihm durchdringt. Und die dritte Faustformel: Hinter den allermeisten Verboten, die wir, ohne groß darüber nachzudenken, im Alltag mit Kindern so aussprechen, stecken weder persönliche Grenzen noch sonst irgendwelche guten Gründe, sondern schlicht: Glaubenssätze, die einer kritischen Überprüfung oft nicht standhalten. So ist etwa Speiseeis um 9 Uhr morgens nicht ungesünder als um 3 Uhr nachmittags – es fühlt sich für uns nur so an. Und was für sie wetterangemessene Kleidung ist, spüren Kinder in den allermeisten Fällen tatsächlich meist selbst am besten: Ein dicker Pullover mit einem dünnen Sommerkleid darüber kann ein grandioses Herbst-Outfit sein – wenn wir uns nicht von dem Glaubenssatz stressen lassen, dass sich beides auf keinen Fall kombinieren lässt.

Um aus der Endlosspirale unpersönlicher Neins auszusteigen, hat mir persönlich nichts mehr geholfen, als unsere Familie ganz grundsätzlich als »Ja-Umgebung« zu begreifen. Als einen Ort also, an dem es uns leichtfällt, zueinander grundsätzlich gern und häufig Ja zu sagen. Das fängt damit an, dass wir unseren gemeinsamen Wohnbereich so gestaltet haben, dass auch unsere kleinen Kinder an alles dran dürfen, wo sie eben rankommen, sodass wir sie in ihrem Entdeckerdrang nicht ständig begrenzen müssen, und geht damit weiter, dass wir bei unseren Mahlzeiten die einzelnen Komponenten getrennt voneinander auf den Tisch stellen, sodass jede und jeder sich das nehmen kann, was er oder sie auch wirklich essen mag. Und egal, ob es um ungewöhnliche Klamottenkombinationen, Frisuren, Schminke oder Gestaltungsideen fürs Kinderzimmer geht – wir bemühen uns, zu derlei Wünschen unserer Kinder möglichst oft von Herzen Ja zu sagen, und uns ein Nein für Fälle vorzubehalten, bei denen wir wirklich Sorgen um ihre Gesundheit oder Sicherheit haben müssten, was – so ehrlich müssen wir sein – weder bei Glitzernagellack noch bei lila Haaren der Fall ist. Dass bei uns grundsätzlich das Ja zu unseren Kindern und ihren Wünschen so großgeschrieben wird, macht es uns dann tatsächlich leichter, aus unserer Sicht wirklich notwendige Grenzen klar und unmissverständlich zu ziehen. So sind wir beispielsweise kompromisslos, was die Sicherheit im Straßenverkehr angeht. Ob auf dem Roller, auf dem Laufrad oder auf dem Fahrrad – einen Helm zu tragen, ist bei uns Pflicht, für Kinder wie Erwachsene. Wenn wir Sorge haben, ein kleines Kind könnte uns auf die Straße rennen, kommt es ohne Diskussion an die Hand oder in den Buggy. Und egal, wie uncool sie ihn finden: Ihren sicheren Kindersitz im Auto werden unsere Kinder vor ihrem 12. Geburtstag nicht los.

Die Königsdisziplin ist es nun, unsere persönlichen Grenzen auch dann zu wahren, wenn unser Gegenüber – meist unser Kind – diese nicht akzeptieren will. Beispiele dafür gibt es natürlich unzählige, mein Postfach ist voll davon: »Ich bin schwanger und soll eigentlich viel liegen, aber meine Dreijährige will davon nichts wissen!« – »Selbst wenn wir unserem Kind klar und deutlich erklären, dass wir eine Pause brauchen, lässt es uns einfach nicht in Ruhe!« – »Meine persönliche Grenze ist da erreicht, wo mein Sohn seinen kleinen Bruder tritt. Aber er macht es trotzdem immer wieder!« Für viele Eltern ist das der Punkt, an dem sie für sich beschließen, dass dieses respektvolle Elternsein eben doch auch Grenzen hat – wenn die Kinder im Guten nicht hören, muss es eben doch wieder Drohungen und Strafen geben. Was soll man sonst auch machen?

Tja, was soll man machen, wenn Kinder Grenzen nicht respektieren? Ein erster Schritt ist, zu versuchen, hinter das Verhalten zu schauen. *Warum* fällt es dem Kind so schwer, diese Grenze zu akzeptieren? Welches unerfüllte Bedürfnis steht dahinter? Denn Kinder sind zwar, insbesondere im Kleinkindalter, von Natur aus auf Maximalforderungen gepolt, nicht jedoch darauf, auf den Nerven ihrer Eltern herumzutrampeln. Im Gegenteil: Sie wollen nichts lieber tun, als ihre Bindungspersonen glücklich zu machen. Dementsprechend wollen Kinder auch nicht die Grenzen ihrer Eltern testen, wie es ihnen oft unterstellt wird. Sie *wollen* durchaus kooperieren, aber sie *können* es manchmal nicht, weil ein anderes Bedürfnis dem entgegensteht. Sehr häufig steht hinter augenscheinlich unmöglichem Verhalten – Mama hauen, Bruder treten, Sachen kaputt machen und so weiter – eine tiefe seelische Verunsicherung durch irgendeine Veränderung im Familiengefüge: Sei es eine Schwangerschaft, eine Krankheit, ein Todesfall, ein Umzug oder der Beginn eines neuen Lebensabschnitts wie etwa der Kindergartenstart. Jede Form von Zurückweisung macht diese Verunsicherung nur schlimmer, sodass Eltern und Kinder sich oft in einem Teufelskreis aus immer anstrengenderem Verhalten und immer weniger Verständnis wiederfinden, wo es eigentlich nur extraviel Nähe und Zuwendung bräuchte.

Doch dass es einem Kind selbst gerade nicht gut geht, gibt ihm natürlich nicht das Recht, über die persönlichen Grenzen seiner Eltern hinwegzutrampeln. Das heißt: Natürlich können wir uns als Erwachsene dazu entscheiden, unsere Grenzen für unser Kind auch mal fast bis an unsere Belastungsgrenze zu dehnen, wenn wir das Gefühl haben, dass es das gerade dringend braucht. Doch genauso wichtig ist es, dass wir unsere Bedürfnisse nicht dauerhaft zurückstellen und unsere Grenzen immer mehr verwischen, bis irgendwann niemand mehr weiß, wo sie eigentlich waren.

Wie also wahren wir unsere persönlichen Grenzen gegenüber einem fordernden, tobenden, vielleicht sogar körperlich aggressiven Kind? Zunächst müssen wir uns darüber im Klaren sein, dass unsere persönlichen Limits tatsächlich nur uns und unser eigenes Handeln betreffen – nicht das unseres Kindes. Das heißt: Wenn uns irgendein Verhalten unseres Kindes massiv stört, gibt es manchmal keinen gewaltlosen Weg, dieses Verhalten einfach abzustellen. Aber es gibt immer einen Weg, *uns selbst* zu schützen und unsere Grenzen zu wahren. Das heißt: Es ist problemlos mit respektvollem Elternsein vereinbar, dass wir Erwachsenen irgendetwas tun oder nicht. Aber es ist unmöglich, einen anderen Menschen auf respektvolle Weise dazu zu zwingen, irgendetwas zu tun oder eben nicht zu tun – auch nicht, wenn dieser Mensch unser Kind ist. Diese Unterscheidung mag auf den ersten Blick spitzfindig wirken, ist aber entscheidend, weil im Familienalltag ständig beides durcheinandergeworfen wird. Schauen wir uns in diesem Zusammenhang noch einmal die exemplarischen Beispiele aus den Zuschriften an, die mich erreicht haben: Ein Kindergartenkind lässt seine schwangere Mama nicht ruhen. Ein anderes Kind platzt seinen Eltern ständig in die wohlverdiente Mittagspause. Und wieder ein anderes Kind haut seinen kleinen Bruder. In allen drei Fällen erwarten die Eltern letztlich, dass das Kind sein Verhalten verändert: Es soll die Mama in Ruhe lassen. Es soll in seinem Zimmer spielen, statt Beschäftigung einzufordern. Und es soll verflixt noch mal seinen Bruder nicht hauen! Nun sind das alles durchaus legitime Anliegen, allein: Wenn ein Kind sie aus irgendeinem Grund nicht erfüllen kann oder will, gibt es keinen respektvollen Weg, dieses kindliche Verhalten abzustellen. Das heißt aber nicht, dass wir an der Situation nichts ändern können. Denn: Wir haben ja selbst Handlungsoptionen. Die sind oft so logisch wie banal, und trotzdem kommen wir nicht drauf. Ein Kindergartenkind muss nämlich gar nicht seine Zustimmung dazu geben, dass Mama sich hinlegt. Sie kann das einfach machen. Und wenn das Kindergartenkind das doof findet, dann ist das eben so. Natürlich kann ich als liebevolle Mutter dann noch versuchen, meinem Kind die Situation leichter zu machen – etwa, indem ich unsere Medienregeln lockere und mit ihm ein paar Folgen *Sendung mit der Maus* gucke. Doch selbst wenn all diese Bemühungen nicht fruchten und mein Kind tobt und brüllt und schreit, dass ich aufstehen und mit ihm spielen soll, kann ich einfach – liegen bleiben. Das ist weder fies noch gemein noch respektlos, das ist einfach: Grenzen wahren. Ich muss nicht stillen, wenn ich das nicht will. Ich muss nicht Duplo spielen, wenn ich das nicht will. Ich muss mich nicht anmeckern lassen, wenn ich das nicht will. Und wenn ich eine Pause brauche und mein Kind das partout nicht akzeptiert, kann ich entweder versuchen, mein Pausenbedürfnis mit Kind an meiner Seite zu erfüllen. Oder ich muss einen Weg suchen, mir meine Pause allein zu verschaffen, in die mein Kind gar nicht hineinplatzen kann – etwa, indem ich spazieren gehe, während es zu Hause bleibt. Und wenn ein Kind das andere haut? Dann muss ich nicht bitten und betteln, nicht drohen oder strafen, damit das aufhört. Dann muss ich schlicht ein Kind vor dem anderen schützen, und sei es, indem ich mich mit ihm für einen Moment im Schlafzimmer einschließe, während das andere von außen gegen die Tür wummert. Ist das schön? Nein. Ist das mein Ideal von respektvollem Familienleben? Auch nicht. Aber Familienleben ist nicht immer schön und erfüllt nicht immer alle Ideale. Manchmal geht es schlicht darum, zu tun, was wir tun können, um unsere Grenzen zu wahren – in dem Bewusstsein, dass wir nur unser eigenes Handeln bestimmen können, und nicht das anderer Menschen. Auch nicht, wenn es unsere Kinder sind.

Natürlich sind das Extrembeispiele. Doch es wäre unehrlich, zu verschweigen, dass es im Familienleben zu solchen Situationen kommen kann, in denen es keine einfachen Lösungen mehr gibt, sondern nur noch Notfallpläne. Wichtig ist mir, dass es selbst in diesen Situationen nicht notwendig ist, Gewalt anzuwenden, um unsere eigenen Grenzen zu wahren. In den meisten Fällen geht es beim Grenzenwahren zum Glück jedoch *nicht* um solche Extremsituationen, sondern um die innere Klarheit, mit der wir unseren Kindern zumuten, dass nicht immer alles so laufen kann, wie sie es am liebsten hätten. Nicht aus Prinzip. Nicht aus erzieherischen Gründen. Nicht, dass sie lernen, sich unterzuordnen, sondern schlicht: Weil wir unsere persönlichen Grenzen nur wahren können, wenn wir unseren Kindern zeigen, dass wir manchmal etwas anderes wollen als sie. Und das klappt nur, wenn wir in der Lage sind, die Traurigkeit, die Enttäuschung und die Wut unserer Kinder auszuhalten und zu begleiten.

## Traurigkeit und Wut begleiten

Kinder in ihren Bedürfnissen ernst zu nehmen, ihnen zu geben, was sie brauchen und sie liebevoll zu begleiten, fühlt sich wunderbar an. Haben Eltern die Angst, dabei einen kleinen Haustyrannen heranzuziehen, erst mal hinter sich gelassen, sind viele Familien deshalb eine Zeit lang wie im Flow: »Wie gut wir es miteinander haben!« – »Wie perfekt unsere Bedürfnisse ineinandergreifen!« – »Wie harmonisch unser Familienleben dadurch ist!« Krachen dann zum ersten Mal kindliche und elterliche Bedürfnisse mit Wucht aufeinander, fühlt sich das für viele Eltern an, als würde ihr schönes, liebevolles Familienleben Risse bekommen. Sind die besten Eltern nicht die, deren Kinder niemals weinen? Und ist es nicht geradezu die Todsünde liebevoller Elternschaft, Kinder schreien zu lassen? Tatsächlich müssen wir auch hier genau unterscheiden. Kindliche Traurigkeit ernst zu nehmen und nicht einfach zu ignorieren, gehört tatsächlich zu den Grundfesten eines respektvollen, zugewandten Familienlebens. Aus dem einfachen Grund, dass es moralisch niemals in Ordnung sein kann, einen verzweifelt um Hilfe rufenden Menschen mit seinem Schmerz alleinzulassen. Und das Weinen eines Kindes ist *immer* so ernst zu nehmen, wie es klingt. Kinder machen keine Show, wenn sie verzweifelt sind, und sie vergießen auch keine Tränen, um uns emotional zu erpressen. Sie sind unglücklich, enttäuscht, wütend, traurig oder alles zusammen. Deshalb weinen sie. Und fühlen dabei echten Seelenschmerz. Doch sind wir deshalb dazu verpflichtet, alles zu tun, um dieses Weinen zu stoppen? Nein. Und zwar aus mehreren Gründen.

Der erste: Weinen ist ein Ventil. Wenn wir unsere dunklen und schmerzlichen Gefühle auf diese Weise nach außen tragen, werden wir sie los. Deshalb tut es auch einem Erwachsenen nach schmerzlichen Erfahrungen oft gut, sich bei einem vertrauten Menschen auszuweinen, anstatt seine Trauer herunterzuschlucken. Genauso geht es auch unseren Kindern. Weinen dient ihnen zum Stressabbau. Natürlich wäre es extrem fies, sie *extra* zum Weinen zu bringen. Und es ist richtig und gut, dass wir uns darum bemühen, für sie und mit ihnen einen Alltag zu schaffen, in dem sie überwiegend fröhlich und entspannt sein können statt traurig und gestresst. Doch es ist weder möglich noch erstrebenswert, jeden einzelnen Frustmoment von ihnen fernzuhalten. Der zweite Grund: Es ist auch nicht unsere Aufgabe als Eltern, das Weinen unserer Kinder so schnell wie möglich abzustellen. Als wir selbst noch Kinder waren, wurde das meist so gemacht: Ablenkung galt als die beste Strategie, Kinder schnell wieder zum Lachen zu bringen. Quatsch machen, kitzeln, Fingerspiele. Oder ein süßes Bonbon in den Mund. Hauptsache, die Tränen versiegen. Das war zweifelsohne gut gemeint. Doch was wir Kindern damit signalisieren, ist, dass es nicht okay ist, auch mal traurig zu sein. Dazu kommt, dass uns durch die schnelle Ablenkerei heute als Erwachsene oft hilfreiche Strategien fehlen, mit Traurigkeit und Schmerz umzugehen. Also greifen wir zu jenen, die uns seit frühster Kindheit vertraut sind: Ablenkung und Essen. Deshalb fällt es uns auch oft so schwer, das Weinen unserer Kinder auszuhalten. Viele von uns kennen das nicht, dass es okay ist, zu weinen, und auch nicht gleich wieder aufzuhören. Und weil leider viele heutige Eltern als Babys und Kleinkinder auch noch alleine weinen gelassen wurden – etwa abends im Bett, wenn sie nicht einschlafen konnten –, löst das Weinen ihres Kindes in ihnen heute besonders heftigen Stress aus, weil es die Erinnerung an die eigene Hilflosigkeit und den eigenen Seelenschmerz wieder hervorholt. Um das Weinen unserer Kinder aushalten zu können, müssen wir deshalb ganz bewusst neue Verknüpfungen in unserem Gehirn anlegen. Das Weinen an sich ist nämlich nicht schlimm. Allein gelassen werden beim Weinen, obwohl man sich nach Nähe sehnt – das ist schlimm. Haben wir das für uns klar, wird alles leichter. Dann haben wir nämlich nicht mehr das Gedankenkarussell im Kopf, dass wir jetzt ganz schnell etwas tun müssen, damit unser Kind aufhört zu weinen. Sondern können es ruhig und geduldig begleiten in dem Wissen, dass wir ihm das Wichtigste bereits geben: unsere Nähe.

Der dritte Grund, warum es wichtig ist, das Weinen unserer Kinder nicht zu fürchten, ist, dass wir uns sonst selbst eine Aufgabe auferlegen, an der wir fast nur scheitern können. Denn so ehrenwert der Anspruch sein mag, unseren Kindern jeden Anlass zum Traurigsein zu ersparen, so wenig umsetzbar ist dieser, je älter unsere Kinder werden. Das heißt selbstverständlich nicht, dass es nicht gut wäre, leicht vermeidbare Gründe für Stress und

Traurigkeit zu vermeiden. Klar ist es sinnvoll, auf Spurensuche zu gehen, wenn ein Kind weint. Gerade bei kleinen Babys, die noch nicht sprechen können, steckt ja oft ein ganz eindeutiger Grund dahinter: Hunger oder Einsamkeit oder eine volle Blase. Doch wenn unsere Kinder größer werden, verändern sich die Gründe, aus denen sie weinen. Ganz oft geht es dabei um Dinge, die sie jetzt sofort gern hätten. Oder um den Frust, nicht die ganze Welt samt all ihrer Kreaturen steuern zu können. Eine meiner Töchter weinte mit vier Jahren etwa einmal vor lauter Wut auf die Sonne, die unterging, obwohl sie sich gewünscht hatte, dass sie noch am Himmel bleibt. Was zeigt: Selbst wenn wir wollten – es gibt Frustsituationen, die können wir unseren Kindern nicht ersparen. Weint unser Kind, weil es irgendetwas will – ob ein neues Spielzeug, ein zweites Eis oder dass Papa nicht neben Mama sitzt –, ist es sinnvoll, wenn wir Eltern für uns selbst kurz prüfen, wie wir uns dazu jetzt verhalten wollen. Und dann erst reagieren. Dabei gibt es keine per se richtigen oder falschen Reaktionen. Wenn wir Lust haben, unserem Kind das ersehnte Sandspielzeug zu kaufen, oder beschließen, dass uns kein Zacken aus der Krone bricht, wenn wir uns noch mal umsetzen, ist alles wunderbar. Spüren wir jedoch den Impuls, unsere persönlichen Grenzen zu übertreten aus Angst vor den Tränen unseres Kindes, ist das keine gute Idee. Denn klar, so können wir Frust vermeiden, und wenn unser Nervenkostüm gerade eh schon dünn ist, kann das genau die richtige Strategie sein. Doch genauso ist es wichtig, sich klarzumachen, dass wir uns auch trauen dürfen, unserem Kind einen gewissen Frust zuzumuten – unserer eigenen Grenzen zuliebe. Und wenn unser Kind dann weint, schreit, tritt und tobt? Dann können wir es ohne Angst oder Schuldgefühle durch diesen Frust begleiten. Je nach Alter und Temperament des Kindes können wir es dazu in den Arm nehmen oder uns ein Stück von ihm entfernt auf den

Boden setzen, beruhigend mit ihm sprechen oder einfach schweigen. Entscheidend ist, dass wir da sind. Und dass wir dem Kind in seinem Frust keine Vorwürfe und keinen Druck machen, sondern ihm signalisieren: Alles ist gut, ich bin da.

Für mich war es als Mutter ein langer Weg, dahin zu kommen, das bei meinen Kindern umsetzen zu können. Der Impuls, das Weinen abstellen zu wollen, war insbesondere bei meinem ersten Kind oft geradezu übermächtig. Was mir geholfen hat, war, mir klarzumachen, dass sich das Gehirn von Kindern in Stressmomenten schnell in den sogenannten Kampf-oder-Flucht-Modus versetzt, den bereits erwähnten steinzeitlichen Survival-Modus, in dem die meisten Hirnfunktionen ausgeschaltet sind, damit alle Energie für die zwei verbleibenden Handlungsoptionen im Säbelzahntiger-Notfall zur Verfügung steht: Kämpfen oder Fliehen. Das heißt: Wenn traurige, wütende Kinder wie wild um sich schlagen oder versuchen wegzurennen, richten sie sich also in Wirklichkeit nicht gegen uns – in ihnen wirken nur genau diese uralten Kräfte. Weil das Sprachzentrum im Kampf-oder-Flucht-Modus nicht mehr arbeitet, können all unsere wohlmeinenden Worte unsere Kinder in diesem Zustand nicht mehr erreichen, ebenso wenig wie ihr Gehirn unsere logischen Erklärungen noch verarbeiten kann. Doch was immer noch funktioniert, ist ein Mechanismus, den der Neurologe Stuart Shanker die »Gehirnbrücke« nennt: Mittels ihrer sogenannten Spiegelneuronen nehmen unsere Kinder nämlich auch im höchsten Stress immer noch wahr, wie wir Eltern uns fühlen. So können wir, wenn wir es schaffen, selbst ruhig zu bleiben, unseren Kindern diese Ruhe wie ein Erste-Hilfe-Paket via Spiegelneuronen direkt in ihr Gehirn schicken und ihnen so helfen, aus dem Kampf-oder-Flucht-Modus herauszukommen. Ich persönlich fand dieses Bild hilfreich, um mich daran zu erinnern, dass ich meinen Kindern in solchen

Frustsituationen am besten helfen kann, indem ich einfach da bin, möglichst ruhig atme und nicht so viel auf sie einrede. Letztlich ist es aber egal, welche Mechanismen in solchen Frustmomenten genau wirken. Entscheidend ist allein, dass unsere Kinder die Erfahrung machen dürfen, dass es okay ist, auch mal traurig, wütend oder frustriert zu sein. Und dass wir Eltern das aushalten. Nicht, dass wir diesen Zustand unnötig in die Länge ziehen müssten: Trösten, kuscheln und beruhigen ist – wenn gewünscht – nicht nur okay, sondern ganz wichtig, damit sich unsere Kinder mit ihrem Schmerz nicht alleine fühlen. Und wenn ein kleines Kind zur Beruhigung an die Brust will, hat das nichts mit der Ablenkung mittels Essen zu tun, von der vorhin die Rede war. Alles, was unseren Kindern und uns selbst hilft, gut durch einen solchen schwierigen Moment hindurchzukommen, ist meiner Meinung nach gut. Doch unsere Kinder haben auch ein Recht darauf, ihre Traurigkeit, ihre Wut, ihre Enttäuschung und ihren Frust genauso zu zeigen wie ihre Freude, ihre Neugierde, ihre Zärtlichkeit und ihr Glück, und dafür Raum zu bekommen. Denn nur, wenn wir spüren, dass wir mit all unseren Gefühlen angenommen werden, fühlen wir uns wirklich bedingungslos geliebt.

### Was für ein Mensch ist unser Kind?

Wer je schon einmal in einer WG gewohnt hat, weiß, was für eine hochbrisante Sache so ein Mitbewohner-Casting ist. Da wird Kandidaten bis ins privateste Detail auf den Zahn gefühlt, diskutiert und abgewogen und erst dann eine Entscheidung gefällt, weil allen klar ist: Ein Mitbewohner, der nicht zu uns passt, kann uns das Leben echt zur Hölle machen. Umso unglaublicher ist es eigentlich, wie wagemutig wir Eltern sind. Mit unseren Kindern holen wir uns schließlich auch kleine Mitbewohner nicht nur in unser Haus, sondern in unser ganzes Leben. Und zwar für immer, ohne vorher per Casting überprüfen zu können, ob sie überhaupt zu uns passen.

Um uns den gemeinsamen Start zu erleichtern, hat die Natur unsere Kinder extrem süß gemacht. Das hilft natürlich. Doch je älter unsere Kinder werden, desto weniger kann ihre Niedlichkeit darüber hinwegtäuschen, dass jedes unserer Kinder eine ganz schön komplexe Persönlichkeit mit ihren ganz eigenen Ecken und Kanten ist – und längst nicht immer nur süß und anschmiegsam. Was hier so flapsig klingt, ist für viele Eltern tatsächlich ein ziemlicher Schock: dass unsere Kinder nämlich weder Mini-Versionen von uns selbst sind noch beliebig formbare Wesen, die wir durch gute Erziehung schon genau so hinbekommen, wie wir sie gerne hätten, sondern eigenständige und auch widerständige Menschen, die sich manchmal ganz schön stark nicht nur von uns selbst unterscheiden – sondern auch von den Kindern, die wir immer erträumt hatten. Mit mangelnder Liebe hat dieses Erschrecken nichts zu tun: Auch Kinder, die uns manchmal fremd sind wie Aliens, würden wir selbstverständlich nie wieder hergeben. Aber ein seltsames Gefühl ist es schon zu merken: Natürlich liebe ich mein Kind. Aber deshalb ist es mir noch lange nicht immer sympathisch. Im Gegenteil: Manchmal macht es mich rasend vor Wut. Und manchmal finde ich es mit seiner altklugen Art, oder seinem Dauergeplapper, oder seiner Hibbeligkeit, oder seiner Computerverrücktheit, oder seiner Schwäche für seltsam geschminkte YouTuberinnen einfach nur nervig. Huh. Darf man so was sagen, denken, fühlen als liebende Eltern?

Ich denke: Ja. Elternsein ist nun einmal vielschichtig und kompliziert. Und widersprüchliche Gefühle unseren eigenen Kindern gegenüber zu haben, ist eben eine der vielen emotionalen Facetten dieser besonderen Beziehung. Viel spannender als die Frage, ob wir als Eltern so fühlen *dürfen*, finde ich deshalb die

Frage, *warum* es uns manchmal so schwerfällt, dieses *Anderssein* unserer Kinder zu akzeptieren – also die Tatsache, dass sie anders sind, als wir selbst es sind und waren, und dass sie sich auch von jenen imaginären Kindern unterscheiden, die wir immer dachten, mal zu haben, bevor wir welche hatten. Mein Eindruck ist, dass auch dahinter oft jener Perfektionismus steht, der Eltern heute auf so vielen Ebenen das Leben schwer macht. Wenn wir uns schon so bemühen, besonders gute Eltern zu sein, wollen wir für unsere Anstrengung auch mit besonders tollen Kindern belohnt werden. Die Vorstellung, was diese tollen Kinder ausmacht, hat sich dabei über die Jahre zwar geändert – doch die Rigidität, mit der wir kindliche Verhaltensweisen in erstrebenswerte und weniger erstrebenswerte Eigenschaften einsortieren, hat eher noch zugenommen. Gleichzeitig ist der Druck subtiler geworden – anders als die oft als Eislauf-Eltern bezeichneten extrem ehrgeizigen Eltern früherer Kindergenerationen geht es uns in unserem Perfektionismus meist nicht um Spitzenleistungen im Sport oder in der Schule, sondern um Kinder, die mit ihrem ganzen Wesen widerspiegeln, was für einen großartigen Job wir mit unserer liebevollen Erziehung gemacht haben. Unsere Kinder sollen also so sozial kompetent und weltoffen, neugierig und kritisch, begeisterungsfähig und selbstbestimmt, freiheitsliebend und Hierarchien hinterfragend, bewegungsfreudig und naturverbunden, fürsorglich und über den eigenen Tellerrand schauend, klug und fröhlich sein, dass alle Welt sieht: Wow, diese Erziehung ohne Druck und Strafen bringt wirklich die besten Ergebnisse hervor. Solche Menschen braucht die Welt. Hut ab! Der kecke WhatsApp-Status, wonach unsere Kinder »Pippi, nicht Annika« sein sollen, nämlich »frech, wild und wunderbar«, ist also bei näherem Hinsehen keine Abkehr vom elterlichen Erwartungsdruck, sondern nur ein geschicktes Framing, das einst negativ konnotierte kindliche

Verhaltensweisen als neues erstrebenswertes Ziel deklariert, an dem sich Erziehungserfolg misst. Wobei die eigenen Kinder bitte nur genau so frech, wild und wunderbar sein sollen, dass sie es trotzdem aufs Gymnasium schaffen. Klassische Bildungserwartungen treffen hier also auf vage Bilder von neuen Superkindern, die nur durch die sanfte Achtsamkeit ihres Aufwachsens so super werden konnten. In den sozialen Medien werden genau diese Narrative natürlich verstärkt. Da sehen wir *diese* Kinder nämlich ständig – und nur sehr selten die, die trotz geborgener Kindheit mit sich und der Welt kämpfen, keine instagramtauglichen Geschenke basteln wollen und lieber zocken, als Mandalas aus Frühlingsblumen zu legen. »Was haben wir nur falsch gemacht?« Es ist diese bange Frage, die mir immer wieder aufs Neue ins Herz schneidet, wenn Eltern mit mir darüber sprechen, wie wenig ihr eigenes Kind dem Bild des bindungsorientiert groß gewordenen Vorzeigekinds entspricht. Deshalb ist es mir so ein großes Anliegen, offen darüber zu sprechen, dass wir Eltern und die Art und Weise, wie wir unsere Kinder ins Leben begleiten, nur einen begrenzten Anteil an ihrer Persönlichkeitsentwicklung haben. Einen großen Anteil ihrer Persönlichkeitsstruktur bringen Kinder nämlich schon mit, wenn sie geboren werden. Und sie brauchen von uns, dass wir uns ihnen als diese kleinen Menschen nähern, die sie bereits *sind* – anstatt ihnen eine Erziehung überzustülpen, die wir vielleicht toll finden, die aber gar nicht zu ihnen passt. Denn so richtig es ist, dass *alle* Familien von einem respektvollen, zugewandten Miteinander profitieren, so unterschiedlich kann dieser liebevolle Umgang im konkreten Fall aussehen. Denn unterschiedliche Kinder brauchen von uns Eltern ganz unterschiedliche Dinge, um sich geliebt und geborgen zu fühlen. Und längst nicht allen tut jene schier unbegrenzte Freiheit und Selbstbestimmung gut, die in den sozialen Medien gerne als der Königsweg liebevollen Elternseins gepriesen wird. Wenn wir unseren Kindern als Eltern wirklich gerecht werden wollen, sollten wir uns also nicht nur fragen, welcher Erziehungsstil uns am meisten überzeugt, sondern uns auch die Frage stellen: Was für ein Mensch ist eigentlich unser Kind?

Es ist normal, verschieden zu sein: Was wie eine Binsenweisheit klingt, müssen wir uns in Bezug auf unsere Kinder tatsächlich immer wieder in Erinnerung rufen. Denn die Vergleiche lauern überall: in der Krabbelgruppe, wo alle Gleichaltrigen schon vom Fleck kommen, und das eigene Baby nicht. Im Kindergarten, wo andere Dreijährige schon Kopffüßler malen oder andere Fünfjährige schon erste Buchstaben schreiben, während das eigene Kind vor allem mit der Fähigkeit, Rührschüsseln auszulecken, bis der Kuchenteig in seinen Ohren klebt, besticht. Unsere Gesellschaft ist so auf Schnelligkeit und Leistung getrimmt, dass es unglaublich schwer ist, als Eltern nicht das Gefühl zu haben, dass es irgendwie *besser* wäre, wenn ein Kind schon mit 11 Monaten laufen kann, als wenn es erst mit 15 Monaten seine ersten freien Schritte tut. Oder, dass es ein Grund ist, besonders stolz zu sein, wenn ein Kind mit knapp zwei Jahren schon in ganzen Sätzen spricht, während man sich fast schon schämen muss, wenn das eigene Kind in diesem Alter erst wenige Worte verwendet. Dabei sagt das Alter, in dem unsere Kinder diese Entwicklungsschritte meistern, exakt *nichts* aus – weder über ihre Intelligenz noch über unsere Fähigkeiten als Eltern. Wann Kinder was können, ist vielmehr ein Musterbeispiel für die sogenannte Gaußsche Normalverteilung, also jener Glockenkurve, die in der Mathematik die Wahrscheinlichkeit bestimmter Ereignisse grafisch darstellt: Wenn das durchschnittliche Menschenkind mit ungefähr 12 Monaten laufen lernt, liegt es in der Natur der Sache, dass manche Frühstarter bereits mit neun oder zehn Monaten beginnen, der Großteil dann um den ersten Geburtstag herum und einige Kinder zu einem späteren Zeitpunkt im zweiten Lebensjahr. Wo auf dieser Kurve normaler Entwicklungsvarianz unser Kind liegt, hat keinerlei Aussagekraft – außer der, dass Kinder extrem unterschiedlich sind und sich jedes in seinem eigenen Tempo entwickelt. Früher ist nicht besser: Das gilt fürs Krabbeln-, Laufen- und Sprechenlernen ebenso wie fürs Lesen, Fahrradfahren und Schwimmen.

Doch nicht nur in ihrer motorischen und sprachlichen Entwicklung unterscheiden sich unsere Kinder. Auch ihre soziale und emotionale Entwicklung ist höchst individuell. Deshalb können auch die typischen Entwicklungstabellen, wonach Kinder mit neun Monaten das Wort »Nein« verstehen, mit 18 Monaten mit einfachen Rollenspielen beginnen, mit drei Jahren die Idee von »Mein« und »Dein« begreifen und mit fünf Jahren zwischen Realität und Fantasie unterscheiden können, allenfalls als grobe Orientierung dienen. Denn je nach Kind können diese Reifungsschritte auch deutlich früher oder später kommen – je nachdem, wie leicht oder schwer es ihnen ihr angeborenes Grundtemperament macht, diese zu erreichen.

Weil ich selbst als Mutter *sehr* verschiedene Kinder habe und mir über das so hochsensible wie hochexplosive Temperament eines meiner Kinder mehrere Jahre lang wirklich große Sorgen gemacht habe, ist die enorme Spannbreite *ganz normaler kindlicher Entwicklung* für mich ein echtes Herzensthema. Denn wie viele Eltern dachte auch ich, dass ich mit meinem Kind vermutlich irgendetwas falsch gemacht hatte, weil es so anders war als andere Kinder: wilder und sprunghafter, ungestümer und unruhiger, verletzlicher und sensibler. Es wirkte gleichzeitig viel älter und viel jünger als seine Altersgenossen, stellte in einem Moment die philosophischsten Fragen, um sich im nächsten wie ein Baby zu benehmen. Und von jedem Gefühl, jedem Bedürfnis, jeder Sinneswahrnehmung schien es nur die Extremvariante zu kennen. Auf meiner Suche nach einer Erklärung für dieses ungewöhnliche Verhalten stieß ich auf den US-amerikanischen Persönlichkeitsforscher Jerome Kagan, der an der Uni Harvard in groß angelegten Langzeitstudien feststellte, dass wir Menschen uns von Geburt an in zwei ganz wesentlichen Persönlichkeitsmerkmalen voneinander unterscheiden: in unserer *Reaktivität, also der Art und Weise, wie wir Reize wahrnehmen*, und in unserer *Regulationsfähigkeit*, also wie wir sie *verarbeiten und emotional verkraften können*. Laut Kagan gibt es dabei ein Spektrum: Manche Menschen sind von ihrer Grundkonstitution her ausgesprochen robust und durch fast nichts aus der Ruhe zu bringen; andere sind ausgesprochen sensibel und geraten unglaublich schnell in Stress. Die meisten Menschen liegen irgendwo zwischen diesen beiden Polen, wobei Kagan grob zwischen drei Gruppen unterscheidet. Etwa 40 Prozent aller Menschen ordnet er dabei der Gruppe der *low reactives zu*, die ich regulationsstarke Menschen nenne. Diese Kinder kommen auf die Welt und reagieren von Anfang an *nicht* besonders sensibel auf Reize und können sich gut selbst regulieren. Regulationsstarke Babys sind deshalb typischerweise zwar gerne auf dem Arm, können aber gut auch mal für sich sein und zum Beispiel alleine einschlafen, wenn sie müde sind. Sie haben oft tolle Selbstregulationsstrategien, mit denen sie sich in kleineren Stresssituationen eigenständig beruhigen können – etwa, indem sie am Daumen lutschen. Insgesamt verfügen sie über ein recht ausgeglichenes, grundzufriedenes Wesen, lassen sich nicht so leicht aus der Ruhe bringen und werden häufig als kleine Sonnenscheinchen empfunden, was sich auch nicht ändert, wenn sie älter werden: Regulationsstarke Kinder sind oft die, die ihren Familien wenig Probleme machen, sich gut in soziale Gruppen einfügen können und ihren

Eltern oft das Gefühl geben, bei der Erziehung alles richtig gemacht zu haben.

Weitere ungefähr 40 Prozent aller Menschen stellen die Gruppe der *bindungsstarken* Persönlichkeiten. Das heißt: Sie reagieren empfindlicher auf Stress als regulationsstarke Personen und tun sich schwerer mit der Selbstberuhigung, können ihr schneller erregtes Nervensystem jedoch gut mittels *Co-Regulation* herunterfahren, also im direkten und persönlichen Kontakt mit anderen Menschen. Bindungsstarke Babys sind dementsprechend meist ausgesprochen ausgeglichene Zeitgenossen – solange sie direkten Körperkontakt haben. Auf dem Arm, im Tragetuch, an der Brust oder im Elternbett sind sie total zufrieden. Aber wehe, man wagt es, sie etwa auf eine Krabbeldecke oder in ihr eigenes Bettchen zu legen! Weil ihnen die Fähigkeit zur Selbstregulation noch nahezu vollständig fehlt, werden sie ohne enge Begleitung schnell von Stress überwältigt. Und werden dementsprechend erst ruhig, wenn sie wieder auf dem Arm sind. Natürlich bleibt das nicht so: Je älter bindungsstarke Kinder werden, desto stärker bildet sich aus der Erfahrung konsequenter Co-Regulation auch ihre Selbstregulationsfähigkeit aus. Doch sie bleiben zeitlebens sensibler als andere Menschen und benötigen viel emotionalen Rückhalt und den engen Kontakt mit Vertrauten, um mit den Herausforderungen des Alltags gut klarzukommen. Die verbleibenden etwa 20 Prozent aller Menschen – Kagan nennt sie *high reactives* – sind *besonders* sensibel, *besonders* reizoffen, *besonders* stressempfindlich. Und haben all den intensiven Eindrücken, die deshalb im Alltag auf sie einprasseln, gleichzeitig extrem wenig Selbstregulationsfähigkeit entgegenzusetzen. *Gefühlsstarke Kinder* nenne ich jene Kinder, die mit diesem ganz speziellen Temperament zur Welt kommen und zu denen auch mein Kind zählt, das mich mit seinem herausfordernden Wesen überhaupt erst auf diese Recherchereise in die Welt der Persönlichkeitsforschung schickte. Über diese Kinder – und natürlich die Frage, wie wir sie als Eltern stärken können, ohne sie zu verbiegen – habe ich bereits zwei Bücher geschrieben, deren Inhalt ich an dieser Stelle nur grob umreißen kann. Entscheidend ist aus meiner Sicht jedoch, dass wir diese Gedanken festhalten: Unsere Kinder sind von Anfang an so verschieden, dass wir ihnen unmöglich gerecht werden könnten, würden wir sie alle gleich behandeln. Denn je nachdem, wie robust oder sensibel sie sind, und wie stark oder schwach ihre Selbstregulationsfähigkeit ausgeprägt ist, brauchen sie uns Eltern in ganz unterschiedlicher Rolle. Begleiten wir ein gefühlsstarkes oder bindungsstarkes Kind, ist liebevolle Co-Regulation für viele Jahre etwa eine unserer größten und wichtigsten Aufgaben, während ein regulationsstarkes Kind gar nicht so viel Nähe von uns brauchen mag. Und während ein regulationsstarkes Kind mit einem sehr selbstbestimmten Tagesablauf, in dem es eigenständig etwa über seinen Medienkonsum oder seine Schlafenszeit entscheidet, wunderbar zurechtkommen kann, ist es gut möglich, dass ein gefühlsstarkes Kind völlig damit überfordert ist, weil es deutlich mehr Unterstützung braucht, um gut für sich selbst zu sorgen.

Wie viel Selbstbestimmung und Freiheit und wie viel Halt und Begrenzung ein Kind also für sein individuelles Wohlergehen braucht, hängt also ganz entscheidend von seiner Persönlichkeit ab und verändert sich mit den Jahren. Es gibt also keine Formel, auf die wir dabei vertrauen können, und keine pauschale Anleitung, die uns sagen könnte, wofür unser Kind wann reif ist. Nein: In der Frage, was unsere Kinder wann von uns brauchen, sind wir letztlich auf uns selbst zurückgeworfen – und unsere Beziehung zu unseren Kindern. Sie können wir fragen, was sie brauchen. Ihnen können wir ins Gesicht schauen und sehen, ob es ihnen gut geht, so, wie ihr Leben gerade ist. An ihren Verhaltensweisen können wir ablesen, wenn etwas aus der Balance gerät, wenn wir nachjustieren und etwas verändern müssen. Es liegt dabei in der Natur der Sache, dass wir in diesem Prozess auch mal danebenliegen. Das ist nicht schlimm. Wichtig ist nur, dass wir darüber im Austausch bleiben. Und reagieren, wenn unsere Kinder uns zeigen, dass es ihnen *so* nicht mehr gut geht. Wonach wir dabei letztlich streben, ist eine gesunde Balance zwischen Schützen und Schubsen: Behüten wir unsere Kinder vor jeder Herausforderung, nehmen wir ihnen die Chance, über sich hinauszuwachsen. Stoßen wir sie hingegen erbarmungslos ins kalte Wasser, obwohl sie noch nicht so weit sind, schaden wir nicht nur unserer Beziehung, wir vereiteln damit auch Entwicklungschancen, weil dadurch Angst und Überforderung an die Stelle von Stolz und Selbstwirksamkeit treten. Bestärkendes, ermutigendes, entwicklungsförderliches Elternsein steht und fällt deshalb mit unserer eigenen *Feinfühligkeit*. Ein Kind, das es schafft, sich schrittweise den eigenen Schulweg zu erobern und ihn irgendwann allein zu gehen, wächst an diesem Erfolg. Ein Kind hingegen, das trotz allen Bettelns und Weinens gezwungen wird, allein zur Schule zu gehen, obwohl es sich fürchtet, weil es jetzt alt genug ist und sich mal nicht so anstellen soll und da jetzt eben mal durchmuss, wird aus dieser Erfahrung nichts Positives mitnehmen können. Im Gegenteil: So mit den eigenen Ängsten alleingelassen zu werden, vermittelt Kindern das Gefühl, nicht richtig und nicht liebenswert zu sein. Denn sie sind ja offensichtlich gerade nicht so mutig, so selbstständig und so unkompliziert, wie sie sein sollten.

Besonders wichtig ist diese Feinfühligkeit für Eltern, deren Kinder ein ganz anderes Wesen haben als sie selbst. Denn sich in das eigene Kind hineinzuversetzen, fällt so viel leichter, wenn wir dabei auf eigene Erfahrungswerte zurückgreifen können. Wer sich selbst erinnert, wie große Angst man abends allein im Bett hatte, wird sich in eine ähnliche Furcht seines Kindes einfach hineinversetzen können – inklusive Idee, was damals geholfen hätte. So berichten mir viele Eltern, dass sie im Miteinander mit ihren Kindern heute regelrecht Heilung erfahren, indem sie ihren Kindern das geben, was sie selbst einst gebraucht hätten: ehrliche elterliche Entschuldigungen. Körperliche Nähe ohne Bedingungen. Schwach sein dürfen ohne Angst. Sind Eltern und Kinder hingegen an gänzlich unterschiedlichen Stellen des Spektrums der Temperamente verortet, fällt genau dieses Mitschwingen mit den Bedürfnissen und Gefühlen ihrer Kinder vielen Eltern schwer. Habe ich mich als sensibles Kind immer nach viel Begleitung und Nähe gesehnt und will diese deshalb nun auch meinem eigenen Kind schenken, habe ich erst mal ein Problem, wenn dieses als regulationsstarkes, autonomes Kind meine Kuscheleinheiten vielleicht gar nicht will. Umgekehrt fällt es regulationsstarken Eltern, die immer wie ein Baum mitten im Leben standen, oft unheimlich schwer, die heftigen Gefühlsstürme ihrer sensiblen Kinder nicht als übertriebenes Drama anzusehen, bei dem man sich halt einfach mal zusammenreißen muss. Doch in einer solchen Unterschiedlichkeit der Temperamente liegt auch eine Chance: Wer selbst sehr in sich ruht, ist beispielsweise perfekt gerüstet für die geduldige Co-Regulation, die bindungsstarke und gefühlsstarke Kinder so dringend brauchen. »Ich muss nicht verstehen, was hier passiert, ich muss einfach nur da sein« – ein solches Mantra kann regulationsstarken Eltern dabei helfen, sich nicht an ihrem Unverständnis aufzureiben (»Ich war NIE so!«), sondern anzuerkennen, dass wir Schmerz nicht nachfühlen können müssen, um ihn zu lindern. Umgekehrt sind sehr emotionale Eltern perfekt dafür gerüstet, die großen Gefühle kleiner Kinder nachvollziehen zu können, und diese deshalb besonders empathisch zu begleiten.

Oft ist es auch so, dass die unterschiedlichen Charaktere in einer Familie – von den Großeltern bis zum kleinsten Kind – in manchen Situationen besonders gut zusammenpassen. Und in anderen gar nicht. Aus solchen Erfahrungen können wir lernen und versuchen, immer wieder möglichst passende Matches zu finden, bei denen sehr ähnliche oder gänzlich unterschiedliche Persönlichkeiten unserer Familie sich gut ergänzen.

Doch es kommt auch immer wieder vor, dass Eltern das Gefühl haben, ihren Kindern mit ihrer eigenen Persönlichkeit, ihrer Prägung, ihrer Geschichte gerade kaum oder gar nicht gerecht zu werden. Dass ihr Kind eigentlich etwas anderes bräuchte, *jemand* anderes bräuchte, der ihre Bedürfnisse besser erfüllen kann. Erst kürzlich vertraute mir die Mutter eines gefühlsstarken Mädchens an, sie wünsche ihrer Tochter oft eine andere Mutter: eine geduldige, in sich ruhende Frau, die sie mit stoischer Gelassenheit durch ihre Wutausbrüche begleiten kann. Sie hingegen sei selbst ein gefühlsstarkes Kind gewesen, dem sein hitziges Temperament durch Prügel ausgetrieben werden sollte, weshalb sie nie einen gesunden Umgang mit ihren eigenen großen Gefühlen gelernt habe – wie sollte sie ihn also ihrem Kind vorleben? So nachvollziehbar dieser Wunsch nach anderen, *besseren* Eltern für unsere Kinder ist, so wichtig ist es, sich klarzumachen: Wir sind die Eltern, die unsere Kinder haben. Sie wollen keine anderen. Sie *brauchen* auch keine anderen. Sie brauchen *uns*. Und wenn wir merken, dass wir es gerade nicht schaffen, unseren Kindern zu geben, was sie brauchen, dann ist das kein Versagen, sondern eine wertvolle Erkenntnis, die uns weiterbringen kann. Denn wenn es uns an Empathie unseren Kindern gegenüber mangelt, dann fehlt es uns immer auch an Empathie gegenüber uns selbst. Wirklich auf die Palme bringen unsere Kinder uns nämlich nicht, weil sie so *anders* sind als wir, sondern weil sie uns so ähneln. Anstatt uns also

Vorwürfe zu machen, dass unsere Kinder keine anderen Eltern haben, die viel gelassener und freundlicher und geduldiger sind, wenden wir uns lieber dem Kind zu, das wir einmal waren. Und das jetzt querschießt, wenn unser Kind an diesen alten Wunden rührt. Das klingt ein bisschen esoterisch, ist es aber nicht: Wir alle haben in unterschiedlichen Lebensphasen geknüpfte neuronale Netzwerke, die unserer Persönlichkeit verschiedene Facetten gibt. Und eine dieser Facetten spiegelt eben das Kind wider, das wir in verschiedenen Lebensaltern waren und das manchmal immer noch in unserem Handeln und Fühlen zum Vorschein kommt – vor allem in Gegenwart unserer eigenen Kinder. Das ist weder schlimm noch ein Zeichen für irgendwelche psychischen Probleme, sondern völlig normal und eine ganz logische Erklärung dafür, dass uns manches Verhalten unserer Kinder völlig aus der Haut fahren lässt, obwohl wir uns doch so vorgenommen hatten, ruhig zu bleiben. Wird das Kind, das wir einmal waren, nämlich wütend, kennt es kein Halten mehr. Dann werfen wir alle guten Vorsätze über Bord und toben und schreien – wie ein kleines Kind eben. Und das ist natürlich unschön für *unser* Kind, das uns ja in der Rolle der Erwachsenen braucht. Was können wir also tun? Im Grunde genommen ist das ziemlich einfach: Wenn wir im Miteinander mit unserem Kind spüren, dass die Wut heranrollt, lenken wir unsere Aufmerksamkeit bewusst weg von unserem Kind und dem Impuls, auf es zu reagieren (es käme ohnehin nichts Gutes dabei heraus) und hin zu dem Kind *in uns*, zu uns selbst also, unserer eigenen Seele in Aufruhr. Und fragen: Was brauchst du jetzt? Das ist alles. Wir fragen uns also selbst, was wir brauchen, und versuchen es uns selbst zu geben, zumindest symbolisch. Einen Moment Ruhe. Eine Umarmung. Ein freundliches Wort, zumindest in Gedanken. Was immer uns hilft, ruhig zu werden. Ich selbst koche mir in solchen Momenten meistens einen Tee. Das funktioniert ganz gut, weil ich dabei automatisch in Bewegung komme. Ich lasse das Wasser in den Wasserkocher laufen, hole eine Tasse aus dem Schrank, greife in das Fach mit den Teebeuteln. Ich höre das Brodeln, wenn das Wasser kocht, und spüre den Dampf in meinem Gesicht. Mein Tee riecht gut, nach Kraft und Milch, und wenn ich meine Tasse mit beiden Händen umschlossen halte, spüre ich eine beruhigende Wärme, die mich besänftigt. Und dann kann ich nicht mehr wütend sein. Es ist wirklich so, ich habe es probiert. Ich kann nicht gleichzeitig eine dampfende Tasse Tee in den Händen halten und wütend sein. Und deshalb kann ich mich, nachdem ich meinen ersten Schluck genommen habe, auch wieder meinem Kind zuwenden. Und zwar ruhig und freundlich. Nicht, weil ich mich zusammenreiße. Nicht, weil ich mich verstelle. Sondern weil ich wieder ruhig bin. Weil es mir gut geht. Weil ich mich um mich gekümmert habe. Das ist das ganze Geheimnis. Natürlich habe ich nicht immer einen Teekocher zur Hand, wenn die Wut angerollt kommt. Manchmal stehe ich auch im Supermarkt an der Kasse und habe ein weinendes Baby vor der Brust und ein unleidiges Kindergartenkind am Bein. Dann ist es schwieriger, meinem inneren Kind etwas Gutes zu tun. Aber nicht unmöglich. Manchmal kaufe ich ihm Schokolade. Manchmal summe ich ihm ein Lied. Manchmal reicht es, ihm gute Gedanken zu schicken und es auf nachher zu vertrösten. Entscheidend ist die Freundlichkeit, mit der ich mir selbst in diesen Momenten begegne. Keine Vorwürfe. Kein Druck. Kein »Warum bist du jetzt schon wieder wütend?« Stattdessen: Sanftheit. Warmherzigkeit. Verständnis. *Was brauch ich und was brauchst du?* Nur, dass ich in diesen Momenten beides bin: das mütterliche Ich. Und das kindliche Du.

Klappt das immer? Natürlich nicht.

Meine ich, dass Mütter niemals wütend werden dürfen? Im

Gegenteil: Wütend zu werden, ist ein Grundrecht, ein sehr wichtiges sogar. Woher sollte sonst unsere Kraft kommen, gegen Unrecht aufzubegehren?

Doch wenn uns das Verhalten *unserer Kinder* wütend macht, obwohl sie einfach nur Kinder sind – *dann* halte ich es für sinnvoller, den Bedürfnissen in uns auf den Grund zu gehen, die uns so wütend machen, als die Wut an unsere Kinder weiterzugeben, die doch nichts dafür können.

Jedem Kind die Zeit lassen, die es braucht – das klingt für die meisten Eltern logisch und vernünftig. Zumindest, solange die Entwicklung des eigenen Kindes ungefähr mit den Erwartungen des eigenen Umfelds korreliert. Kompliziert wird es erst, wenn der Druck von außen zunimmt: »Was, euer Kind trägt immer noch eine Windel?« – »Hat immer noch seinen Schnuller?« – »Schläft immer noch nicht allein?« – »Geht immer noch nicht allein zur Schule?« – »Braucht immer noch jemanden, der bei den Hausaufgaben danebensitzt?« – »Traut sich immer noch nicht, bei Oma und Opa zu übernachten?«

Hinter solchen Fragen steht oft gar keine böse Absicht, eher Verwunderung aufgrund der eigenen Erfahrungswerte: Wer selbst ein Kind hatte, das mit zwei Jahren problemlos aufs Töpfchen ging, kann sich oft schlicht nicht vorstellen, dass andere Kinder mit vier noch Windeln tragen. Und wer nur den Alltag mit einem regulationsstarken Kind kennt, das mit Übernachtungen im Kindergarten und Klassenfahrten überhaupt kein Problem hat, hat nahezu unwillkürlich das Gefühl, andere Eltern müssten mit ihrem ängstlichen, klammernden, unselbstständigen Kind irgendwas falsch gemacht haben. »Bei uns klappt es doch auch!« Je weiter die individuelle Entwicklung des eigenen Kindes von der Gleichaltriger abweicht, desto ungemütlicher wird es deshalb für

Eltern. Denn egal, was ihrem Kind noch schwerfällt – sie werden mit an Sicherheit grenzender Wahrscheinlichkeit dafür verantwortlich gemacht. Keine Kausalkette ist schließlich zu simpel für Küchenpsychologen auf der Suche nach einer einfachen Erklärung. Und so wird als Begründung hergenommen, was sich eben gerade anbietet: Unsere Kinder sind so komisch, weil wir Eltern zu alt sind oder zu jung, zu verkrampft oder zu locker, zu streng oder zu lasch, zu viele Kinder haben oder zu wenige. Vor allem aber sind wir: Helikoptereltern. Denn das sind ja die mit den unselbstständigen Kindern.

Um die Jahrtausendwende schlugen Universitäten in den USA Alarm: Die Omnipräsenz der Eltern ihrer Studierenden auf dem Campus ginge nun wirklich zu weit. Ob bei der Einschreibung oder zu den Vorlesungen: Überallhin würden die jungen Erwachsenen von ihren Eltern begleitet, die zudem noch das volle Serviceprogramm erwarteten: eigene Informationsangebote, Gespräche mit Lehrenden, Einladung zu eigens für sie ausgerichteten Festen und Veranstaltungen. Wie Helikopter kreisten die *Baby Boomer* über ihrem Nachwuchs und nähmen ihm so jede Chance, selbstständig zu werden – damit müsse nun endlich Schluss sein. »Liebe Helikoptereltern«, lautete dementsprechend der Appell. »Lasst eure Kinder endlich erwachsen werden!« Seitdem ist der Begriff überall. Jeder kennt irgendwelche Helikoptereltern oder hat zumindest über Ecken von welchen gehört, und alle finden sie furchtbar. Einer der Gründe dafür, dass der Ausdruck sich unter Eltern wie Nicht-Eltern wie ein Lauffeuer verbreitete und bis heute so großer Beliebtheit erfreut, ist sicherlich, dass er sich wunderbar als Abgrenzungsschablone verwenden lässt: So sind sie nämlich, *die anderen*, die es nicht richtig machen, so wie wir. Helikoptereltern sind so, wie keiner sein will, der Kinder hat: überbehütend, anstrengend und unbeliebt. Sich über sie zu mokieren, dient also primär der kollektiven Rückversicherung, selbst ganz anders zu sein. So erklärt sich auch der Erfolg von Büchern wie *Verschieben Sie die Deutscharbeit, mein Sohn hat Geburtstag!*, die mit einer Aneinanderreihung absurd anmutender Anekdoten über völlig überspannte Eltern und deren gnadenlos verwöhnten Nachwuchs Zehntausende erreichten. »Stellt euch vor, es gibt Eltern, die für ihre Kinder morgens die Klobrille warmföhnen! Ist das nicht zum Schreien?« So einfach funktioniert *Othering*, also der soziale Prozess, das eigene Wir-Gefühl zu stärken, indem man sich über andere erhebt. Der problematische Nebeneffekt dieser Selbstüberhöhung auf Kosten anderer: Ist ein diffamierendes Label erst mal in der Welt, wird es auch genutzt. Und zwar immer undifferenzierter. Bezog sich der Begriff der Helikopter in der öffentlichen Debatte anfangs explizit noch auf die Eltern *erwachsener* Kinder, die sich mit dem Loslassen schwertaten, wurde er bald für *alle* Eltern verwendet, die irgendwie *»drüber«* wirkten: zu engagiert, zu involviert, zu beschützend. Erinnern wir uns nun noch einmal daran, wie unglaublich unterschiedlich Kinder sind und wie viel Feinfühligkeit es deshalb braucht, um als Eltern zu wissen, wie viel Freiheit und wie viel Fürsorge gerade *dieses* Kind braucht, wird schnell klar, wer unglaublich schnell als Helikopter abgestempelt wird: all die Eltern nämlich, deren Kind mehr Zeit, mehr Begleitung, mehr Co-Regulation braucht als andere, und das möglicherweise für lange Zeit. Die meisten Eltern kennen solche vorschnellen Urteile von sich selbst: Stellte irgendetwas in unserer eigenen Familie nie ein Problem dar, können wir uns als einzigen Grund, dass es bei anderen anders läuft, oft nur vorstellen, dass diese Eltern sich das Leben einfach unnötig kompliziert machen. Mir ging das nach der Geburt meines ersten Kindes beispielsweise mit dem Thema Schlafen so: Ich stillte mein Baby abends in den Schlaf, legte mich irgendwann daneben, wachte am nächsten Morgen erholt auf – und konnte wirklich nicht verstehen, warum das nicht einfach alle Eltern so machten. Dann bekam ich ein zweites Kind. Und verstand. Doch weil kein Mensch so viele Kinder haben kann, wie man bräuchte, um tatsächlich alle Varianten kindlicher Persönlichkeitsstruktur und Entwicklung aus eigener Erfahrung zu kennen, müssen wir einfach *glauben*, dass die allerallermeisten Eltern gute Gründe dafür haben, ihre Kinder so zu begleiten, wie sie es tun. Das Klobrillenföhnen, über das halb Deutschland lachte, ist dafür ein gutes Beispiel: Klar wirkt die Vorstellung auf die meisten erst mal absurd, doch wenn wir uns klarmachen, dass manche Kinder so sensible Sinneswahrnehmungen haben, dass sie kaltes Plastik auf nackter, warmer Haut regelrecht als Schmerz empfinden, ist es plötzlich gar kein so abwegiger Gedanke mehr, dass Eltern nach einer Lösung suchen, ihrem Kind den Start in den Tag auf unkonventionelle Weise zu erleichtern: »Du stehst ohne zu murren auf, und ich sorge dafür, dass dir beim Toilettengang nichts wehtut.« Dass Kinder mit ihrer Vorliebe für angewärmte Klobrillen nicht alleine sind, zeigt übrigens die Tatsache, dass Badhersteller für kälteempfindliche Erwachsene längst beheizbare Toiletten im Angebot haben. Über die werden allerdings seltsamerweise keine launigen Bestseller geschrieben. Von Erwachsenen, die es *selbst* bequem haben wollen, kann man sich nämlich längst nicht so belustigt abgrenzen wie von Eltern, die wollen, dass es ihren Kindern gut geht.

Heißt das also, dass es in Wirklichkeit gar keine Helikoptereltern gibt? Nun: Mit Sicherheit gibt es Eltern, die ihre Kinder überbehüten. Dahinter steckt meist jedoch kein selbstverliebtes Helikopterelterntum, sondern ein handfestes Problem, das mit mangelnder Feinfühligkeit und großen eigenen Ängsten zu tun hat. Verurteilt und verlacht zu werden, hilft dagegen aber am wenigsten. Was die Geschichten von all den übertrieben fürsorglichen Eltern angeht, die heute angeblich mit ratternden Rotorblättern über ihren Kindern kreisen, sollten wir jedoch im Kopf behalten, dass sie in erster Linie der sozialen Abgrenzung dienen – und wenig mit der gelebten Realität von Eltern und ihren Kindern zu tun haben.

## Was für ein Mensch bin ich?

»Also irgendwie haben wir Eltern heute doch wirklich die Arschkarte«, sagte eine Kollegin vor einigen Jahren einmal zu mir. »Als wir selbst klein waren, hieß es, wir müssten machen, was die Eltern sagten. Und jetzt, wo wir selbst Kinder haben, heißt es plötzlich, wir müssen machen, was die Kinder wollen, damit die keinen Schaden an ihrer Seele nehmen!« Sie schnaubte empört. »Und wann geht es endlich mal um uns?« Ich bin mir sicher: Sie ist nicht allein mit dem Gefühl, in gewisser Weise einer gelackmeierten Zwischengeneration anzugehören, die ihren Kindern nun zu geben versucht, was sie selbst nicht hatte – und darüber mit den eigenen Bedürfnissen selbst unter die Räder gerät. Denn genau das passiert natürlich schnell, wenn Eltern, die selbst nie gelernt haben, für ihre eigenen Bedürfnisse einzustehen, Kinder großziehen, die das *von Anfang an* gelernt haben – und ganz selbstverständlich tun. »Schatz, magst du bitte mal eben deine Bausteine da zur Seite räumen?« – »Nein, ich will gerade malen!« Zu solchen Dialogen kommt es ständig, wenn zwei ganz unterschiedlich sozialisierte Generationen zusammenleben, und sie sorgen schnell für ganz schön komplizierte Gefühle. Denn während ein Kind, für das eine Frage nichts als eine Frage ist und ein Bedürfnis eben ein Bedürfnis, an einem solchen Wortwechsel nichts Schlimmes finden kann, rührt derselbe Austausch für die Erwachsenen meist gleich an mehreren Tabus. Mein eigener innerer Monolog in solchen Momenten klingt jedenfalls ungefähr so: »Wie, du willst nicht? Ich glaub, es hackt! Den ganzen Tag mache ich hier alles, und wenn ich dann *einmal* eine harmlose Bitte an dich habe, sagst du einfach Nein?! Bin ich etwa deine Putzfrau, oder was? Vielleicht stimmt es doch, dass diese nette Erziehung heutzutage kleine Faulpelze und Tyrannen hervorbringt, die nur machen, was sie wollen, und ihrer Mutter nicht einmal den Gefallen tun, ihre eigenen verflixten Bausteine wegzuräumen ...«

Der spannende Punkt ist nun, wie wir als Eltern mit einer solchen emotionalen Reaktion umgehen. Mein Eindruck ist nämlich, dass die allermeisten Eltern, die ihre Kinder liebevoll begleiten wollen, an sich den Anspruch haben, solche Gefühle schlicht nicht zu *haben*. Sie wollen schließlich verständnisvoll sein und nicht sauer, enttäuscht oder verletzt. Also versuchen sie, den Ärger herunterzuschlucken und sagen tapfer: »Gut, dann nicht.« Und fühlen sich schlecht, während ihr Kind ungerührt weitermalt. So was klappt vielleicht ein paar Mal, aber nicht dauerhaft. Denn der Ärger, die Verletzung und die Enttäuschung sind dadurch ja nicht weg. Und so brechen sie irgendwann ziemlich unkontrolliert hervor und sorgen nicht selten dafür, dass Eltern befinden: Das mit dem respektvollen Familienleben klang ja in der Theorie ganz nett, aber wenn dabei so unempathische Kackbratzen herauskommen, ist Schluss! In Wirklichkeit ist die Reaktion des Kindes in unserem Beispiel jedoch weder unempathisch noch asozial noch rücksichtslos, sondern einfach eine klare Antwort auf eine offene Frage. Der ganze Subtext, den wir dabei mithören, spiegelt nichts als unsere eigenen Schwierigkeiten im Umgang mit unseren eigenen Bedürfnissen wider. Weil *wir* es schwer finden, klipp und klar zu sagen, was wir wollen, fühlen *wir* uns schlecht behandelt. *Wir* fühlen uns ausgenutzt, wenn wir unserer Familie hinterherräumen. Und weil *wir* verinnerlicht haben, dass derjenige, der den Dreck wegmacht, ganz unten steht in der gesellschaftlichen Hackordnung, fühlen wir uns als Mensch herabgesetzt, wenn unser Kind uns seine Bauklötze wegräumen lässt, so sie uns denn stören. Unser Kind hingegen hat von diesem ganzen emotionalen Überbau keinen blassen Schimmer. Es beantwortet einfach nur die Frage, die wir ihm gestellt haben. Magst du? Nein.

Es sagt viel über unsere eigene Sozialisation aus, dass ausgerechnet das ungerührte *Nein* unserer Kinder sich für uns oft wie die ultimative Provokation anfühlt, die uns fast unausweichlich in die Opferrolle katapultiert: Ich tu alles für dich – und das ist nun der Dank dafür? Doch es wäre ungerecht uns selbst gegenüber, diese emotionale Reaktion deshalb einfach wegzuwischen wie eine lästige Fliege. Denn die Wut, die da in uns hochsteigt, der Ärger, das Gefühl, schlecht behandelt zu werden – das sind ja ernst zu nehmende und wichtige Signale, dass es uns selbst hier gerade nicht gut geht. Und wenn wir in unserer Familie einen respektvollen Umgang mit allen Bedürfnissen und Gefühlen leben wollen – dann verdienen diese Emotionen dieselbe Beachtung wie die unserer Kinder. Und hier kommt die bereits erwähnte Selbstfürsorge ins Spiel, die für ein gesundes Familienklima so wichtig ist. Anders als uns unser gestresstes Gehirn oft glauben lassen will, haben wir in einer solchen Frustsituation nämlich nicht nur die zwei Handlungsoptionen Losmeckern und Runterschlucken. Wir können uns der in uns aufsteigenden Wut auch zuwenden und uns von ihr zeigen lassen, welcher Schmerz, welche Grenzverletzung, welches unerfüllte Bedürfnis uns hier gerade so rasend macht – und dann liebevoll und freundlich uns selbst gegenüber sein und dafür sorgen, dass es uns besser geht. Wichtig dafür ist, sich von dem konkreten Anlass – etwa den nicht aufgeräumten Bausteinen – zu lösen und zu schauen, welches größere Thema hier angerührt wird: Fehlt es mir an Wertschätzung? Fühle ich mich überlastet? Habe ich den Eindruck, meine Kinder sehen mich gar nicht, sondern nehmen mich nur als Dienstleisterin wahr? Oder bin ich einfach eifersüchtig auf mein Kind, das so gradlinig für sich einstehen kann, wie ich es selbst nie gewagt hätte? Je nachdem, was wir über uns herausfinden, kann auch unsere Strategie zur Selbstfürsorge unterschiedlich sein. Vielleicht hilft es mir, mein Anliegen noch einmal ganz deutlich und klar zu formulieren. Vielleicht tut es mir gut, meine Partnerin oder meinen Partner um Unterstützung zu bitten. Vielleicht muss ich die Bauklötze auch einfach Bauklötze sein lassen und mir erst mal ein Telefonat mit meiner besten Freundin gönnen. Es gibt in solchen Situationen keine Patentlösungen. Nur viele unterschiedliche Wege, die Wut nicht wegzuschieben, sondern als Signal zu sehen, dass ich mich zu lange vernachlässigt habe, und dass sich jetzt der Teil meiner Persönlichkeit zu Wort meldet, der laut und deutlich einfordert: Stopp! Vergiss dich selber nicht!

Selbstfürsorge ist deshalb mehr als der symbolische Tee, das Schaumbad und die Mandalas, die uns oft in Frauenzeitschriften als Sinnbild für *self care* präsentiert werden. Echte Selbstfürsorge ist nichts anderes als die tiefe Überzeugung, dass meine Bedürfnisse genauso wichtig sind wie die aller anderen – ob Baby, Kleinkind, Teenie, Partner oder Schwiegermutter. Ich bin wichtig. Meine Bedürfnisse zählen. Und ich habe die Macht, das Recht und die Verantwortung, dafür zu sorgen, dass es mir in unserer Familie selbst gut geht. Das kann bedeuten, dass ich meinem Kleinkind abverlange, jeden zweiten Abend von meinem Partner ins Bett gebracht zu werden, auch wenn es am liebsten immer nur bei mir einschlafen würde. Das kann heißen, dass mein Grundschulkind täglich eine halbe Stunde länger im Hort bleibt, damit ich einen Moment durchatmen kann, bevor ich nach der Arbeit wieder in die Elternrolle schlüpfe. Das kann so aussehen, dass ich häufiger Nein sage, um in der Folge auch wieder aus vollem Herzen Ja sagen zu können – ob zu meinem Mann, meinen Kindern oder meinen Freunden. Und es kann bedeuten, dass ich mir erlaube, meine perfektionistischen Ansprüche an mich selbst so lange runterzuschrauben, bis ich wieder atmen kann. Denn nur dann gilt der Respekt in unserer Familie wirklich allen. Und nicht nur allen anderen.

## Eltern unter Druck

»Du weißt ja gar nicht, wie gut du es hast!« – Wer heute hierzulande Kinder bekommt, ist mit hoher Wahrscheinlichkeit mit dieser Botschaft aufgewachsen. Dass wir Glückskinder sind, ins gemachte Nest geboren. Aufgewachsen in Frieden und Sicherheit, mit Taschengeld und Auslandsreisen, viel Bildung und vielen Möglichkeiten, uns selbst zu verwirklichen. Eine Generation, die keinen Grund zum Jammern hat, es aber trotzdem ständig tut – das ist der latente Vorwurf, der in solchen Zuschreibungen oft mitschwingt. Faul, verwöhnt und unselbstständig seien wir, hypersensibel und wenig belastbar, so war es in den vergangenen Jahren regelmäßig in allen großen Tageszeitungen zu lesen, und so bekamen es viele von uns auch immer wieder im Privaten gespiegelt. »Burn-out? Also so was gab's bei uns ja nicht!« Besonders zugespitzt treffen uns diese Vorwürfe, wenn wir Eltern werden. Denn: Auch da bekommen wir oft das Gefühl vermittelt, eben zu hohe Ansprüche zu haben. »Keine Hebamme für die Wochenbettversorgung gefunden? Wir kamen früher ja auch ohne klar!« – »Monatelang aufs Elterngeld warten müssen? Bei uns gab's ja nur Kindergeld, und das reichte gerade mal für ein Päckchen Windeln!« – »Probleme bei der Vereinbarkeit? Ihr wollt heutzutage halt auch alles gleichzeitig. Nie seid ihr zufrieden, immer seid ihr so undankbar. Entspannt euch doch mal und hört auf, mit eurer komplizierten Art eure Kinder zu vermurksen!«

Ob ausgesprochen oder unausgesprochen – mit solchen Zuschreibungen ins Erwachsenenleben und später ins Elternsein zu starten, macht etwas mit Menschen. Es schürt nicht nur diffuse Schuldgefühle, sondern auch einen gewissen Trotz, die Vorurteile zu entkräften. Durchzupowern, Leistung zu zeigen, keine Schwäche zu offenbaren. Wer hat schon Lust, die »Generation Mimimi« zu repräsentieren? Das ist eine Dynamik, die wir verstehen müssen, wenn wir über den Druck sprechen wollen, unter dem unsere eigene Elterngeneration heute steht. Denn den eigenen Stress zu benennen und zu validieren, ist gar nicht so leicht, wenn der Vorwurf des verwöhnten Jammerlappentums permanent im Raum steht. Dabei erfahren wir, die wir heute Kinder ins Leben begleiten, tatsächlich beides: mehr Privilegien, insbesondere mehr staatliche Unterstützung als frühere Elterngenerationen. Aber auch mehr Druck und neue Belastungsfaktoren, die es uns schwerer machen, heute entspannt Familie zu leben. Uns darüber auszutauschen und nach Wegen zu suchen, wie es für uns leichter werden kann, ist kein Jammern, sondern existenziell wichtig, wenn wir die Kindheit unserer Kinder nicht nur irgendwie überstehen, sondern miteinander gestalten und auch genießen wollen.

Ein beliebter Move, um jede Form von Klage im Kern zu ersticken, ist der Verweis darauf, dass es anderen ja noch viel schlechter ginge. »Ihr beschwert euch über zu wenig Krippenplätze, und anderswo haben Kinder nichts zu essen!« Auf diese Weise lässt sich nahezu jede Schwierigkeit als Luxusproblem deklarieren. Denn: Im Vergleich findet sich immer jemand, dem es schlechter geht. Wie wenig sinnvoll diese Herangehensweise ist, offenbart sich, wenn man den Ansatz konsequent zu Ende denkt. Dann hätte nämlich nur ein einziges Wesen auf der Welt das Recht, sich zu beschweren – dasjenige nämlich, dem es am alleraller-schlechtesten geht. Das heißt nicht, dass es nicht sinnvoll wäre, die eigenen Schwierigkeiten immer wieder ins Verhältnis zu anderen Problemen auf der Welt zu stellen, um uns zu erden, in Demut zu üben und darüber klar zu werden, wie gut es uns trotz allem eigentlich geht. Doch daraus darf keine Strategie werden, um Menschen zum Schweigen zu bringen. Genau das passiert jedoch häufig, wenn Eltern versuchen, darüber zu sprechen, was das Kinderkriegen und Kinderhaben trotz aller Glücksmomente heute manchmal echt schwer macht. Wer dann sagt, es gäbe doch weiß Gott dringendere Probleme auf der Welt, betreibt *Silencing* – also gezieltes Zum-Schweigen-Bringen, damit unliebsame Wahrheiten ungehört bleiben. Dagegen müssen wir uns wehren und darüber sprechen, was uns als Eltern heute so stresst – ohne dabei unsere Privilegien zu vergessen oder sie einfach unter den Teppich zu kehren. Also: Was macht uns Eltern heute das Leben oft so schwer, und wie können wir das ändern?

Es gibt ein beliebtes Internet-Meme, das seit einigen Jahren in verschiedenen Varianten durch die sozialen Netzwerke kreist. Es vergleicht das Elternsein heute und vor dreißig Jahren anhand zweier sehr unterschiedlicher To-do-Listen. Auf der einen steht, was Eltern heutzutage alles auf dem Schirm haben sollten: die körperlichen wie seelischen, sozialen wie akademischen, spirituellen wie irdischen Bedürfnisse unserer Kinder erkennen und erfüllen. Dabei stets zugewandt und auf Augenhöhe agieren, ohne die verlässliche Führungsrolle je zu verlassen. Reizüberflutung in jedem Fall vermeiden, aber auf keinen Fall zu wenig Anregungen bieten. Bloß nicht zu leichtfertig Medikamente geben, aber die bestmögliche medizinische Versorgung sichern. Ausschließlich gesunde, selbst gemachte, vollwertige Mahlzeiten auf den Tisch bringen, die in fröhlich-entspannter Atmosphäre gemeinsam verspeist werden und die weder Zucker noch Weißmehl enthalten, aber dem Kind auch nichts verwehren, was seine soziale Zugehörigkeit gefährden könnte. Ein ansprechend gestaltetes, altersgerecht ausgestattetes Kinderzimmer bereithalten, in dem das Kind mit einer reduzierten, aber reichhaltigen Auswahl hochwertigen Holzspielzeugs aus biologisch-dynamischer Produktion kreativ und plastikfrei mit uns spielen kann, ohne je nach Fernsehen und Tablet zu verlangen, weil es Bildschirmmedien noch gar nicht kennt. Trotzdem ist es in Sachen digitaler Kompetenz natürlich ganz vorne mit dabei. Und so geht die Liste weiter und weiter, in all ihrer absurden Widersprüchlichkeit: vom perfekten Altersabstand zwischen Geschwistern bis zur familienfreundlichen Wohnlage am Ende einer 30er-Zone mit großem, wildem, aber natürlich sicher eingezäuntem Garten ist alles dabei.

Und dann kommt die To-do-Liste für Eltern früherer Generationen: Gib ihnen ab und zu was zu essen. Und dann ist Schluss.

Ein überzeichnetes Bild, sicher, und trotzdem steckt mehr als ein Funken Wahrheit in dieser Darstellung. Denn dass wir Eltern uns heute so erschöpft, ausgebrannt und überfordert fühlen, liegt nicht nur an den veränderten Rahmenbedingungen einer modernen Arbeitswelt, die mehr Mobilität und Flexibilität einfordert und in der ein durchschnittliches Einkommen in den meisten Regionen längst nicht mehr für eine ganze Familie ausreicht – unser Stress rührt auch von der ständig länger werdenden Liste an Anforderungen her, die an uns Eltern heute gestellt werden. Bereits im Jahr 2008 stellte eine Studie im Auftrag der Konrad-Adenauer-Stiftung fest, dass Eltern heute ein Maß an Verantwortung zugewiesen wird, das es so in dieser Form in früheren Elterngenerationen noch nie gab. Allein das Ausmaß der aktiven Beschäftigung mit den eigenen Kindern, das Eltern heute als ihre Aufgabe begreifen, ist historisch betrachtet ein absolutes Novum: Noch bis in die 70er- und 80er-Jahre hinein galt es als völlig normal, dass Kinder sich hauptsächlich mit anderen Kindern beschäftigen, während die Erwachsenen sich um ihren eigenen Kram kümmern. Sogenannte Straßenkindheiten waren die Regel: Kinder unterschiedlichen Alters trafen sich nach dem Mittagessen im Freien und räuberten gemeinsam herum, bis es Abendessen gab. Beschäftigungsaufwand für die Eltern: null. Dass es zum guten Elternsein auch dazugehört, mit Kindern zu spielen, kam in ihrer Lebenswirklichkeit nicht vor. Dementsprechend hatten sie auch keine Schuldgefühle, wenn sie abends feststellten, wieder mal kaum Aufmerksamkeit für die Belange des Nachwuchses gehabt zu haben – das war schlicht nicht der Anspruch, den sie an sich hatten. Und wir? Organisieren Playdates, besuchen Eltern-Kind-Kurse, fahren unsere Sprösslinge zum Sport und zum Klavierunterricht, und haben ein schlechtes Gewissen, wenn wir beim Matchbox-Auto-Spielen immer wieder verstohlen aufs Handy schielen, weil der Nachmittag doch ganz unserem Kind gehören soll. Natürlich verursacht das Stress!

Dazu kommen veränderte Rollenerwartungen, die von uns heute geradezu Unmögliches verlangen: Wir sollen nämlich im Job hundert Prozent geben, sonst gelten wir schnell als faul. Gleichzeitig sollen wir aber auch ganz viel Zeit für unsere Kinder haben – sonst hätten wir sie nämlich gar nicht bekommen sollen. Alles klar? Tatsächlich ist einer der schlimmsten Stressfaktoren für viele Familien heute die Last unvereinbarer Ideale zweier unterschiedlicher gesellschaftlicher Leitbilder, die in der bundesdeutschen Gegenwart zu einem verschmolzen sind. Das hat mit der deutsch-deutschen Wiedervereinigung zu tun, denn bis dahin gab es sowohl in der Bundesrepublik als auch in der DDR jeweils einen vorgegebenen und geförderten Lebensentwurf: Eltern im Westen wurde vermittelt, ein Kind dürfe in den ersten drei Lebensjahren keinesfalls »fremdbetreut« werden, und auch danach nur den halben Tag in Kindergarten und Schule verbringen. Alles andere sei schlecht für Bindung und Entwicklung. Das gesellschaftliche Leitbild stellte also ganz klar die klassische Versorger-Ehe dar: Der Vater arbeitet Vollzeit, um die Familie zu ernähren, und die Mutter bleibt zu Hause und kümmert sich um Haushalt und Kinder. Familien, die aus diesem Modell ausbrechen wollten, waren auf sich allein gestellt – sie mussten dann eben ein Au-pair oder eine Kinderfrau einstellen und mit den schrägen Blicken leben, offensichtlich die Karriere über die eigenen Kinder zu stellen.

Ganz anders in der DDR: Hier wurde ganz selbstverständlich erwartet, dass Mütter ebenso wie Väter kurz nach der Geburt wieder Vollzeit arbeiten gehen. Ganztägige Krippenbetreuung war für Babys ab sechs Wochen die Regel, Grundschulen boten ganz selbstverständlich Ganztagesbetreuung an, es gab sogar Wochenkrippen für Schichtarbeitende, in denen Kinder von Montag bis Freitag durchgehend betreut wurden. Und während Mütter in Kinderarztpraxen im Westen darauf eingeschworen wurden, sich bloß nicht auf Kosten der Mutter-Kind-Bindung selbst zu verwirklichen, bekamen Mütter im Osten zu hören, es gäbe für kleine Kinder nichts Besseres, als sich von Anfang an in den Händen professioneller Erzieherinnen zu befinden – wer das als Mutter nicht wolle, sei eine faule Glucke. So extrem und lebensfern beide Familienmodelle für die meisten heutigen Eltern klingen mögen, so starr und unflexibel sie waren, so moralisch entlastend war es dennoch für die Menschen, die in diesen Systemen lebten, denn damit bekamen sie einen allseits akzeptierten Weg vorgezeichnet. Wenn eine Mutter im Westen ihren Beruf aufgab, um ganz für ihr Kind da zu sein, dann tat sie dies vielleicht mit Bedauern, aber ohne Schuldgefühle – ihr wurde ja überall gespiegelt, damit das objektiv Richtige zu tun. Umgekehrt mussten sich Mütter im Osten nicht fragen lassen, warum sie eigentlich Kinder bekommen hatten, wenn sie sie doch nicht allein betreuten – sie lebten schließlich in einem Umfeld, in dem das normal war und kein schlechtes Gewissen verursachte. Diese Selbstbestätigung, den richtigen Weg zu gehen, funktionierte besonders gut in der Abgrenzung zum jeweils anderen System. So wurde in der DDR oft geradezu mitleidig von den Frauen im benachbarten, kapitalistischen Westen gesprochen, die eben nicht so emanzipiert und selbstbewusst Familie und Beruf vereinbaren konnten wie ihre glücklicheren Schwestern im Osten. Während im Westen Gruselgeschichten von den armen DDR-Krippenkindern, die im Gleichtakt aufs Töpfchen gehen müssen, Eltern einen wohligen Schauer über den Rücken jagten: »Zum Glück dürfen wir selbst für unsere Kinder da sein und müssen sie nicht in so einem bindungsfeindlichen System großziehen.« Interessanterweise hielten sich diese gegensätzlichen Lebensentwürfe und Rollenverständnisse auch nach der Wiedervereinigung noch viele Jahre nahezu unverändert. Im Osten blieben die Krippen und Horte offen, im Westen wartete Mutti mittags weiterhin daheim auf ihre Schulkinder. Und die Familienpolitik orientierte sich weiterhin am westdeutschen Modell mit dem die Hausfrauenehe unverhältnismäßig bevorzugenden Ehegattensplitting als wichtigstem Förderinstrument für Familien.

Kurz nach der Jahrtausendwende kam es dann zum Paradigmenwechsel. Erstmals seit dem Ende des Zweiten Weltkriegs wurde in Deutschland die Frage diskutiert, ob es sich eine moderne Industrienation eigentlich leisten kann und sollte, jahrelang auf die Arbeitskraft und Expertise gut ausgebildeter Frauen zu verzichten, nur weil sie Kinder bekommen haben. Unter Familienministerin Ursula von der Leyen – selbst als berufstätige Mutter von sieben Kindern eine Art Ikone eines neuen Familienbilds – kam es dann im Jahr 2007 ganz offiziell zur Richtungsänderung in der Familienförderungsstrategie der Bundesregierung. War es familienpolitisch vorher vor allem darum gegangen, Eltern den rechtlichen Rahmen für jahrelange Auszeiten zur Kindererziehung zu gewähren, war die neue Stoßrichtung: Eltern sollen Kinder bekommen, ein gutes Jahr lang in partnerschaftlicher Rollenverteilung die Betreuung übernehmen und danach beide zügig wieder in die Arbeitswelt zurückkehren. Ein zentrales Instrument zur Implementierung dieser neuen Strategie war das Elterngeld, jene einkommensabhängige Lohnersatzleistung, die bis heute über acht Millionen Eltern bezogen haben und das nicht nur politisch, sondern auch psychologisch ein interessantes Phänomen ist: Dadurch, dass es die finanziellen Einbußen während der ersten 12 bis 14 Monate Elternzeit beträchtlich abfedert, wird es psychologisch schwieriger, danach ein weiteres Jahr oder gar zwei ohne Lohnersatzleistung zu Hause zu bleiben – obwohl vor der Einführung des Elterngelds viele Menschen ganz selbstverständlich viel länger aus dem Beruf aussetzten, ohne dafür Lohnersatz zu erhalten.

Das zweite Werkzeug, um Eltern nach der Geburt eines Kindes wieder früher und in höherer Stundenzahl als Arbeitskräfte zurückzugewinnen, war der Ausbau der Kinderbetreuungseinrichtungen für Kinder unter drei Jahren. Millionenschwere Pakete wurden geschnürt, um insbesondere in der westdeutschen Betreuungswüste schnellstmöglich Kitas und Tagespflegeeinrichtungen aus dem Boden zu stampfen. In der Folge ging die Zahl der institutionell betreuten Ein- und Zweijährigen bundesweit steil nach oben. Das klingt zunächst einmal nach einem großen Gewinn für Familien: Mehr Geld und mehr Betreuungsplätze – davon können Familien doch eigentlich nur profitieren, oder? Schließlich hilft beides dabei, Eltern den Druck zu nehmen und die individuelle Wahlfreiheit zu fördern – oder? Tatsächlich ist die Sache komplizierter, denn mit den neuen politischen Rahmenbedingungen veränderten sich auch die gesellschaftlichen Erwartungen an Eltern, und das zum Teil auf äußerst ungünstige Weise. Das »Wir gegen die«-Prinzip, das während der deutsch-deutschen Teilung bereits als bewusst gepflegte Ideologie seinen Anfang genommen hatte, manifestierte sich nun nämlich zusehends auf individueller Ebene. Inmitten einer gigantischen gesellschaftlichen Umwälzung finden sich Eltern heute dementsprechend vielfach in der schwierigen Situation wieder, individuelle Entscheidungen für sich und ihre Kinder inmitten eines regelrechten Glaubenskriegs treffen zu müssen. Der Druck kommt dabei aus allen Richtungen: Entscheidet sich heute eine Mutter dafür, nach der Geburt ihres Kindes drei Jahre im Job zu pausieren – was vor gerade mal wenigen Jahren vielerorts noch völlig normal war –, gilt sie im von Elterngeld und Kitaausbau geprägten »Alles ist möglich, wenn du nur willst«-Klima schnell als altmodisches Hausmütterchen ohne feministisches Bewusstsein und ohne eigene Ambitionen. Trifft ein Vater dieselbe Entscheidung, wird er hingegen von den einen als heldenhafter Vorreiter einer neuen Rollenverteilung gefeiert, in der Arbeitswirklichkeit der meisten Unternehmen aber trotzdem karrieretechnisch abgestraft. Nutzen Eltern die Möglichkeiten der frisch ausgebauten Ganztagsbetreuung und buchen für ihr einjähriges Kind einen 45-Stunden-Kitaplatz, schlägt ihnen vielerorts immer noch das blanke Entsetzen entgegen: Warum habt ihr überhaupt ein Kind bekommen? Und umgekehrt bekommen Eltern das Helikopter-Label verpasst, wenn sie zu dem Schluss kommen, ihr 15 Monate altes Kleinkind sei ihnen noch zu jung für die Krippe. »Was es da alles an Frühförderung verpasst!« Den sozialen Druck, ihre Kleinstkinder betreuen lassen zu müssen, um ihnen nichts vorzuenthalten und um selbst nicht als faul zu gelten, erleben immer mehr Eltern so massiv, dass sich mit der »Kitafrei«-Gruppierung mittlerweile eine richtige Gegenbewegung herausgebildet hat, die mit Vehemenz für das elterliche Recht eintritt, sich zumindest in den ersten Lebensjahren vorrangig selbst um das eigene Kind zu kümmern – ein Lebensentwurf, den Millionen Eltern bis vor wenigen Jahren noch mit größter Selbstverständlichkeit wählten. Aus der gefühlten Defensive heraus geht man nun jedoch auch hier zum Gegenangriff über: Den Nachwuchs gegen den Trend im eigenen Umfeld nicht in die Krippe zu geben, wird dann zum identitätsstiftenden Element und geht ganz schnell mit der Abwertung anderer Lebensentwürfe einher – gern über den Umweg des Bemitleidens der armen Krippenkinder, deren Bindungsbedürfnisse in der herzlosen »Fremdbetreuung« ja leider ausnahmslos verkümmern. Die Botschaften, die auf diese Weise bei Eltern ankommen, sind also an Widersprüchlichkeit kaum zu überbieten:

»Bekomme unbedingt Kinder – aber arbeite dann weiter, als hättest du keine.«

»Teilt euch die Betreuung auf jeden Fall partnerschaftlich – aber nimm bloß nicht mehr als die zwei verbindlichen Partnermonate.«

»Arbeite unbedingt Vollzeit – nutze aber aus Bindungsgründen so wenig externe Betreuung wie möglich.«

»Seid froh, wenn ihr überhaupt einen Kitaplatz bekommt – aber macht keine Kompromisse bei der Betreuungsqualität, schließlich sind die ersten drei Lebensjahre die wichtigsten überhaupt.«

Es ist, als hätten sich die zwei konkurrierenden Familienmodelle aus Ost und West in ihrer ganzen Rigidität miteinander vereint und forderten nun das Unmögliche von uns Eltern: Völlige Hingabe an die Begleitung ihrer Kinder bei gleichzeitig hundertprozentiger Leistungsbereitschaft im Job. Ein Anspruch, der uns an unsere Grenzen bringt und an dem wir trotzdem nur scheitern können. Ein Set-up to Fail. Und ein immenser Stressfaktor, für den wir kaum Verständnis erfahren, weil wir die erste Elterngeneration sind, die ihn so kennenlernt.

## In der Selbstoptimierungsfalle

Es gibt ein Sprichwort, das besagt, der Weg zur Hölle sei von guten Vorsätzen gepflastert. Ich glaube, fürs Elternsein gilt das in besonderem Maße. Denn die Vorsätze, die mir im Austausch mit Familien immer wieder begegnen, sind oft geradezu übermenschlich. Unerfüllbar. Zu perfekt, um wahr zu sein. Das ist nicht weiter verwunderlich, schließlich leben wir alle im Zeitalter der Selbstoptimierung. Ob im Job oder im Familienleben: Überall sollen wir das Beste aus uns herausholen. Dabei gilt es, Synergieeffekte zu nutzen und aus jeder kleinen Pause noch Produktivität abzuschöpfen. Wer am Herd steht und Spaghetti Bolognese kocht, kann dabei doch prima noch Beckenbodenübungen machen. Und die halbe Stunde Schwimmtraining, in der sich das Heimfahren nicht lohnt, können wir prima nutzen, um per Smartphone noch ein paar dienstliche Mails zu beantworten. Natürlich sollen wir uns auch mal entspannen, aber bitte richtig: nicht mit Chips vor dem Fernseher, sondern beim Achtsamkeitsyoga morgens um fünf auf der Dachterrasse. *So* starten erfolgreiche Menschen nämlich in den Tag! Das Versprechen der Selbstoptimierung ist ein verlockendes: Mit nur einer *winzigen* Veränderung in deinem Leben kann alles besser werden! »Nur fünf Minuten täglich reichen!« – das ist das Lockmittel derer, die uns suggerieren wollen, das eigentliche Problem mit unserer mangelnden Perfektion sei unser ineffizientes Zeitmanagement. Mit nur ein bisschen mehr Selbstdisziplin könnten wir hingegen alles haben: Gesundheit, Schönheit, Ausgeglichenheit – und ein grünes Gewissen noch dazu. Zu den einflussreichsten Einflüsterern dieser Botschaft gehören heute all jene Blogger*innen und Influencer*innen, die auf Instagram und anderswo ihr perfekt unperfektes Leben zur Schau stellen. Denn natürlich gehören ein paar liebenswerte Macken zu einem durchoptimierten Image unbedingt dazu – man will schließlich nicht streberhaft wirken. Also gesteht die gertenschlanke Vierfachmutter auf Instagram offen, dass es bei ihr heute ausnahmsweise mal Pizza vom Lieferdienst gab und »nur« einen selbst gemachten bunten Salat dazu – und illustriert dieses Bekenntnis mit einem Foto von einem so aufgeräumten und perfekt gestylten Esszimmer voller glücklicher Kinder, dass sich Normalsterbliche, bei denen es mindestens einmal pro Woche in einem weitaus weniger schicken Esszimmer Pizza *ohne* bunten Salat gibt, im Vergleich wie die faulsten und verlottertsten Eltern fühlen.

Natürlich *wissen* wir, dass diese Bilder nicht echt sind. Und dass die Fünf-Minuten-Tipps für glücklichere Ehen und sauberere Zähne geschickt kreierter Content sind, die vor allem für viele Klicks sorgen sollen. Und trotzdem: Solche Botschaften machen etwas mit uns. Selbst wenn wir rational durchdringen, was für eine Inszenierung wir hier vorgesetzt bekommen, gräbt sich dadurch ein Glaubenssatz fast wie von selbst in unser Unterbewusstsein: *Die anderen schaffen es doch auch!*

In meiner Erfahrung gibt es kaum eine Überzeugung, die Eltern mehr quält, denn wohin sie auch schauen: Kaum jemand scheint das Kinderhaben so unfassbar anstrengend und fordernd zu finden wie sie selbst. Andere Eltern schaffen gefühlt fast immer mehr: Sie nähen ihren Kindern süße Klamotten und bringen selbst gebackenen Kuchen zum Schulfest mit. Sie richten kreative Kindergeburtstage aus und machen traumhafte Urlaube, in denen sich ihre Kinder niemals streiten. Sie haben Autos mit ordentlichem Innenraum und aufgeräumte Kinderzimmer mit pastellfarbenen Zelten als kreative Spielstätte und Wimpelketten an der Wand. Sie müssen nicht nach 22 Uhr noch panisch irgendwo nach einem möglichen Zahnfee-Geschenk suchen, weil sie entsprechend vorausgeplant haben. Und sie würden niemals ein Kind drei Tage hintereinander im selben T-Shirt in den Kindergarten bringen. Sie führen lange, vertrauensvolle Bettkantengespräche und begleiten ihre Kinder mit einer Engelsgeduld allabendlich in den Schlaf. Sie schreien und strafen und schimpfen nicht. Und lächeln auf allen Fotos so zufrieden in die Kamera, als hätten sie in ihren Kindern ihr größtes Glück und ihre reinste Erfüllung gefunden. *Wie um alles in der Welt machen die das?*

Eine repräsentative Umfrage der Wohltätigkeitsorganisation *Home Start* in Schottland zum Einfluss sozialer Medien auf das Selbstwertgefühl junger Eltern aus dem Jahr 2019 ergab, dass sich 62 Prozent von den digital verbreiteten Elternschaftsidealen unter Druck gesetzt fühlten. In Deutschland dürften die Zahlen ähnlich sein – und sie beinhalten ja nur diejenigen, die sich des immensen Drucks, der auf ihnen lastet, auch selbst bewusst sind.

Doch es ist nicht das Internet allein, das gnadenlos überhöhte Standards angeblich guter Elternschaft in die Familien hineinträgt: Auch in Babytreffs und Krabbelgruppen sowie überall sonst, wo Eltern zueinanderfinden, befeuert der allgegenwärtige Selbstoptimierungswahn eine Tendenz zur geschönten Darstellung der eigenen Lebensrealität, die dazu führt, dass die schwierigen und unliebsamen Aspekte des Elternseins weitgehend unter einer Decke aus Scham und Schuldgefühlen verborgen werden. Wenn es in der eigenen Peergroup junger Eltern als ausgemachte Sache gilt, dass Fernsehen für Zweijährige inakzeptabel ist – wer traut sich dann schon, offen zuzugeben, dass das eigene Kleinkind seinen eigenen Netflix-Account hat? Und wenn ich durch die Schule oder den Kindergarten eines meiner Kinder zufällig in einer Blase gelandet bin, in der irgendwie alle Kinder freiwillig und leidenschaftlich auf ihren Musikinstrumenten üben – will ich dann wirklich diejenige sein, die erzählt, dass es deswegen bei uns ziemlich oft Stress und Streit gibt? Genau wie den erfolgreichen Influencern ist es natürlich auch Eltern wichtig, nicht *zu* perfekt zu wirken: Ein paar lässige Fehler, selbstironisch in die eigenen Erzählungen eingestreut, machen sympathisch und nahbar und erhöhen sogar noch die Bewunderung ihrer Zuhörer- oder Leserschaft. Wer sein Familienleben offensichtlich beneidenswert im Griff hat, kann gefahrlos damit kokettieren, es durchs Laternenbasteln mit den eigenen Kindern nur mit einem großen Glas Rotwein geschafft zu haben – solange die Laterne nachher trotzdem großartig aussieht. Doch weil wir dabei alle dazu tendieren, unsere echten Probleme zu verschweigen, wirkt es schnell so, als seien die größten Schwierigkeiten anderer Familien *tatsächlich* jene harmlosen Sünden, von denen sie schmunzelnd erzählen. Und die *wirklich* bedenklichen Situationen gäbe es so nur bei uns. So verschiebt sich die Skala des Sagbaren immer weiter nach oben: Wenn eine Bloggerin etwa öffentlich die »Sünde« eingesteht, dass sie ihr Kind während der absoluten Ausnahmesituation – ihre eigene schwere Grippeerkrankung – auch mal eine halbe Stunde vorm Tablet geparkt hat, ist das nur scheinbar ein Schuldeingeständnis. In Wahrheit ist es eine Strategie gnadenloser Selbstüberhöhung. »Seht her«, sagt so ein Post, »ich bin so eine gute Mutter, dass ich selbst, wenn ich total krank bin, mein Kind nicht mehr als die pädagogisch wertvollen dreißig Minuten fernsehen lasse.« Versehe ich diese Botschaft dann auch noch mit dem Label *Geständnis*, lege ich damit die Latte dahin, wo elterliches Scheitern beginnt. Nämlich: bei mehr als dreißig Minuten Bildschirmzeit, und zwar auch ohne Grippe. Dieser Kunstgriff, ein *völlig normales Verhalten* zu gestehen, als sei es ein Sündenfall, ist in den sozialen Netzwerken allgegenwärtig. »Heute gab es bei uns ausnahmsweise mal Nudelsuppe aus der Dose, weil ich so schlimm Migräne hatte« – so ein Satz soll nicht entlasten, sondern die eigene soziale Überlegenheit markieren gegenüber Eltern, bei denen es auch einfach zwischendurch mal Dosenessen gibt, ohne besonderen Grund. Es ist schwer, sich davon nicht beeinflussen zu lassen. Auch für mich. Als mein Mann und ich neulich am Vorabend des Geburtstags einer unserer Töchter wie jedes Jahr den Tisch deckten mit Kerzen und einem Blumenstrauß, ertappte ich mich plötzlich dabei, unsere immer gleiche Deko mit den bombastischen Geburtstagstischen zu vergleichen, die mir täglich auf Instagram begegnen: die riesigen Zahlen-Ballons, die perfekte Motto-Torte, die farblich abgestimmten Luftschlangen auf dem Tisch. Mit einem Mal kam mir unser eigener Geburtstagstisch zu einfach vor, zu gewöhnlich, zu wenig vorzeigbar und besonders. Dabei war er für unsere Tochter selbstverständlich genau so perfekt, wie er war.

Ein harmloses Beispiel, das dennoch zeigt, wie groß die Macht jener Bilder ist, die sich aus unserer Timeline ganz automatisch in die Tiefen unserer Seele graben und dort an jener Frage rühren, die so viele von uns umtreibt: Bin ich gut genug?

Nun gibt es natürlich keinen Trend ohne Gegentrend, und so rührt sich auch gegen den Perfektionsdruck aus den sozialen Netzwerken Widerstand, der sich darin äußert, dass Menschen ganz bewusst versuchen, alltagsnähere Bilder aus dem Leben ganz normaler Familien zu zeigen. Doch auch all die unter dem Hashtag #mehrRealitätaufInstagram geposteten Wäscheberge ändern nichts daran, dass die Einblicke, die wir ins Leben anderer Familien erhalten, sorgsam ausgewählt und kuratiert sind – und zwar online wie offline. Denn als Eltern nicht gut genug zu sein, ist mit viel zu viel Scham besetzt, als dass wir offen darüber sprechen könnten. Deshalb zeigen wir viel von dem, was bei uns gut läuft, und ein bisschen Ausgewähltes von dem, was nicht so gut läuft, und ganz engen Freunden vielleicht auch wirklich mal, was uns echte Sorgen macht. Doch die allerschlimmsten Momente des Elternseins und die dunklen Gefühle, die damit einhergehen – die behalten wir für uns.

Deshalb gibt es auch so wenig belastbare Informationen darüber, wie es Eltern wirklich geht. Die Scham darüber, die eigenen Kinder manchmal am liebsten an die Wand klatschen zu können, ist so groß, dass Eltern selbst in anonymen Umfragen oft die Tendenz haben, die Antworten zu geben, die sozial erwünscht sind – und nicht die, die der Wahrheit entsprechen. Ein paar Anhaltspunkte gibt es aber doch. Wie zum Beispiel den, dass über 90 Prozent aller Eltern sich fest vorgenommen haben, ihre Kinder nicht zu schlagen. Und dass über 60 Prozent es trotzdem schon getan haben. Das zeigt, wie schlimm die Verzweiflung, die Überforderung, die absolute Kraft- und Hilflosigkeit werden kann. Und zwar nicht in einigen Familien, die in sozial extrem prekären Verhältnissen leben, sondern bei der großen Mehrheit, bei denen, die zur sogenannten Mitte der Gesellschaft gehören. Deshalb ist es mir so wichtig, die Bullerbü-Einblicke ins Familienleben einiger Internet-Ikonen in den gesamtgesellschaftlichen Kontext einzuordnen: Ja, es gibt mit Sicherheit Menschen mit einem überdurchschnittlich harmonischen, liebevollen und ästhetischen Familienleben. Ihre Bilder und Erzählungen sind also keinesfalls *fake*, auch wenn die Ausschnitte, die sie der Öffentlichkeit zeigen, natürlich sorgfältig ausgewählt sind. Doch ich bin mir sicher, dass die große Mehrzahl der Familien-Influencer tatsächlich ziemlich authentisch zeigt, wie sie leben und was sie machen, und das in ausgesprochen ansprechender und inspirierender Weise. Doch: Das ist nicht der Standard. Ein Querschnitt durch die Lebensrealität der im Internet präsenten Familien ist kein Querschnitt durch die ganze Gesellschaft. Und wer so tut, als könnte jeder mit der eigenen Familie ebenfalls so leben, wenn er einfach nur das richtige *Mindset* hat, ist der vielleicht größten Lüge unserer Selbstoptimierungsgesellschaft aufgesessen: Dass jeder alles schaffen kann, wenn er nur will, weil wir doch im Grunde alle die gleichen Startbedingungen haben – nämlich einen Tag, der 24 Stunden hat. In Wahrheit haben Familien jedoch *nicht im Ansatz* dieselben Chancen auf ein achtsames, entspanntes, zugewandtes Familienleben. Genauso wenig wie auf alles andere auch. Und das hat mit persönlichen Ressourcen und Privilegien zu tun, die in unserer Gesellschaft massiv ungleich verteilt sind.

### Ungleiche Startbedingungen

Wir Menschen tragen alle eine große Sehnsucht nach Selbstwirksamkeit in uns, also den tiefen Wunsch, unser Leben selbst in die Hand zu nehmen und zu gestalten. Deshalb glauben wir nur allzu gern, dass jeder seines eigenen Glückes Schmied ist, und dass alle alles schaffen können, die es nur wollen. Doch in Wirklichkeit ist die Sache mit dem Lebensglück komplizierter: Je nachdem, wie privilegiert wir geboren sind und mit welchen persönlichen Ressourcen wir in Richtung unseres Ziels aufbrechen, ist es nämlich extrem unterschiedlich, wie hoch die Wahrscheinlichkeit ist, dass wir es erreichen – und noch unterschiedlicher, wie viel Kraft wir dafür aufwenden müssen. Besonders gut erforscht ist dieser Zusammenhang zwischen unterschiedlichen Startbedingungen und dem Erreichen von Zielen im Bereich der Bildung: Während die Kinder von Eltern, die selbst einen hohen Bildungsabschluss haben, mehrheitlich ein Gymnasium besuchen, machen nur knapp 15 Prozent der Kinder von Eltern ohne höhere Bildung Abitur. Doch die ungleiche Verteilung von Chancen ist viel umfassender und tiefgreifender, als solche Zahlen vermuten lassen. Denn es ist eben nicht nur *ein* Faktor – etwa: der Bildungsstand der eigenen Eltern –, der darüber entscheidet, wie leicht oder schwer wir es haben, unsere selbst gesteckten Ziele zu erreichen. Sondern eine Vielzahl von Faktoren, die ineinandergreifen, einander verstärken und die dafür sorgen, dass unsere Vergleiche zwischen uns und anderen nahezu immer unfair ausfallen, weil wir an einer Stelle fast alle einen blinden Fleck haben: an der Stelle, wo Privilegien wirksam werden.

Das Wort an sich klingt schon sperrig: *Privilegien*. Wenn wir uns fragen, wer diese wohl hat, denken wir als Erstes an Prominente und Superreiche. Menschen also, denen Möglichkeiten offenstehen, die uns Normalsterblichen meist lebenslang verschlossen bleiben, und die durch ihren Reichtum und ihre Macht so manche Abkürzung nehmen können, wenn es um das Erreichen von persönlichen Zielen geht. Uns selbst hingegen empfinden die wenigsten als privilegiert. Wir sind schließlich ganz normale Menschen mit ganz normalen Jobs und einem ganz normalen Einkommen, für das wir ganz normal gearbeitet haben. Oder? Nun: Das weitverbreitete Gefühl, ganz normal zu sein und keine besonderen Vorteile im Leben zu genießen, ist im Grunde genommen selbst schon ein Privileg – also ein Vorrecht, das längst nicht alle Menschen haben. Denn so gerne wir Menschen uns als Gleiche unter Gleichen begreifen, so wenig hält diese egalitäre Sicht einer genaueren Betrachtung stand. Privilegien beschreiben in diesem

Kontext also nichts anderes als die Unterschiede zwischen uns, für die wir nichts können, und die unseren Lebensweg trotzdem entscheidend prägen – und zwar meist ohne, dass wir uns dessen bewusst wären. Der französische Soziologe Pierre Bourdieu beschrieb bereits vor 40 Jahren in seinem Buch »Die feinen Unterschiede«, dass unser Leben von Geburt an von sehr verschiedenen Startvoraussetzungen geprägt ist. Bourdieu spricht in diesem Zusammenhang von sozialem, ökonomischem, kulturellem und symbolischem Kapital, das wir in sehr unterschiedlicher Ausprägung mitbekommen. Über ein hohes soziales Kapital verfügt zum Beispiel, wer ein gutes Netzwerk hat: Sind meine Eltern mit vielen Künstlern und Wissenschaftlern befreundet, ist es für mich als ihr Kind viel leichter, selbst Zugang zu dieser Welt zu bekommen, als wenn mein soziales Netz einzig aus meinen Eltern, meinen Klassenkameraden und meinen Lehrkräften besteht. Eng damit verbunden ist das kulturelle Kapital meiner Kindheit: Wie viel Bildung habe ich erfahren? War ich regelmäßig im Theater, bei Konzerten, bei Kulturveranstaltungen für Kinder? Gab es bei uns zu Hause viele Bücher, konnte ich Fragen stellen und im alltäglichen Austausch in der Familie eine gewisse Allgemeinbildung erwerben? Aus dem Zusammenspiel dieser Erfahrungen erwächst schließlich auch mein symbolisches Kapital, also mein individueller Lebensstil und die Chancen, die er mir bietet. Gehe ich als Kind etwa bereits viel auf Reisen, habe ich einen ganz anderen Zugang zu neuen Ländern und fremden Sprachen, als wenn ich das Land meiner Geburt nie verlassen habe. Jeder Mensch hat also allein durch seine Herkunftsfamilie und sein Heranwachsen sein ganz eigenes Kapital im Gepäck, das sich von dem seiner Mitmenschen teilweise stark, teilweise auch nur in Nuancen unterscheidet. Doch selbst diese feinen Unterschiede können eine immense Rolle spielen, wenn es darum geht, wie es uns später als Erwachsene in Freundschaften und Beziehungen, im Beruf und auch in unserer eigenen Rolle als Eltern ergeht. Im aktuellen Diskurs über unterschiedliche Lebenschancen wird die Spanne der unterschiedlichen Startbedingungen, die unseren Lebensweg entscheidend mitprägen, um zusätzliche wichtige Facetten erweitert. So werden heute auch die eigene Hautfarbe, die Geschlechtsidentität, Migrationserfahrungen in der Familiengeschichte sowie die eigene sexuelle Orientierung als Faktoren begriffen, die über die Verteilung von Privilegien entscheiden. So ergibt sich ein immer differenzierteres Bild davon, wie unglaublich verschieden die Ausgangsbedingungen sind, von denen aus wir zu einem persönlichen Ziel hin starten – etwa dem, liebevolle, zugewandte Eltern zu sein und auch von außen so wahrgenommen zu werden. Ein bisschen ist das, als würden wir unseren Lebensweg alle auf einer ähnlichen Hängebrücke starten, die aus lauter einzelnen schwankenden Seilen besteht, auf denen wir vorankommen müssen. Doch jedes Privileg, das ich innehabe, katapultiert meine Startposition automatisch um ein Seil nach vorn, während jedes Privileg, das ich *nicht* innehabe, mich ein Seil zurückversetzt. Gehen wir die Liste aller möglichen Privilegien – von der Hautfarbe über die Geschlechtsidentität bis zur Migrationsgeschichte – in dieser Weise systematisch durch, werden viele von uns feststellen, dass sie bereits zu Beginn ihres Lebens irgendwo mitten auf der Brücke standen. Während andere die ganze lange Strecke noch vor sich hatten. Und damit nicht genug: Das Gegenteil von Privilegien sind nämlich die besonderen Härten, die unseren Lebensweg signifikant erschweren. Gewalterfahrungen in der Kindheit. Krankheiten und Todesfälle, Trennungen und Traumata. Geldsorgen. Fehlgeburten. Alleinerziehend sein, Sorgerechtsstreitigkeiten, belastende Umgangsmodelle. Erfahren Menschen solche Härten, ist es, als käme jemand mit einer großen Schere und schnitte erbarmungslos ganze Seile komplett aus der Hängebrücke heraus, sodass es *noch* schwerer wird, sie zu überqueren. So kommt es, dass manche Menschen auf ihren perfekt intakten Hängebrücken mit ihrem riesigen Vorsprung scheinbar spielend leicht ihr Ziel erreichen, während andere sich auf kaputten Brücken die doppelte Wegstrecke entlangquälen müssen, um auch nur annähernd in die Nähe desselben Zieles zu kommen. Und das ist ein Problem, vor dem wir nicht länger die Augen verschließen dürfen. Genau das tun wir aber, wenn wir so tun, als hätten alle Eltern dieselben Voraussetzungen für ein glückliches Familienleben. Denn die Wahrheit ist: Die Erfahrungen, Prägungen und daraus resultierenden Verhaltensweisen, auf die wir von klein auf gepolt sind, zu überwinden, kostet Kraft. Und Kraft ist eine *endliche* Ressource. Brauche ich all diese, um meinen Alltag zu bestreiten, ist für Selbstreflexion und neue Erziehungsideen schlicht keine Kraft mehr übrig. Und das ist ein Umstand, dem die öffentlich zelebrierte Elternschaft, die uns in den sozialen Medien begegnet, viel zu wenig Rechnung trägt: Ja, es ist zweifelsohne toll, was für eine traumschöne Kindheit diese Menschen ihren Sprösslingen schenken können. Doch dass sie das können, liegt an Privilegien, die viele ihrer Follower so nicht haben. Und: Das soziale und kulturelle Kapital, das die Internet-Ikonen guter Elternschaft für ihre Rolle mitbringen, ist alles andere als repräsentativ. Dass viele Eltern angesichts ihrer typischen Rollenvorbilder im Internet das Gefühl haben, selbst nicht zu genügen, hat also weniger mit allgemeiner elterlicher Unsicherheit zu tun, wie oft unterstellt wird, sondern damit, dass wir viel zu wenig über Privilegien sprechen und darüber, was für einen immensen Unterschied sie gerade beim Erreichen persönlicher Ziele *als Eltern* machen. Denn die beneidenswerte Ruhe und Gelassenheit, die liebevolles Elternsein bei anderen so einfach aussehen lassen, sind oft schlicht die direkte Folge eines privilegierten Lebens mit einem hohen Bildungsabschluss, einem überdurchschnittlich engagierten Partner und einem eigenen Häuschen mit Garten. Das wertet Erreichtes nicht ab – auch privilegierte Menschen arbeiten oft hart für ihren Erfolg –, doch es erklärt, warum eben nicht alle Eltern einfach nur ein bisschen *entspannter* sein müssen, um ein genauso idyllisches Familienleben zu bekommen. Auch zum Entspannen müssen wir nämlich erst mal die entsprechenden Ressourcen haben.

## Die Krux, es besser machen zu wollen

Besonders empfänglich für die öffentliche Inszenierung perfekter, liebevoller Elternschaft sind naturgemäß all die Menschen, die selbst eher schwierige Kindheitserfahrungen gemacht haben und es nun selbst besser machen wollen. Für sie erscheinen die entspannten Eltern mit ihren glücklichen Kindern auf Instagram wie ein einziges Versprechen: Die Kindheit, wie du sie dir gewünscht hättest, kannst du nun deinen eigenen Kindern schenken, wenn du es nur genauso machst. Die lockere »Wir werden das Kind schon schaukeln«-Haltung, die manche Eltern beim ersten Kind haben, ist ihnen fremd. Sie wissen genau, was alles schiefgehen kann, und dass Elternsein eine gewichtige und verantwortungsvolle Aufgabe ist. Deshalb bereiten sie sich auch gewissenhaft vor. Lesen Bücher, besuchen Kurse, gehen zu Vorträgen. Entwickeln einen Plan, wie es gehen soll, das liebevolle Elternsein. Fühlen sich gut vorbereitet. Und spüren dann am eigenen Leib, wie verflixt machtvoll frühkindliche Prägungen sind, und wie unendlich schwer es ist, so ruhig und geduldig und liebevoll zu bleiben, wie sie es sich vorgenommen hatten, wenn Kleinkinder brüllen, Geschwister zanken und Halbwüchsige »Ich hasse dich!« zischen. Ein Marathon in Selbstbeherrschung – so beschreiben viele Eltern diesen tagtäglichen Kampf, der umso anstrengender wird, je weiter der Tag fortschreitet. An schlechten Tagen kippt die Stimmung schon vor dem Frühstück, an guten verläuft der Morgen friedlich, weil die Selbstdisziplin groß ist und das Konfliktpotenzial klein, doch je später es wird, desto dünner werden die Nerven, und irgendwann stürzen all die guten Vorsätze wie ein Kartenhaus ein, und wir werden die Eltern, die wir niemals sein wollten: entweder laut und ungehalten oder resigniert und abwesend, als sei nur noch unsere Hülle da und unser Herz aus Überforderung geschlossen. Am Abend begleiten uns dann die Schuldgefühle bis in den Schlaf: »Warum habe ich hier nicht ruhiger reagiert, da nicht besser zugehört, dort nicht schneller umgelenkt? Jetzt war ich wieder nicht, wie ich sein wollte. Meine armen Kinder!«

Auf die Selbstvorwürfe folgt meist die Selbstoptimierung: »Das muss doch hinzukriegen sein! Dann muss ich mich eben *noch* mehr anstrengen. Noch mehr Bücher lesen, Kurse besuchen, Übungen machen.« Nach meinen Vorträgen begegnen mir oft Eltern, die als Laien ein halbes Pädagogikstudium absolviert haben, um es endlich zu schaffen, so sanft und präsent zu sein, wie sie es gern wären. Die es mit Yoga und Pilates versucht haben, mit den Aufräumroutinen der *Flylady* und dem achtsamen Entrümpeln nach Marie Kondo. Die ein kleines Vermögen ausgegeben haben für harmonisierende Aromaöle und für Familienaufstellungen, die aufklären sollten. Und die *trotzdem* immer wieder die Nerven verlieren, unfreundlich und ungerecht werden, oder schlicht resignieren. Und deshalb weitersuchen nach *der* Lösung, die sie *endlich* ans Ziel bringt.

Ich maße mir nicht an, diese Lösung zu kennen. Ich bin mir nicht einmal sicher, ob es sie überhaupt gibt. Doch was ich allen, die diesen inneren Kampf kämpfen, mit auf den Weg geben will, ist, dass die Wut, die uns unseren Kindern gegenüber hart und ungerecht werden lässt, nicht unser Feind ist, sondern ein wertvoller Hinweisgeber darauf, dass es *uns selbst* nicht gut geht. Je wilder die Wut, desto älter der Schmerz – diese Formel hat sich auch für mich persönlich schon oft bewahrheitet. Wenn es meine Kinder schaffen, mich zur Weißglut zu bringen, dann tun sie das, indem sie mich emotional in Situationen zurückkatapultieren, in denen ich mich selbst schutzlos gefühlt habe. Deshalb hilft uns in diesen Situationen auch all unser Wissen über einen liebevollen Umgang *mit unseren Kindern* nicht weiter. Was wir brauchen, sind Strategien zum liebevolleren Umgang *mit uns selbst*.

## Ein leichter, schwerer Weg

Als Eltern über Würde, Werte und den eigenen Weg nachzudenken, kann sich schwer anfühlen. Gewichtig. Gewaltig. Als hinge die Last der Verantwortung wie ein riesiger Wackerstein um unseren Hals, und als müssten wir diesen Stein mitschleppen bei jedem Schritt: Ist es auch richtig, was du tust? Und *moralisch einwandfrei*? Gerade, wer selbst vieles anders machen will als die eigenen Eltern, kann diese Anstrengung des ständigen Hinterfragens, Überprüfens und Reflektierens oft regelrecht körperlich spüren. »Es ist, als müsste ich jeden Tag aufs Neue die Entscheidung treffen, mir diesen Felsblock aus Verantwortung aufzuladen, um nicht in alte Muster zu rutschen«, beschrieb eine Mutter mir gegenüber einmal dieses Gefühl. »Wie eine Gewichtheberin, die niemals schlappmachen darf.« Viele Eltern werden sich in dieser Beschreibung wiedererkennen. Und in der Erschöpfung, die mit diesem ständigen Gewichtestemmen einhergeht. Und natürlich stellt man sich dann irgendwann die bange Frage: Ist es all diese Anstrengung wirklich wert? Darf Elternsein wirklich so schwer sein? Wäre uns nicht allen damit geholfen, dieses Erziehungsthema mit ein bisschen mehr Leichtigkeit anzugehen?

Meine persönliche Antwort auf diese Frage ist: Sich mit den eigenen Prägungen auseinanderzusetzen und ungute Muster zu überwinden, ist schwer. Aber die Alternative wäre nur scheinbar leichter. Denn auch wenn es in manchen Momenten so wirkt, als hätten es Eltern leichter, die ihre Kinder wie unmündige Befehlsempfänger behandeln können, gibt es doch auf lange Sicht nichts, was unser Leben so leicht und schön machen kann wie lebendige, gesunde Beziehungen zu den liebsten und wichtigsten Menschen in unserem Leben. Der Weg dahin mag nicht immer leicht sein, und er verlangt uns definitiv mehr Geduld, mehr Kommunikation und mehr Selbstreflexion ab; doch dafür sparen wir dabei auf Dauer all die Energie, die wir sonst in Machtkämpfe und gegenseitige Verletzungen stecken würden.

Und trotzdem ist der Impuls, sich mehr Leichtigkeit zu wünschen, nachvollziehbar und richtig. Kinder haben darf anstrengend sein, aber vor allem soll es Freude machen. Und auf keinen Fall soll unser Familienleben sich dauerhaft wie eine schwere Bürde anfühlen. Ich glaube nur, dass wir, wenn wir uns nach mehr Leichtigkeit sehnen, nicht bei unseren Kindern anfangen dürfen. Nicht *sie* müssen unser Leben leichter machen, indem sie sich braver, gehorsamer, umgänglicher verhalten. Wir selbst haben die Macht, uns unser Leben leichter zu machen. Und es ist ganz wichtig, dass wir das tun. Für uns wie für unsere Kinder. Wenn wir uns entscheiden, Energie und Kraft in ein liebevolles, zugewandtes, respektvolles Familienleben zu investieren, dann kann diese Aufgabe nicht einfach zu all unseren anderen Aufgaben addiert werden. So hätten wir das oft ja gerne, ich kenne das von mir selbst. Ich wäre gerne eine Mutter, die erfolgreich im Job ist und trotzdem immer Zeit hat. Deren Wohnung immer aufgeräumt ist, ohne dass sie ständig nur putzen würde. Die täglich frisch und gesund kocht, ohne ihre Kinder dafür je vor dem Fernseher zu parken. Die engagiert Ehrenämter annimmt und trotzdem jeden Abend zu Hause ist. Die nach der Geburt sofort wieder schlank ist, ohne ihren Kindern ein ungesundes Diätverhalten vorzuleben. Die ethisch und moralisch einwandfrei konsumiert und sportlich und aktiv ist. Die Hobbys hat und Freundschaften pflegt und für die betagten Nachbarn mit einkauft ... und bei alldem *auch noch* immer wertschätzend und zugewandt mit ihren Kindern umgeht. Ach, wäre das schön! Und ach – das ist *vollkommen unmöglich*. Es geht schlicht nicht, überall perfekt zu sein. Genau genommen geht es nirgendwo, aber in einigen Punkten können wir zumindest in die Nähe davon kommen. Und diese sollten wir danach auswählen, was uns im Grunde unseres Herzens am wichtigsten ist. Das heißt: Wenn ich meinen Wunsch, unser Familienleben auf eine neue, respektvollere Wertebasis zu stellen, ganz oben auf meine persönliche To-do-Liste stelle, dann muss ich überlegen, was von den anderen Themen dafür zumindest vorerst Platz machen muss. Meine Ressourcen sind endlich, und alte Prägungen zu überwinden, kostet wie gesagt unheimlich viel Kraft. Diese ist zweifelsohne gut investiert; trotzdem wächst sie nicht auf Bäumen, sondern muss durch genügend Schlaf, gute Ernährung und andere erfüllte Bedürfnisse generiert werden. Soll mehr Leichtigkeit in unser Leben zurückkehren – und das soll sie unbedingt! –, müssen wir also überlegen, wo die Kraftreserven herkommen sollen. Und dafür müssen wir uns trauen, einiges von unserer endlos langen perfektionistischen Liste schlicht wegzustreichen – auch wenn dabei Dinge unter den Tisch fallen, die selbstverständlich *auch* wirklich wichtig sind. Aber für alles Wichtige reicht die Kraft eben manchmal nicht. Eine solche Kürzung vorzunehmen, kann sehr schwerfallen, denn sie zwingt uns, uns einzugestehen, dass wir nicht alles schaffen können, was wir gern schaffen wollen, und nicht alles haben können, was wir gerne hätten. Zumindest nicht *jetzt*. Familiensituationen verändern sich, und Kraftreserven ebenso. Und was uns heute viel Anstrengung kostet, kann morgen neue Energie freisetzen. So berichten viele Familien, dass für sie die Umstellung hin zu einem wertschätzenderen Umgang miteinander ohne Druck und Strafen unglaublich kräftezehrend war, weil gefühlt so viele Handlungsoptionen wegfielen – aber nach einiger Zeit waren plötzlich viel mehr Kraftreserven da als je zuvor, weil es den Kindern besser ging und den Eltern auch, und all die zermürbenden Machtkämpfe schlicht wegfielen, die vorher so viel Energie geraubt hatten. Und gleichzeitig gibt es immer wieder Phasen, in denen wir unseren Familienkompass neu justieren müssen und in denen es auch wieder mehr Kraft kosten kann, miteinander so umzugehen, wie es unseren Werten entspricht – sei es, weil aufgrund äußerer Umstände plötzlich wieder mehr Druck auf unserem Familienkessel lastet; sei es, weil eine neue Entwicklungsphase unseres Kindes uns noch einmal ganz neu herausfordert. Ich habe deshalb kein Werbeversprechen parat für Eltern, die sich auf den Weg machen hin zu einem respektvolleren Miteinander. Ich kann nicht garantieren, dass dadurch alles leichter, schöner, unkomplizierter wird. Was ich aber versichern kann, ist, dass es allen Menschen langfristig dann am besten geht, wenn sie sich in ihren individuellen Bedürfnissen gesehen und respektiert fühlen. Kinder, denen es gut geht, verhalten sich gut. Und Eltern, denen es gut geht, verhalten sich auch gut. Verletzendes Verhalten anderen gegenüber resultiert hingegen *immer* aus unerfüllten Bedürfnissen, missachteten Grenzen und eigenem angestauten Schmerz.

Wir starten als Eltern also nicht nur alle an unterschiedlichen Punkten – oft stecken sich diejenigen die höchsten Ziele, die am weitesten von ihnen entfernt stehen. Umso wichtiger ist es, dass wir uns klarmachen: Liebevolles Elternsein ist kein Wettkampf, auch nicht mit uns selbst. Denn wenn gelingende Beziehungen entscheidend sind für ein gelingendes Familienleben, dann ist die wichtigste Beziehung dabei die zu uns selbst. Solange unsere Freundlichkeit und Sanftheit unseren Kindern gegenüber auf Selbstbeherrschung und Härte gegenüber unseren eigenen Bedürfnissen beruht, werden wir uns immer wieder so ausgebrannt und erschöpft fühlen, dass von unseren guten Vorsätzen nicht viel übrig bleibt. Üben wir uns deshalb in Sanftheit mit dem Menschen, der für unser Lebensglück am wichtigsten ist: mit uns selbst. Ein hilfreicher erster Schritt kann dabei sein, bewusst darauf zu achten, wie wir im Alltag mit uns selbst sprechen. Welche Sätze uns durch den Kopf gehen, während wir durch den Tag manövrieren, mit welchen Gedanken wir uns vorantreiben. »Komm schon! Reiß dich zusammen! Heul nicht rum!« – es ist erschreckend, wie viele Menschen auf so eine Art und Weise mit sich selbst reden. Nämlich so, wie sie nie mit anderen sprechen würden. Und es ist erstaunlich, was für einen Unterschied es machen kann, wenn wir diesen täglichen, inneren Audiokommentar bewusst umformulieren: »Dein Kind hat so ein Glück mit dir. Du machst das wirklich wunderbar. Und jetzt brauchst du eine Pause!« Bei uns in der Küche hängt eine Postkarte, die uns dazu auffordert, uns selbst zu behandeln wie unsere besten Freunde. Ich selbst habe in den vergangenen Jahren gemerkt, dass es mir fast noch mehr hilft, mich selbst gedanklich genauso zu behandeln, wie ich meine Kinder behandle. Denn was tue ich, wenn mein Kind etwas nicht geschafft hat? Ich sage: »Nicht schlimm, kein Mensch kann alles schaffen!« Und wenn eines meiner Kinder von sich selbst enttäuscht ist, sage ich: »Du bist wunderbar, du musst nur wieder lernen, es zu sehen.« Und wenn eins meiner Kinder sich etwas sehr Ehrgeiziges vorgenommen hat und sein Ziel knapp verpasst, dann sage ich: »Ich könnte trotzdem nicht stolzer auf dich sein!« All diese wunderbaren Sätze fallen mir problemlos ein, wenn ich mit meinen Kindern spreche. Ganz leicht gehen sie mir ihnen gegenüber von den Lippen. Und dann bewahre ich sie auf, wie einen Schatz, um sie bei mir selbst anzuwenden. Auch das ist Selbstfürsorge.

### Wir stemmen mehr, als wir meinen

Was habe ich heute eigentlich geschafft? Viele Eltern haben am Ende eines langen Tages das Gefühl: in jedem Fall nicht genug. Denn wir alle neigen dazu, unsere To-do-Listen viel zu voll zu packen. Und unterschätzen dabei oft, wie viel wir im ganz normalen Alltag leisten, selbst wenn wir das Gefühl haben, fast nichts zu schaffen. Denn selbst die ganz normalen Basics des Alltags mit Kindern haben es in sich: Früh aufstehen, die Morgenroutine anleiten, dafür sorgen, dass alle zu essen und zu trinken haben. Pünktlich loskommen, Übergänge begleiten, Abschiede meistern. Zwischen verschiedenen Welten und Rollen hin und her wechseln, die Zeit im Blick behalten, antizipieren, was wer wann braucht. Einfühlen, zuhören, eigene Bedürfnisse zurückstellen. Mahlzeiten organisieren, weder die kindliche Körperhygiene noch die eigene vernachlässigen, dafür sorgen, dass gewaschene Wäsche im Schrank und das Badezimmer sauber ist. Würden wir all diese Dinge, die wir Tag für Tag mit der größten Selbstverständlichkeit leisten, an eine externe Person auslagern – wir müssten ihr ein Vermögen bezahlen, so viel Arbeit käme da zusammen. Sagen wir das laut, wirft man uns gerne vor, verweichlicht zu sein: Schließlich hätten unsere Großmütter das auch geschafft, und zwar mit mehr Kindern und ohne Saugroboter. Doch abgesehen davon, dass derlei Vergleiche mit angeblich leistungsfähigeren Generationen niemals konstruktiv sind, ist die Annahme, unsere Vorfahren hätten so viel mehr gearbeitet als wir (und zwar ohne sich zu beschweren), schlicht nicht richtig. Denn wer in einer klassischen Versorgerehe einen Vollzeitjob hatte, hatte damit sein Pensum geleistet und durfte abends guten Gewissens die Füße hochlegen. Und wer nicht berufstätig war, hatte zwar den Haushalt an der Backe, aber auch die gesellschaftliche Erlaubnis, dabei störende Kinder in Laufställen zu parken und niemals mit ihnen zu spielen. Es ist kein Geheimnis, dass insbesondere viele Frauen unter dieser Lebenssituation sehr gelitten haben: Wirtschaftlich komplett abhängig von ihren Ehemännern, waren sie oft gezwungen, mit großer Härte gegen sich selbst die Rolle der perfekten Hausfrau zu erfüllen, ohne die Zeit mit den eigenen Kindern dabei genießen zu können. Gegen die daraus resultierende tiefe Traurigkeit und Erschöpfung behalfen sich viele mit Alkohol und Tabletten, verharmlosend »Mother's Little Helpers« genannt.

Heute stellen wir andere Ansprüche an uns, unsere Partnerschaften und unsere Rolle als Eltern. Am Arbeitsplatz bereits Leistung gezeigt zu haben, befreit in modernen Familien nicht von der Pflicht, Spülmaschinen auszuräumen und Kinder ins Bett zu bringen – zum Glück. Doch der Wunsch, in *allen* Lebensbereichen vollen Einsatz zu zeigen, führt eben auch dazu, dass viele Eltern heute gnadenlose 18-Stunden-Tage nahezu ohne Pausen haben, die mit Frühstückmachen und Snackboxen-Richten beginnen und spätabends mit Wäschefalten und E-Mails beantworten im Bett enden. Wenn ich also davon spreche, dass wir Eltern unsere To-do-Listen entrümpeln müssen, um nicht auszubrennen, dann spreche ich dabei nicht nur von den großen Posten. Sondern auch von all den Kleinigkeiten, die wir für so normal erachten, dass wir kaum wahrnehmen, wie viel Kraft sie uns jeden Tag kosten. Oder anders gesagt: Um aus dem Dauerstress herauszukommen, muss sich unser Maßstab verschieben, wie ein erfolgreicher Tag aussehen soll. Dafür ist es wichtig, sich vor Augen zu halten, dass wir Menschen evolutionär betrachtet eine sogenannte kooperativ aufziehende Art sind. Das heißt, wir sind eigentlich dazu gemacht, uns gemeinsam mit einem unterstützenden Clan um unseren Nachwuchs zu kümmern, und zwar ungefähr im Betreuungsschlüssel fünf zu eins – also fünf Erwachsene für ein Kind, nicht umgekehrt! In einem solchen Betreuungsnetzwerk ist es natürlich relativ leicht möglich, kindliche Bedürfnisse zuverlässig zu erfüllen und gleichzeitig genügend Zeit zum Arbeiten, Schlafen und Entspannen zu finden: Man wechselt sich einfach ab. Da verwundert es nicht, dass wir modernen Kleinfamilieneltern dauernd so erschöpft sind: Wir schätzen zwar unsere Freiheit und wollen das Rad der Zeit ganz sicher nicht zurückdrehen, doch quasi allein für unsere Kinder zuständig zu sein, stellt für uns trotzdem nahezu unausweichlich eine Überforderung dar, weil uns die zur Schöpfung neuer Kraftreserven dringend notwendigen Pausenzeiten dadurch oft schlicht fehlen. Höchste Zeit also, die Anforderungen, die wir an uns selbst stellen, an diese immense Zusatzanstrengung des Kinderhabens ohne Clan im Rücken anzupassen. Und uns klarzumachen: Einen richtig, richtig guten Job machen wir Eltern dann, wenn wir morgens aus dem Bett kommen, obwohl wir noch so müde sind, und danach uns selbst und unsere Kinder einigermaßen gut durch den Tag bringen. Ohne große Kapriolen. Der Wäschekorb quillt über, die Rechnungen stapeln sich unbezahlt auf dem Esszimmertisch, zum Abendessen gibt es Linsensuppe aus der Dose mit Aufback-Baguette, wir haben die Kinder aber pünktlich vom Kindergarten abgeholt und den ganzen Tag nicht angeschrien? Herzlichen Glückwunsch! Das war ein erfolgreicher Tag. Heißt das, dass wir unsere Standards immer weiter nach unten verschieben müssen? Nein, aber wir dürfen uns selbst die Erlaubnis geben, wertzuschätzen, was wir schaffen, statt uns fertigzumachen wegen all dem, was liegen geblieben ist. Kinder ins Leben zu begleiten, ist für sich genommen schon ein unglaublich fordernder Job. Einen Haushalt für mehrere Personen zu schmeißen, ist genauso einer. Und da haben wir noch keine Stunde Erwerbsarbeit mit eingerechnet! Schämen wir uns also nicht länger, dass wir angeblich so viel weniger gebacken kriegen als frühere Elterngenerationen, und feiern wir stattdessen, was wir jeden Tag in unseren verschiedenen Jobs leisten: Wir sind unseren Kindern präsente, zugewandte, reflektierte Eltern. Und schaffen es trotzdem noch, Zeit und Kraft in unsere Berufe, unseren Haushalt, unsere sozialen Beziehungen zu stecken – mal mehr, mal weniger, je nach Ressourcenlage.

Darüber hinaus dürfen wir nicht vergessen, dass wir jeden Tag sehr viel mehr leisten, als man auf den ersten Blick sieht. Denn zu all den offensichtlichen Aufgaben des Elternseins kommt noch ein riesiger Batzen Arbeit dazu, den wir oft gar nicht wahrnehmen, und der doch einen Großteil unserer Kraftreserven raubt: Die ganze unsichtbare Arbeit des Drandenkens, Erinnerns und Planens nämlich. »Ich muss dringend noch einen Termin für die U8 ausmachen, und dann gleich auch noch den Impfpass checken lassen, und Briefmarken besorgen, weil die alle sind, und neue Strumpfhosen besorgen, weil die alten zu klein werden, und übermorgen hat ja auch Meike Geburtstag, da brauchen wir noch ein Geschenk …«

*Mental Load*, also *Gedankenlast*, wird diese Arbeit genannt, und die meisten von uns leisten sie tagtäglich, ohne sich darüber bewusst zu sein. Vor allem weiblich sozialisierte Menschen. Denn wer sich in einer Familie dafür verantwortlich fühlt, an all diese Dinge zu denken, ist ganz stark Sozialisationssache. Sich zu kümmern, oder, moderner ausgedrückt, *Care-Arbeit* zu leisten, fällt in unserer Kultur traditionell in den Aufgabenbereich von Frauen, und insbesondere in den von Müttern. »Moment mal«, werden nun viele Männer einwenden. »Ich denke bei uns auch an viele Dinge: Die Termine zum Reifenwechsel für unser Auto vereinbare zum Beispiel immer ich!« Und ja, das stimmt: Männer, insbesondere Väter, schleppen natürlich auch eine ganze Menge mentaler Last mit sich herum. Dennoch besagen alle Studien zum Thema: Männer übernehmen im Schnitt nur einen Bruchteil der Gedankenlast von Frauen und Müttern in gegengeschlechtlichen Beziehungen. Denn selbst wenn Menschen den Anspruch haben, sich in ihren Partnerschaften Aufgaben fair aufzuteilen, landen sie meist bei einem Modell, bei dem Männern die Verantwortung für einige wenige, überschaubare Termine – oft: die Wartung technischer Geräte und das zeitgerechte Rausstellen der Mülltonnen – zufällt, während Frauen all die komplexen Informationen des zwischenmenschlichen Zusammenlebens abspeichern und managen: welches Kind welche Kleidergröße hat, und wann welches welche neuen Klamotten braucht. Wann Kindergeburtstage anstehen, was man schenken könnte, auf welche Besonderheiten dabei Rücksicht genommen werden müssen. Wie welche Lehrkraft heißt, wann welcher Test geschrieben wird, wie welches Kind in welchem Fach steht. Wer wem noch einen Gefallen schuldet, wo man dringend mal wieder anrufen müsste, wohin Geburtstagspost gehen muss und wann. Was passiert, wenn Frauen diese Überforderung adressieren, hat die französische Zeichnerin Emma in einem geradezu ikonischen Comic über den *Mental Load* festgehalten: »Du hättest doch nur was sagen müssen!«, antwortet darin der Mann seiner frustrierten Partnerin. »Ich hätte dir ja gerne geholfen, aber du hast nichts gesagt!« Das trifft das Problem auf den Punkt: Natürlich ist es gut und richtig, um Hilfe zu bitten, aber einen Großteil des *Mental Loads* eines Familienlebens allein zu tragen, wird nicht dadurch einfacher, dass man einzelne der vielen Aufgaben und Anforderungen, die man permanent im eigenen Kopf jongliert, delegieren kann. Wenn mein Mann mir anbietet, freitagabends auf dem Rückweg von der Arbeit den Wochenendeinkauf zu machen, wenn ich ihm die Einkaufsliste aufs Handy schicke, ist das zwar sehr nett; gleichzeitig belässt sein Vorschlag die komplette Verantwortung dafür, unsere Mahlzeiten zu planen und zu überlegen, was wir dafür brauchen, immer noch bei mir. Das heißt: Auch wenn *er* derjenige ist, der einkaufen geht, leiste *ich* bei diesem Wochenendeinkauf die Hauptarbeit. Denn sich Gedanken zu machen, verbraucht viel mehr Kraftreserven, als mehr oder weniger im Autopilot Anweisungen zu befolgen. Auf Zuruf ein spezifisches Kindergeburtstagsgeschenk zu besorgen, ist keine Kunst. Auf dem Schirm zu haben, wann der Geburtstag ist und was genau dieses Kind freuen würde und was im Budget liegt – das ist es, was *wirklich* Arbeit macht.

Ein ungerecht verteilter *Mental Load* in einer Paarbeziehung kann zu unglaublich viel Frust führen und zu schlimmen Streits. Denn weil die meisten Menschen den *Mental Load* nicht bewusst auf dem Schirm haben, spüren sie zwar die Ungerechtigkeit ihrer Aufgabenverteilung, können aber nicht den Finger darauf legen, was genau eigentlich verkehrt läuft, und verlieren sich deshalb in Stellvertreterkriegen: »Immer mach ich hier alles alleine!« – »Das stimmt doch gar nicht! Erst gestern war ich mit der Kleinen beim Kinderarzt!« – »Willst du dafür jetzt einen Orden, oder was?« Um solche kraftraubenden Konflikte zu vermeiden, ist es hilfreich, die ganze unsichtbare Arbeit ans Licht zu befördern und aufzuschreiben, was wir im ganz normalen Alltag alles auf dem Schirm haben, im Kopf behalten, vorbereiten und planen müssen. Ein zweiter Schritt ist dann, die Aufgaben neu und diesmal wirklich gerecht zu verteilen, und zwar nicht nur das Ausführen, sondern wirklich auch das Drandenken: Kinderarzttermine inklusive Vereinbarung. Kindergeburtstag inklusive Geschenkauswahl und -besorgung. Wochenendeinkauf inklusive Essensplanung. Das klingt leichter, als es ist, schließlich haben die meisten Frauen die Verantwortung für all diese Lebensbereiche von klein auf verinnerlicht und tun sich dementsprechend oft schwer damit, sie loszulassen, während viele Männer gerade in Stresssituationen – etwa beim Packen für den Urlaub – immer noch oft in das alte Muster zurückfallen: nämlich das Drandenken an alles Wichtige nahezu automatisch den Müttern ihrer Kinder zu überlassen. Doch allein die tagtägliche Gedankenlast sichtbar zu machen, sie zu benennen und anzuerkennen, macht schon einen großen Unterschied. Denn die schlimmste Unzufriedenheit rührt ja daher, dass wir uns als Eltern oft abends völlig platt fühlen, obwohl wir gefühlt nichts geschafft haben. Als hätten wir es gar nicht verdient, so erschöpft zu sein. Machen wir uns dann bewusst, wie viel Kraft auch an diesem Tag wieder ins Gedankenmachen für und um unser Familienleben geflossen ist, sehen wir viel klarer, was wir eigentlich schon wieder Unfassbares geleistet haben. Und können mit Stolz auf unser Tagwerk zurückblicken, allen Wäschebergen zum Trotz.

## Gut genug ist gut genug

»Tu Gutes und rede darüber« – an diesem griffigen Marketing-Motto, das in der Nachkriegszeit ausgerechnet der Kommunikationschef des Chemiekonzerns BASF erfand, orientieren sich heute die meisten Menschen, die öffentlich übers Elternsein sprechen. Auch ich. Wenn ich bei meinen Vorträgen, in meinen Büchern, auf meinem Blog, bei Facebook, YouTube, Twitter oder Instagram darüber rede, warum meine Kinder nicht alleine schlafen, nicht ihr Zimmer aufräumen müssen und keine Angst vor Strafen kennen, dann steht dahinter natürlich ein gewisses Sendungsbewusstsein – ich bin überzeugt davon, dass alle Familien von einem respektvollen Miteinander profitieren, und will an meinem eigenen Beispiel zeigen, wie das konkret aussehen kann. Das führt automatisch dazu, dass Eltern vor allem von dem hören und lesen, was in anderen Familien *gelingt*. Finde ich mit einem meiner Kinder eine kreative friedliche Lösung für einen Konflikt, ist meine Motivation, anderen davon zu erzählen, schließlich höher, als wenn wir heftig aneinandergeraten und ich dabei die Ideale, für die ich öffentlich eintrete, selbst nicht umsetzen kann. »Heute habe ich vor Wut einfach das WLAN ausgeschaltet, als meine Kinder nicht zum Essen kamen«, ist keine inspirierende Geschichte. Da zeige ich lieber ein Foto von dem schönen veganen Bananenbrot, das ich gebacken habe, als mein Ärger verraucht war. Das gibt nicht nur mehr Likes, sondern auch mehr Anerkennung: »Wahnsinn, was die auch noch alles schafft! Vier Kinder, immer entspannt, und dann auch noch Bananenbrot!«

Es ist schwer, dieses Muster zu durchbrechen. Sich die Blöße zu geben, auch über die schwierigen und schmerzlichen Aspekte des eigenen Familienlebens zu sprechen. Verletzlichkeit zu zeigen. Auch darüber zu reden, wenn wir etwas *nicht* gut gemacht haben. Weil es menschlich ist und dazugehört. Ich habe es trotzdem versucht, und auf Instagram eine Reihe unter dem Hashtag #gutgenug gestartet, in der ich davon erzähle, wo und wie ich überall vom Bild der perfekten Mutter abweiche – und warum ich trotzdem gut genug bin, und zwar voll und ganz. Die überwältigende Resonanz hat mich ebenso gefreut wie bestürzt. Denn so schön es natürlich ist, die dankbaren Rückmeldungen völlig erschöpfter Eltern zu lesen, die sich nach einem solchen Post endlich trauen, auch mal guten Gewissens *nicht* mit frischen Zutaten zu kochen, sondern eine Tiefkühlpizza in den Ofen zu schieben, so erschütternd ist es doch, dass es dazu diese Erlaubnis von außen braucht. Wie immens muss der Druck sein, der auf Familien lastet, wenn das simple Bekenntnis, *selbstverständlich* auch mal die eigenen Kinder vorm Fernseher zu parken, um einen Moment in Ruhe durchatmen zu können, zu Tränen der Erleichterung führt? Deshalb ist es mir so wichtig, auch an dieser Stelle festzuhalten, was alles völlig normal und okay ist im Familienleben – auch wenn die öffentliche Meinung uns oft anderes vermittelt. Also: Kinder brauchen Liebe und Aufmerksamkeit und Geduld und Verständnis, ja. Sie kommen aber auch damit klar, dass elterliche Kraftreserven irgendwann erschöpft sind. Es ist nicht unsere Aufgabe, das vor ihnen zu verbergen und deshalb immer weiter durchzupowern. Im Gegenteil: Uns ihnen auch mal schwach, erschöpft und verletzlich zu zeigen, zeigt ihnen, dass es völlig in Ordnung ist, auch mal nicht mehr zu können. Wichtig ist nur, dass wir nicht ihnen die *Verantwortung* auferlegen, uns wieder aufzumuntern, sondern dass wir das selbst tun. Indem wir uns bewusst und ohne schlechtes Gewissen das Leben erleichtern. Und zwar hier und jetzt und mit den Mitteln, die uns eben gerade zur Verfügung stehen. Es gibt Nachmittage, da mache ich mit meinen Kindern nichts anderes, als zusammen auf dem Sofa zu kuscheln, heißen Kakao zu trinken und fernzusehen. Wir gehen nicht raus, spielen keine pädagogisch wertvollen Rollenspiele und üben keine Französischvokabeln. Wir entspannen uns einfach gemeinsam, und das ist ganz wunderbar. An manchen Tagen besteht unser Abendessen aus Dosenravioli oder Pizza vom Lieferdienst, weil wir für alles andere zu müde sind, weshalb unser liebevolles Abendritual im Anschluss darin besteht, dass wir alle gemeinsam um halb neun ins Bett gehen und die leeren Teller einfach auf dem Esstisch stehen lassen. Die Kunst dabei ist, all diese Möglichkeiten zur schnellen Entlastung nicht zähneknirschend und mit schlechtem Gewissen und nur in Ausnahmefällen zu nutzen, sondern selbstbewusst und stolz zu sagen: »Hey, es ist *großartig*, dass wir für uns sorgen, bevor wir unter der Last der Anforderungen zusammenbrechen. Wir finden Wege, dass unsere Kinder bekommen, was sie brauchen, und dass wir gleichzeitig Kraft tanken können – und das macht uns zu richtig guten Eltern, ohne Wenn und Aber.«

Wie mache ich mir den Alltag sonst noch leichter? Wenn ich mit meinen Kindern Weihnachtsplätzchen backen will, kaufe ich dafür oft den fertigen Teig, damit wir gleich loslegen können und mir niemand in die rohen Eier patscht. Dann lasse ich meine Kinder ihre Kekse so verzieren, wie sie sie mögen, und dekoriere abends, wenn sie schlafen, meine eigenen Plätzchen so, wie es *mich* zufrieden macht. Ach ja, und natürlich verzweifeln mein Mann und ich auch regelmäßig an unserem Haushalt. Kochen, waschen, putzen und aufräumen ist einfach so unglaublich viel Arbeit! Zwar kenne ich den Spruch von den glücklichen Kindern, die mit klebrigen Böden, aber entspannten Müttern aufwachsen. Aber mal ehrlich: So einfach ist es auch wieder nicht, denn *ich selbst* will mich ja auch wohlfühlen, und das tue ich in dem ganzen Chaos irgendwann nicht mehr. Was tun wir also? Wir haben pflegeleichte Klamotten, die mehr oder minder alle in den Trockner können. Und wenn was kaputtgeht, flicken wir es nicht, sondern kaufen es neu. Wir bemühen uns, unser Haus zu entrümpeln und nur das zu behalten, was uns wirklich nützt und glücklich macht, wobei wir von echtem Minimalismus dank unserer sammelfreudigen Kinder trotzdem *sehr* weit entfernt sind. Unsere Kinder müssen ihre Zimmer nicht aufräumen. Aber wenn uns ihr Chaos allzu sehr stört, versuchen wir am Wochenende, mit ihnen gemeinsam zumindest grob klar Schiff zu machen, und hören dabei Musik –

damit es sich nicht ganz so sehr nach Arbeit anfühlt. Unsere Spülmaschine läuft gefühlt in einer Dauerschleife, und wir packen wirklich alles rein, auch Töpfe, Pfannen und Brotdosen. Und: Wann immer wir es können, lassen wir Hausarbeit gegen Bezahlung erledigen. Früher haben wir die Wäscheberge, gegen die wir nicht ankamen, manchmal in eine Großwäscherei gebracht. Heute haben wir eine Haushaltshilfe. Und trotz all dieser Maßnahmen sieht es bei uns oft noch ganz schön wild aus.

Eine besonders schwierige Kiste, wenn wir uns unser Leben leichter machen wollen, ist das Thema Medienkonsum. Schließlich bringt uns kaum etwas so ad hoc Entlastung wie ein Bildschirm, vor dem unsere Kinder glücklich sitzen, ohne etwas von uns zu wollen – und nichts macht uns so ein schlechtes Gewissen, wie diese Möglichkeit zu nutzen. Ich kenne das aus eigener Erfahrung, ich bin nämlich selbst mit ganz rigiden Vorstellungen zum Thema Kinder und Medien ins Muttersein gestartet. In den ersten drei Jahren sollten meine Kinder gar kein Fernsehen kennen, danach jahrelang allenfalls das *Sandmännchen* und die *Sendung mit der Maus* gucken, im Teenageralter vielleicht auch mal einen ganzen Spielfilm. Ich wollte das so machen, weil meine Kinder eine gute, reiche, abenteuerliche Kindheit haben sollten, und weil ich sie von den negativen Folgen übermäßigen Medienkonsums auf die Gehirnentwicklung beschützen wollte, von denen ich immer wieder gehört und gelesen hatte. Heute, knapp 14 Jahre später, ist von diesen Vorsätzen nicht mehr viel übrig. Meine älteste Tochter hat längst ein eigenes Smartphone samt TikTok- und Instagram-Account, die Mittlere guckt auf ihrem Laptop täglich die neusten Videos ihrer Lieblings-YouTuber, und mein dreijähriger Sohn navigiert selbstbewusst durch seinen eigenen Netflix-Account. Mein früheres Ich wäre entsetzt. Mein heutiges Ich sieht das ganz entspannt: Alles, was guttut, ist gut. Und moderne Medien sind längst nicht das Teufelszeug, als das sie oft dargestellt werden. Tatsächlich gibt es keine einzige Studie, die einen nachteiligen Effekt digitaler Medien *allein* auf die kindliche Gehirnentwicklung nachgewiesen hätte. Gibt es mindestens einen Hirnforscher, der trotzdem mit Verve die Ansicht vertritt, dass es für Kinder nichts Schlimmeres gibt, als fernzusehen und Computer zu spielen? Na klar. Tritt dieser Hirnforscher mit Vorliebe in deutschen Talkshows auf? Definitiv. Doch das heißt nicht, dass Eltern ein schlechtes Gewissen haben müssten, wenn sie in einer Welt, die immer online ist, Kinder großziehen, für die digitale Medien ganz selbstverständlich zum Alltag gehören. Besonders bemerkenswert finde ich in diesem Zusammenhang eine Studie von Dylan B. Jackson von der Universität Texas aus dem Jahr 2018, die besagt: Es gibt zwar tatsächlich Hinweise darauf, dass intensiver Medienkonsum für Kleinkinder ungesund sein kann – doch das gilt vor allem in Kombination mit *anderen* problematischen Faktoren. Zugespitzt könnte man sagen: Ein Kind, das ohne Gespräche, ohne Kuscheln, ohne Vorlesen, ohne Spielen und ohne Naturerfahrung quasi allein vor nicht kindgerechten Sendungen aufwächst, hat ein echtes Problem. Ein Kind hingegen, das in einem liebevollen, kommunikativen Elternhaus mit vielfältigen Sinneserfahrungen groß wird, also im Alltag jede Menge spielt und liest und singt und lacht und buddelt und backt und rennt, kann kaum so viel *Bobo Siebenschläfer* schauen, als dass es ihm schaden könnte. Auf die Mischung kommt es also an. Ich bin mir sicher: Medienkonsum – auch relativ *viel* Medienkonsum – schadet Kindern nicht, wenn sie insgesamt ein von Spiel und Spaß erfülltes Leben haben und feinfühlige Bindungserfahrungen machen. Deshalb genieße ich es heute ohne schlechtes Gewissen, wenn ich plötzlich mitten am Tag eine Pause habe, weil meine beiden ältesten Töchter einträchtig miteinander Minecraft spielen, mein Sohn *Feuerwehrmann*

*Sam* guckt und das Baby im Tragetuch schläft. Denn es sich leicht zu machen heißt auch, die Momente, in denen unsere Kinder gerade nichts von uns brauchen als die Gewissheit, dass wir im Hintergrund da sind, als willkommene Gelegenheit zum Durchatmen anzunehmen – ohne uns deshalb schuldig zu fühlen.

Auch das ist Selbstfürsorge: Sich selbst zu erlauben, die eigenen Kraftreserven wieder aufzufüllen. Und mit diesen Reserven dann achtsam umzugehen. Dabei hilft das sogenannte Pareto-Prinzip, das angehende Führungskräfte in speziellen Seminaren gelehrt bekommen und das besagt, dass wir bei den meisten Aufgaben mit 20 Prozent des Einsatzes 80 Prozent des Ergebnisses erreichen, für die letzten 20 Prozent hingegen 80 Prozent der Energie draufgehen. Das heißt: Wenn es für uns in Ordnung ist, Aufgaben auch mal nur zu 80 Prozent zu erledigen, können wir jede Menge Energie sparen, die uns an anderer Stelle nützt. Übertragen auf unseren Job als Eltern heißt das: Wenn wir uns bei der Planung des nächsten Kindergeburtstags die letzten 20 Prozent Perfektionismus sparen und die Einladungskarten schlicht ausdrucken, anstatt sie in stundenlanger Handarbeit alle einzeln zu basteln, kostet uns das ganze Vorhaben 80 Prozent weniger unserer Kraftreserven. Anstatt also immer hundert Prozent Leistung zu geben, können wir versuchen, da Energie einzusparen, wo sie verhältnismäßig wenig Ertrag bringt. Und die eigene Kraft lieber einzusetzen, wo sie wirklich einen großen Effekt hat.

Mir persönlich hilft das sehr, mich immer wieder zu fragen: Wo ist meine Kraft am besten investiert? Wenn ich mein Kind jedes Mal tröste, wenn es weint, geht meine Energie in unsere Beziehung zueinander und in sein Vertrauen in die Welt – zweifellos eine gute Investition. Verausgabe ich mich hingegen beim Kuchenverkauf im Kindergarten, weil ich ein solches Engagement als gute Mutter von mir erwarte, und habe dann nachher keine

Kraft mehr, mit meinem müden Kind geduldig zu bleiben, ist meine Energie an ungünstiger Stelle verpufft. Dabei geht es nicht um Selbstoptimierung, sondern um einen achtsamen Umgang mit einer kostbaren Ressource: Unsere Kraft ist kostbar und endlich, auch wenn es uns manchmal schwerfällt, das einzusehen. In diese Falle bin zumindest ich in meinen ersten Jahren als Mutter immer wieder getappt: zu denken, dass meine Kraftreserven endlos sind, wenn ich mich nur genügend zusammenreiße. In der Folge war ich oft so tief erschöpft, dass ich das Gefühl hatte, in meinem Leben nicht mehr so viel schlafen zu können, wie ich schlafen müsste, um mich je wieder fit zu fühlen. Eine weise Psychologin in einer Elternberatungsstelle hat mir dann verraten, dass das Gegenmittel gegen diese ultimative Kraftlosigkeit gar nicht nur mehr Schlaf ist, sondern dass *alle* meine Bedürfnistanks gut gefüllt sein müssen, damit ich gut für mich und andere sorgen kann. Auch das müssen angehende Führungskräfte übrigens erst lernen: ihre Kräfte einzuschätzen und sie sich gut einzuteilen. Als Eltern gehen wir mit unseren Kraftreserven oft wie mit einer Zitrone um, die wir bis zum Letzten ausquetschen: Ein bisschen geht immer noch raus. Dass wir aus uns herausholen müssen, was nur irgend geht – dieser Glaubenssatz ist in vielen von uns fest verankert, auch in mir. Ist es nicht regelrecht die erste Elternpflicht, jeden Tag unser Bestes zu geben für unsere Kinder und für die Welt, in der wir leben? Ich meine: Nein. Denn wenn ich jeden Tag mein Bestes gebe – alles, was ich habe, alles, was ich *bin* –, dann ist nichts mehr da von all meiner Kraft und meinen Energiereserven, wenn sich spontan doch noch eine unerwartete Baustelle auftut. Deshalb planen erfolgreiche Führungskräfte immer mit einem gewissen Puffer an Zeit und Kraft. Für Unerwartetes, Eiliges und für Notfälle. Also genau das, was wir Eltern auch ständig erleben. Ich stelle mir deshalb meine Kraftreserven gerne vor wie einen großen Krug, angefüllt durch erfüllte Bedürfnisse. Aus ihm schöpfe ich, um zu schreiben, mich um meine Familie zu kümmern, soziale Kontakte zu pflegen, und so weiter. Bin ich dabei entspannt, leert sich mein Krug langsam. Bin ich gestresst, leert er sich immer schneller. Mein Ziel ist es, dass am Ende des Tages mein Krug nicht ganz leer ist, sondern noch etwas gefüllt. Damit ich Reserven habe, falls ich sie brauche. Ich erinnere mich noch gut an einen Tag, an dem ich mich völlig verausgabt hatte, weil ich meinen Kindern einen besonders tollen Nachmittag ermöglichen wollte – und dann entdeckten wir am Abend beim Zähneputzen, dass alle Läuse hatten, und verbrachten noch zwei Stunden mit Behandeln, Auswaschen und Auskämmen. Weg war mein heiß ersehnter Feierabend, und ich war so erschöpft, dass ich, während ich die Betten meiner Töchter frisch bezog, beinahe in Tränen ausbrach. Seitdem gibt es in unserer Familie das geflügelte Wort: »Lebe stets so, dass du noch Kraft für eine Läusebehandlung hättest.« Und das versuche ich wirklich. Wenn ich mit meinen Kindern gerade gebacken habe und sie gleich danach Federball spielen wollen, sage ich: »Stopp, jetzt brauche ich erst mal eine Pause.« Obwohl ich vielleicht noch gar nicht *so* müde bin und durchaus noch könnte. Aber weil ich nicht mehr an meine Grenzen gehen will, höre ich auf, bevor ich nicht mehr kann. Damit ich noch Kraftreserven übrig habe für Läusebehandlungen und andere Katastrophen. Und wenn ich sie nicht brauche: umso besser.

### Gute Eltern, gute Menschen

Unsere Kinder mögen uns dazu bringen, unseren moralischen Kompass neu zu justieren, doch das heißt natürlich nicht, dass unsere Werte, die wir auf diese Weise entdecken, für sie alleine gelten. Im Gegenteil: Die Feinfühligkeit, Wertschätzung und Empathie, die sie in uns wecken, ziehen in unserem Leben oft ganz von allein weitere Kreise. Ob im Freundeskreis, im Job oder im Umgang mit unseren eigenen Eltern: Was wir mit unseren Kindern über Freiheit und Grenzen, Achtung und Respekt, Authentizität und Würde lernen, wirkt in all unsere zwischenmenschlichen Beziehungen hinein. Und nicht nur das: Verantwortung zu tragen für einen kleinen Menschen, dessen Lebensspanne mit hoher Wahrscheinlichkeit weit in die zweite Hälfte des 21. Jahrhunderts reichen wird, lässt viele Eltern auch noch einmal ganz neu und sehr konkret darüber nachdenken, was für eine Welt wir unseren Kindern eigentlich hinterlassen wollen, und was auf dieser Welt heute alles im Argen liegt. Es ist, als rissen unsere Kinder mit Wucht den Vorhang beiseite, mit dem wir uns bisher davor geschützt hatten, zu sehen, wie viel Leid und Schmerz und Ausbeutung wir alle, die wir in westlichen Industrienationen leben, durch unseren ganz normalen, alltäglichen Lebensstil mitverantworten. So habe ich es als Stillbegleiterin beispielsweise öfter erlebt, dass Eltern erst nach der Geburt ihres ersten Kindes klar wurde, dass die Milch in ihrem Kühlschrank auch nichts anderes ist als Muttermilch – nur eben von Kühen. Und dass sie sich zum ersten Mal fragen, was dann eigentlich die Kälbchen bekommen, wenn wir die Milch ihrer Mütter trinken. Und unseren Kakao, unseren Kaffee, die Baumwolle für unsere süßen Baby-Bodys – wer hat die eigentlich geerntet? Womöglich Kinder, nicht älter als unsere.

Natürlich können derlei schmerzliche Erkenntnisse wichtige Änderungsprozesse in Gang setzen. Sie befeuern jedoch auch schnell das Gefühl, dass wir Eltern nicht nur für unsere Fehler im Umgang mit unseren Kindern ein schlechtes Gewissen haben müssen – sondern zusätzlich auch noch weitere schwere Schuld auf uns laden: durch unseren Supermarkteinkauf, unsere Online-Klamotten-Bestellungen, unsere Autofahrten, unseren Plastikmüll und all die anderen Dinge, mit denen wir, ohne es zu wollen, zu unwürdigen Produktionsbedingungen, zur Verschmutzung der Umwelt und zum Klimawandel beitragen. Auf der Internetseite *Slaveryfootprint.org* kann jeder Mensch sich mit wenigen Klicks ausrechnen, wie viele Sklaven so für ihn rund um die Welt arbeiten. Im Schnitt sind es sechzig – eine erschreckende Erkenntnis, die aufrütteln und dafür sorgen soll, dass wir unser Konsumverhalten genauer hinterfragen und stärker an ethischen Gesichtspunkten ausrichten.

Nun ist dieser Ansatz, einzelne Bürger*innen und Konsument*innen persönlich und direkt für ihren individuellen Anteil an globalen Missständen verantwortlich zu machen, keineswegs unumstritten. Denn so einleuchtend es zunächst klingen mag, in jedem Einkaufszettel auch einen Wahlzettel zu sehen, so problematisch ist auch die Verlagerung weltpolitischer Probleme auf die Schultern Einzelner. Fair und nachhaltig zu konsumieren, wird dadurch nämlich zu einer persönlichen Lifestyle-Entscheidung, die nicht von meiner Prinzipienfestigkeit, sondern auch von meinem Geldbeutel abhängt: Wer arm ist, kann sich das gute Gewissen beim Einkaufen oft schlicht nicht leisten, während gut verdienende Menschen sich in Bio- und Unverpackt-Läden von den Schuldgefühlen freikaufen können, die mit unserem westlichen Lebensstil oft nahezu zwangsläufig einhergehen. Ein moralisch höherwertiger Lebensstil als soziales Unterscheidungsmerkmal, mittels dessen sich wenige privilegierte Menschen über andere erheben – das ist der unvermeidliche Nebeneffekt, wenn die Gnadenlosigkeit einer kapitalistischen Weltwirtschaft zu bekämpfen zum persönlichen Problem jedes Einzelnen gemacht wird. Heißt das, dass es falsch wäre, wenn Eltern von ihrem moralischen Kompass hin zu einem nachhaltigen Konsum geführt würden? Natürlich nicht. Selbstverständlich haben wir als Konsument*innen Macht und nehmen mit unserer Nachfrage Einfluss auf das

Angebot, das uns unterbreitet wird. Es ist kein Zufall, dass es mittlerweile in jedem Supermarkt fair gehandelten Kaffee, vegetarische Salami, vegane Milchersatzprodukte und Eier aus Bruderhahn-Zucht gibt: Erreicht ein moralischer Anspruch eine gewisse kritische Masse, wird ein eigener Markt daraus. Doch dass uns überhaupt *die Wahl* aufgebürdet wird, zwischen zumindest einigermaßen moralisch vertretbaren Produkten und solchen zu entscheiden, die in ihrer Herstellung gegen nahezu alle ethischen Grundsätze einer modernen, aufgeklärten Gesellschaft verstoßen, ist eigentlich ein Skandal. Denn sie zwingt uns alle immer wieder aufs Neue in individuelle moralische Dilemmata – und entpolitisiert damit inhärent politische Probleme. Für Entscheidungsträger in Politik und Wirtschaft ist das natürlich sehr bequem: Solange jeder das Gefühl hat, globale Probleme auf individueller Ebene lösen zu müssen, sind sie nämlich fein raus. Tempolimit? Soll doch jeder selbst entscheiden, verantwortungsvoll zu fahren. Plastiktütenverbot? Wir lassen Kunden*innen lieber die Wahl. Dieselautos abschaffen? Lieber Elektroautos subventionieren, damit die individuell richtige Konsumentscheidung leichter fällt. Für mich persönlich war es unglaublich wichtig, mir diese Mechanismen bewusst zu machen. Um zu verstehen: Dieser unglaubliche Druck, der auf mir lastet, ist eigentlich nicht meiner. Natürlich versuche ich, meinen Teil zu einer besseren Welt beizutragen. Doch dass ich ständig Schuldgefühle habe, liegt daran, dass diejenigen, die wirklich etwas verändern könnten, eine Verantwortung auf mich abwälzen, die ich allein überhaupt nicht tragen kann. Wenn Staatenlenker und Großkonzerne sich stattdessen daranmachen würden, ökologische und ethische Mindeststandards für alle hierzulande erhältlichen Waren festzulegen, würden sie hingegen damit gänzlich stigmafrei dafür sorgen, dass wir *alle* mit gutem Gewissen einkaufen gehen können.

Doch in einer individualisierten Gesellschaft wie der unseren fällt die Botschaft von dem Unterschied, den jeder Einzelne machen kann und sollte, natürlich auf fruchtbaren Boden. Gerade bei uns Eltern. Denn die meisten von uns wünschen sich nichts sehnlicher als eine gute Zukunft nicht nur für unsere Kinder, sondern für *alle* Kinder auf der Welt. Selbst durch unser alltägliches Handeln zu Ausbeutung und Leid beizutragen, ist dabei ein unerträglicher Gedanke. Und eine drohende Klimakatastrophe noch in diesem Jahrhundert ist ebenfalls keine Perspektive, die uns kaltlassen könnte. Im Gegenteil: Die Aussicht trifft uns ins Mark und will uns nichts unversucht lassen, um die Erde, das Klima und die Zukunft der Menschheit zu retten. Das Problem dabei: Der absolut nachvollziehbare Impuls, nicht nur richtig *gute* Eltern sein zu wollen, sondern das alles auch noch möglichst nachhaltig und klimafreundlich und plastikfrei und ökologisch und fair und vegan schaffen zu wollen, führt schnell zu einer grandiosen Selbstüberforderung. Die Folge davon: Zum persönlichen Scheitern an den eigenen Ansprüchen kommt nun noch das Scheitern am großen Projekt Weltrettung hinzu. Und dabei geht es nicht nur um das Geld, das wir immer wieder nicht für die ökologisch oder moralisch bessere Alternative ausgeben. Im Gegenteil: Nicht-Konsum und Minimalismus stehen im sozial-ökologischen Milieu hoch im Kurs, und engagierte Influencerinnen auf Instagram werden nicht müde, zu betonen, mit wie einfachen und kostensparenden Mitteln wir alle umweltschonender, klimafreundlicher und ressourcensparender leben können. Mit Stoffwindeln zum Beispiel, die wir immer wieder waschen. Mit selbst genähter Kinderkleidung. Mit einem kleinen Gemüsegarten für den Eigenanbau und selbst gebackenem Brot. Einweg-Plastikfolie können wir durch selbst gemachte Bienenwachs-Tücher ersetzen, gerissene Strumpfhosen stopfen, statt für wenige Euro ein paar neue zu kaufen, und unser Shampoo, unsere Putzmittel und die Knetmasse für unsere Kinder können wir mit einfachen Zutaten ganz leicht selber herstellen. Wie praktisch, billig und leicht umzusetzen all diese Ideen jedoch wirklich sind, hängt extrem von der Lebenssituation der einzelnen Familie ab. Denn während einige Menschen das Privileg haben, ressourcenschonendes Wirtschaften als eine Art Familienhobby betreiben zu können und wirklich mit viel Elan und großer Freude gärtnern, nähen, einkochen, backen, flicken und mit Stoffwindeln wickeln, scheitert für viele Eltern die praktische Umsetzung dieses bullerbüesken Lebensentwurfs an einem eklatanten Mangel an Kraft und Zeit. Denn *umsonst* sind all diese Tricks für mehr Nachhaltigkeit im Alltag nur, wenn die Zeit und Kraft von Eltern im Grunde nichts wert ist. Und mit *Eltern* meine ich in diesem Fall tatsächlich ausnahmsweise vor allem: Mütter. Denn sie sind es in den allermeisten Fällen, die den moralischen Anspruch an sich stellen, die zusätzliche Arbeit auf sich zu nehmen, möglichst wenig einfach zu kaufen, möglichst viel selbst zu machen und den zusätzlichen *Mental Load* ethischer Konsumentscheidungen zu tragen. Und *sie* sind es, die dann die Schuldgefühle hegen, wenn sie es am Ende nicht schaffen. Und doch wieder mit dem Auto fahren, Shampoo in Plastikflaschen kaufen, Brei im Glas und Brot beim Bäcker. So summieren sich die Schuldgefühle, sowohl die großen als auch die kleinen: dafür, dass wir es nicht schaffen, die Menschen zu sein, die wir sein wollen. Unseren Kindern gegenüber nicht. Der Welt gegenüber nicht. Und uns selbst gegenüber auch nicht. Denn von der Freundlichkeit und Selbstfürsorge, die für ein respektvolles Familienleben so wichtig sind, bleibt angesichts dieses Dauerstresses nicht mehr viel übrig. Stattdessen bestimmen Scham, Schuld und Selbstvorwürfe den Alltag – und das schlimme Gefühl, niemals gut genug zu sein, wie sehr wir uns auch bemühen.

Umso wichtiger ist, dass wir uns klarmachen: Unsere Ressourcen als Eltern sind nicht nur endlich, sie sind auch ungleich verteilt. Nicht jeder Mensch ist gleich leistungsfähig und belastbar. Und nicht jeder Mensch hat die gleichen Bedingungen, um die komplexen Herausforderungen seines individuellen Familienlebens mit den eigenen moralischen Ansprüchen unter einen Hut zu bekommen. Es war schon von der gigantischen To-do-Liste die Rede, mit der wir Eltern uns oft unbewusst selbst das Leben schwer machen. Von all den Anforderungen, Erwartungen und Glaubenssätzen, mit denen wir uns völlig überfordern. Und von der gedanklichen Schere, die wir manchmal ansetzen müssen, um uns von diesem Dauerstress zu befreien und die Liste auf ein menschliches Maß zusammenzukürzen. Es gibt Punkte, da fällt uns das leichter. Und andere, da fällt es unendlich schwer. Der eigene Anspruch, in allen Aspekten unseres Lebens *moralisch richtig* zu handeln, ist ein solcher Punkt. Waren unsere persönlichen Wertvorstellungen schließlich nicht der Ausgangspunkt dieser ganzen Reise, und Respekt vor allem Leben nicht *der* Nordstern für unseren moralischen Kompass? Ja. Und deshalb ist es richtig und gut und wichtig, dass wir nach Wegen suchen, unser Leben im Einklang mit unseren Werten zu gestalten – nicht nur in Hinblick auf unsere Kinder. Gleichzeitig ist die Welt, in der wir leben, heute jedoch so unendlich viel komplexer als die unserer Vorfahren, dass es schlicht *unmöglich* ist, als einzelner Mensch quasi im Alleingang all das aufzulösen, was auf unserer Erde gesellschaftlich, politisch, ökologisch und wirtschaftlich falsch läuft. »Es gibt kein richtiges Leben im falschen« – dieser berühmte Satz des Philosophen Theodor W. Adorno ist in diesem Zusammenhang so ernüchternd wie entlastend. Nein, wir können die moralischen Dilemmata unseres modernen Lebens nicht auf individueller Ebene einfach überwinden, wenn wir uns nur genügend anstrengen. Aber wir können dazu beitragen, dass das, was auf unserer Welt falsch läuft, weniger wird. Und das, was richtig läuft, mehr. Und zwar von dort aus, wo wir gerade stehen, mit den Ressourcen, die wir gerade zur Verfügung haben. »Hier ein Vorschlag«, schrieb dazu einmal Elisabeth Raether im *Zeit Magazin*. »Jeder sollte dort ein guter Mensch sein, wo er es sein kann. Die einen essen weniger Fleisch, die anderen haben aber immer ein offenes Ohr für ihre Freunde. Die einen essen nur bio, die anderen erziehen ihre Kinder zu angenehmen Menschen. Es muss gar nicht jeder alles richtig machen!« Übertragen auf uns Eltern heißt das: Für das Weltklima und all die anderen großen, wichtigen Themen der Menschheit sind wir gemeinsam mit knapp acht Milliarden anderen verantwortlich – die Verantwortung für unsere Kinder aber tragen nur wir. Hier können wir anfangen, einen Unterschied zu machen, und mehr Respekt, Wertschätzung und Gerechtigkeit in die Welt zu tragen. Und dann können wir weitergehen. Es wird Momente geben, da kostet das Elternsein allein nahezu all unsere Kraft. Und dann gibt es Zeiten, da werden plötzlich wieder Kraftreserven frei, und wir können uns neu überlegen, wofür wir diese investieren wollen. Denn die Punkte, die wir vorerst von unserer To-do-Liste heruntergenommen haben, um uns selbst nicht zu überfordern, sind dadurch ja nicht für immer vergessen. Wir können den gestrichenen Teil unserer Liste jederzeit wieder durchgehen und schauen, wofür wir jetzt vielleicht doch wieder Kraft haben. Entscheidend ist, dass unser Alltag nicht von ständigen Schuldgefühlen überschattet ist, sondern von Stolz darauf, was wir schaffen. Und von Selbstvergebung für all das, was uns wichtig ist und trotzdem – vielleicht noch – nicht gelingt. Ambiguitätstoleranz heißt diese Fähigkeit, Widersprüche im eigenen Wertesystem aushalten zu können und mit ihnen leben zu lernen. Es gibt Psychologen, die sagen, sie sei in unserer Gesellschaft gerade auf dem Rückmarsch, weil jede Filterblase sich permanent nur noch in ihrer eigenen Weltsicht bestätigt, sodass kein Raum für Diversität und Mehrdeutigkeit mehr bleibt. Ich weiß nicht, ob das stimmt. Was ich jedoch weiß, ist, dass Ambiguitätstoleranz trainiert werden kann, indem wir uns ganz bewusst die Erlaubnis geben, in einer unperfekten Welt selbst auch unperfekt sein zu dürfen.

### Mit dem Kompass in der Hand

Moral und Schuld sind untrennbar miteinander verknüpft. Legen wir einen gewissen moralischen Standard an unser Verhalten an, justieren wir also unseren Wertekompass, wird unser Gewissen automatisch zu unserer inneren Kontrollinstanz. Erfüllen wir unsere eigenen Ansprüche, belohnt es uns mit Glücksgefühlen. Laufen wir Gefahr, vom Weg abzukommen, meldet sich unser schlechtes Gewissen. Und haben wir nach unseren eigenen Wertmaßstäben etwas richtig Schlimmes gemacht, quälen uns danach Schuldgefühle. Dahinter steht ein ziemlich cleveres psychologisches Phänomen, uns Menschen sozial auf Linie zu halten. Wofür wir uns schämen und schuldig fühlen, ist nämlich nicht angeboren, sondern das Ergebnis unserer Sozialisation, aber auch unserer eigenen Werteentwicklung. Das heißt: Wir lernen einerseits als Kinder durch Beobachtung und Imitation, was in unserer Kultur sozial wünschenswert ist und wofür wir uns schämen müssen, unser Schuld- und Schamgefühl kann sich jedoch auch noch durch Erfahrungen und bewusste Reflexionsprozesse im Erwachsenenalter wandeln. Was wir als *gutes Elternsein* empfinden, hat also zum einen mit gesellschaftlichen und persönlichen Prägungen zu tun, verändert sich jedoch auch mit neuen Erfahrungen, die wir mit unseren Kindern machen, und mit neuen Informationen, die uns erreichen. Das erklärt, warum viele Eltern im Rückblick kopfschüttelnd auf die Überzeugungen ihres kinderlosen Ichs zurückblicken und überhaupt nicht mehr verstehen, wie sie jemals denken konnten, Kinder gehörten von Anfang an unbedingt ins eigene Bett, ein Klaps auf den Po sei nicht zu schlimm, und Wutanfälle zu vermeiden sei reine Erziehungssache.

So unangenehm es ist, Schuld und Scham zu empfinden, so wichtig sind diese Gefühle aus verhaltensbiologischer Sicht. Denn sie helfen uns, uns an die Regeln unserer Gemeinschaft zu halten. Unangenehme Schuldgefühle sind in diesem System als eine Art kurzfristige Interventionsmaßnahme vorgesehen: Ein plötzlich aufflammendes Gefühl, das sich so unangenehm anfühlt, dass wir es schnellstmöglich abstellen wollen. Schlimmen Schuldgefühlen zu entgehen, war deshalb in weiten Teilen der Menschheitsgeschichte ziemlich einfach: Es gab bestimmte Gesetze und Gepflogenheiten, die jedermann kannte und an die man sich zu halten hatte, dann musste man sich auch nicht schuldig fühlen.

Ein wildes Tier töten und essen? Voll okay.

Einen Stammesbruder töten und essen? Nicht okay.

Scham und Schuld als Kompass. Hilfreiche Sache.

Je höher sich menschliche Zivilisationen entwickelten, desto komplexer wurden auch ihre Vorstellungen von Ethik und Moral – befeuert durch das Erstarken der Weltreligionen mit ihren ganz eigenen Regeln und Gesetzen. Man denke nur an den Vormarsch des Christentums mit seinem ziemlich komplizierten Konzept der Erbsünde, laut der alle Menschen bereits so schuldig zur Welt kommen, dass sie sich aus eigener Kraft von dieser riesigen Schuld gar nicht befreien können und deshalb dringend auf Erlösung angewiesen sind. (Doch auch dafür gibt es zumindest ein Regelwerk.)

Schuld und Scham in Schach zu halten, klappt also gut, wenn

es einen zumindest einigermaßen verbindlichen Wertekonsens gibt. In unserer modernen, pluralistischen Gesellschaft ist das sehr viel schwerer. Denn fast egal, was wir tun: Irgendwie machen wir uns immer schuldig. Insbesondere als Eltern. »Wir erziehen zu viel oder zu wenig. Wir vernachlässigen unsere Brut oder sind Helikopter-Eltern. Wir setzen unsere Kinder mit unserem Förderwahn unter Druck oder wir bereiten sie nicht genügend auf die Zukunft vor. Wir erziehen Smartphone-Zombies und Computersüchtige, die wegen all der schrecklichen Ballerspiele zu gefühllosen Sozialphobikern werden, aber wehe, die Kinder haben in ihrer Grundschulzeit nicht wenigstens einen Programmierkurs absolviert, denn das braucht man für die Zukunft. [...] Wir nehmen zu viel oder zu wenig Elternzeit, wir arbeiten zu lang oder tun zu wenig für die Altersvorsorge. Unsere Familienmodelle sind wahlweise zu traditionell oder nicht traditionell genug«, fasste die Journalistin Alena Schröder die Liste der Vorwürfe, die von Expertinnen und Experten an unsere heutige Elterngeneration erhoben werden, im Juli 2019 in der Titelgeschichte der Zeitschrift *Nido* zusammen. Angesichts dieser geballten Anklagen ist es nicht verwunderlich, dass Schuldgefühle für viele Eltern heute keine psychologische Kurzzeit-Intervention bei akutem Fehlverhalten mehr darstellen, sondern ständige Wegbegleiter geworden sind, die schmerzen und lähmen und am Selbstwertgefühl nagen und die niemals ganz weggehen, egal, was sie tun. Und das ist ein echtes Problem. Denn so hilfreich ein schlechtes Gewissen sein kann, um auf einen ganz konkreten Fehler aufmerksam zu werden und ihn zu korrigieren, so ungesund und belastend ist es, mit nicht enden wollenden Selbstvorwürfen zu leben. Und zwar nicht nur für uns, sondern auch für unsere Kinder. Ständig das Gefühl zu haben, nicht gut genug zu sein, zieht nicht nur kostbare Energiereserven aus unserem Familienalltag ab, es schlägt auch auf unsere Feinfühligkeit. Um unter dem neuronalen Dauerfeuer von Schuld- und Schamgefühlen nicht zu zerbrechen, schalten wir nämlich aus Selbstschutz in einen Modus um, in dem wir all unsere Emotionen nur noch ganz schwach wahrnehmen und hauptsächlich im Autopilot agieren, ohne überhaupt noch viel zu fühlen. Das lindert den Schmerz, aber zu einem hohen Preis. Denn mit der Schuld und der Scham dimmen wir auch unsere Zuneigung, unsere Empathie und unser Verantwortungsgefühl herunter. Das macht es unseren Kindern unglaublich schwer, sich mit uns zu verbinden, und sorgt dafür, dass sie sich selbst dann einsam fühlen, wenn wir direkt neben ihnen stehen, weil wir emotional kaum verfügbar sind. Darüber hinaus geraten wir durch den von Schuld und Scham ausgelösten Dauerstress leicht in einen Zustand fatalistischer Gleichgültigkeit: »Wenn sowieso alles falsch ist, was ich mache, kann ich's auch gleich sein lassen.«

Es ist deshalb nicht verwunderlich, dass Schuldgefühle heute oft als völlig unnütze Energieräuber angesehen werden, die wir einfach nur loswerden müssen. »Schluss mit dem schlechten Gewissen!«, postulieren deshalb Erziehungsratgeber wie Elternzeitschriften, und schlaue Babynahrungshersteller springen nur allzu gerne auf den Zug auf und promoten ihre Produkte mit einer Kampagne gegen Schuldgefühle. Auch in den sozialen Netzwerken boomen entsprechende General-Absolutionen: »Jede Mutter ist die beste Mutter für ihr Kind!« – »Es gibt kein Richtig und kein Falsch! Schließlich geben alle Eltern ihr Bestes!«

Doch so begierig die Botschaften, dass sich niemand für irgendetwas schuldig fühlen muss, aufgesogen werden, so wenig Wirkung scheinen sie langfristig zu zeigen – sonst müsste es nicht ständig neue Memes und Kampagnen geben, um das fragile Konstrukt des Elternseins ohne schlechtes Gewissen aufrechtzuerhalten. Denn so wohltuend es sich anfühlen mag, zu lesen und zu hören, dass man seine Sache als Eltern schon gut machen werde, weil *alle* Eltern ihre Sache ja irgendwie gut machen, so wenig hilfreich ist ein so pauschales Trostpflaster, um Schuldgefühle wirklich zu überwinden. Denn es gibt ja einen Grund dafür, dass sie da sind. Sie wollen uns helfen, *das Richtige* zu tun. Da hilft es nicht, wenn wir so tun, als gäbe es diese Werte nicht, und als sei jedes Verhalten irgendwie richtig und gut. Anstatt unsere Schuldgefühle also als sinnlosen Ballast anzusehen, schauen wir lieber, wie sie uns dabei helfen können, unseren Werten entsprechend zu leben. Denn so schön sich die Idee von einem Elternleben ohne Schuldgefühle anfühlt, so wenig erstrebenswert ist es in Wirklichkeit, beim Justieren unseres Familienkompass auf die Macht unseres Gewissens zu verzichten. Dafür ist es unerlässlich, die Quelle unserer Schuldgefühle genauer unter die Lupe zu nehmen. Wird uns hier ein Vorwurf gemacht, der jeder Grundlage entbehrt? Dann können wir ihn getrost loslassen. Rührt unser Schuldgefühl von einem Fehler in der Vergangenheit her, den wir nicht mehr ändern können? Dann dürfen wir uns selbst vergeben und weitergehen. Haben wir ein schlechtes Gewissen dafür, wie wir hier und heute manche Dinge in unserem Familienleben handeln? Dann sollten wir genauer hinschauen. Denn es ermöglicht uns, aus unseren Fehlern zu lernen. Schließlich sind Schuldgefühle oft der direkteste Wegweiser hin zu einem liebevolleren Umgang mit unseren Kindern! Für viele Eltern führte der Weg hin zu einem respektvolleren, zugewandteren Familienleben durch genau solche Erfahrungen. Sie wollten, dass ihr Baby schläft, probierten ein Schlaflerntraining durchzuziehen – und fühlen sich so schlecht dabei, ihr Kleines alleine schreien zu lassen, dass sie sich auf die Suche machten, wie es anders gehen könnte. Sie versuchten, ihrem Kind mit Gewalt die Zähne zu putzen – und fanden das so schrecklich, dass sie merkten: Hier muss eine andere Lösung her.

Viele Menschen, die sich heute jeden Tag aufs Neue um einen liebevollen Umgang mit ihren Kindern bemühen, haben in der Vergangenheit gedroht, erpresst und bestraft, was das Zeug hält. Und sich schlecht dabei gefühlt. Und trotzdem keinen anderen Ausweg gewusst. Ihnen ihr schlechtes Gewissen zu nehmen mit dem Argument, dass alle Eltern nun mal ihr Bestes geben, hätte ihnen einen wertvollen Lernprozess verwehrt. Viel hilfreicher ist es, Schuldgefühle ernst zu nehmen, ihnen auf den Grund zu gehen – und gleichzeitig freundlich und nachsichtig mit uns selbst zu sein. Denn so *richtig* unerträglich sind Schuldgefühle für uns ja, weil wir oft so hart und unnachgiebig mit Fehlern umgehen. Das heißt: Zu dem unangenehmen Gefühl von Schuld und Schmerz kommen zusätzlich noch die Nackenschläge dazu, die wir uns selbst verpassen: »War doch klar, dass du das nicht hinbekommst! Wie konntest du je glauben, es besser machen zu können? Du versagst doch auch sonst ständig!« So können Schuldgefühle nicht nur zu Selbstvorwürfen, sondern zu regelrechtem Selbsthass führen – und damit verlieren sie jeden positiven Effekt. Ganz anders sieht das aus, wenn wir uns unseren eigenen Fehlern mit derselben Großzügigkeit und Freundlichkeit zuwenden, wie wir das bei den Fehlern unserer Kinder tun.

»Du bist gut und richtig, genau so, wie du bist!« Schaffen wir Eltern das aus vollem Herzen nicht nur zu unserem Kind, sondern auch zu uns selbst zu sagen, ist das ein echter Meilenstein auf dem Weg hin zu einer respektvollen, zugewandten Eltern-Kind-Beziehung – und zwar auch dann, wenn wir gerade etwas so richtig verbockt haben. Solange es uns schwerfällt, uns auch in diesen Momenten selbst liebevoll anzunehmen, wie wir sind, wird diese Verantwortung nämlich immer unserem Kind zufallen – und das ist nicht gesund. Denn so sehr uns unsere Kinder lieben, so sehr müssen sie sich auch gefahrlos an uns reiben können und wissen, dass wir darüber nicht in ein tiefes Loch fallen.

Deshalb fühlt sich für sie unsere Eltern-Kind-Beziehung erst dann ganz sicher an, wenn sie darin nicht nur ihre Liebe zu uns und unsere Liebe zu ihnen spüren, sondern auch unsere Liebe – oder zumindest: Zuneigung – uns selbst gegenüber. Natürlich lassen sich diese Gefühle weder verschreiben noch erzwingen. Aber sie lassen sich wecken und pflegen, genau wie wir die Selbstliebe unserer Kinder pflegen: durch freundliche Zuwendung, wertschätzende Behandlung, Zugewandtheit und Achtsamkeit. Und: durch Vergebung. Denn die Angst, nicht gut genug zu sein, führt oft dazu, dass wir mit uns selbst viel strenger ins Gericht gehen, als wir es mit jedem anderen Menschen tun würden.

Unser Kind hat vor Wut eine Tasse kaputt geschmissen? Passiert.

Wir haben dasselbe gemacht? Unverzeihlich!

Nun besteht *natürlich* ein Unterschied zwischen den Handlungen von Kindern und Erwachsenen, und idealerweise sollten wir Eltern *selbstverständlich* andere Frustregulationsmechanismen entwickelt haben als Dreijährige in der Autonomiephase. Doch so menschlich es ist, dass unsere Kinder sich manchmal schlicht nicht unter Kontrolle haben, so menschlich ist es eben auch, dass wir Eltern manchmal noch damit kämpfen – insbesondere, wenn wir als Kinder eben nicht die Gelegenheit hatten, mit liebevoller Begleitung gesunde Strategien zur Emotionsregulation zu lernen. Versuchen wir also, uns selbst vergeben zu lernen, wie wir unseren Kindern vergeben: großzügig und leichten Herzens. »Passiert«, sagen wir. »Ist doch nicht so schlimm. Nächstes Mal klappt es besser.« Und dann lassen wir los. Nicht, weil es egal ist, was passiert ist. Sondern weil wir die Vergangenheit nicht ändern können. Sehr wohl aber die Zukunft: mit noch mehr Freundlichkeit uns selbst gegenüber, und noch mehr Selbstfürsorge, und noch mehr freundlichen Worten für unser inneres Kind. Mit echter Anerkennung für all das, was wir bereits geschafft haben. Und Mut und Zuversicht für die Wegstrecke, die noch vor uns liegt. Wir dürfen uns vergeben, und weitergehen, von dem Punkt aus, an dem wir gerade stehen. Unseren Kompass in der Hand und unseren Nordstern fest im Blick. Mehr als das kann keiner von uns erwarten.

Auch wir selbst nicht.

## Wir und der Rest der Welt

Unsere Kernfamilie ist wie ein eigener kleiner Kosmos, geprägt von unserem ureigenen Beziehungsklima, das wir selbst aktiv beeinflussen und gestalten können. Doch das Beziehungsgeflecht, in dem wir selbst und unsere Kinder uns bewegen, ist viel größer als dieser Kreis: Unsere Verwandten, unser Freundeskreis, die Menschen in unserem Arbeitsumfeld und unserer Nachbarschaft gehören dazu genauso wie all die pädagogischen Fachkräfte, mit denen wir in Kindergarten und Schule in Kontakt kommen, sowie all die anderen Eltern und Kinder, die durch die sozialen Beziehungen unseres eigenen Nachwuchses Teil unseres Lebens werden. So kommt es, dass wir in einer ganz normalen Woche locker mit hundert Menschen in Kontakt treten, die ihre eigene Geschichte mit dem Thema Familie haben – und aus dieser Perspektive auf uns und unsere Kinder schauen. Und das heißt: Ob wir es wollen oder nicht, bekommen wir dauernd Feedback, wie wir als Familie auf andere wirken. Meist nonverbales, manchmal auch explizit ausgesprochenes. Mal wertschätzend, mal skeptisch, mal unverhohlen kritisch wird uns rückgemeldet, wie wir unseren Job als Eltern erledigen. Und gepolt darauf, in unserer Gemeinschaft sozial bestehen zu wollen, wie wir Menschen nun einmal sind, nehmen wir all diese Rückmeldungen in uns auf und nehmen sie uns zu Herzen. Besonders nah gehen uns dabei die Reaktionen der Menschen, die uns am nächsten stehen, also die unserer engsten Vertrauten. Fallen diese Rückmeldungen zu unserem Elternsein positiv aus, können sie eine unglaublich kostbare Kraftquelle sein. Kaum etwas hat mich selbst auf meinem Weg als Mutter so gestärkt wie ehrliche Wertschätzung und Anerkennung für das, was ich tagtäglich leiste. »Bei dir wäre ich auch gerne noch mal Kind!« – dieser Satz ist für mich bis heute eines der schönsten Komplimente, die ich je bekommen habe. Leider sind längst nicht alle Rückmeldungen, die Eltern aus ihrem engsten Umfeld erfahren, so bestärkend. Im Gegenteil: Gerade wenn der wertschätzende Umgang mit den Kindern sich stark vom Erziehungsverständnis im eigenen Umfeld unterscheidet, sind Befremden, Spott und Abwertung typische Reaktionen. Besonders schmerzhaft ist es, wenn diese aus dem engsten familiären Kreis kommen – etwa von den eigenen Eltern, also den Großeltern unserer Kinder. Tatsächlich sind solche Generationenkonflikte um Erziehungsfragen weit verbreitet. Für viele Eltern ist das ein echter Schock, schließlich herrscht in unserer Kultur der Glaube vor, eigene Kinder brächten erwachsene Kinder und ihre Eltern *noch* näher zusammen. Das kommt natürlich auch vor, doch es kann eben auch leicht das Gegenteil passieren: Wer bislang ziemlich unkritisch auf das eigene Aufwachsen zurückblickte, stellt aus der neuen Elternperspektive plötzlich fest, was an der eigenen Erziehungserfahrung ganz und gar nicht zu den eigenen Werten passt. »Bis ich selbst Mutter wurde, fand ich die Geschichte ehrlich gesagt lustig, dass meine eigene Mutter sich zum Abstillen die Brust mit scharfem Senf einschmierte«, erzählte mir einmal eine junge Frau. »Als ich dann meine eigene Tochter im Arm hatte, war ich nur noch fassungslos, wie man seinem eigenen Baby gegenüber so gemein sein kann.« So geht es vielen Eltern: Mit dem eigenen Familienleben vor Augen erscheinen viele eigene Kindheitserinnerungen auf einmal in neuem Licht. »Verrückt, dass gar nicht alle Kinder Angst vorm Ins-Bett-Gehen haben! Oder dass Dreijährige so unerschrocken ihre Meinung vertreten können! Das hätte ich mich früher nie getraut!«

Dass die Beziehung zu den eigenen Eltern komplizierter wird, ist für viele Familien tatsächlich eine der belastendsten Begleiterscheinungen auf der Suche nach dem eigenen Nordstern. Denn wenn wir alte Glaubenssätze auf den Prüfstand stellen und unser Familienleben an unseren eigenen Werten ausrichten wollen, kommen wir an einer kritischen Auseinandersetzung mit unserem eigenen Aufwachsen nicht vorbei. Im Zuge dieses Prozesses entsteht bei vielen Eltern das Bedürfnis, ihre eigene Erziehungsgeschichte mit ihren Eltern aufzuarbeiten, also Rückmeldung darüber zu geben, was alles schräg, schlecht oder zumindest schwierig war. Getrieben ist dieser Wunsch von der Sehnsucht danach, Frieden mit der Vergangenheit zu finden, um selbst mit den eigenen Kindern unbelastet von alten Konflikten die Zukunft gestalten zu können. Das Problem dabei: Für Großeltern fühlt sich diese Konfrontation mit der eigenen Erziehungsgeschichte oft an wie eine gigantische Abrechnung, bei der sie ziemlich schlecht wegkommen. Sie fühlen sich angegriffen und schalten in einen so hilflosen wie wütenden Verteidigungsmodus, indem sie die Erfahrungen ihrer Kinder entweder verleugnen oder mit Gegenvorwürfen belegen. Oder sie sagen eingeschnappt: »Gut, dann haben wir eben alles falsch gemacht!«, und strafen die undankbare Brut danach mit passiv-aggressivem Schweigen.

Ähnliche Verhaltensmuster lassen sich teilweise auch beobachten, wenn es zu keinem bewusst initiierten Dialog über die eigene Erziehungsgeschichte kommt, sondern Großeltern schlicht merken, dass ihre Kinder mit ihren Enkeln vieles anders machen. Denn so klar den meisten Großeltern rational natürlich ist, dass jede Generation ihre eigenen Erziehungsentscheidungen trifft, so verletzend fühlt es sich für viele an, wenn sie sehen, dass sich ihre eigenen Kinder gefühlt von fast allem abkehren, was ihnen wichtig war. Jede Entscheidung wird so schnell implizit als Kritik am eigenen Erziehungsstil verstanden – und mit entsprechend aufgewühlten emotionalen Reaktionen quittiert. So kommt es, dass das Bestreben um ein besonders wertschätzendes Familienleben paradoxerweise oft zunächst mit *mehr* innerfamiliären Verletzungen einhergeht. Zumindest aufseiten der Erwachsenen. Denn während unsere Kinder direkt davon profitieren, in vertrauensvollen Beziehungen groß zu werden, macht die Abkehr von alten Mustern oft ein Konfliktfeld zwischen Eltern- und Großelterngeneration auf, das dazu führt, dass beide Seiten sich voneinander unverstanden und entfremdet fühlen und den Eindruck haben, für ihre wichtigsten und persönlichsten Lebensentscheidungen ständig in der Kritik zu stehen. Um dieses belastende Spannungsfeld aufzulösen, ist es wichtig, zu verstehen, welche psychologischen Dynamiken in diesem Generationenkonflikt wirken und wie wir konstruktiv und beziehungsfördernd mit ihnen umgehen können. Dafür müssen wir zunächst einmal anerkennen, dass *alle* Elterngenerationen wollten, dass es ihren Kindern gut geht. Doch die Botschaften, was Kinder für ein gesundes Großwerden brauchen, haben sich in den vergangenen Jahrzehnten nicht nur stark verändert, sondern teilweise regelrecht ins Gegenteil verkehrt. Wenn wir als Eltern heute also voller Unverständnis darauf blicken, was frühere Elterngenerationen alles übers Herz gebracht haben, was wir nie tun würden, tappen wir dabei leicht in die Falle, unsere heutige Weltsicht als allgemeingültig anzusehen. Doch die Prägungen, die wir erfahren haben und teilweise überwinden müssen, sind ganz andere als die, denen unsere Eltern, Großeltern oder Urgroßeltern ausgesetzt waren. Gibt es elterliches Fehlverhalten, das so fies und gemein ist, dass es sich trotz aller Generationenunterschiede nicht entschuldigen lässt? Selbstverständlich. Haben Kinder das Recht, ihren Eltern solch erlittenes Leid nicht zu verzeihen? Absolut. Doch in den meisten Familien steht hinter den Verletzungen aus der Kindheit kein Sadismus und keine Bösartigkeit, sondern schlicht die Unsicherheit von Eltern, die versucht haben, ihre Sache gut zu machen, und jetzt das Gefühl haben, im Nachhinein dafür abgewatscht zu werden, dass sie noch nicht wussten, was ihre Kinder heute wissen. Natürlich fühlt sich das schlimm an. Und es schmerzt, wenn all die gut gemeinten Tipps, die bei den eigenen Kindern doch so gut funktioniert haben, augenrollend abgewehrt werden. »Wie haben wir dich bloß groß gekriegt?« – in dieser halb bitteren, halb vorwurfsvollen Frage entlädt sich oft der ganze Frust dieses Konflikts. Was wiederum für Verletzungen auf der Seite der jüngeren Elterngeneration führt: Sollen sie sich jetzt etwa dafür rechtfertigen, dass sie die Dinge heute so machen, wie sie es für richtig halten? Die beleidigt-verletzte Unsicherheit der Großeltern trifft Eltern schließlich auch zum ungünstigsten Zeitpunkt: Kleine Kinder ins Leben zu begleiten, ist anstrengend genug, da braucht man nicht auch noch unsichere Großeltern auf der Suche nach Bestätigung im Nacken. Stattdessen ist die Sehnsucht nach bedingungsloser Anerkennung und Unterstützung groß. Wer, wenn nicht die eigenen Eltern, soll uns bitte einfach großartig finden und den Rücken stärken? Dieses Bedürfnis nach bedingungsloser liebevoller Unterstützung bei ihren erwachsenen Kindern wird wiederum von der heutigen Großelterngeneration oft massiv unterschätzt. Wir jungen Eltern wirken auf sie oft so tough, klar und selbstbewusst, dass viele Großeltern gar nicht auf den Gedanken kommen, dass auch wir verunsichert sind und von ihnen emotionale Rückversicherung brauchen auf unserem Weg, gerade wenn er sich von ihrem eigenen unterscheidet. Im Grunde genommen stehen sich also in den meisten Generationenkonflikten rund um Erziehungsfragen zwei oder mehr Parteien gegenüber, die eine große Gemeinsamkeit haben: Sie sind unsicher und sehnen sich nach der Botschaft, gut und richtig zu sein. Jede Abweichung vom eigenen Erziehungsverhalten empfinden sie deshalb schnell als bedrohlichen Angriff, gegen den man sich um jeden Preis verteidigen muss: »Wenn Fencheltee für Babys wirklich so schädlich wäre, hättet ihr alle nicht überlebt!« – »Wenn ihr mich nicht mit drei Monaten schon mit Möhrenbrei vollgestopft hättet, hätte ich heute vielleicht keine Neurodermitis!« Es ist wichtig, sich klarzumachen, dass sich all diese Konflikte nicht auf der Sachebene lösen lassen. Wir können unseren Eltern Hunderte Blogartikel ausdrucken und ihnen jede Menge Bücher schenken – solange sie sich in ihrer Unsicherheit nicht gesehen fühlen, werden sie kaum aufhören, sich an uns und daran, was wir alles anders machen, emotional abzuarbeiten. Letztlich geht es bei all diesen Konflikten nämlich weder ums Stillen noch ums Tragen noch um Hausaufgaben, Hobbys oder Fencheltee, sondern um Bindung und Urvertrauen und die Frage: »Bin ich liebenswert, so wie ich bin?« Wer als Kind sichere Bindungserfahrungen gemacht hat, hat diese Gewissheit tief in sich abgespeichert: »Natürlich bin ich gut und richtig, ist doch sonnenklar.« Unsichere und ambivalente Bindungserfahrungen befördern dieses stabile Selbstwertgefühl nicht. Stattdessen nähren sie das Gefühl, sich Liebe durch Leistung verdienen zu müssen, und sie jederzeit verlieren zu können, wenn die eigenen Anstrengungen den Ansprüchen anderer nicht genügen. Und *das* ist der wahre Grund, warum so viele Großeltern heute so mit dem Elternsein ihrer eigenen Kinder kämpfen: Weil sie selbst durch ihre eigenen Erziehungserfahrungen wenig oder keine sicheren Bindungserfahrungen machen konnten, definieren sie ihren Selbstwert vor allem über Nützlichkeit, übers Gebrauchtwerden, übers Richtigmachen und Rechthaben. Kommen dann die eigenen Kinder daher und sagen gefühlt »Danke, wir brauchen eure Tipps nicht, denn eure Erziehung war alles andere als optimal und eure Weisheiten sind fehlerhaft und veraltet!«, fühlt sich das für Menschen mit unsicheren Bindungserfahrungen im Gepäck nach einer existenziellen Bedrohung an. Dazu kommt, dass viele heutige Großeltern nie einen gesunden Umgang mit persönlichen Grenzen gelernt haben. Im Gegenteil: Die Botschaft, mit der sie groß wurden, war, dass Lieben Ja-Sagen bedeutet. Und ein Nein Zurückweisung. Vertreten dann ausgerechnet die eigenen Kinder plötzlich klar und deutlich ihre persönlichen Grenzen, fühlt sich das für sie schnell so verletzend und verunsichernd an, dass sie auf die akute Stresssituation oft mit den Strategien reagieren, die sie sich im Laufe der Jahre eben so angeeignet haben für Momente, in denen jemand gemein zu ihnen ist: Sie kämpfen. Oder ziehen sich zurück. Und das ist wiederum ein Problem für all die Eltern, die *selbst* durch unsichere Bindungsmuster geprägt sind und deshalb *ebenfalls* ständig auf Bestätigung von außen aus sind, insbesondere auf Lob und Anerkennung durch ihre eigenen Eltern. Denn auch sie sind getrieben von der Angst, nicht liebenswert zu sein, wenn sie mit ihren Kindern nicht so umgehen, wie es sich für *ihre Eltern* gut anfühlt. Um aus dieser Dynamik auszusteigen, braucht es also dasselbe, was auch unsere Kinder von uns brauchen: verlässliche Bindungserfahrungen. Spüren Großeltern, dass sie einen Platz in der Familie haben, gebraucht und geliebt werden, wird vieles leichter. Umgekehrt brauchen Eltern Strategien, *sich selbst* die Rückversicherung zu geben, bedingungslos richtig und liebenswert zu sein und ein Recht darauf zu haben, gut auf die eigenen Bedürfnisse und Grenzen zu achten, um aus der emotionalen Abhängigkeit von den eigenen Eltern herauszufinden.

Dass dieses Ringen um die eigene Rolle sowohl Eltern als auch Großeltern heute vielfach so schwerfällt, liegt auch daran, dass es in unserer pluralistischen Gesellschaft keinen klaren Generationenvertrag mehr gibt, der unausgesprochen regelt, was die verschiedenen Familienmitglieder voneinander erwarten können. Längst nicht alle Großeltern haben mehr Lust, eng in die Kinderbetreuung eingebunden zu werden. Und längst nicht alle Eltern haben Lust, die Großeltern eng in die Kinderbetreuung einzubinden. Gleichzeitig haben nahezu alle bestimmte Bilder im Kopf, wie eine *normale* Großelternrolle aussehen müsste – und diese Bilder prägen Erwartungen, die dann teilweise bitter enttäuscht werden. Umso wichtiger ist es, dass sich alle Erwachsenen in einer Familie darüber klar werden, dass es kein Recht darauf gibt, dass sich eigene Wünsche und Rollenerwartungen erfüllen. Erwachsene Kinder haben keinen Anspruch auf kostenlose Großelternunterstützung zu ihren Konditionen, und Großeltern müssen sich in der Ausgestaltung ihrer Rolle nach den Vorstellungen der Eltern ihrer Enkelkinder richten. Dafür ist es unerlässlich, sich von dem Gedanken zu lösen, es gäbe so etwas wie ein Normalmaß für die Beziehungen zwischen Großeltern, Eltern und Enkelkindern. Denn was sollte diese Normalität sein? In unserer modernen Welt ist es normal, dass manche Großfamilien im selben Haus leben – und andere Tausende Kilometer voneinander entfernt. Es ist normal, dass es Großeltern gibt, die in ihren Enkelkindern ihre Erfüllung finden, und andere, die ihr Leben an anderen Konstanten ausrichten wollen. Es ist normal, dass Eltern mit ihren Kindern ihren eigenen Weg finden und gehen wollen, und dabei in unterschiedlichen Lebensphasen ein unterschiedlich stark ausgeprägtes Bedürfnis nach tatkräftiger Unterstützung sowie Rückzug und Privatheit haben. Je offener und wertschätzender alle Erwachsenen in einer Familie ihre sich verändernden Bedürfnisse und Grenzen miteinander kommunizieren können, desto einfacher wird es, ein Familiennetz zu knüpfen, das alle miteinander trägt und trotzdem jedem genug Raum zum Atmen lässt. Ob und wenn ja, wie leicht das möglich ist, hängt von vielen individuellen Rahmenbedingungen ab, und es wäre vermessen, zu versuchen, ein allgemeingültiges Rezept für gelingende Beziehungen im Familienkontext zu formulieren. Doch ob wir es mit den Erwartungen unserer eigenen Eltern zu tun haben oder mit anderen Menschen, die zu unserem Beziehungsgefüge gehören: Grundsätzlich ist es oft bereichernd, all das, was wir auf der Suche nach unserem Nordstern über uns und unsere Kinder gelernt haben, auch auf weitere Lebensbereiche zu übertragen. Denn in unseren Bedürfnissen sind wir alle gleich. Wir alle sehnen uns nach Sicherheit und Freiheit, Liebe und Akzeptanz, Geborgenheit und Selbstwirksamkeit. Und mit jeder unserer Verhaltensweisen – so unangemessen sie auch wirken mag – versuchen wir nichts anderes, als uns mindestens ein Bedürfnis zu erfüllen. Werden wir dabei verletzend, ist das ein Zeichen dafür, dass wir selbst verletzt sind. Überschreiten wir dabei Grenzen, zeigt das, dass unsere eigenen Grenzen oft überschritten wurden. Kappen wir die Verbindung zu anderen, bedeutet das, dass uns die Verbindung zu uns selbst verloren gegangen ist. Aus dieser Perspektive auf menschliches Verhalten zu schauen, lässt uns nicht nur im Umgang mit unseren Kindern einfühlsamer und verständnisvoller werden. »Was brauch ich und was brauchst du?« – diese Leitfrage kann uns auch dann weiterhelfen, wenn es *außerhalb* unserer Kernfamilie klemmt und knirscht. Doch während es bis zu einem gewissen Grad zu unserer Verantwortung als Eltern gehört, für die Bedürfnisse unserer Kinder Sorge zu tragen, sind wir für die der erwachsenen Menschen in unserem Leben nicht zuständig. Wir können zwar im Rahmen vertrauensvoller zwischenmenschlicher Beziehungen verantwortlich dazu beitragen, Bedürfnisse geliebter Menschen zu stillen – etwa durch ein gutes Gespräch, einen lieben Foto-Gruß aufs Handy oder einen Besuch. Die Verantwortung dafür, dass ihre Bedürfnistanks gut gefüllt bleiben, liegt jedoch bei ihnen selbst. Und nicht bei uns.

Vor einer ganz besonders herausfordernden Situation stehen all die Menschen, die sich als Eltern untereinander auf ihrem Weg nicht einig sind. Denn verschiedene Menschenbilder und Erziehungsvorstellungen treffen ja nicht nur im Miteinander der verschiedenen Generationen aufeinander, sondern oft auch innerhalb einer Elternbeziehung – und das ist dann wirklich nicht leicht. Denn während alle anderen im Zweifelsfall einfach nicht mitzureden haben, wie das eigene Kind groß werden soll, stehen wir als Eltern gemeinsam in der Verantwortung – auch dann, wenn unsere Ansichten auseinandergehen. Im besten Fall entwickelt sich aus solchen Meinungsverschiedenheiten ein Dialog, der alle Beteiligten weiterbringt: »Warum siehst du das so?« – »Welche Erfahrungen prägen deine Sicht?« – »Was wünschst du dir dabei von mir?« Gelingt es Eltern, wertschätzend und ehrlich interessiert die unterschiedlichen Herangehensweisen zu diskutieren und zu überprüfen, welche Prägungen und Glaubenssätze hier wirken, ergibt sich am Ende oft bei allen mehr Klarheit über den eigenen Weg. Leider ist ein solcher Austausch jedoch nicht immer möglich. Gerade weil unsere Vorstellungen von der richtigen Erziehung so eng mit unseren eigenen Kindheitserfahrungen verknüpft sind, wollen viele Menschen derlei Dialoge partout nicht führen und greifen stattdessen zu den klassischen Abwehrmechanismen: »Du mit deiner modernen Kuschelpädagogik! Mir hat meine Erziehung schließlich auch nicht geschadet!« So entsteht häufig die Situation, dass ein Elternteil verzweifelt versucht, den anderen mit Büchern und Artikeln zum Umdenken zu bewegen – und der andere fühlt sich davon angegriffen und mauert immer mehr. In der Folge erhalte ich oft traurige Fragen per E-Mail: »Haben Sie noch irgendeine Idee, wie ich meinen Partner überzeugen kann?« Meine ehrliche Antwort lautet immer gleich: »Mit der ultimativen Bekehrungsformel kann ich leider nicht dienen. Alles, was ich sagen kann, ist, dass Druck meist Gegendruck erzeugt. Während Vertrauen den Grundstein zu mehr Verständnis legt.« Konkret heißt das: Anstatt mit aller Macht gegen die Erziehungsvorstellungen eines Mit-Elternteils anzukämpfen, tun wir oft gut daran, mit unseren Kindern selbst den Umgang zu pflegen, den wir für richtig halten. Und den anderen Teil selbst Verantwortung für seine Beziehung zu seinen Kindern übernehmen zu lassen. Gute Eltern zu sein heißt nämlich nicht, alles gleich zu machen und immer an einem Strang zu ziehen, sondern unseren Kindern so zu begegnen, wie es für uns ganz persönlich richtig und stimmig ist. Kinder können da im Normalfall gut unterscheiden, und switchen oft mit erstaunlicher Leichtigkeit zwischen den verschiedenen Gepflogenheiten und Regeln hin und her. Sofern also nicht gerade Gewalt im Spiel ist, soll im Zweifelsfall also ruhig jedes Elternteil seine eigenen Strategien verfolgen dürfen.

Natürlich ist es viel, viel schwerer, Kinder respektvoll zu begleiten, wenn man damit als Elternteil allein anfängt. Es fehlt einfach der Rückhalt, der diesen Schritt so viel leichter macht. Doch das heißt nicht, dass es sich nicht lohnen würde, im Zweifelsfall auch erst mal alleine loszugehen. Denn was wäre die Alternative? Aus Loyalität meinem Partner gegenüber meine Kinder weniger liebevoll zu behandeln, als es meinen persönlichen Werten entspricht? Das wäre aus meiner Sicht ein zu hoher Preis. Denn auch wenn wir gemeinsam Eltern geworden sind: Die Beziehung zwischen mir und meinem Kind muss ich so gestalten können, wie *ich* es richtig finde. Und auch wenn wir manchmal schlicht aushalten müssen, dass unser Kind nicht von allen Menschen so behandelt und begleitet wird, wie wir es uns wünschen würden, so wissen wir doch aus der modernen Resilienzforschung, dass *ein einzelner* Mensch, der einem Kind mit Respekt begegnet, den ganzen Unterschied machen kann zwischen einer guten, stärkenden Kindheit. Und einer, in der immer etwas fehlt.

## Die Liebe bewahren

Längst nicht jedes Kind entsteht in einer Liebesbeziehung. Und längst nicht jede Liebesbeziehung übersteht das Leben mit Kind. Trotzdem hält sich die Vorstellung hartnäckig, dass beides irgendwie zusammengehört: das glückliche Paar, dessen Liebe ein gemeinsames Kind quasi die Krone aufsetzt. In Wirklichkeit ist das Leben bunter: Kinder werden heute in allen möglichen Familienkonstellationen gut und glücklich groß. Ob ihre Eltern sich lieben, ist für sie dabei deutlich weniger entscheidend, als wie die Erwachsenen in ihrem Leben mit ihnen und miteinander umgehen. Das gilt für Patchwork-Familien ebenso wie für Co-Elternschaft auf freundschaftlicher Basis, für Großfamilien-Wohnprojekte wie für Ein-Eltern-Familien. Deshalb tun Eltern ihren Kindern auch keinen Gefallen damit, ihnen zuliebe trotz Stress und Streit zusammenzubleiben. Im Gegenteil: Viele Kinder sind regelrecht erleichtert, wenn ihre Eltern endlich auseinandergehen, anstatt einander weiter unglücklich zu machen. Zu einer intakten

Familie muss also nicht zwangsläufig eine bestehende Liebesbeziehung zwischen Eltern gehören. Gleichwohl beginnen die meisten Familiengründungen noch heute mit demselben Traum: gemeinsam mit dem eigenen Lieblingsmenschen ein Kind ins Leben zu begleiten. Oder zwei oder drei, oder noch mehr davon.

Am Anfang der Entscheidung für ein Kind steht also meist die Liebe zwischen zwei Menschen. Umso bitterer ist es, dass gerade die ersten Jahre mit einem oder zwei kleinen Kindern die Trennungswahrscheinlichkeit für Paare in die Höhe schnellen lassen. Statistisch gesehen ist eines der riskantesten Jahre für eine Beziehung das erste Babyjahr nach der Geburt des zweiten Kindes, wenn die Nerven vor Stress und Schlafmangel blank liegen. Einen zweiten Tiefpunkt gibt es in vielen Beziehungen ausgerechnet dann, wenn die Kinder merklich groß und selbstständig geworden sind – und ihre Eltern plötzlich merken, dass sie über all die Jahre des Kümmerns um die Kleinen die Verbindung zueinander verloren haben. Doch so verständlich es ist, dass Paare über die Herausforderungen des Lebens mit Kindern leicht in Beziehungskrisen rutschen – dass die Liebe zwischen den Erwachsenen unter dem Kinderhaben leiden muss, ist kein Naturgesetz. Es gibt durchaus handfeste Gründe dafür, warum viele Beziehungen ausgerechnet in den ersten, besonders intensiven Kinderjahren in eine ungesunde Schieflage geraten. Und jede Menge Möglichkeiten, gegenzusteuern. Wie erfolgreich diese Bemühungen sind, hat allerdings viel damit zu tun, wie es um die Liebesbeziehung bereits vor den Kindern bestellt war. Eine von gegenseitigem Respekt und tiefer Verbundenheit geprägte Paarbeziehung hat mit der richtigen Pflege sehr gute Chancen, auch die stressigsten Familienphasen gut zu überstehen. Für ungesunde Beziehungsdynamiken, die von Respektlosigkeit und Machtmissbrauch geprägt sind, wirken gemeinsame Kinder hingegen oft wie ein Brandbeschleuniger: Probleme, die vorher bereits unter der Oberfläche schwelten, brechen nun plötzlich mit aller Gewalt hervor. Besonders schlimm ist das, wenn sich im Umgang eines Elternteils mit seinem Kind zeigt, wie gewaltvoll und unterdrückend sein Wesen eigentlich ist. Was zeigt: Nicht jede Beziehung ist es wert, gerettet zu werden. Auch nicht, wenn gemeinsame Kinder dranhängen. Wenn Wertschätzung und Respekt unser Nordstern sein sollen, dann müssen diese Grundwerte für uns alle gelten, und sich auch im Miteinander zwischen uns Erwachsenen widerspiegeln. Das ist die Basis, das Fundament, der kleinste, gemeinsame Nenner. Ohne geht es nicht.

Doch was, wenn dieses Fundament eigentlich da ist, und die Liebe trotzdem im stressigen Alltag verloren zu gehen droht? Dann ist es wichtig, sich klarzumachen, dass zu einem gesunden Bedürfnisausgleich im Familienleben nicht nur gehört, die Bedürfnisse jedes einzelnen Familienmitglieds zu sehen und zu würdigen, sondern auch, den eigenen Bedürfnissen *als Paar* eine hohe Priorität im eigenen Familienleben einzuräumen. Das fällt vielen Eltern heute sehr schwer. Wir halten mit unseren Jobs, unseren Kindern, unserem Haushalt und all den anderen Anforderungen des Alltags einfach schon so viele Bälle in der Luft, dass es sich schier unmöglich anfühlt, auch noch Raum für die eigene Liebesbeziehung schaffen zu sollen. Wann soll dafür denn bitte auch noch Zeit sein? So kommt es, dass die Zeit füreinander irgendwo ziemlich weit unten auf unserer inneren To-do-Liste landet – und dementsprechend häufig komplett hinten runterfällt. Meist steht dahinter keine bewusste Entscheidung, sondern ein schleichender Prozess: In der Babyzeit stehen alle eigenen Bedürfnisse sowieso erst mal hinten an. Die gemeinsamen Feierabende fallen oft aufgrund ausgedehnter Ins-Bett-bring-Rituale weg, und weil das Baby nicht alleine schlafen mag. Außerdem sind viele Eltern vom ständigen Tragen, Stillen, Füttern, Kuscheln und Angesabbert-werden so übersättigt von Körperkontakt, dass sie am liebsten gar nicht mehr angefasst werden wollen. Und schließlich muss abends ja irgendwie noch all das erledigt werden, was den ganzen Tag liegen geblieben ist. Die Lebenswelten entfernen sich voneinander, die Gesprächsthemen auch. Der Schlafmangel wächst, und mit ihm die Reizbarkeit. Irgendwann setzt dann oft eine gewisse Resignation ein, in der einfach jeder zumindest einigermaßen gut für sich selber sorgt – in der Annahme, dass man die Liebe dann schon wieder aufnehmen kann, wenn wieder mehr Kraft und Zeit und Schlaf verfügbar sind. Doch so funktionieren zwischenmenschliche Beziehungen nicht. Sie bedürfen der kontinuierlichen Fürsorge – genau wie die Bindung zu unseren Kindern auch. Es gibt jedoch noch einen anderen, tiefer gehenden Punkt, warum wir Eltern manchmal dazu neigen, unsere Paarbeziehungen zu vernachlässigen: Gerade weil wir uns heute so bedingungslos auf unsere Kinder und die riesige emotionale Verbundenheit mit ihnen einlassen, fühlt sich für viele Eltern diese Liebe so *unglaublich groß* an, dass sie jede andere Liebe in den Schatten stellt. Das eigene Kind mehr zu lieben als jeden anderen Menschen auf der Welt – das ist heute ein weitverbreitetes und durchaus auch mit Stolz verknüpftes Gefühl. Nun ist es natürlich schwierig, die Liebe zwischen Erwachsenen und die Liebe innerhalb einer Eltern-Kind-Beziehung überhaupt miteinander zu vergleichen. Doch die Entschiedenheit, mit der viele Eltern heute die Liebe zu ihrem Kind ganz selbstverständlich *weit* über die zu ihrer Partnerperson stellen, ist trotzdem frappierend. Schließlich ist es die Lebensaufgabe unserer Kinder, aus der engen Verbindung mit uns Eltern herauszuwachsen und ihr eigenes Leben zu leben. Wer hingegen im Idealfall bis zu unserem Lebensende bei uns bleibt und uns mit seiner Liebe begleitet, hält und trägt, ist unser erwachsenes Gegenüber. Weisen wir dieser Liebe über viele Jahre einen Platz in der zweiten Reihe zu, führt das für alle zu einer ungünstigen Dynamik. Denn um umhüllt von Liebe groß zu werden und sich gleichzeitig ohne Schuldgefühle von uns lösen zu können, brauchen Kinder das Gefühl, eben *nicht* die Liebe unseres Lebens zu sein, sondern unser bedingungslos geliebtes Kind, das irgendwann guten Gewissens ausziehen und seinen eigenen Weg gehen kann, gerade weil die Liebe unseres Lebens ja trotzdem bei uns bleibt. Müssen wir im Familienalltag also wie immer Bedürfnisse gegeneinander abwägen, tun wir gut daran, von Anfang an und ganz bewusst unseren Bedürfnissen als Paar einen hohen Stellenwert einzuräumen – und zwar nicht gegen unsere Kinder, sondern *für uns und für sie*, weil es auch ihnen den Druck nimmt, für unser Lebensglück verantwortlich zu sein. Das fängt bei Kleinigkeiten an: Wenn wir uns als Paar unterhalten, kann unser Kind lernen, nicht einfach dazwischenzuplatzen, sondern uns ausreden zu lassen. Wenn wir zusammen spazieren gehen, können wir uns gegenseitig an der Hand halten, statt immer ein Kind in die Mitte zu nehmen. Wir können unser Kind im Familienbett an die Seite schieben, um wieder nebeneinanderzuliegen, und einführen, dass wir jeden Abend zusammen eine Stunde auf dem Sofa sitzen und uns unterhalten, egal, wie die Wohnung aussieht. Wir können kleine Zärtlichkeiten zum Teil unseres Alltags werden lassen, und uns während der Einschlafbegleitung gegenseitig liebevolle Nachrichten aufs Smartphone schicken. Natürlich gilt es auch bei der Beziehungspflege, die Bedürfnisse aller im Blick zu halten: Eine romantische kinderfreie Woche mag verlockend klingen, wenn der Alltagsstress drückt, doch deshalb ein kleines Kind ohne Übernachtungserfahrung woanders auf gut Glück bei den Großeltern zu parken und nach Rom zu fliegen, würde unseren Familienwerten vermutlich nicht gerecht. Umgekehrt müssen wir uns aber auch nicht zehn Jahre lang jeden Kinobesuch verkneifen, weil unser Kind nicht so gerne ohne uns einschläft – mit liebevoller Vorbereitung und Begleitung kann es solche kleinen Zumutungen durchaus verkraften. Und wenn Einschlafen ohne uns partout noch nicht geht, dann gönnen wir uns den Babysitter eben tagsüber und ziehen uns einfach noch einmal für zwei Stunden ins Schlafzimmer zurück, während Kind und Sitter im Wohnzimmer spielen. Wichtiger als die konkreten Strategien, mit denen wir unsere Liebesbeziehung als Eltern pflegen, ist also die Haltung, mit der wir uns gegenseitig begegnen. »Du bist mein Lieblingsmensch« – damit hat unsere Familiengeschichte angefangen, und das soll weiterhin unser Grundstein sein, auch wenn mittlerweile weitere kleine Lieblingsmenschen dazugekommen sind. Dafür müssen wir uns gemeinsam auf die Suche nach unserem Nordstern machen und unsere Kinder so begleiten, wie es zu uns und unseren Werten passt. Und darüber nicht vergessen, all die Liebe, Freundlichkeit und Wertschätzung, die wir unseren Kindern entgegenbringen wollen, auch einander zu schenken. Dass die Liebe auch dann noch bei uns zu Hause wohnt, wenn unsere Kinder es längst nicht mehr tun.

## Was am Ende bleibt

»Entscheidend ist, wie wir miteinander umgehen« – das ist die Kernbotschaft in meiner Arbeit mit Familien. Denn unser alltäglicher Umgang miteinander formt unsere Beziehung zueinander, und von dieser Beziehung hängt alles Weitere ab: wie sich unser Familienleben anfühlt, welche Regeln und Normen, Freiheiten und Grenzen darin für alle gelten, wie wir mit Meinungsverschiedenheiten und Konflikten umgehen. So ein Familienleben, das auf einem liebevollen Miteinander basiert, ist für viele Menschen spontan eine wunderbare Vorstellung. Doch das Bild, das sich die meisten von einem solchen beziehungsreichen Familienleben machen, unterscheidet sich oft stark von der Wirklichkeit. So hält sich hartnäckig das Gerücht, in wirklich liebevollen Familien sei der gesamte Alltag wie mit rosa Zuckerguss überzogen: Alle sind immerzu sanft und freundlich, keiner wird jemals laut, nie erklingt auch nur ein wütendes Wort. Glückliche, geborgene Kinder entfalten sich gleichzeitig frei und kreativ, achten aber auch stets die Grenzen der anderen. Und ihre immer geduldigen und verständnisvollen Eltern beginnen und beenden jeden Tag in Achtsamkeit und Dankbarkeit für ihr Familienleben, das so viel friedlicher und harmonischer ist als das von uns Normalsterblichen. Angesichts solcher Vorstellungen ist es kein Wunder, dass viele Eltern für die Idee eines liebevollen, bindungsreichen, friedvollen, beziehungsorientierten Familienlebens als schöne, aber für sie unrealistische Fantasie ablehnen. »Tut mir leid, so ein Engel bin ich nicht!« Tatsächlich erlebe ich es sehr oft, dass Eltern sich als am liebevollen Familienleben gescheitert empfinden, weil sie weder unbegrenzt geduldig noch unbegrenzt sanftmütig sind, sondern irgendwann laut und deutlich ihre Grenzen aufzeigen. Dabei ist *genau das* ein ganz wichtiger Teil lebendiger Beziehungen! Fassen wir also zusammen, was ein liebevolles Miteinander im Familienkontext wirklich meint, jenseits aller Zuckerguss-Fantasien. Jeder Mensch, ob groß, ob klein, hat das unverbrüchliche Recht auf Würde – das ist die ganze Essenz zugewandter Elternschaft. Mehr ist es nicht. Kein Dauer-Lächeln. Keine Regenbögen. Einfach nur: Würde für alle. Liebevolle Eltern sein, das heißt deshalb: »Auch wenn wir unterschiedlicher Meinung sind, gehe ich respektvoll mit dir um. Und wenn du etwas anderes willst als ich, werde ich meine Macht nicht leichtfertig missbrauchen, um dich dazu zu zwingen.«

Das ist alles.

»Spannendes Experiment«, sagte einmal eine Zugbekanntschaft zu mir, der ich von unserem Weg erzählte. »Da bin ich ja mal gespannt, ob das am Ende funktioniert!« Dieser Gedanke begegnet mir so oder so ähnlich immer wieder: dass dieses liebevolle Begleiten ja ganz nett klingt, dass man am Ergebnis dieser Erziehung aber doch Zweifel hat. Was kommen da wohl für Kinder raus? Es wäre nun einfach, an dieser Stelle auf meine eigenen vier ganz wundervollen Kinder zu verweisen, und auf all die großartigen jungen Menschen, die ich in den vergangenen Jahren kennenlernen durfte, weil ihre Eltern in einen meiner Vorträge kamen oder einen meiner Workshops besuchten. Doch wenn ich dieser Versuchung nachgäbe, all diese tollen Kinder als Beleg für meine Thesen anzuführen, stützte ich damit am Ende doch nur wieder das alte Argument, das uns bereits zu Beginn dieses Buches begegnete: dass die *richtige Erziehung* eben die *besten* Ergebnisse hervorbringt. Doch so einfach ist es nicht. Was für Menschen unsere Kinder werden, ist schließlich nicht nur ein Spiegel unseres Elternseins, sondern vor allem und hauptsächlich das Ergebnis ihrer ganz individuellen Persönlichkeitsentwicklung, an der wir sicherlich einen Anteil haben, die aber trotzdem nicht *unser* Verdienst ist.

Ich habe Freunde, die sind ganz wunderbare Menschen – aber nicht *wegen* ihres Elternhauses, sondern *trotzdem*. Weil sie sich freigekämpft und es anders gemacht haben. Zum Glück!

Wir alle sind *mehr* als das Ergebnis unserer Erziehung – das gilt auch und gerade für unsere Kinder. Deshalb gibt es zwar jede Menge Studien, die durchaus belegen, dass sichere Bindungserfahrungen und eine gewaltfreie Kindheit voller Wärme, Wertschätzung und Respekt statistisch gesehen ein ziemlich genialer Ausgangspunkt für ein gesundes, glückliches Leben darstellen.

All diese Ausgangsvoraussetzungen sind jedoch kein Garant dafür, dass *unser* Kind deshalb irgendwann das Leben haben wird, das wir ihm wünschen. Diese Garantie gibt es nie. Auch wenn Erziehungsratgeber gern damit werben, das Rezept zu kennen, wie aus den Kindern von heute die besten Erwachsenen von morgen werden – letztlich haben wir es als Eltern nicht in der Hand, unsere Kinder zu guten Menschen zu *machen*. Alles, was wir tun können, ist, sie dabei zu begleiten, die zu werden, die sie selbst sein wollen. Das Ergebnis, an dem wir uns dabei messen lassen müssen, sind nicht unsere Kinder. Nicht ihr Erfolg, nicht ihr Lebensentwurf, nicht ihr Glück. Sondern die Beziehung, die wir miteinander aufgebaut haben. Ist diese, auch wenn unsere Kinder groß sind, stark, frei und liebevoll – dann haben wir unsere Sache gut gemacht.

# Die ganz große Freiheit

Als meine beiden ersten Töchter noch recht klein waren, stieß ich zufällig auf das Buch eines Vaters, der kurzerhand sein Leben auf den Kopf gestellt hatte: Als er realisierte, dass Familie das Wichtigste im Leben ist, kündigte er seinen Job, kaufte sich ein Segelboot und reiste mit seiner Frau und seinen Kindern um die Welt. So stand es im Klappentext. Ich war unglaublich neidisch. Wie toll das klang! Keine Arbeit, keine Verpflichtungen. Nur noch Zeit für- und miteinander. Die ganz große Freiheit!

Unser eigenes Familienleben kam mir im Vergleich plötzlich sehr langweilig und gewöhnlich vor. Wir pendelten eben so zwischen Schreibtisch und Kindergarten, Spielplatz und Waschmaschine hin und her. Wie alle anderen Eltern um uns herum auch. Unser größter Luxus bestand darin, uns abends, wenn unsere Mädchen schliefen, noch eine große Schüssel Erdbeeren mit Schlagsahne zu machen und *How I met Your Mother* zu gucken. Ich fragte mich ernsthaft, ob wir irgendetwas falsch machten. War unsere Familie für uns etwa *nicht* das Wichtigste im Leben? Und wenn ja: Warum umsegelten *wir* dann nicht die Welt?

Es ist so leicht, das Gefühl zu bekommen, wir Eltern machten eigentlich nichts Besonderes. Als warte die große Freiheit woanders, während wir nur zu Hause hocken und uns um unsere Kinder kümmern. Dabei braucht es in Wahrheit kein Meer und kein

Segelschiff, um zu neuen Ufern aufzubrechen. Alles, was wir dafür brauchen, ist den Mut, auf lebendige, sich stetig verändernde, respektvolle Beziehungen zu setzen.

Mit diesem Buch habe ich versucht, einen Kompass für Ihre ganz persönliche Reise dorthin bereitzulegen. Ich hoffe von Herzen, dass er auch Ihnen und Ihrer Familie hilft, einen guten gemeinsamen Weg zu finden, denn ich bin überzeugt: Wir Eltern haben immer die Wahl, wie wir jenseits all unserer Prägungen unsere eigene Geschichte schreiben wollen. Und dabei freundlich, und großzügig, und sanft mit uns selbst sein. So unvollkommen wir auch sein mögen, und so oft wir auch scheitern und straucheln – wir dürfen uns immer wieder selbst vergeben, und aufstehen, und weitergehen. Unsere Kinder an der Hand und unseren Nordstern fest im Blick. Kann es eine größere Freiheit geben?

# Anhang

## Bibliografie

### Quellen:

Bourdieu, Pierre: Die feinen Unterschiede. Kritik der gesellschaftlichen Urteilskraft. Suhrkamp 1987.
Bowlby, John: Frühe Bindung und kindliche Entwicklung. Ernst Reinhard Verlag 2016.
von Braunmühl, Ekkehard: Antipädagogik. Studien zur Abschaffung der Erziehung. Beltz 1976.
Bueb, Bernhard: Lob der Disziplin. Eine Streitschrift. Ullstein 2008.
Chamberlain, Sigrid: Adolf Hitler, die deutsche Mutter und ihr erstes Kind. Über zwei NS-Erziehungsbücher. Psychosozial-Verlag 2010.
Chapman, Gary: Die fünf Sprachen der Liebe. Francke 2003.
Dreikurs, Rudolf: Kinder lernen aus den Folgen: Wie man sich Schimpfen und Strafen sparen kann. Herder 2018.
Greiner, Lena und Carola Padtberg: Verschieben Sie die Deutscharbeit – mein Sohn hat Geburtstag! Von Helikopter-Eltern und Premium-Kids. Ullstein 2017.
Haarer, Johanna: Die deutsche Mutter und ihr erstes Kind. J.F. Lehmanns Verlag 1941.
Kagan, Jerome: The Long Shadow of Temperament. Harvard University Press 2009.

Liedloff, Jean: Auf der Suche nach dem verlorenen Glück: Gegen die Zerstörung unserer Glücksfähigkeit in der frühen Kindheit. C. H. Beck 2017.
Locke, John: Versuch über den menschlichen Verstand. Meiner 2000.
Miller, Alice: Das Drama des begabten Kindes und die Suche nach dem wahren Selbst. Suhrkamp 2012.
Pestalozzi, Johann Heinrich: Meine Nachforschungen über den Gang der Natur in der Entwicklung des Menschengeschlechts. Wbg Academics 2012.
Rogge, Jan-Uwe: Kinder brauchen Grenzen. Rowohlt 1993.
Rousseau, Jean-Jacques: Émile oder Über die Erziehung. Anaconda 2010.
Sears, William und Martha: Das Attachment Parenting Buch: Babys pflegen und verstehen. Tologo Verlag 2012.
Schulz von Thun, Friedemann: Miteinander reden 1–4: Störungen und Klärungen / Stile, Werte und Persönlichkeitsentwicklung / Das »Innere Team« und situationsgerechte Kommunikation / Fragen und Antworten. Rowohlt 2014.
Watson, John B: Behaviorism. W.W. Norton and Company 1970.
Watzlawick, Paul: Anleitung zum Unglücklichsein • Vom Schlechten des Guten: oder Hekates Lösungen. Piper 2005.
Winnicott, Donald: Der Anfang ist unsere Heimat: Essays zur gesellschaftlichen Entwicklung des Individuums. Psychosozialverlag 2019.
Winterhoff, Michael: Warum unsere Kinder Tyrannen werden: Oder: Die Abschaffung der Kindheit. Gütersloher Verlagshaus 2008.

## Zum Weiterlesen:

Alberti, Bettina: Seelische Trümmer. Geboren in den 50er- und 60er-Jahren: Die Nachkriegsgeneration im Schatten des Kriegstraumas. Kösel 2019.

Becker-Stoll, Fabienne et al.: Bindung – eine sichere Basis fürs Leben. Kösel 2018.

Blaffer Hrdy, Sarah: Mütter und andere. Wie die Evolution uns zu sozialen Wesen gemacht hat. Berlin Verlag 2010.

Dibbern, Julia: Geborgene Babys. Tologo Verlag 2010.

Emma: The Mental Load. Seven Stories Press 2018.

Fröhlich, Laura: Die Frau fürs Leben ist nicht das Mädchen für alles! Was Eltern gewinnen, wenn sie den Mental Load teilen. Kösel 2020.

Gebhardt, Miriam: Die Angst vor dem kindlichen Tyrannen. Eine Geschichte der Erziehung im 20. Jahrhundert. DVA 2009.

Großmann, Klaus und Karin: Bindung und menschliche Entwicklung: John Bowlby, Mary Ainsworth und die Grundlagen der Bindungstheorie. Klett Cotta 2020.

Hummel, Inke: Miteinander durch die Pubertät. Gelassener begleiten, weniger streiten, in Kontakt bleiben. Humboldt 2020.

Imlau, Nora: So viel Freude, so viel Wut. Gefühlsstarke Kinder verstehen und begleiten. Kösel 2018.

Juul, Jesper: Grenzen, Nähe, Respekt. Auf dem Weg zur kompetenten Eltern-Kind-Beziehung. Rowohlt 2009.

Kohn, Alfie: Liebe und Eigenständigkeit. Die Kunst bedingungsloser Elternschaft, jenseits von Belohnung und Bestrafung. Arbor 2010.

Perry, Philippa: Das Buch, von dem du dir wünschst, deine El-

tern hätten es gelesen: (und deine Kinder werden froh sein, wenn du es gelesen hast). Ullstein 2020.
Reddemann, Luise: Kriegskinder und Kriegsenkel in der Psychotherapie: Folgen der NS-Zeit und des Zweiten Weltkriegs erkennen und bearbeiten – Eine Annäherung. Klett Cotta 2015.
Renz-Polster, Herbert: Erziehung prägt Gesinnung. Wie der weltweite Rechtsruck entstehen konnte – und wie wir ihn aufhalten können. Kösel 2019.
de Rodriguez, Aida S.: Es geht auch ohne Strafen! Kinder auf Augenhöhe begleiten. Kösel 2019.
Rosenberg, Marshall: Gewaltfreie Kommunikation. Eine Sprache des Lebens. Junfermann 2016.
Schmidt, Nicola: Erziehen ohne Schimpfen: Alltagsstrategien für eine artgerechte Erziehung. GU 2019.
Shanker, Stuart: Das überreizte Kind: Wie Eltern ihr Kind besser verstehen und zu innerer Balance führen. Mosaik 2016.
Small, Meredith: Kids. How Biology and Culture Shape the Way We Raise Young Children. Anchor 2011.
Stahl, Stefanie: Das Kind in dir muss Heimat finden: Der Schlüssel zur Lösung (fast) aller Probleme. Kailash 2015.

# Statt einer Danksagung

Als ich anfing, dieses Buch zu schreiben, hatte ich drei Kinder, lebte mit meiner Familie mitten in der Großstadt, war ständig unterwegs zu Lesungen und Vorträgen, und hatte noch zwei Großeltern. Dann starben kurz hintereinander erst meine Großmutter Margret, die Mutter meines Vaters, dann mein Opa Adelbert, der Vater meiner Mutter. Ich schrieb weiter, während ich trauerte, und trauerte, während ich schrieb. Nachzuzeichnen, wie uns bis heute die Kindheits- und Erziehungserfahrungen vorausgegangener Generationen prägen, bekam dadurch für mich noch eine neue, ganz persönliche Bedeutung: Was, fragte ich mich, kann ich mitnehmen aus den liebevollen Beziehungen zu meinen Großeltern, aus meiner ganz eigenen Familiengeschichte, und weitergeben an meine Kinder?

Ich war schwanger zu dieser Zeit. Und so schrieb ich, Laptop auf Kugelbauch, über den Wert gelingender Beziehungen. Wenige Monate, nachdem ich meine letzten beiden Großeltern beerdigt hatte, kam unser viertes Kind zur Welt: Emily Margret. Lieben und loslassen, Anfang und Ende, Trauer und Vorfreude, Leben und Tod: Es war, als träfen die äußersten Enden menschlicher Beziehungserfahrungen in einem einzigen Punkt zusammen. Und ich schrieb und schrieb. Über Freiheit und Grenzen, Selbst- und Fremdbestimmung und die große Frage, die unser Denken und

Handeln prägt wie keine zweite: »Bin ich gut und liebenswert, genau wie ich bin?«

Eine psychologische Langzeitstudie hat ergeben, dass die Antwort auf genau diese Frage tatsächlich nicht nur maßgeblich Einfluss auf unser Lebensglück, sondern auch auf unsere Gesundheit und Lebensdauer hat. Die *Harvard Study of Adult Development*, die seit mittlerweile fast 80 Jahren den Lebensweg in den 1930er-Jahren geborener Menschen untersucht und deren letzte noch lebende Probanden dementsprechend fast hundert sind, zeigte nämlich, dass weder Geld noch Erfolg, weder Ruhm noch Einfluss Menschen körperlich und seelisch auch nur annähernd so stärken kann, wie es sichere Bindungserfahrungen und gelingende Beziehungen tun. (Wer mehr über diese Studie erfahren möchte, kann sich auf YouTube einen TedTalk ihres aktuellen Leiters Robert Waldiger anschauen: »What Makes a Good Life? Lessons from the Longest Study on Happiness«.)

Was läge also näher, als an dieser Stelle die Beziehungen zu würdigen, die mich selbst durch mein Leben tragen und ohne die mein Einsatz für mehr Bindung und Beziehung im Familienleben so nicht möglich wären?

Meinen Eltern Hans und Sabine Imlau danke ich für eine Kindheit voller Liebe und Geborgenheit, und dafür, dass ihre engagierte Fürsorge und Unterstützung auch jetzt noch nicht nur mir, sondern auch meinen eigenen Kindern zuteilwird. Als Reformpädagogen machten sie sich bereits dafür stark, dass Kinder in Würde und frei von Gewalt groß werden können, als der gesellschaftliche Mainstream noch ein ganz anderer war.

Dankbar bin ich auch für die große, lebensfrohe Familie, in der ich groß werden durfte: Nicht nur meinen Eltern, auch meinem Bruder, meinen Großeltern, ihren jeweiligen Geschwistern und Anverwandten, meinen Onkeln und Tanten, Cousinen und

Cousins habe ich es zu verdanken, dass ich mich nie alleine fühlte auf der Welt, sondern immer als Teil eines wunderbaren Ganzen. Dass diese Familienbande nun auch die nächste Generation weitertragen und meine Kinder mit den Kindern der Kinder spielen, die meine Kindheit bereicherten und prägten, macht mich besonders glücklich.

Auch meine Schwiegereltern Maren und Norbert Wohlfahrt sind aus unserem Familienleben nicht wegzudenken: Ohne mit der Wimper zu zucken reisten sie regelmäßig viele hundert Kilometer an und kümmerten sich liebevoll um ihre Enkel, damit ich schreiben konnte – vielen Dank dafür und für alles, was Ihr für uns und unsere Kinder seid und tut.

Doch nicht nur familiäre Beziehungen bereichern mein Leben, sondern auch Freundschaften, die mir Kraft und Halt und Zuversicht geben. Auch dafür möchte ich mich bedanken: Bei Anita und Einar mit Alma, Jette und Philipp, die uns schon so lange auf unserem Weg begleiten und uns so nah sind, obwohl uns mittlerweile meist viele tausend Kilometer trennen. Bei Christiane und Ali mit Emilia und Helena, mit denen wir Urlaub vom Alltag machen und die für uns und unsere Kinder wie eine zweite Familie sind. Bei Verena und Frank mit Cecilia und Freddie, mit denen wir sechs Jahre lang Tür an Tür lebten, Freud und Leid und Kinder teilten, unzählige Tassen Earl Grey tranken und gemeinsam das Erzgebirge erwanderten. Auch wenn wir nun leider keine Nachbarn mehr sind, bleiben wir doch fest miteinander verbunden! Bei Doro und Lisa – unsere langen gemeinsamen Spaziergänge und unser offener Austausch miteinander sind so kostbar für mich! net'98&friends – danke für Euren Humor, Eure Treue und die kreativen Spitznamen, die Ihr unseren Kindern gegeben habt! Danke, Sabine, dass Du nicht nur meine Hebamme warst, sondern auch meine Freundin bist! Danke, Almut – dass

Deine Warmherzigkeit und Deine Weisheit immer nur eine Nachricht entfernt sind, hat mir schon oft den Tag gerettet. Danke, Inke – gemeinsam wachsen wir über uns hinaus!

Dankbar bin ich auch jenen Menschen, die sich wie ich der Aufgabe verschrieben haben, öffentlich für ein bindungsstarkes Familienleben einzutreten, und mit denen ich in engem, wert schätzendem Kontakt stehe: Herbert, Katia, Nicola, Julia, Aida, Olivia, Susanne, Anja, Karin, Isabel, Anna, Lena, Ruth, Fiona, Kathrin, Katja und Danielle – danke für Euren unermüdlichen Einsatz für eine kinder- und elternfreundlichere Welt!

Auch meinen Freundeskreis im Internet möchte ich an dieser Stelle nicht vergessen: Danke an all die Menschen, auf Facebook, Instagram oder Twitter, die mit mir im lebendigen Austausch stehen – Eure kritischen Fragen und Eure treue Unterstützung sind so wichtig und wertvoll für mich.

Dass auch mein beruflicher Weg von vertrauensvollen Beziehungen geprägt ist, bedeutet für mich ein ganz besonderes Glück. Mein Dank gilt deshalb dem gesamten ELTERN-Team, dem ich mich so verbunden fühle, insbesondere Oliver Steinbach, der mir die Chance gab, meine eigene Stimme als Autorin zu finden, als noch niemand meinen Namen kannte.

Mein ganz besonderer Dank gilt außerdem all denen, ohne die es dieses Buch nicht gäbe: meinem Agenten Oliver Brauer, mit dem ich die Buchidee entwickelte und der den gesamten Entstehungsprozess so warmherzig, klug und ermutigend begleitet hat. Alexandra Krishnabhakdi, die sich von Anfang an leidenschaftlich für den Familienkompass begeisterte und mir half, ihn in seine endgültige Form zu gießen. Julika Jänicke, die ihn voller Zutrauen zum Spitzentitel machte. Meike Blatnik, die engagiert und geschickt die Pressearbeit koordiniert. Antoinette von Schwarzkopf, die trotz Corona-Auflagen den Familienkompass online wie offline auf die Veranstaltungsbühnen bringt. Und Friederike Schönherr, die das Marketing rund um den Familienkompass betreut und so dazu beiträgt, dass noch mehr Eltern von ihm erfahren. Danke an meine Assistentin Daniella, die mich so umsichtig und engagiert im Büro unterstützt. Danke, liebe Maria, für Bilder, auf denen ich mich selbst richtig mag. Und danke, lieber Hannes, dass Du für den Buchtrailer und die Online-Kreativwerkstatt zum Buch wieder einmal mit Deiner Kamera für mich gezaubert hast. Ein solches Team im Rücken zu haben, ist in Gold nicht aufzuwiegen.

Als ich anfing, dieses Buch zu schreiben, hatte ich drei Kinder, lebte mit meiner Familie mitten in der Großstadt, war ständig unterwegs zu Lesungen und Vorträgen, und hatte noch zwei Großeltern. Nun, wo es fertig vor mir liegt, habe ich *vier* Kinder, kann aufgrund einer Pandemie gerade kaum noch reisen, lebe nicht mehr in der Großstadt, sondern 600 Kilometer von meiner früheren Heimat entfernt in einer kleinen Stadt in Süddeutschland, und habe keine Großeltern mehr. Leben ist Veränderung, das ist mir in den vergangenen Jahren so bewusst geworden wie noch nie zuvor. Doch was uns trägt durch all diesen Wandel, und was auch mir Halt gibt in diesen bewegten Zeiten, sind die Liebe, die wir erfahren, und die Beziehungen, die wir knüpfen. »Heimat ist immer da, wo Du bist«, schrieb mein Großvater Joachim Imlau einmal vor vielen Jahren in einem seiner vielen Briefe an meine Großmutter (denn das Schreiben liegt bei uns in der Familie, und das Umziehen über weite Strecken auch). Diesen Gedanken finde ich gerade jetzt ungeheuer tröstlich.

Deshalb gilt mein Dank zum Schluss meinem Mann Malte und unseren vier Kindern Linnea Sophie, Annika Elise, Jakob Joachim und Emily Margret. Ihr seid mein Zuhause. Und das bedeutet mir die Welt.

# Mein Familienkompass – Deine Kreativwerkstatt zum Buch

Zu lesen, wie ein wertschätzendes Familienleben gelingen kann, ist das eine. Es wirklich zu leben, ist etwas völlig anderes. Denn Wissen allein bringt uns im Alltag mit unseren Kindern oft nicht weiter. Das, was wir da tun, muss sich auch richtig *anfühlen*. Und genau das ist für viele Eltern der Knackpunkt: In der Theorie wissen wir jetzt, wie wir mit unseren Kindern umgehen wollen. Doch in der Praxis gehen uns trotzdem immer wieder die Nerven durch.

An diesem Punkt setzt der Online-Kurs an, den Nora Imlau begleitend zum Buch entwickelt hat. Er hilft Eltern dabei, alte Prägungen mittels kreativer Projekte durch neue Botschaften zu ersetzen.

Entdecke mit Spaß und Leichtigkeit neue Strategien für alte Probleme, werde kreativ und erlebe die Kraft der Gemeinschaft mit anderen Eltern, die sich ebenfalls auf die Suche nach ihrem Nordstern gemacht haben.